GRENZENLOSES FERNWEH

Nadine Bütler

GRENZENLOSES FERNWEH

Reiseblog einer Backpackerin –
offen, ehrlich, direkt und unverblümt

Abenteuer aus aller Welt, gespickt mit Selbstironie und ungefilter-
ten Emotionen

Bibliografische Information der Deutschen Nationalbibliothek:
Die Deutsche Nationalbibliothek verzeichnet diese Publikation in
der Deutschen Nationalbibliografie; detaillierte bibliografische
Daten sind im Internet über http://dnb.dnb.de abrufbar.

Verlag: BoD • Books on Demand GmbH, In de Tarpen 42, 22848
Norderstedt
Druck: Libri Plureos GmbH, Friedensallee 273, 22763 Hamburg

ISBN: 978-3-7597-7758-4

Für alle mit Fernweh

Nadinetravels15's Traveler Profile

I have traveled to 13 countries, posted 2,772 pictures and written 153 entries in 1 travel blog

Username
Nadinetravels15

Hometown
**Zürich,
Switzerland** □

Member Since
Dec 8, 2014

Currently
Online

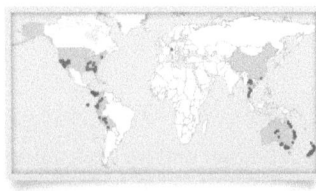

Total Kilometers You Have Traveled

0 1 0 0 6 5 1

Nadine's Weltreise

Dates Jan 03, 2015 to Nov 15, 2015
Visitors 153 this month, 2670 all time

Manage Entries   New Entry

Change this Picture   View Blog | Blog Settings | Delete Blog

Der Countdown läuft...

Langsam aber sicher rückt meine grosse Reise immer näher und auch die Vorfreude, Nervosität, Anspannung und Neugierde steigt von Tag zu Tag.

Die wichtigsten Reiseutensilien sind besorgt und ich frage mich bei jedem Gegenstand der dazu kommt wie ich alles in meinen Rucksack packen soll... Wird schon irgendwie klappen... hoffe ich... :-)

So langsam muss ich mich auch von Freunden, Arbeitskollegen und natürlich meiner geliebten Familie verabschieden. Das ist ganz und gar nicht einfach und teilweise sehr traurig... tja wer so lange weg will muss da durch...

So jetzt sind es nur noch 23 Tage und dann geht's los! Ganze 11 Monate um die Welt!

Kanns kaum glauben...

Reiseplan – Weltreise 2015

Zürich, Switzerland

18 Tage, 21 Stunden und 20 Minuten vor meiner Abreise steht nun mein Reiseplan definitiv fest. Für Einige ist meine Reiseroute vielleicht etwas zu strikt geplant, ich aber überliste somit mich selbst. Ich wäre nicht die Erste die auf eine lange Weltreise aufbricht und dann irgendwo an einem schönen Ort für die restliche Zeit hängen bleibt... Sicherlich auch schön so etwas, jedoch möchte ich einmal um die Welt, "so richtig rundherum" und deshalb habe ich mir bereits die Fixflüge gebucht. Hoffentlich kann ich sie auch wirklich einhalten... :-)
Vielleicht ist irgendwer, mal irgendwo unterwegs und man kann sich irgendwann mal treffen...?

Mein Reiseplan (kann sich je nachdem noch um 1-2d verschieben, wenn die Fluggesellschaften wieder einmal ihren Flugplan ändern...)

03.01.15	22:40	Abflug ab Zürich
04.01.15	22:45	Ankunft in Bangkok (Thailand)
		1 Monat Thailand bereisen mit Freundin und anschliessend auf eigene Faust ev. Laos, Kambodscha oder Vietnam
24.02.15	06:45	Abflug ab Bangkok
25.02.15	09:50	Ankunft in Auckland (Neuseeland)
		Besichtigung beider Inseln, noch kein genauer Plan
30.03.15	08:00	Abflug ab Auckland
30.03.15	10:25	Ankunft in Adelaide (Süden von Australien)
		Irgendwie von Adelaide bis nach Brisbane und ab dort 3 Wochen mit Freundin bis nach Cairns
31.05.15	11:50	Abflug ab Cairns (Norden von Australien)
31.05.15	12:55	Ankunft in Los Angeles (USA)
		Kurze Verschnaufpause in L.A. nach den langen Flügen ©
03.06.15	14:05	Abflug ab Los Angeles
04.06.15	00:55	Ankunft in Quito (Ecuador)
06.06.15		Beginn <Südamerika-Tour> in Quito
29.06.15		Ende Südamerika-Tour in La Paz (Bolivien)
30.06.15		Beginn <Salar de Uyuni-Tour> in La Paz
04.07.15		Ende <Salar de Uyuni-Tour> in La Paz
05.07.15	04:25	Abflug ab La Paz
05.07.15	09:25	Ankunft in San Jose (Costa Rica)
06.07.15		Beginn Sprachaufenthalt in Tamarindo (Costa Rica)
24.07.15		Ende Sprachaufenthalt in Tamarindo
		Anschliessend reisen durch Zentralamerika, ev. Honduras, auf dem Landweg nach Panama...
28.08.15	17:25	Abflug ab Panama City (Panama)
28.08.15	23:50	Ankunft in Los Angeles
		3-4 Wochen mit Auto durch Kalifornien mit 2 Freunden. Anschliessend ev. Besuch von meinen Eltern, mit Auto bereisen der Südstaaten. Danach kein Plan...
14.11.15	21:10	Abflug ab New York (USA)
15.11.15	10:50	Ankunft in Zürich

Packen… oje oje…

Frage:

Wie bringt man einen Haufen Kleider und sonstigen Kram, welcher auf einem Bett der Grösse 140x200cm liegt, in einen kleinen Tagesrucksack und einen Reiserucksack von 55l (und oha nicht vergessen +10l zum ausfahren…)?

Antwort:

Gar nicht.

Lösung:

Man nehme einen sehr rational denkenden Vater zur Hilfe und beginnt von vorne.

Stellt euch folgende Situation vor:

Ich die aufgeregte, nervöse Tochter, am Rande der Verzweiflung, vor einem Haufen Kram und mein Vater auf dem winzigen kleinen Stück freier Matratze am Kopfende links mit einem kalten Bier in der Hand und einem stetigen leicht schadenfreudigen Lächeln auf den Lippen… Meine Mutter hat von Anfang an die Flucht ergriffen und verweilt sich im Wohnzimmer.

So, jetzt Schritt für Schritt, eins ums andere, sagt mein Vater. Was brauchst du WIRKLICH und was kann weg? Ich war der Meinung bereits sehr bedacht gepackt zu haben, scheinbar jedoch noch nicht genug. Ich meine man geht ja nicht nur 2 Wochen in die Ferien und kommt dann zurück und alles vor Ort kaufen kann ich ja auch nicht… Zudem, die Kleider sind nicht das Hauptproblem, sondern all den Kram den man sonst noch braucht wie Schlafsack, Mätteli, Apotheke (ich habe, glaube ich, die grösste Reiseapotheke die ein Backpacker je besessen hat… typisch Pflegefachfrau), Kamera, mit allen Ladegeräten, Badetuch,

13

Trekkingsachen, Papierkram, alle hundert Kopien und Reiseführer, Landkarten etc. etc. etc.

Klar, ich hätte wie viele andere Reisenden einfach einen grösseren Rucksack nehmen können, dieser wäre dann aber fast grösser als ich und würde mich wahrscheinlich erschlagen. Deshalb habe ich auch hier mich wieder selbst versucht zu überlisten und einen nicht so Grossen gekauft. Nun aber stehe ich da und weiss nicht wohin mit dem ganzen Kram.

Mein Vater, ein "alter Pfadfinder", holt mich dann mit seiner ruhigen Art wieder auf den Boden zurück und unterstützt mich moralisch und gibt mir gute Tipps und Tricks, das schelmische Lächeln bleibt natürlich. Beim Packen ist es wie beim Puzzeln, wo passt welcher Gegenstand hin? Nachdem ich alles auf das Nötigste reduziert habe und den ersten Schock überwunden, sehe ich langsam das Licht am Ende des Tunnels.

Klar, mein Vater und ich haben teilweise etwas andere Ansichten was man WIRKLICH braucht und was nicht. So haben wir auch lange darüber diskutiert, ob die Sandalen neben den Trekkingschuhen und den Flip-Flops auch wirklich notwendig sind oder nicht. Ich muss zu meiner Verteidigung sagen, dass ich mich für eine Frau (glaube ich zumindest) sehr zurück gehalten habe, was das Mitnehmen von "Frauensachen" wie Kosmetikartikel, Kleider, etc. anbelangt. Aber gewisse Sachen will man einfach nicht missen.

Nachdem ich alles in meinen Rucksack gepresst und optimal verteilt habe und sogar die Sandalen noch einen Platz gefunden haben, bin ich nun sehr erleichtert. Puh, geschafft!

Alles ist im Rucksack drin und nichts baumelt nervig umher, genauso wie ich mir das vorgestellt hatte (gut die einen Abstriche die ich machen musste waren nicht geplant, aber über die komme ich hinweg).

Das vorgemerkte Zielgewicht meines Rucksacks war zwischen 8-12kg… nun jetzt sind es 14kg… Ich finde das trotzdem gut, das werde ich schon tragen können.

Das Handgepäck im Tagesrucksack ist auch nicht ohne, jedoch ist dieser Rucksack nicht randvoll und hat noch gut Platz. Mit 5kg ist auch dieser im akzeptablen Bereich.

Nun ist es an der Zeit mein Werk anzuziehen und meiner Mutter vorzuführen. Auch mein Vater muss meinen Rucksack anprobieren, finde ich. Er legt ihn aber schnell wieder ab, da meine Mutter findet der stehe im viel zu gut, nicht dass er noch auf dumme Gedanken kommt und ebenfalls so lange verreist. Es reicht ihr schon, wenn ich so lange weggehe. Nach gefühlten 20h oder mehr ist es endlich geschafft und mein Rucksack steht bereit in der Ecke und wartet auf den 3. Januar.

Juhuuu, mir fällt eine riesen Last von den Schultern. Der Rucksack bleibt nun so und ich fasse ihn bis zum 3. Januar nicht mehr an.

Ich bin (gepäckmässig) bereit zu gehen und werde immer aufgeregter.

Bald ist es so weit und die grosse Reise beginnt...
Puh... Jetzt brauche ich einen Drink und lasse den Abend ruhig ausklingen...

Noch 4 Tage, 30 Minuten...

1. Stopp: Bangkok 04.01. – 06.01.

Bangkok, Thailand

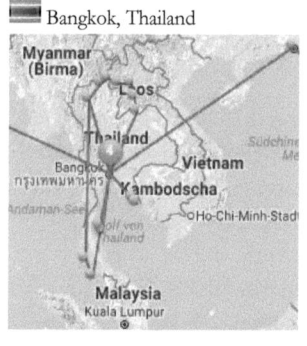

03.01.

Nach einem tränenreichen Abschied am Flughafen Zürich (bin ich eine "Heulsuse") hat meine grosse Reise nun endlich begonnen. Das kleine Mädchen neben mir im Flugzeug schien anfangs ganz ok, nachdem ich aber mind. 5x ihre Füsse im Gesicht hatte, als ich schlafen wollte, hätte ich sie aus dem Flugzeug werfen können... Nun gut, auch diese knapp 12h gingen vorbei. Die Zwischenlandung in Hong Kong hat mich dann etwas herausgefordert. Nach der Landung habe ich erst realisiert, dass ich mein Gepäck holen muss um neu einzuchecken. Da ja alles immer so gut angeschrieben und mein Englisch ja überhaupt nicht eingerostet ist, musste ich 4x fragen. Natürlich bekam ich genauso viele unterschiedliche Antworten und hab es dann endlich nach etwa 2h geschafft. Von Hong Kong war es dann ein Katzensprung bis nach Bangkok.

04.01.

Dort angekommen habe ich versucht mich um das Anstehen in der Taxischlange zu drücken, dies aber leider nicht geschafft und musste deshalb eine Stunde auf ein Taxi warten. Endlich in der Stadt angekommen warf mich der Chauffeur am Anfang der Khaosan Road (DAS Backpacker-Mekka) aus dem Taxi und ich stand mit meinem Rucksack mittendrin. Ich habe schon viel von dieser Strasse gehört, war aber dann doch sehr überrascht. So viele Leute, so viele Essensstände, so viele Bars, so viele Betrunkene, einfach ein riesen Getümmel. Ich habe mich dann durch die Strasse gekämpft und das Khaosan Palace gefunden in welchem ich mit meiner Freundin Riana abgemacht hatte. Sehr

erfreut über unser Treffen und voller Vorfreude auf die gemeinsamen Ferien stürzten wir uns ins Nachtleben der Khaosan Road.
Kurz etwas essen (puh, an die Schärfe muss ich mich erst noch
etwas gewöhnen) und dann natürlich ein Singha zum Anstossen.
Singha und Cuba Libres sind etwas geflossen, so dass ich kaum
5h in Thailand, bereits die kulinarischen Köstlichkeiten ausprobieren durfte... Man sieht es an den Fotos wie viel Überwindung
es mich gekostet und wie gut es geschmeckt hat. Obwohl ich zu-
geben muss, dass die Mehlwürmer irgendwie nicht übel waren...
Naja ein Singha hat dann geholfen die restlichen ekligen Beinchen
der Heuschrecke aus den Zähnen zu spülen. Ok, "eklige-Insek-
ten-essen" wäre dann erledigt und muss nicht wiederholt werden.
Natürlich war der Ausgang danach noch nicht vorbei und wir haben uns noch etwas die Bars angeschaut, bis ich dann total kaputt
irgendwann ins Bett fiel.

05.01.

Nach laaaaaangem ausschlafen (null Zeitgefühl in dem fensterlo-
sen Zimmer) sind wird dann direkt Mittagessen gegangen, Fried
Noodles überall wo man hinschaut. Mit dem Tuktuk ging es dann
quer durch die Stadt zum Baiyoke Hochhaus. So eine Tuktukfahrt ist schon witzig und spannend. Egal ob die Ampel rot oder
grün zeigt oder ob auf der richtigen Strassenseite gefahren wird
oder nicht, die Fahrer schlängeln sich wie wild durch den üppigen
Verkehrt und legen für die Distanzen Rekordzeiten hin. Beim
Hochhaus angekommen sind wir dann mit vielen anderen Touristen in den 83. Stock hinauf und haben von dort oben die wahn-
sinns Aussicht genossen. Von meinem Götti spendiert (vielen
Dank nochmals!) haben wir uns dort an unserem reservierten
Tisch einen Drink gegönnt und sind anschliessend noch etwas
höher auf die drehende Aussichtsplattform gegangen. Der Zeitpunkt unseres Aufenthaltes dort war perfekt, wir haben den Sonnenuntergang mitverfolgt und dann Bangkok bei Nacht bestaunen können. Wahnsinn die vielen Lichter und die Grösse der

Stadt, einfach gewaltig. Mit dem Tuktuk ging es dann wieder zurück an die Khaosan Road und an einen dieser vielen Strassenstände zum Abendessen. Hmmm lecker. Natürlich durfte auch an diesem Abend kein Singha fehlen. Es sind dann aber noch ein paar Leos und Changs dazu gekommen bis es wieder sau spät war.

06.01.

Nachdem wir unsere Nachtzugtickets organisiert hatten, wollte ich "kurz" in das grosse Shoppingcenter um mir eine Tastatur für mein Tablet zu kaufen. Nun gut, auf dem Hinweg ist der Tuktukfahrer bereits wie eine Wildsau gefahren und hat die Strecke in der Rushhour in 40min geschafft. Im Shoppingcenter bin ich dann fast verzweifelt. Ca. 20 Personen habe ich an ihren Ständen nach einer passenden Tastatur gefragt, doch keiner konnte mir helfen. Alles hats, nur nicht das was ich gebraucht hätte. Nach über 30min wollte ich bereits aufgeben und zurückfahren. Eine nette Verkäuferin quatschte mich an und ich dachte ich versuche noch ein letztes Mal mein Glück und siehe da, es hat endlich geklappt. Für ca. 30 Franken habe ich eine Tastatur bekommen und sie funktioniert sogar einwandfrei. Schnell wieder aus dem Shoppingcenter raus und in ein Tuktuk. Toll, die ersten 15min sind wir keinen Meter weit gekommen und die Zeit wurde langsam knapp. In 45min musste ich im Hotel sein, fertig packen und auschecken. Ich fragte den Fahrer was er meine, wie lange es wohl noch gehe und dass ich so schnell wie möglich zurück sein müsste. Als der Verkehr dann endlich ins Rollen kam gab mein Tuktukfahrer alles und fuhr wie ein Henker. Zum Glück kann man sich darin gut festhalten. Allen Verkehrsregeln trotzend schafft er die Strecke in 30min und ich eilte zum Hotel um fertig zu packen. Hopp Hopp ins nächste Tuktuk und zum Bahnhof. Nun konnte ich etwas verschnaufen während wir auf unseren Zug warteten. Ziemlich pünktlich kam dieser und wir konnten einsteigen. Kaum sassen wir im Zug und fingen an uns einzurichten, kam die Meldung, dass wir alle mit samt Gepäck wieder aussteigen sollen. Unser Waggon war kaputt und ein neuer musste her. Dies hat natürlich seine Zeit gedauert. Mit über einer Stunde Verspätung fuhren wir dann endlich los Richtung Norden nach Chiang Mai. Nachdem wir gegessen hatten kam bereits das Zugpersonal und machte uns unser Bett bereit. Ich, die eigentlich überall schlafen kann, hatte aber diesmal grosse Mühe. Der Zug holperte, schüttelte und schwankte so stark, dass ich in meinem Hochbett fast aus dem Bett fiel und das Gefühl hatte der Zug fällt jeden Moment auseinander. Nach 10h Fahrt und ca. 2h Schlaf sind wir dann endlich in Chiang Mai angekommen.

Chiang Mai 07.01. – 11.01.

 Chiang Mai, Thailand

07.01.
Am Morgen sind wir mit unserem Nachtzug in Chiang Mai angekommen und direkt in das Hostel, welches uns ein thailändischer Freund von Riana organisiert hat. Das Ginny Hostel ist sehr einfach und keine Spur von Luxus, dafür sehr günstig (umgerechnet 60.- Franken für 4 Nächte und einen zweitägigen Trekkingtrip). Später haben wir ein paar Schweizer kennen gelernt und uns von ihnen Tipps geben lassen, sowie in einem einheimischen Restaurant "Hot Pot" gegessen.
Nach einem Besuch am Night-Market, mussten wir natürlich auch hier in Chiang Mai die Ausgangsmöglichkeiten testen. Gut wars...

08.01.
Am nächsten Tag wollten wir mit unseren neuen kanadischen Freunden, welche wir im Ausgang kennen gelernt hatten, die Stadt besichtigen. Doch ausgerechnet an diesem Tag hat es zu

regnen begonnen. Natürlich hat es die letzten 2 Monate kein einziges Mal geregnet und jetzt wo wir in Chiang Mai sind beginnt es. Uns blieb nichts anderes übrig als unser Vorhaben abzublasen und Riana und ich gönnten uns eine Massage. Auch nicht schlecht. Nach einem leckeren Abendessen, ging es dann wieder in das Ausgangsviertel. Diesmal jedoch besuchten wir eine Rock Bar und waren begeistert von zwei thailändischen Cover-Rock-Bands.

09.01.

Wir standen verhältnismässig früh auf (08:00) für unsere Trekkingtour und machten uns bereit. Da es immer noch in Strömen regnete, fragten wir extra unsere Vermieterin ob das Trekking überhaupt stattfindet. Diese rief den Guide an und meinte im Dschungel würde es dann nicht mehr so viel regnen... Nun gut, das Trekking mit Übernachtung war der Hauptgrund wieso wir nach Chiang Mai reisten, also werden wir wohl gehen, obwohl wir in diesem Moment überhaupt keine Lust hatten. Mit Regenjacke und guten Schuhen ausgerüstet machten wir uns auf den Weg. Ein Transporter holte uns ab und lud unsere neue Schweizer Freundin Daniela, die wir zwei Tage zuvor zu dem Trekking überredet hatten und 6 Franzosen auf. Wir fuhren zuerst eine Weile bis zu einem Market wo wir noch Proviant und Wasser einkaufen konnten. Dort lagen dann auch noch super schicke Regenponchos rum welche wir vorsichtshalber auch kauften. Die rasante, rumplige Fahrt im Transporter ging noch ein gutes Stück weiter bis wir unseren ersten Halt bei den Elefanten machten. Wir 3 Schweizerinnen verzichteten aber auf den Elefantenritt. Leider wird in Thailand ein riesen Geschäft mit solchen Elefantenritten gemacht und nur an wenigen speziellen Orten in Thailand werden sie auch wirklich gut behandelt und gepflegt, deshalb liessen wir das sein. Genossen stattdessen weiterhin den Regen. Nach erneuter Fahrt auf kurvigen Strassen weiter in die Berge kamen wird dann endlich an. Ein kurzer 5-minütiger Fussmarsch brachte uns zu einem kleinen Hüttchen wo wir unser feines Mittagessen, Fried Rice in einem Palmenblatt, einnahmen. Nachdem unser kurliger Guide (ich glaube er raucht etwas zu viele Bananenblätter) seine Holzschnitzkünste und Zaubertricks gezeigt hatte ging es nun endlich los.

Anfangs noch voller Elan liefen wir zügig den Berg hinauf. Schon bald aber wurde es sehr ungemütlich. Der Regen strömte permanent weiter und auch im Dschungel war keine Besserung. Schon nach kurzer Zeit waren wir vom Regen aussen und innen vom Schwitzen platschnass. Richtig angenehm. Die Wanderung ging extrem rauf und runter und der Boden war so rutschig und mit Laub bedeckt, dass man immer wieder hinfiel. Unser Guide zeigte uns freudig die vielen ekligen Spinnen und andere Kriechtiere. Als wir dann eine Brücke, also lediglich einen Baumstamm mit einem improvisierten Holzgeländer, überqueren mussten, fand ich es dann nicht mehr so lustig. Eigentlich finde ich solche Abenteuersachen richtig toll, aber nicht, wenn der Fluss so viel Wasser hat, dass der Baumstamm im reissenden Wasser steht. Einmal ausgerutscht wäre man wahrscheinlich ohne Halt irgendwo im Meer wieder herausgekommen. Nun gut wir konnten leider nichts machen und mussten uns wohl oder übel von unserem Guide (der die ganze Strecke wohlgemerkt in Crocs lief!) durch den Dschungel führen lassen. Bei schönem Wetter hätte man in den Wasserfällen baden und die vielen Obsthaine richtig geniessen können, in diesem Piss aber war unsere Laune nicht wirklich gut und zudem war es echt gefährlich. Ich hatte keine Lust mir noch ein Bein zu brechen oder mich sonst zu verletzen, was bei dieser Rutschpartie nicht abwegig gewesen wäre.

Endlich nach über 2h kamen wir dann in dem kleinen Dorf in dem unser Guide wohnt an. Richtig kalt (man konnte sogar den Hauch beim ausatmen sehen) und alles komplett nass, standen wir da und wollten eigentlich nur noch in ein warmes Bett. Wir wussten, dass es nicht aufhören würde zu regnen und es am nächsten Tag genau so wie heute weitergehen würde. Daniela, unsere Bernerin, kam plötzlich mit dem Vorschlag, dass wir vielleicht jemanden finden würden der uns nach Hause fährt. Der Gedanke war so verlockend, dass wir unser Guide darauf ansprachen. Dieser war natürlich zuerst sehr beleidigt und erschrocken, da er meinte, wir wollten wegen ihm nicht mehr hier sein. Nach langem hin und her konnten wir ihn überzeugen, dass es lediglich am schlechten Wetter und nicht an ihm liegt. Nach dem Abendessen, welches ich schlotternd einnahm, kam dann ein Dorfbewohner mit seinem Truck. Zuerst noch erstaunt über den teuren Preis den er wollte für die Fahrt, stiegen wir schlussendlich ein. Das mag wohl ausgesehen haben, die 3 Schweizerinnen gehen wegen ein bisschen Regen nach Hause... Aber es war es uns wirklich nicht wert noch eine Verletzung zu riskieren. Als wir dann einige Minuten gefahren waren, wussten wir warum unser Fahrer so viel Geld wollte. Die Strasse aus Stein, überdeckt mit Sand und Lehm, in dem Regen, war wie eine glatte Eisfläche. Das Auto schleuderte teilweise hin und her und nahm die Kurve oft im letzten Moment. Ein grosses Lob an unseren Fahrer, er hat dies wirklich sehr gut und vernünftig gemacht. Nach über 2h Fahrt kamen wir dann endlich vor unserem Hostel an und fielen todkaputt ins Bett.

10.01.
Überglücklich in einem trockenen warmen Bett aufzuwachen gingen wir anschliessend frühstücken (war bereits etwas später, eher ein Mittagessen) und verbrachten den Tag gemütlich mit Tempel anschauen. Viel mehr liess unser Muskelkater nicht zu. Nach dem Abendessen fielen wir schon bald wieder ins Bett, da wir am nächsten morgen früh raus mussten.

Koh Phi Phi 11.01. – 15.01.

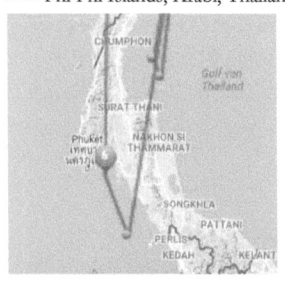 Phi Phi Islands, Krabi, Thailand

11.01.

Um 04:15 war Tagwache, viel zu früh! Mit dem Tuktuk, dass zum Glück tatsächlich pünktlich war, fuhren wir zum Flughafen. Von dort flogen wir ca. 2h nach Phuket, endlich an die richtige Wärme und ans Meer!! Da wir Phuket nicht anschauen wollten gingen wir direkt auf die Fähre welche uns in 3h nach Koh Phi Phi brachte. Bereits auf der Fähre spürte man die Hitze und wir holten uns trotz eincremen unseren ersten Sonnenbrand. Endlich in Phi Phi (auch nur genannt PP) erschlug uns die Hitze dann so richtig. Hunderte von Touristen am Hafen und eine riesen Schar von Thais, die uns alles Mögliche verkaufen wollten. Mit unseren Rucksäcken beladen liefen wir durch das Dorf zu unserem Hostel und waren so was von froh über die kalte Dusche in unserem Zimmer. Nach einem kurzen Nickerchen ging es dann zum Essen und rein ins Getümmel. Das ganze Dorf besteht aus Ständen von Kleidern, Schmuck, und Essen, sowie vielen Dive-Centers, Bars und Tattoo Studios, in denen sich erstaunlich viele Leute traditionell tätowieren lassen. Riana war bereits vor 2 Jahren für eine lange Zeit auf PP und zeigte mir alles. Leider hat sich sehr vieles verändert und es ist nun der reinste Touristenabklatsch. Die kleinen charmanten Märkte von den Einheimischen sind verschwunden und überall hat es nur Touristenzeugs. Sehr schade, dass sich dies so entwickelte. Sogar ein Shoppingcenter soll auf der kleinen Insel gebaut werden für die Tagestouristen die mit den Booten kommen, wie bescheuert ist das denn??? Wie alle anderen Touris gingen wir am Abend dann in die Bars und naja, sagen wirs mal so, es wurde sehr flüssig und der Heimweg sehr lustig.

12.01.

Etwas verkatert, empfingen wir am nächsten Mittag am Hafen unsere Berner-Freundin Daniela, die uns nachgereist ist, um mit uns etwas herumzureisen. Wir genossen den Tag an dem "typischen Postkarten Strand" von PP und liessen den Abend ruhig ausklingen.

13.01.

Heute ging es mit dem Boot weg von der Insel nach Kho Phi Khol Le an den weltbekannten Strand an welchem der Film "The Beach" gedreht wurde. Uns war ja bewusst, dass es viele Touristen haben würde, doch was wir sahen verschlug uns die Sprache. Es war krank die vielen Leute und Boote die sich dort sammelten. Es hatte sogar so viele Boote, dass wir nicht halten konnten und auf die andere Seite der Insel mussten, um von dort dann halsbrecherisch über Stein und ein Seilnetz, die Klippe hoch und auf die andere Seite laufen mussten. Der Strand und die Kulisse rundherum waren trotz all den Leuten erstaunlich und wunderschön, es sieht genauso aus wie in dem Film. Es hielt uns aber keine 5 Minuten dort und wir liefen zurück zur anderen Bucht. Dort konnte wir etwas schnorcheln, was wirklich recht schön war und sprangen vom Boot ins Wasser. Wir fuhren dann an anderen Buchten der Insel vorbei wieder Richtung PP. Ich muss schon sagen, die Inseln, das Wasser und die Strände sind wunderschön, es hat aber viel zu viele Touristen, die die ganze Idylle kaputt machen. Vielleicht ist es ein bisschen besser, wenn nicht Hochsaison ist, ich kann es mir aber kaum vorstellen. Am Abend dann liefen wir den Berg hoch auf einen Aussichtspunk (so anstrengen in der Hitze) und genossen von dort aus die Sicht über die Insel und den Sonnenuntergang. Es ist schon erstaunlich, der bewohnte Teil der Insel ist nur ein kleiner Streifen, welcher von beiden Seiten von Meer umgeben ist und an den anderen Enden hat es Berge. Nach einer kühlen Dusche ging es dann zum Abendessen und wieder ins Nachtleben von PP. Eine super live-Band brachte uns wieder in Fahrt und wir genossen den Abend. Ich bin erstaunt, ich hätte gedacht auf viele Schweizer und Deutsche zu treffen, bis jetzt aber wimmelt es von Franzosen und Kanadier. Bin gespannt was für Leute wir noch alles kennen lernen.

14.01.
Waaaaas für ein fauler Tag... Da es gestern etwas später (oder früh?) geworden ist, mussten wir heute laaange ausschlafen und uns etwas auskurieren, man ist einfach nicht mehr 20ig. :-)

Koh Lipe 15.01. – 19.01.

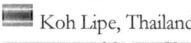 Koh Lipe, Thailand

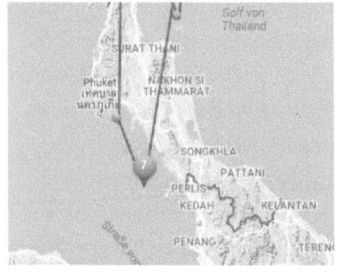

15.01.
Heute ging es weiter Richtung Süden. Mit vielen anderen Touristen warteten wir in der bereits brühenden Hitze auf unsere Fähre, die natürlich bereits 30min Verspätung hatte. Die Fähre, ein ziemlich kleines Boot, sollte uns in 6h nach Koh Lipe bringen. Anfangs war die Fahrt noch sehr gemütlich. Auf dem Deck konnte man gemütlich lesen und wurde ab und zu mit etwas Meerwasser, welches auf den Seiten des Bootes hochspritze, abgekühlt. Bald aber schon wurden die Wellen höher und höher, sodass wir schlussendlich klitschnass waren und ins stickige, nach Benzin riechende, Innere des Bootes flüchten mussten. Der Service auf dem Boot war eher spärlich. Auf einer Insel auf der Mitte der Strecke kam eine Horde Einheimische mit Körben voller Leckereien, die man ihnen für wenig Geld abkaufen konnte, an Board. Als ein Tourist einen Einheimischen fragte wie lange es noch ginge bis nach Koh Lipe, meinten wir zuerst er mache einen Witz, als er sagte noch 3h. Wir waren bereits 5h unterwegs. Als endlich nach erneut 1h eine Insel im Meer auftauchte freuten wir uns schon unser Ziel

erreicht zu haben. Leider tuckerten wir nur an der Insel vorbei. Nach schlussendlich 8h kamen wir dann endlich, bereits in der Abenddämmerung, auf Koh Lipe an. Juhuu geschafft!!

Von einem frei liegenden Steg wurden wir dann mit Longtail-Booten (ich musste auf dem Boden sitzen, da die kleinen Boote so überladen waren) auf die Insel gefahren. Am schönen Strand entlang, barfuss durch den Sand mit unseren schweren Rucksäcken, suchten wir nach unserer bereits gebuchten Unterkunft. Das Green View Beach Resort, ist eine Anlage direkt am Strand mit Bambus-Bungalows. Der merkwürdige, italienische, sehr zerstreute Besitzer übergab uns Dreien den Schlüssel und erklärte uns kurz ein paar Dinge. Die Unterkunft war für thailändische Verhältnisse eher teuer, aber wir freuten uns auf einen schönen Bungalow nur ein paar Schritte vom Meer entfernt. Optisch waren die Anlage und der Strand ein Traum, der Service des Resorts aber eher kläglich für den teuren Preis (Zimmer reinigen, frische Wäsche oder neues WC-Papier in den 4 Nächten: Fehlanzeige). Nachdem wir um das grosse Doppelbett geknobelt hatten (ich habe natürlich verloren) gingen wir direkt neben unserem Resort am Strand Abendessen und anschliessend das kleine Dorf erkundigen. In einer kleinen Bar, mit einer Handvoll Leuten und Live-Musik von zwei Thais mit Gitarre, wollten wir unseren Abend mit einem Drink ruhig ausklingen lassen. Bald darauf setzten sich zwei Männer in unserem Alter an ein Tischchen vor uns. Auf Englisch fragte der eine nach Feuer und bedankte sich dann anschliessend auf schweizerdeutsch. Bereits hatten wir wieder neue Leute kennen gelernt. Tony ein halb Schweizer/Spanier der auf der Insel arbeitet und Milos ein Serbe der dort etwas hängen geblieben ist. Tony fragte bald nach, ob wir auch tauchen und schon bald stellte sich heraus, dass er genau bei dieser Tauchbasis arbeitet, welche mir zuvor empfohlen wurde. Wir wurden anschliessend noch ins Nachtleben von Koh Lipe eingeführt und der Abend war einmal mehr etwas lang und flüssig.

Koh Lipe hat mir schon am ersten Tag sehr gut gefallen. Die Insel ist wunderschön, schon touristisch, aber noch nicht ganz so überlaufen und das Dörfchen ist überschaubar. Eine etwas grössere Strasse überquert die ganze Insel, an welcher sich Restaurants, Bars, Shops und Dive-Center befinden. Ca. 15min geht man von einer Seite zur anderen. Am Abend ist im Gegensatz zu Koh Phi Phi kaum was los, aber das ist für diese Insel genau richtig.

16.01.

Nach dem Ausschlafen gingen wir im Café Lipe, welches uns empfohlen wurde, frühstücken. Das Café gehört einem Schweizer der täglich frisches Brot macht. Wie geil nach all dem weisser als weissen Toast und Reis, mal wieder richtiges Brot zum Frühstück. Wir gingen dann auf die andere Seite der Insel zum Sunrise-Beach und ich meldete mich im Dive-Center. Wir liessen den Tag gemütlich am Strand ausklingen und verabredeten uns mit Milos, Tony und seiner Schwester Caty zum Abendessen. Wir genossen ein leckeres Fisch-Essen in einem Restaurant, in welches ich als Tourist nie reingegangen wäre. Wie so oft war es toll und gut verträglich. Anschliessend gab es noch einen Schlummertrunk in einer urgemütlichen Reggae-Bar am Strand mit Blick auf die schönen Sterne und dem Meeresrauschen im Hintergrund.

17.01.

Viel, viel zu früh musste ich heute aufstehen und machte mich auf den Weg auf die andere Seite der Insel zum Dive-Center. In der Nacht habe ich noch meine zwei Freundinnen unschön aufgeweckt, da sich mein Wecker im Rucksack selbständig auf 3 Uhr morgens gestellt hatte. Natürlich habe ich nichts gehört, bis mich Riana aus dem Bett jagte um meinen doofen Wecker zu finden. Sorry nochmals an dieser Stelle. :-) Um 08:00 war ich dann im Dive-Center und machte mich bereit für meinen ersten Tauchgang nach eineinhalb Jahren. Ich musste zuvor noch einen kleinen schriftlichen Test machen, was mich etwas gefordert hatte und das dann noch auf Englisch. Tja ich habe ihn zum Glück bestanden, mit etwas Hilfe von meinem hawaiianischen Guide Grant und lernte anschliessend meinen Tauch-Buddy, Alex ein Russe, kennen. Schon bald ging es mit dem Boot raus aufs Meer und zu unserem Tauchplatz. Da Alex noch an seinem Open Water Kurs war machten wir noch ein paar Übungen auf ca. 5m und dann ging es endlich los. Leider war die Sicht sehr schlecht und ich konnte gerade knapp Grant vor mir sehen. Sehr schade, doch für den ersten Tauchgang seit langem wars ok. Wir haben doch ein paar Dinge gesehen und das Gefühl beim Tauchen ist nach wie vor genial, so war die schlechte Sicht gar nicht sooo schlimm. Zurück an Land ging ich dann mit den Girls Mittagessen (für sie wars eher ein Frühstück) und anschliessend wieder zurück für den zweiten Tauchgang. Diesmal gings mit dem Longtail-Boot raus, zu meinem 71. Tauchgang. Die Sicht war etwas besser, jedoch leider immer noch schlecht. Es war trotzdem ganz gut und interessant. Nachdem ich den restlichen Tag mit den andern am Strand ausklingen liess, gings nach dem Abendessen mit allen an die Beach Party. Ich war leider sehr müde vom Tauchen, trotzdem wars lustig und wir hatten unseren Spass.

18.01.
Wir konnten zum Glück ausschlafen und machten uns dann um 13:00 für unseren Schnorchel Trip bereit. Ich erwartete nicht sehr viel. Ich schnorchle zwar gerne, aber seit ich tauche ist es nur noch halb so interessant. Trotzdem freute ich mich auf den Ausflug und es war genial! Wir hielten an drei Orten zum Schnorcheln und sahen viele tolle Dinge und genossen es richtig. Die Strände rundherum waren traumhaft und das Meer einfach genial! Wir hielten kurz auf einer schwarzen Steininsel und erkundeten die Gegend. Danach gings zu unserem Rastplatz. Ein schöner Strand mit einem Süsswasserfluss im Hintergrund und Fledermäusen die auf der Jagd waren. Vom Strand hatte man eine

traumhafte Sicht auf das Meer und die umliegenden kleinen Inseln. Unser Guide stellte sich als super Grillmeister heraus und die restliche Crew spielte Fussball im Sonnenuntergang. Wir genossen ein super feines Essen und einen unvergesslichen, wunderschönen Sonnenuntergang! Einfach traumhaft auf dieser scheinbar verlassenen Insel mit nur einer Handvoll Touristen. Als es ganz dunkel war stiegen wir wieder in unsere Boote und fuhren zum letzten Schnorchel Platz. Ich musste etwas meinen Mut zusammennehmen um in das stockdunkle Wasser zu springen. Dann aber wurde es genial! Durch unsere Bewegungen im Wasser kam das Plankton zum Vorschein. Ich habe dies zuvor noch nie gesehen und war völlig fasziniert! Wunderschön sieht es aus, wenn man untertaucht und alles silbern glitzern sieht. Alle plantschten wie wild herum um möglichst viel Plankton zu sehen und wollten kaum mehr aus dem Wasser. Es wurde aber Zeit zu gehen und unsere Guides brachten uns dann zu unserem Strand zurück. Nach dem nervigen packen für die am nächsten Tag folgende Weiterreise und einem kurzen Schlummertrunk, verabschiedeten wir uns von allen und fielen todmüde ins Bett.

19.01.

Nach dem letzten Frühstück im Café Lipe mussten wir uns von unserer neuen Freundin Daniela verabschieden, die noch ein paar Tage auf Lipe blieb. Schön durften wir sie kennen lernen und tolle Tage zusammen verbringen! Für Riana und mich gings dann los mit unserer riesen Tour nach Koh Chang.

Unsere fast 24h-Reise von Koh Lipe nach Koh Chang

Bangkok, Thailand

19.01.

Um 09:00 ging es mit dem Longtail-Boot vom Strand bis zum schwimmenden Steg und von dort 2h mit dem Speed-Boot bis nach Hadjay. Es war meine erste Fahrt mit dem Speed-Boot und ich habe herausgefunden, dass ich es hasse. Lieber tuckere ich ein paar Stunden länger auf dem Meer herum mit einer Fähre, als mit dieser Rumpelkiste über das Meer zu jagen und danach Kopfschmerzen von den Schlägen zu haben. In Hadjay ging es dann mit dem Minibus zum Flughafen. Dort mussten wir ca. 3h totschlagen, zum Glück haben wir in Chiang Mai auf dem Markt ein Eile-mit-Weile gekauft. Mit dem Flugzeug ging es dann in ca. 2h nach Bangkok. Dort angekommen versuchten wir uns über die Möglichkeiten um nach Trat zu kommen zu erkundigen, doch irgendwie konnte uns niemand so genau weiterhelfen. Wir stiegen in mehrere öffentliche Busse und kamen schlussendlich nach einer gefühlten Ewigkeit am Busbahnhof an. Dort mussten wir erneut ein paar Stunden ausharren, wir waren fast die einzigen Touristen. Um 22:00 konnten wir dann in unseren Nachtbus einsteigen und fuhren los. Man hat uns gesagt die Fahrt sollte ca. 6h dauern, nachdem wir endlich ein

wenig eingenickt sind stoppte der Bus plötzlich und alle stiegen
aus.

20.01.

Bereits um 02:45 sind wir in Trat gelandet und standen etwas verloren in der Kälte. Nachdem ich alle meine warmen Sachen hervor gekramt hatte warteten wir erneut. Um ca. 05:00 ging es dann
endlich weiter. Mit dem offenen Sammeltaxi ging es zu einem
kleinen Restaurant, bei welchem wir erneut warteten. Langsam
hatte ich das Warten gesehen und mein Buch schon fast zu Ende
gelesen. Als ich auf die Toilette ging wurde ich plötzlich wieder
etwas wacher, eine riesen Spinne, ca. 6cm Durchmesser kreuzte
meinen Weg. Dafür wurde ich nach dem Toilettengang von 3
kleinen Welpen freudig begrüsst und angesprungen, sie hatten
grosse Freude meine Schuhe anzuknabbern. Endlich ging es mit
dem Taxi weiter zum Hafen. Dort dann mit der Autofähre in ca.
30min auf Koh Chang. Erneut mit einem Sammeltaxi fuhren wir
an den bekannten Lonely Beach. Die Fahrt dorthin habe ich aber
nicht mitbekommen, meine Augen liessen sich nicht mehr offen-
halten und so döste ich im holpernden Taxi friedlich vor mich
hin.

Um ca. 07:30 am Ziel, rissen wir die Hostelangestellte aus dem
Bett um einzuchecken. Eine gefühlte Ewigkeit brauchte diese um
sich fertig zu machen und uns ein Zimmer zu geben, natürlich
schlief ich schon fast wieder im Sitzen ein. Endlich, endlich
konnten wir auf unser Zimmer. Als wir unser super grosses,
schönes Zimmer mit riesigem Bett und Bad sahen waren wir total
aus dem Häuschen und fielen sofort für ein paar Stunden in
friedlichen Schlaf. Herrlich! :-)

Koh Chang 20.01. – 28.01.

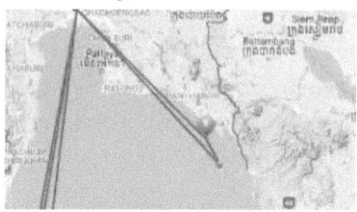 Ko Chang, Thailand

Todmüde fielen wir nach unserer langen Reise ins Bett, nachdem ich schon auf dem Tisch in der Hostel Lobby geschlafen hatte. Unser Zimmer war ein riesen Glückstreffer. Sehr gross, sauber, mit Klimaanlage (die jedoch literweise Wasser produzierte), TV, den wir nie einschalteten und ein riesen Bad. Das Beste war aber das super bequeme Bett.

Gegen Mittag wurden wir geweckt. Clem, der Ire, mit dem wir die leckeren Insekten in Bangkok gegessen hatten, war auch auf der Insel und motivierte uns das kuschlige Bett zu verlassen. Zusammen mit seiner Kollegin Pooja aus L.A. erkundeten wir das Dörfchen und die leckeren Restaurants.

Zwei Tage verbrachten wir mit den beiden und genossen Sonne, Strand, Meer und natürlich Party am Abend. Ich habe eines morgens herausgefunden, dass man in Thailand besser keinen Vodka trinken soll... Ich hatte ja schon ein paar Mal ein Gläschen zu viel, aber ich hatte noch nie so richtig derbe Kopfschmerzen nach dem Ausgang wie an jenem Morgen. Clem (der bereits seit etwa 4 Jahren in Thailand herumreist) erklärte mir dann, dass die Thais in den Bars zwar die original Vodkaflaschen im Regal stehen haben, jedoch oft normalen Ethanol einfüllen, weils viel günstiger ist und sie so die Touristen abzocken können. Kein Wunder also, dass ich so ein Kater hatte. Nun gut, auch das ging vorbei und schon bald war ich wieder soweit fit, bis mich dann leider das altbekannte Reiseproblem erwischte, den "Schei****" Welcome to Thailand kann man da nur sagen. Ich gehe bei diesem Thema nun nicht zu genau ins Detail... Naja auch das war irgendwann mehr oder weniger überstanden und wir hatten in der Zwischenzeit eine neue Stammbar gefunden. Die Gu Bay Bar welche zugleich auch ein kleiner Shop und Tattoo Studio ist, sowie auch die

Wohnung des Besitzers Sun, gefiel uns sehr gut und wir bekamen die besten Mojitos dort. Wir freundeten uns schnell mit Sun an und hatten eine coole Zeit. Wir hätten ihn sogar zu einer thailändischen Hochzeit begleiten können, haben aber dankend abgelehnt, da wir uns doch etwas fehl am Platz vorgekommen wären. Dafür gings mit Sun an die Beach Party und oft spielten wir auch Karten mit ihm in der Bar. Einmal konnte ich sogar meine alten Barkeeper Fähigkeiten wieder hervorholen. Ich machte Riana einen Mojito, da Sun einkaufen gehen musste.

Schon witzig wie die Dinge anders laufen in anderen Ländern. Geht etwas in der Bar aus, geht man einfach in den Supermarkt nebenan und kauft es sich oder schickt die Stammgäste.

Am 24.01. am Samstag war dann die grosse "Winter Sensation" Party die schon seit Wochen auf grossen Plakaten angepriesen wurde. Wir haben schon eine etwas grössere Beach Party erwartet und waren sehr überrascht über das riesige Spektakel. Es war ähnlich wie bei uns an einem Open Air. Eine riesen Bühne, überall Food- und Getränkestände, ein Tattoo Stand (wie überall) und eklige öffentliche Toiletten für die man natürlich bezahlen muss. Die Party war richtig cool und es war sehr lustig die vielen Leute zu beobachten. Erstaunlicherweise hatte es mehr Thais als Touristen was mir sehr gefiel. Die Ladyboys sind natürlich auch immer sehr amüsant, obwohl das die Thais selber manchmal nicht so toll finden, wie ich erfahren habe. Sie werden zwar geduldet, haben jedoch oft Mühe richtige Jobs zu finden und arbeiten auch deshalb praktisch nur in der Party- und natürlich Sexszene. Für mich aber ist es witzig sie zu sehen und teilweise muss man also wirklich zweimal hinschauen um zu erkennen, dass es wirklich keine richtigen Frauen sind. Viele sind aber auch "schlecht gemacht". Da sieht man oft einen mit Make-Up überschmierten Stoppelbart oder hört sehr sehr tiefe raue Männerstimmen zu feinen weiblichen Körpern.

Die grosse Party ging bis spät in die Nacht, oder besser gesagt bis in die frühen Morgenstunden. Leider lief wie immer so überhaupt nicht meine Musik und nach mehreren Stunden von diesem Elektrozeugs musste ich dann das Weite suchen.

Den Sonntag verbrachten wir ohne schlechtes Gewissen, wie zu Hause nach einem anstrengenden Partyausgang, im Bett. Natürlich gingen wir kurz raus, wir mussten ja schliesslich etwas essen, hmm Fried Rice kann so gut sein. Wir hielten uns aber dann mehrheitlich in unserem Zimmer auf und machten einen richtig faulen Sonntag mit Filme gucken und relaxen.

Die nächsten zwei Tage nahmen wir auch eher gemütlich und gingen an den Strand und am Abend in unsere Stammbar. Der Besitzer war dann auch ziemlich traurig als wir Koh Chang verliessen und weiter nach Koh Kood gingen.

Koh Kood 28.01. – 31.01.

 Ko Kut, Thailand

Nach 8 Nächten in Koh Chang war es nun definitiv an der Zeit weiter zu gehen. Wir hatten unseren Trip, also die Fähre von Koh Chang nach Koh Kood, das Hostel dort und die Reise von dort zurück nach Bangkok bei einer Lady in Koh Chang an einem der vielen Travel Agencys gebucht. Normalerweise haben wir nie so viel im Voraus gebucht. Da uns aber von mehreren Seiten gesagt wurde, dass man in Koh Kood etwas vorbuchen soll, da es nicht sehr viele günstige Möglichkeiten gibt, haben wir dies also gemacht. Den ganzen Trip konnte man als Packet haben, mit allen Transfers, was uns eigentlich gerade recht war. Da haben wir noch nichts Übles gedacht...

Wir verliessen also Koh Chang mit dem überfülltesten Speedboat, dass ich je gesehen habe. Als das Boot schon voll war kamen nochmals ca. 10 Leute die sich irgendwo dazwischen quetschen mussten. Ok das Boot ist nicht gesunken und wir kamen

heil in Koh Kood an. Dort hat uns der deutsche Besitzer des vor-
gebuchten Hostels abgeholt.

Im Hostel wollten wir normal mit unserer "Quittung" einchecken, als der Besitzer sagte, dass kein Geld bei ihm angekommen
sei. Wir erklärten ihm, dass wir schon alles bezahlt hätten, er
wusste aber leider von nichts. Sehr komisch, da die Lady in Koh
Chang noch mit ihm telefoniert hat um zu checken ob noch Zimmer frei sind. Das war korrekt, jedoch hat sie keinen einzigen
Bath an das Hostel überwiesen. Der Besitzer hat uns erklärt, dass
er gar keine Abmachung mit der Lady dort hat. Toll, wir standen
also da, haben alles bezahlt, doch nichts ist angekommen. Wir
wurden auch misstrauisch, ob unsere Weiterreise abgedeckt ist.
Die Thai Dame vom Hostel und der Besitzer waren extrem lieb
und haben mehrere Telefonate geführt. Wir haben dann herausgefunden, dass die Weiterreise auch nicht gedeckt ist und die
Fähre, sowie die Busfahrt noch nicht einmal reserviert. Der Besitzer riet uns die Touristenpolizei einzuschalten, doch dafür hätten
wir nochmals nach Koh Chang zurückfahren sollen und mit der
Polizei zusammen die Lady vor Ort anzeigen müssen. Die Thai
Dame vom Hostel hat sich dann der Sache angenommen und
weiter herumtelefoniert. Sie hat mit der Lady in Koh Chang gesprochen und diese hat gemeint sie hätte das Geld gar nicht
mehr. Sie meinte auch, dass sie eine Familie zu ernähren hätte
und das Geld nicht überweisen könne, weil sie es nicht hat. Die
Dame vom Hostel hat heftig mit ihr gestritten (zum Glück verstehen wir kein Thai). Schlussendlich hat die Lady gemeint, sie
versucht ihr Moped zu verkaufen und werde dann das Geld in
den nächsten Tagen überweisen. Es hörte sich aber alles etwas
merkwürdig und ungläubig an. Wir haben dann unserem Freund
Sun von der Bar geschrieben, ob vielleicht er mal nach dem
Rechten sehen könnte.

Das Travel Office der Lady war keine 20m von der Bar entfernt.
Sun hat uns zuverlässig bald darauf geantwortet und berichtete,
dass die Polizei bereits bei der Lady aufgekreuzt sei und sie

mitgenommen hätte. Scheinbar wurden mehrere Leute über den Tisch gezogen und betrogen. Wir haben uns überlegt, dass wir wahrscheinlich keine Chance mehr hätten das Geld wieder zu bekommen, weil noch so viele andere, vermutlich Touristen vor Ort, das Geld schneller bekommen. Es waren zum Glück "nur" 100 Franken, aber es ging ums Prinzip. Ich denke, dass die Lady nur eine Marionette an diesem Travel Agency Stand ist und dahinter eine Mafia steckt. Ich glaube ihr, dass sie das Geld gar nicht mehr hat und es bereits weitergeben musste.

Wir waren etwas verärgert, dass uns das passiert ist. Wir hatten schlichtweg Pech, hätten wir eines der anderen zehn Travel Agencys genommen wäre es nicht passiert. Naja was solls, ändern kann man es zu diesem Zeitpunkt sowieso nicht mehr. Wir beschlossen abzuwarten was am nächsten Tag passieren wird. Die Dame vom Hostel wird dran bleiben meinte sie.

Das Hostel war ziemlich cool, das Bett zwar katastrophal und es war laut in der Nacht, wegen den vielen Hunde, doch die Leute waren toll und unterhaltsam. Sie hatten einen Hausaffen und wie gesagt etwa 8 Hunde. Zudem ein Dive-Center. Ich ging am folgenden Tag tauchen und Riana kam mit aufs Boot zum Schnorcheln. Es war ein cooler Ausflug und wir hatten viel zu lachen mit den Dive Guides.

Als wir zurück kamen berichtete uns der Besitzer, dass die Lady scheinbar nun 700 Bath überwiesen hätte. Wir waren sehr überrascht und dankbar, das war immerhin für eine Nacht im Hostel. Mal schauen was noch passiert.

Am Abend haben wir dann Pizza, vom Pizzaservice bestellt, zusammen mit dem Besitzer. Hätte ich nie gedacht, das einmal in Thailand zu machen. Die Pizza kam sogar ziemlich schnell und war sehr gut. Danach wollten wir eigentlich das winzige Dörfchen etwas anschauen. Riana fühlte sich aber überhaupt nicht gut und wir gingen zurück ins Zimmer. Bald darauf bekam auch ich Bauchschmerzen und fühlte mich unwohl. Wir schliefen dann, denn ich musste am nächsten morgen früh raus zum Tauchen.

Um 06:45 war Abfahrt zum Hafen. Ich fühlte mich nach wie vor nicht gut und hatte zur Sicherheit bereits mal eine Tablette gegen Übelkeit genommen. Auf dem Boot habe ich dann meine heutigen Mittaucher kennen gelernt. Da waren 3 junge etwas verrückte Amerikaner aus Texas, ein witziger Berliner Punker, ein etwas älterer, merkwürdiger Österreicher, ein quirliger spanischer und ein ruhiger thailändischer Dive Guide, der thailändische Captain/Koch und ich. Eine witzige, gut durchmischte Truppe. Die Fahrt bis zum Wrack war leider sehr weit, ein Weg ca. 2 1/2h. Ich konnte die ersten 2h leider überhaupt nicht geniessen, da mir nach wie vor so was von übel war. Auch eine zweite Tablette hat überhaupt nichts gebracht. Die Jungs haben beim Frühstück auf dem Boot kräftig zugelangt und ich habe ein halbes Stückchen Brot versucht runter zu würgen. Ich habe die meiste Zeit auf den Horizont starrend an der Reling verbracht.

Kurz vor unserem Ziel, startete der Guide mit dem Briefing. Ich habe aber nur die ersten 3min mitbekommen und musste dann fluchtartig die Runde verlassen. Ich habe dann so richtig geko*** und mich in diesem Moment so richtig beschissen gefühlt, aber danach gings mir viel besser. Als ich zurück aufs Deck kam zu den Jungs, meinte der Guide auf Englisch nur: "Und, endlich geschafft? " ich sagte etwas beschämt "Ja" und alle lachten. Diese Barriere wäre dann wohl auch gebrochen.

Ich habe erst im Nachhinein erfahren, dass auch der thailändische Guide dasselbe machen musste wie ich und dass noch 3 andere von der Crew vom gestrigen Ausflug Bauchschmerzen und die Folgen davon spürten. Wahrscheinlich war mit dem Essen vom Vortag etwas nicht so gut gewesen. "Welcome to Thailand" zum zweiten, jupii...

Immerhin, das Wrack war genial zum Tauchen und entschädigte meine bis anhin schlimmste Bootsfahrt. Wir machten zwei Dives und genossen die herrlichen grossen Fischschwärme. Hammer, wenn du tauchst und knapp ein Meter neben dir riesen Barracuda-Schwärme und andere Fische vorbeiziehen.

Nur sehr schade, dass der Mensch zu dumm ist dies richtig zu schätzen und zu bewahren. Neben unserem Tauchboot hat ein Fischerboot gehalten, das mit russischen Touristen besetzt war. Die haben einen Angeltrip gebucht und die Crew an Bord hat mit lebend Köder einen Barracuda nach dem andern aus dem Meer gefischt, ca. im 2min Takt. Schrecklich! Klar hat es viele Fische, wenn aber jeden Tag 2-3 solche Boote vorbeikommen und alle ca. 15 Fische fangen hat es bald keine so tollen grossen Schwärme mehr. Über solche Leute könnte ich echt kotzen (Sorry für die Wortwahl, aber ist doch wahr), genauso wie alle ihren Abfall ins Meer werfen, aber das ist dann wieder ein anderes Thema. Viele Inseln haben das aber zum Glück nun gemerkt und machen regelmässig Reinigungsaktionen mit Touristen und Freiwilligen, die sehr gut sind.

Nach unseren zwei Dives sind wir zurückgefahren. Der Guide musste nur einmal sagen, dass es kaltes Bier an Bord hat und die Amis waren ausser sich vor Freude. Die Crew hatte zuvor ca. 30 Dosen Bier geladen, der Berliner und der Österreicher haben je eins abgekriegt (ich habe wegen meiner immer noch latenten Übelkeit freiwillig darauf verzichtet) und den Rest haben die Amis gesoffen in den 2h, hat gerade knapp gereicht. Hätte es mehr gehabt, wäre es weg gewesen.

Als wir zurück waren gab es nochmals eine Überraschung. Die Lady von Koh Chang hat tatsächlich Wort gehalten und noch den Rest des Geldes überwiesen! Sie hat nochmals im Hostel angerufen und nachgefragt, ob wir zwei das Geld auch wirklich bekommen haben. Sie klärt nun alles, damit sie nicht angezeigt wird und ins Gefängnis muss. Sie hat wirklich ihren Roller verkauft und das Geld zusammengekratzt. Irgendwie tut mir die Lady etwas leid, ich glaube, da ist viel mehr dahinter und ich frage mich was nun mit ihr passiert. Ich glaube nicht, dass sie einfach so aussteigen kann, in was auch immer sie verwickelt ist. Nun gut, wir hatten unser Geld wieder und waren froh nun alles geklärt zu haben. Wir konnten dann sogleich einen richtigen Transfer im Hostel buchen mit einem richtigen Ticket.

Unser letzter Abend in Koh Kood war nochmals richtig cool. Das Team vom Dive-Center macht jede Woche eine Moto-Party, das heisst sie suchen sich ein Thema aus, stylen sich danach und gehen dann in die eine grössere Bar im Dorf und feiern dort ein wenig. Zur riesigen Freude der Mädels war das Thema diese Woche "Ladyboys". Das hiess, die Männer machten sich zum Depp und die Frauen konnten sich köstlich amüsieren. Wir halfen den Männern sich zu stylen und gaben modische Beratung. Riana übernahm das Schminken und am Schluss sahen alle bombastisch aus. Die Krönung war der Aufmarsch vom spanischen Dive Guide und vom Berliner Punker, beide wurden von einem richtigen Ladyboy gestylt und geschminkt. Schrecklich schön waren sie. Praktisch alle Männer zogen ihre Rolle fast den ganzen Abend lang durch. Es war so was von lustig und ein cooler letzter Abend.

Am nächsten Tag am 31.01. mussten wir leider schon wieder gehen. Schön pünktlich waren wir um 08:20 bereit und warteten auf unser Taxi, dass uns zum Pier bringen sollte. Wir warteten und warteten und warteten... Um 08:45 rief die Dame vom Hostel den Fahrer an und stellte fest, dass er uns vergessen hatte. Ok um 09:00 fährt die Fähre und der Weg dorthin dauert bei normaler Fahrt 15min, wird also knapp... Um 08:50 rauschte der Taxifahrer an und wir stiegen ein. Wie ein Henker fuhr dieser über die engen, unebenen, holprigen Strassen und wir mussten uns stark festhalten, damit wir nicht wie unsere Wasserflaschen im Wagen herumflogen (die Taxis sind meistens Autos mit grosser Ladefläche mit Bänken und einem Dach). Mir wird ja beim Autofahren selten übel, aber dieser liebe Herr brachte mich und auch Riana dazu. Wir waren heil froh, als wir endlich den Pier sahen und die Fähre noch dort war. 09:05 war es inzwischen und der Fahrer gab auf der geraden Strecke auf dem Pier nochmals Vollgas. Mit quietschenden Rädern kam er zu stehen und schon eilten viele

Leute herbei die unser Gepäck nahmen, ins Boot trugen und uns zum Einchecken schickten. Die Fähre hatte auf uns gewartet und alle Augen der wartenden Touristen waren auf uns gerichtet. Egal, Hauptsache wir habens geschafft. Tschau Koh Kood.

Nach der knapp zwei stündigen Fährenfahrt gings mit einem super schicken und komfortablen Bus Richtung Bangkok. Er war so gut, dass wir sogar ziemlich gut schlafen konnten, für ein Weilchen. Natürlich erreichten wir Bangkok mitten in der Rushhour, sodass der Carfahrer uns mitten im Getümmel aus dem Bus rausnahm und uns Geld gab um die restliche Strecke mit dem Tuktuk zu fahren. War uns auch recht, ging einiges schneller voran. Wir haben wieder im bekannten Khaosan Palace eingecheckt und liessen den Abend ruhig ausklingen, waren wir doch sehr geschafft. Im Hotel war jedoch nicht daran zu denken schlafen zu können. Die Musik war so laut, von 3 verschiedenen Bars natürlich, ein richtig guter Mix und der Bass brummte wie "sau". Unser Fenster und die Wände vibrierten was zusätzlich Lärm verursachte. Eine Nacht im Zelt an einem Open Air neben der Bühne ist ein Dreck dagegen. In diesem Moment hätte ich mir so gerne solche Baustellen-Ohrschützer gewünscht. Naja irgendwann war ich dann doch so müde, dass ich trotzdem eingeschlafen bin.

Bangkok 31.01. – 01.02.

Bangkok, Thailand

Wie schnell doch die Zeit vergeht! Vor knapp einem Monat haben Riana und ich uns in Bangkok getroffen und jetzt ist unsere gemeinsame Zeit bereits um. Schade, es war so toll und hat riesig Spass gemacht!!! Obwohl wir vorher noch nie zusammen in den Ferien waren, hat alles immer super funktioniert und wir habens richtig genossen. Leider aber musste Riana wieder zurück in die kalte Schweiz. Wir hatten beide einen Flug am

Morgen, aber nicht am selben Flughafen. Da standen wir also, wieder in der Khaosan Road und mussten uns schweren Herzens verabschieden. Wir machten es kurz und schmerzlos, da wir beide nicht so gut sind in Verabschiedungen (wer meinen Eintrag vom Flughafen Zürich gelesen hat weiss das ja bereits). So stiegen wir also beide in ein Taxi und fuhren zum Flughafen.

Ich muss gestehen, ich war etwas nervös und aufgeregt, jedoch auch vorfreudig. Nun war ich alleine unterwegs und gespannt, was alles auf mich zukommen wird. Ich hatte keine Angst lange allein zu sein oder mich verloren zu fühlen, ich weiss wie ich mir helfen kann. Es ist schon ein etwas merkwürdiges Gefühl. Am Flughafen angekommen, checkte ich die Flüge und siehe da, alle Check-In Schalter hatten bereits 1h Verspätung. Das hiess also warten.

Mir sind dort schon zwei Typen aufgefallen die offensichtlich auch Backpacker waren, jedoch auf den ersten Eindruck etwas merkwürdig schienen und ich hatte (so doof es klingen mag) keine Lust auf solche Leute. So beschloss ich ca. 30m weiter vorne zu warten. Ich war keine 10min dort, da standen die zwei Typen bereits neben mir und quatschten mich an. Ok, ich dachte mir gut, ich bin ja offen und gebe ihnen eine Chance, vielleicht war ja nur der erste Eindruck merkwürdig. Leider nein, wie sich bald herausstellte. Als ich mir die Typen genauer ansah, habe ich festgestellt, dass sie nicht so ganz meine Altersklasse waren und sie doch eher zu den Ü35, wenn nicht sogar Ü40 angehörten. Nun gut, das wäre ja an sich nicht so schlimm. Als dann der eine auf die Toilette ging (der Franzose) begann der andere (ein Russe oder so, weiss es nicht mehr genau), mir von seinem Trip zu erzählen und schüttete mir nach nicht einmal 10min sein Herz aus, über eine Kambodschanerin in die er sich verliebt hatte. Okay... Also ich will ja nicht sagen, dass es unmöglich ist, dass man sich im Ausland verliebt und zusammen glücklich wird. Aber eine junge hübsche kambodschanische Barkeeperin, die einem (Sorry) nicht wirklich attraktiven Russen ein paar Drinks mixt... Er war ja bestimmt nicht der einzige durstige Tourist dort und die Dame muss ja auch Trinkgeld machen. Nun gut, der gute Herr hatte die rosarote Brille auf und da es mich ja nichts anging, hörte ich schlicht nur zu und musste ehrlich gesagt in Gedanken etwas schmunzeln über seine Naivität.

Der Franzose kam zurück und begann auch mich voll zu labern. Da wir das gleiche Ziel hatten, nämlich die Insel Koh Phangan, haben wir natürlich darüber gesprochen wie wir vom Flughafen in Surat Thani dort hinkommen würden und ob es überhaupt noch Unterkünfte hätte. Der Franzose hat prompt beschlossen, dass wir ja zusammen in ein Zimmer gehen könnten und für ihn schien das total klar, dass ich das auch gut finde. Der Russe hatte geplant, vorher noch einen Zwischenstopp auf Koh Samui zu machen. Normalerweise hätte ich mich ja gefreut nicht alleine auf die Suche gehen zu müssen, aber der Franzose war mir so überhaupt nicht sympathisch und ich überlegte bereits wie ich ihn wieder loswerden würde. Toll, mein erster Eindruck war richtig gewesen und jetzt hatte ich diese Typen an der Backe.

Wir konnten endlich am Schalter anstehen und der Franzose machte den Anfang. Plötzlich wurde er nervös und wirbelte herum. Er hatte im Internet den Flug falsch gebucht und anstatt den 1.2., den 1.3. angewählt. Blitzschnell rannte er aus dem Check-In Bereich und versuchte den Flug umzubuchen. Der Russe hatte grosses Mitleid mit ihm, da er vielleicht nicht rechtzeitig für die grosse Full Moon Party auf der Insel sein wird und ich... Nun ja, ich bin ganz ehrlich, ich hoffte wirklich für ihn, dass er noch einen Flug bekommt, aber bitte nicht denselben wie ich! Ich ging mit dem Russen durch das ganze weitere Tamtam am Flughafen und zum Gate. Immer wieder schaute ich mich um, ob der Franzose noch auftauchen würde, aber ich hatte Glück und konnte beruhigt ins Flugzeug einsteigen. Ich muss mir irgendeine Strategie ausdenken, die ich in einem nächsten Fall anwenden könnte...

In Surat Thani wurde ich etwas nervös, ich habe von vielen Leuten rundherum gehört, dass sie alle schon ein Hostel 2 Monate im Voraus gebucht hätten, da wegen der Full Moon Party, jetzt in der Hochsaison, bis zu 40'000 (!) Leute erwartet werden.

Ich habe mit Ach und Krach noch ein Fähren-Ticket zur Insel kaufen können, denn auch diese war fast ausgebucht. Etwas verloren stand ich dort und wartete auf den Bus, als ich drei junge, sympathisch wirkende Typen entdeckte. Die 3 Holländer nahmen mich quasi auf und wir fuhren zum Hafen. Sie hatten bereits ein Hostel reserviert. Toll... Alle waren scheinbar bestens vorbereitet. Da die Fähre (wie so oft) stark Verspätung hatte, waren die Jungs plötzlich auch unsicher ob die Reservierung mit ihrem Hostel klappen würde, da sie eigentlich schon fast dort hätten sein müssen. So nett wie ich bin, stellte ich mein Handy und mein Internet zur Verfügung, damit sie dem Hostel eine Mail schreiben konnten. Ich nutzte natürlich gleich die Chance, dass sie im Mail noch um ein Bett für mich anfragen konnten. Ein paar Stunden später kam dann die Antwort, die Holländer hätten sowieso ein 4er Zimmer und dass hiess, mein Bett war gesichert.

Ziemlich spät kamen wir endlich in Koh Phangan an und gingen ins Hostel. Auf dem Weg dorthin haben wir noch 4 Holländerinnen kennen gelernt und wir fanden alle Platz im selben Hostel. So war ich nun also mit 7 Holländern unterwegs, ich kam mir ja nur ein bisschen fremd vor. Sie gaben sich Mühe englisch zu sprechen, schweiften doch immer wieder ins holländische ab. Egal, es war trotzdem lustig. Nach einem gemütlichen Abendessen gingen wir noch etwas aus, nicht mehr all zu lange.

Koh Phangan 01.02. – 04.02.

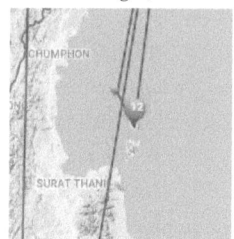 Ko Phangan, Thailand

Am nächsten Morgen hiess es dann wieder Rucksäcke packen, da das Hostel ab dort ausgebucht war. Die 2 Holländerinnen hatten bereits eine Reservierung in einem Hostel, 2min von dem berühmten Strand entfernt, wo die Party steigt und haben herausgefunden, dass dort noch Zimmer frei sein sollten. So fuhren wir also mit einem Taxi über die holprigen Strassen und hatten Glück. Wir mussten uns aufteilen und ich war schlussendlich mit 2 von den Holländerinnen, zwei Chilenen und einem Briten in einem Zimmer. Ich habe eine tolle Truppe erwischt und wir verstanden uns auf Anhieb. Nachdem wir das Dorf und den Strand angeschaut hatten, gings zum Essen und wir lernten uns besser kennen. Danach war bereits eine Beach Party an dem besagten Strand und wir mussten das natürlich anschauen. Anfangs wars wirklich cool, obwohl wiedermal nur Schrott Musik lief, aber man gewöhnt sich ja an alles. Bald darauf aber wurde es unerträglich. Wir verloren die Jungs, unsere Schutzschilder und wir Frauen waren allein dort. Es wimmelte nur so von ekligen aufdringlichen Männern und wir Frauen kamen uns vor wie von hungrigen Tieren umgeben. Man konnte keine 2min einfach tanzen ohne von irgendeinem schmierigen Typen betatscht und begrapscht zu werden. Wenn man einen direkt (oder auch ausversehen) angeschaut hat, war das scheinbar eine Einladung und man wurde ihn nur mit Mühe wieder los. Ziemlich direkt waren auch die Angebote und ich kam mir eher vor wie auf einer "Wer-schleppt-mehr-Frauen-ab-und-macht-rum"-Party als auf einer Beach Party. Nun gut, jedem das Seine. Am nächsten Morgen schliefen wir unendlich lange und waren schon sehr auf die berühmt-berüchtigte Full Moon Party gespannt. Ich habe schon viel davon gehört, machte mir aber wie immer keine genauen Vorstellungen und liess mich überraschen.

Im Hostel wurde gekocht und wir bekamen ein gratis Znacht und ein Bucket (Eimer) voll eines gewünschten Drinks. Obligatorisch bemalten wir uns dann selbst und gegenseitig mit den leuchtenden Farben an und hatten riesig Spass, wie kleine Kinder in der Malstunde.

Als wir alle bereit waren, natürlich auch mit passendem Full Moon Party Shirt, gings ab zum Strand. Der Anblick war gewaltig, tausende von Leuten und am ganzen Strand über die komplette Bucht verteilt waren Partys, Musik und Lichter. Anfangs wars wieder sehr cool und einige versuchten sich im Seilspringen mit brennendem Seil. Ich hätte das gern ausprobiert. Es hatte jedoch so viele Leute und so viele Betrunkene die einfach rein sprangen, dass das Seil kaum zwei Runden machen konnte und sich sehr viele stark verbrannten.

Wir zogen weiter, von Party zu Party. Wie es so ist verlor sich unsere ca. 10-köpfige Gruppe irgendwann und alle waren entweder alleine oder in Zweiergruppen unterwegs. Manchmal traf man sich wieder, verlor sich aber auch genauso schnell wieder. Ich muss sagen die Party war cool, bin aber doch etwas enttäuscht. Obwohl ich mir sonst nie grosse Vorstellungen mache, hätte ich doch mehr erwartet, da alle immer so euphorisch davon sprechen. Es war sehr schade, überall lief dieselbe Musik und die verschiedenen Feuershows die es früher gegeben hat, waren nur selten zu sehen. Mir hatte es irgendwie einfach auch zu viele Leute und meiner Meinung nach ist es jetzt ein richtiger Touristenabklatsch. Nun gut, ich bin trotzdem froh dort gewesen zu sein um es mal gesehen zu haben, es war cool, muss aber ehrlich sagen, ein zweites Mal würde ich nicht mehr gehen. Mir gefallen die kleineren Beach Partys viel besser.

Koh Tao 04.02. – 10.02.

 Ko Tao, Thailand

Die Leute aus unserem Zimmer verstanden sich so gut, dass wir beschlossen alle zusammen (ausser dem Briten der "musste" nach Australien) am nächsten Tag weiter zu reisen nach Koh Tao. Wieder mit der verspäteten Fähre natürlich.

Für einige war die Reise etwas hart, da noch der vorgängige Abend in den Knochen steckte. In Koh Tao ging dann die Suche mit dem Hostel wieder los. Wir fanden zum Glück bald eins für die heutige Nacht und würden dann morgen weiter schauen. Nach dem Abendessen und einer herrlichen Fussmassage gings ab ins Bett, etwas Schlaf nachholen. Am nächsten Morgen fanden wir zum Glück ein neues Zimmer in einem schicken Hotel mit zwei Pools. Unsere Family, wie wir uns nannten, hatte noch Zuwachs bekommen und so waren wir nun: Maxime und Zohar aus Holland, Rodrigo und Nacho aus Chile, Nicholas aus Dänemark und meine Wenigkeit. Eine gute Mischung und für mich optimal um mein Englisch zu verbessern. Wir verbrachten eine coole Zeit zusammen auf Koh Tao.

Die Mädels und Rodrigo machten den Tauchschein und Nacho und ich, die den Schein schon haben, gingen tauchen. Nicholas musste bald weiter, doch wir werden ihn wiedersehen. Das Tauchen auf Koh Tao ist auch ein Thema für sich. Ich wusste, dass Koh Tao DIE Insel ist um Tauchen zu lernen und es auf der kleinen Insel ca. 40 Tauchbasen hat. Dass es jedoch so extrem sein würde hätte ich nicht gedacht. Bei den Tauchplätzen hatte es jeweils um die 10 Tauchboote und unter Wasser musste man schauen, dass man keine Flosse eines anderen Tauchers ins Gesicht geschlagen bekommt hat. Schrecklich! Meine Freude am Tauchen hielt sich daher in Grenzen. Ich machte lediglich zwei Tauchgänge am Anfang und dann zwei Tage später gingen wir zum berühmtesten Tauchplatz wo man uns wenig andere

Taucher versprach. In aller Früh gings los (06:00), knapp 1h Fahrt und natürlich waren wir nicht die einzigen dort. Ich war leider etwas erkältet wegen den blöden Klimaanlagen überall und hatte beim ersten Tauchgang ziemlich Mühe. Anfangs dachte ich es ginge, doch der Druck in meinem Kopf wurde so gross, dass ich kaum mehr tauchen konnte. Ich hatte das noch nie, normalerweise wenn ich etwas erkältet bin geht es gut, ich habe ein paar Tricks die ich anwenden kann, doch diesmal wars scheinbar stärker als sonst. Ich bekam sogar richtig starke Zahnschmerzen vom Druck und liess dann den zweiten Tauchgang sein. Meine Beschwerden wurden immer stärker, sodass ich den Abend leider im Bett verbringen musste. Toll, krank in den Ferien... Naja auch das ging wieder vorbei.

Das Tauchen hat sich für mich auf dieser Insel sowieso erledigt. Das Equipment und die Qualität der Tauchbasen ist sehr mangelhaft und von der Art wie sie die neuen Taucher ausbilden kommt mir das Kotzen. Kein Wunder hat es so viele schlechte und verantwortungslose Taucher, wenn sie an solch einem Ort ausgebildet werden, wo es nur um Quantität und Profit geht, anstatt Qualität.

Die Abende verbrachten wir entweder gemütlich mit Massagen und Drinks in den Beach Bars oder an den Beach Partys. Diese Art von Partys gefallen mir sehr gut, sie sind nicht zu gross, es hat zwar schon viele Leute, aber überschaubar und die Thais zeigen coole Feuershows. Per Zufall traf ich dann auch die 3 Holländer wieder, die mich in Koh Phangan aufgenommen hatten. Ist teilweise schon witzig, man trifft sich oft zufälligerweise irgendwo wieder.

Die Tage gingen in Koh Tao ziemlich schnell um und ich war bereit wieder etwas Neues zu sehen. Bevor wir die Insel verliessen machten wir 3 Mädels noch einen Taxiboot Trip rund um die Insel. Man hatte uns das empfohlen, weil man mit dem Taxiboot überall halten könne und so die Insel nach eigenem Interesse anschauen kann. In Tat und Wahrheit aber konnten wir nur an bestimmten Orten halten und an all den andern fuhr unser Captain einfach vorbei. Als wir in dann fragten warum er nicht wie abgemacht gehalten hatte, verstand er uns auf Englisch scheinbar nicht und meinte nur: "no stop, no stop here", ok na dann. Die Tour war trotzdem schön und wir sahen doch einiges von der Insel.

Am Nachmittag wurden wir abgeholt und erneut zur Fähre gefahren. Mit der Fähre gings in 2h nach Chumphon und dort auf den Nachtzug. Da es diesmal nichts mehr Neues für mich war, war ich zuversichtlich diesmal schlafen zu können, doch Fehlanzeige. Das macht mich fertig! Früher konnte ich immer und überall schlafen und jetzt? Ist das so nachdem man 25 ist? So ein schei** Naja was solls, ich bin mir inzwischen gewohnt zu wenig zu schlafen und nach den Transfers jeweils total ausgelaugt zu sein. This is travelling...

Bangkok 11.02. – 12.02.

Bangkok, Thailand

Früh morgens kamen wir in Bangkok an. Obwohl wir die Adresse und den Namen des Hostels hatten, ist es jedes Mal eine riesen Herausforderung dies den Taxis oder Tuktuk Fahrern zu erklären. Man müsste meinen, dass sie sich in Bangkok auskennen oder wenigstens fähig sind, auf dem Handy auf der Karte den Weg zu finden, aber das ist vielleicht zu viel verlangt. Wir zeigten oft Karten und Adressen, aber das nützte oft nichts. Schlussendlich sagten sie immer sie wissen wo und dann während der Fahrt stoppen sie irgendwo, rufen jemanden an oder fragten am Strassenrand nach dem Ort. Was solls, bis jetzt sind wir immer angekommen, manchmal mit riesen Umwegen und viel teurer als geplant, aber auch das gehört dazu. Das Old Town Hostel hatte zum Glück offen und freie Betten, aber erst ab 13:00 und es war erst 06:00. Der

Portier hat uns angeboten auf den Sofas in der Lobby zu schlafen, was wir dann auch taten. Ich schlief so gut, dass ich erst irgendwann um 09:00 erwachte und viele Hostelbewohner rund um uns herum waren. Wir durften, obwohl wir noch nicht einchecken konnten, duschen und unser grosses Gepäck dort deponieren. Wir trafen uns mit den zwei Chilenen, die bereits einen Tag vor uns in Bangkok angekommen sind und sahen uns die Stadt an. Obwohl ich nun schon das vierte Mal hier war, habe ich doch noch einiges Neues gesehen. Wir sind einen Tempel anschauen gegangen, natürlich haben wir vergessen uns angemessen zu kleiden, aber zum Glück kann man ja alles mieten. Leider konnte man den Tempel nur von aussen anschauen, aber auch das war interessant. Die Bauart des Tempels ist erstaunlich. Die Treppen sind so steil, dass man beinahe rückwärtsfällt, wenn man sich nicht gut am Geländer festhält. Vom Tempel aus hatten wir einen guten Blick auf die Stadt und den Fluss. Danach erkundeten wir "Downtown" mit den vielen Shops und Shoppingcenters. Ist schon doof shoppen zu gehen, wenn man keinen Platz mehr hat im Rucksack, aber für den Geldbeutel ists gut. Da wir sehr müde waren von der langen Reise gingen wir relativ früh ins Bett, da wir am nächsten Morgen auch schon wieder früh raus mussten.

Um 06:00 war Tagwache und wir machten uns auf den Weg zum Floating Market. Mit dem Bus fuhren wir knapp 2h und dort gings schon auf die motorisierten Boote. Anfangs noch sehr ruhig, fuhren wir auf dem Fluss und schauten uns die Häuser die in den Fluss hineingebaut sind an. Dann stiegen wir kurz aus und wechselten auf die kleineren Boote die von Hand von den Einheimischen gefahren wurden. Was ich dort sah hat mich umgehauen. Unmengen von kleinen Booten quetschten sich auf dem Fluss auf und ab und brachten die Touristen zu den vielen Ständen direkt am Wasser. Ich war richtig fasziniert und hatte Spass. Es wurden Sachen am Ufer verkauft, sowie auf vielen kleinen Booten. Von Souvenirs über Essen und Getränke bis hin zu

Kleidern und Einrichtungsgegenstände. Mit langen Haken zogen uns die Verkäufer an ihre Stände heran und schoben uns wieder weg, wenn wir nichts kaufen wollten. Teilweise hatte es so viele Boote auf einmal, dass man meinte, weder vor noch zurück zu können, doch falsch gedacht. Irgendwie geht es immer, man quetscht sich einfach durch. Boot an Boot. Der Tipp, sich nicht am Bootsrand fest zu halten, war nicht von ungefähr, andernfalls hätte man sich wahrscheinlich ernsthaft verletzt. Ab und zu musste man auch den Kopf einziehen, wenn die grösseren motorisierten Boote mit ihren Dächern vorbeifuhren, denn die nahmen ebenfalls keine Rücksicht.

Nach ca. 40min auf dem Fluss gings dann wieder ans Ufer, wo wir noch durch den Markt schlendern konnten. Zum Glück habe ich nur meinen Rucksack dabei und keine leeren Koffer, andernfalls hätte ich diese wohl gefüllt.

Bald gings wieder zurück in die Stadt und zurück ins Hostel. Ich nutze das gratis WiFi und den Computer im Hostel, um meine Weiterreise zu planen. Ich hatte bereits das Nachtbusticket nach Chiang Mai, jedoch sonst noch keinen Plan. Eigentlich wollte ich wieder mit dem Nachtzug nach Chiang Mai, weil dieser doch bequemer ist als der Bus, doch dieser war leider bereits ausgebucht. Da ich leider nicht mehr allzu viel Zeit habe bis ich weiter nach Neuseeland gehe, musste ich die nächsten Tage doch etwas planen. Die anderen, die Family, wollten noch etwas in Bangkok bleiben, weil sie vorher noch nie dort waren. Sie planten aber auch nach Chiang Mai zu kommen, mal schauen, vielleicht trifft man sich wieder. Wir assen noch zusammen zu Abend bevor ich dann von ihnen zum Abfahrtsort begleitet wurde. Es war richtig cool mit ihnen, ich freue mich nun aber auch wieder etwas alleine unterwegs zu sein.

Ich war richtig glücklich über meinen Platz im Bus, ich hatte eine Zweierreihe für mich allein und es war echt bequem. Zudem war der Bus ziemlich modern. Ich las etwas in meinem Buch bis wir ca. nach 1h an einer Tankstelle stoppten. Ich dachte, es wäre nur ein kurzer Halt und hastete auf die Toilette, damit man nicht auf mich warten musste. Aus dem kurzen Stopp wurde aber leider nichts. Natürlich gab es keine Informationen seitens des Busunternehmens. Ich fand dann durch fragen anderer Reisender heraus, dass wir, wieso auch immer, den Bus wechseln müssten und dieser im Verkehr feststeckte. Nach knapp 3h kam dann endlich der andere Bus. Ich hatte mein Buch inzwischen fertiggelesen und war richtig genervt. Ich hasse nichts mehr als unnötig warten zu müssen. Nun gut wir luden das Gepäck um und stiegen in den neuen Bus. Dieser war ziemlich dreckig und es hatte noch etliche Sachen rumliegen von irgendwelchen Leuten vorher. Keine Ahnung, auch Kleider und Rucksäcke lagen herum, ich weiss nicht von wo der Bus gekommen ist oder ob die Bus Crew darin geschlafen hat, was auch immer. Ich hatte natürlich keinen Platz mehr für mich alleine und mein Sitznachbar machte sich nicht gerade rar. So sass ich also bis zum nächsten Morgen in diesem Bus, auf meinem Platz eingequetscht und habe wieder kaum geschlafen.

Chiang Mai zum zweiten 13.02. – 15.02.

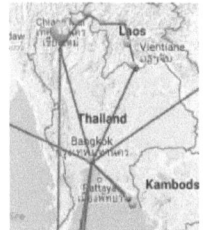 Chiang Mai, Thailand

Um 08:00 kamen wir in Chiang Mai an. Ich hatte einen Tag zuvor dem Diva Hostel, welches gerade neben dem Hostel liegt, in dem wir das letzte Mal waren, eine Reservierungsanfrage geschickt, leider aber keine Antwort erhalten. Ich versuchte mein Glück und ging einfach vorbei. Die Dame dort meinte aber, dass kein Zimmer mehr frei sei und ich es nebenan im Same Same Hostel versuchten sollte. Schade, ich hätte gerne dort übernachtet, denn das Hostel ist schön und da es von einem Schweizer und einer Thailänderin geführt wird auch sonst gut, vor allem das Essen und die Trips die man dort buchen kann. Ich war etwas enttäuscht und hatte der Dame gesagt, dass ich extra

ein Mail geschrieben hätte, diese meint sie hätte nichts bekommen und war etwas unfreundlich. In der Zwischenzeit hatte ich von der Family eine Nachricht bekommen, dass sie Bangkok nun auch nicht länger sehen müssten und dass sie morgen ebenfalls mit dem Nachtbus in Chiang Mai ankommen werden und ob ich vielleicht wegen Zimmern schauen könnte. Ich konnte mein Rucksack im Diva deponieren und machte mich auf die Suche. Alle Hostel wollten aber keine Reservierungen entgegennehmen. Das Same Same sah nicht gerade sehr verlockend aus von aussen, da ich aber keine Lust hatte noch länger zu suchen und es direkt neben dem Diva Hostel lag, versuchte ich dort mein Glück. Natürlich war ich noch zu früh und die Leute werden erst um 10:00 auschecken, ich musste also später wiederkommen.

Ich nutze die Zeit um fein im Diva zu frühstücken, mit richtigem Brot und erkundigte mich über die Trips. Ich wollte unbedingt zu den Elefanten, aber nicht in irgendeine touristische Anlage, wo die Elefanten schlecht behandelt werden. Ich hatte zwei Tipps bekommen von Freunden, wo die Elefanten richtig behandelt werden, diese waren aber sehr teuer. Die Dame vom Diva gab mir gute Infos und war plötzlich überaus freundlich und zuvorkommend. Sie meinte sogar, ich werde nachher noch eine gratis Fussmassage bekommen. Wahrscheinlich hat sie in der Zwischenzeit die Mails gecheckt. Sie hat mir dann eine andere Elefanten Farm empfohlen, die ebenso gut sei wie die anderen und nicht so teuer und viele Besucher hätte. Ich war zuerst etwas skeptisch, aber sie versicherte mir, dass es wirklich gut sei. Zum Glück gibt es ja das Internet, ich habe auf TripAdvisor nachgeschaut und wirklich nur gute Einträge darüber gefunden. Ok, dies schien wohl wirklich gut zu sein und ich habe den Trip für den nächsten Tag gebucht. Zudem konnte ich meine Weiterreise nach Laos planen. Ich konnte genauso einen Trip buchen wie ich es mir gedacht hatte: mit dem Minibus nach Chiang Rai, dort den berühmten weissen Tempel anschauen, dann weiter nach Chiang Khong direkt an der Grenze, eine Nacht dort, am nächsten

Morgen über die Grenze nach Laos und dort auf das Slowboat für zwei Tage, mit Übernachtung unterwegs. Dies alles für 1700 Bath, das sind umgerechnet knapp 50 Franken. Schon krass manchmal, wie günstig die Trips jeweils sind. Ich hatte in Bangkok noch gecheckt wie ich von Laos wieder zurück nach Bangkok für meinen Weiterflug kommen würde. Es fliegen leider nicht so viele Fluggesellschaften und die Reise ist etwas umständlich, mit Bus etc. Ich habe auch die Dame vom Diva gefragt und die hat mir angeboten die Flüge zu checken. Sie fand tatsächlich eine bessere Lösung, als ich sie gefunden hatte und zu einem akzeptablen Preis. Daher buchte ich dies auch noch. Alle Trips zusammen haben mich knapp 230 Franken gekostet. Nicht schlecht.

Um 11:00 konnte ich endlich in mein Zimmer im Hostel nebenan. Ein 12er Dorm, der naja sagen wir mal, seine beste Zeit hinter sich hat. Zudem war es ziemlich schmutzig und etwas schmuddelig. Nun gut, würde ich länger in Chiang Mai bleiben, wäre ich sicher nicht dortgeblieben, doch für nur zwei Nächte ging das schon.

Etwas später habe ich mir nebenan ein Velo gemietet (für knapp 2 Franken) und Chiang Mai mal auf eine andere Art erkundigt. Velofahren ist jedoch nicht ganz ohne. Erstens musste ich mich zuerst mit dem Linksverkehr anfreunden und zudem ist man als Velofahrerin einfach zu langsam. Spurwechsel sind sehr schwierig, da immer viele Mopeds und Autos kommen und diese mega schnell unterwegs sind. Oft war es daher so, dass ich Meter weit fuhr bis ich die Spur wechseln konnte. Die Strassen haben teilweise 4 Spuren, was für mich unmöglich war auf die andere Seite zu kommen, um rechts abzubiegen. So fuhr ich oft viel weiter als gewollt, aber ich hatte ja kein genaues Ziel und sah so viel von der Stadt. Ich fand einen schönen Tempel in dem viele Kinder waren, die gesungen haben, das war interessant. Einmal jedoch kam, als ich immer weiter geradeausfuhr, plötzlich das Autobahnzeichen und ich musste stoppen. Ich stand 5min am Strassenrand bis sich endlich eine kleine Lücke bildete und ich auf die andere Seite rasen konnte.

Ich habe festgestellt, dass Chiang Mai sehr viele Kliniken hat, für jede medizinische Richtung. Sogar die Nursing School habe ich entdeckt. Nach ca. 2h umher fahren fand ich dann einen Park in der Altstadt, dieser sah von aussen sehr schön aus und ich beschloss anzuhalten. Im Park hatten sie eine Bühne aufgebaut und es fand gerade das "Blind Music Festival" statt. So cool! Endlich mal wieder richtige Musik mit Instrumenten! Die Gruppen waren sehr unterschiedlich und auch viele Kinder machten mit. Es war richtig toll! Ich merke schon, dass ich mein Saxophon vermisse. Immerhin konnte ich dort zuhören und sie spielten richtig gut! Bald schon musste ich leider weiter. Ich habe meinen kleinen Veloausflug richtig genossen und fühle mich richtig gut, so herum zu reisen, das machen, was man gerade Lust dazu hat, das gefällt mir.

Nicholas, den wir in Koh Tao kennen gelernt hatten, war auch wieder in Chang Mai und wir hatten abgemacht uns zu treffen. Nach dem Abendessen gingen wir zu einer Lady Boy Show. Richtig verrückt war die Show, aber so was von lustig und unterhaltsam, es hat mir richtig gut gefallen! Nicholas war weniger begeistert, die Ladyboys liessen natürlich keine Chance aus, die Männer etwas zu begrapschen oder anzumachen. Es war in einem guten Rahmen, nicht zu extrem. Mich jedoch hat es teilweise fast verrissen vor Lachen, wenn ich in die entsetzten Männergesichter schaute. Die Lady Boys haben eine gute Show geliefert und wieder musste man bei manchen mehrmals hinschauen, um den Mann dahinter zu erkennen. Bei einer hätte ich, wenn ich sie auf der Strasse getroffen hätte, schwören können sie sei eine Frau. Sie war weiblich und sehr hübsch. Schon krass. Nach der Show sind wir etwas durch den Nightmarket geschlendert, wieder war ich glücklich keinen Platz im Rucksack zu haben, sonst hätte ich viel zu viel gekauft.

14.02.

Am nächsten Morgen war ich sehr gespannt, es ging zur Elefanten Farm. Nach einer Stunde Fahrt waren wir auf der Farm angekommen und haben kurz ein paar Infos über die Elefanten und die Farm bekommen. Der Thailänder der die Farm führt, hat die Elefanten teilweise aus dem Zirkus gerettet und sie können nun dort unbekümmert ihr Leben geniessen. Es arbeiten oft Freiwillige dort, wie die Engländerin die uns am heutigen Tag betreute. Es hatte eine 46-jährige Elefanten Dame die bereits zum 5x schwanger war und viele jüngere Elefanten. Sowie ein Baby das erst 10 Monate alt war. Die Schwangerschaft der Elefanten ist beim ersten Mal 24 Monate und dann jeweils 22 Monate, nach ca. 5 Babys ist Schluss. Wir waren anfangs nur ca. 8 Personen und konnten es daher richtig geniessen. Wir gingen runter zu den Elefanten die in der Zwischenzeit aus dem Wald auf den grossen Platz geholt wurden. Am Anfang war ich noch etwas ängstlich, ich meine die sind riesig! Sogar das Baby ist schon 550kg und die grossen bis zu 3 Tonnen schwer! Bald aber habe ich mich etwas daran gewöhnt und war hin und weg, die Tiere berühren und füttern zu können.

Pro Elefanten hatte es einen Aufpasser und die machten ihren Job wirklich gut. Das Baby sieht zwar süss aus, sie sehe aus wie ein Engel, sei aber ein Teufel, meinte die Engländerin die dort arbeitet. Wenn die grösseren Elefanten auf einen zu kommen und man das nicht möchte, könne man sich einfach umdrehen und dann gehen sie an dir vorbei, das Baby aber rennt einfach in dich hinein. Ohne Rücksicht. Die Engländerin hat sich so anfangs 3 Rippen gebrochen. Das Baby ist wirklich wie ein kleines Kind, es will immer spielen und macht Unsinn. Daher musste man immer ein Auge auf sie haben. Der eine Aufpasser kam mit dem knapp einjährigen Elefanten zu mir und fragte mich, ob ich einen Elefantenkuss möchte. Er wartete meine Antwort gar nicht gross ab und gab dem Elefanten bereits den Befehl. Auf einmal kam sein Rüssel auf mich zu und steuerte auf meine Wange und drückte mir einen riesen Schmatzer auf. Ich musste so lachen, es ist ein sehr merkwürdiges Gefühl. Wenn sie auf der Wange ankommen, atmen sie ein, dadurch entsteht ein Vakuum und dann ziehen sie den Rüssel weg, sodass es richtig schmatzt. Wenn sie vorher Wasser getrunken haben, ist der Kuss noch witziger für die Aufpasser und sie geben immer weiter die Befehle. Natürlich bekommt der Elefant nach jedem Kuss eine Banane. Ich glaube die Aufpasser hatten richtig Freude daran mich Lachen zu sehen und so bekam ich den ganzen Tag über immer wieder Küsse, ungefähr 15, bis meine Wangen am Schluss sogar etwas weh taten. Nach dem Füttern gings kurz in den Teich zum Abkühlen, wir schauten vom Ufer her zu. Das war die Chance für die Aufpasser. Sie liessen die Elefanten Wasser in ihre Rüssel saugen und duschten uns dann. Nach dem Mittagessen und etwas Ruhe für die Elefanten gings weiter. Wir bekamen Kleider und trotteten zum Schlammteich. Am Anfang noch etwas zögerlich stiegen wir nah dies nah mit den Elefanten in den Schlamm. Wir sanken bis zu den Hüften ein und konnten uns kaum bewegen. Die Elefanten fühlten sich sichtlich wohl und liessen sich von uns mit Schlamm einreiben

und verwöhnen. Der kleine machte die Augen zu und war komplett mit Schlamm bedeckt, lediglich der Rüssel ragte aus dem Schlamm. Es war erneut sehr abenteuerlich, wenn die Elefanten sich erhoben um wieder raus zu gehen, wir Menschen schleuderten im Matsch herum und konnten nur schwierig kontrolliert laufen.

Die Aufpasser fanden uns teilweise noch zu wenig dreckig und so entstanden immer wieder Schlammschlachten und es gab Nackenmassagen mit Schlamm. Hmmmm...

Danach gings wieder in den Teich und die Schlammpackung wurde abgewaschen, nicht so einfach die Elefanten und auch sich selbst sauber zu kriegen. So schön sauber können die Elefanten jedoch nicht bleiben und sie schütteten, kaum dass sie draussen waren, wieder Sand auf ihren Rücken. Natürlich waren sie auch wieder hungrig und der eine grosse Elefant holte mit seinem Aufpasser neues Gras für alle.

Die Elefanten brauchten wieder Ruhe und wir zogen uns zurück in die Hütte auf dem Hügel um zu duschen. Sogar frische Tücher gab es zum Duschen von dem Besitzer und wir liessen anschliessend den Tag mit einer super Sicht auf die Reisfelder ausklingen. Zum Schluss kam nochmals ein Elefant um uns Tschüss zu sagen und zeigte noch seine Tanzkünste. Sein Aufpasser hört viel Musik und tanzt, sodass der Elefant irgendwann begonnen hat dies nachzumachen. Es sah so lustig aus den Elefanten zu der Musik mit dem Kopf und dem Po wackeln zu sehen.

Leider mussten wir zurück und stiegen wieder in den Bus. Es war ein unglaubliches Erlebnis und ich bin sehr froh dies gemacht zu haben. Die Elefanten haben mich verzaubert und es war schlichtweg der absolute Hammer! Unbeschreiblich. Man sah den Elefanten auch richtig an, dass es ihnen dort gut geht. Ich sah die Augen von den Elefanten vom Trekking und nun diese von der Farm und das sind Welten. Die Elefanten rufen und schauen auch oft nach ihren Aufpassern, wenn die ihnen nicht unverzüglich folgen und dies zeigt wohl auch, dass es ihnen dort gut geht.

Zurück in Chiang Mai versuchte ich nochmals den restlichen Schlamm aus meinen Haaren und Ohren zu bringen und ging kurz wieder zum Diva Hostel, um von meinem Tag zu berichten. Die Dame mit der ich alles gebucht hatte, hat sich sehr gefreut, dass es mir so gefallen hat und ich bekam noch meine gratis Fussmassage im Salon nebenan. Was für ein herrlicher Tag!!!

Ich verabredete mich später mit der Family, die bereits im Verlauf des Tages angekommen war und wir schauten uns einen Thaibox Kampf an. Die ersten zwei Kämpfer starteten brutal hart und es floss bereits Blut. Nach knapp 5min gab es einen Sieger. Danach ging es aber leider nicht mehr so spannend weiter, die Kämpfe waren etwas lahm und nicht so spannend. Nach ca. 2h hatten wirs dann gesehen und gingen raus ins Nachtleben. Es war cool wieder alle zusammen zu haben und wir genossen unseren letzten Abend zusammen.

Chiang Rai 15.02.

Chiang Rai, Thailand

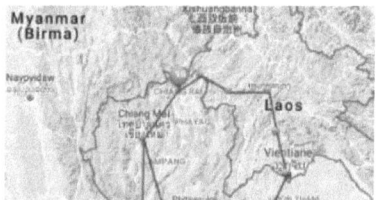

Nun gehts weiter für mich, ich verlasse Thailand und reise nach Laos. Juhuu ich freue mich! Am Morgen wurde ich von einem Minibus abgeholt und wir fuhren ca. 3h nach Chiang Rai zum weissen Tempel. Leider aber war dieser geschlossen für Touristen und man durfte sowieso nur mit weissen Kleidern rein. So konnte ich also nur Fotos von aussen machen. Wir fuhren dann einige Stunden weiter bis nach Chiang Khong nahe der Grenze.

Chiang Khong 15.02.

Chiang Khong, Thailand

Da das Hotel auch im Preis inbegriffen war, dachte ich, ich würde irgendein Bett in einem Dorm bekommen oder ein Zweibettzimmer mit jemandem teilen. Doch ich hatte riesen Glück und bekam ein Zimmer ganz für mich allein! Wie schön mal wieder kein Zimmer und sogar Bad teilen zu müssen! Ich hatte ein riesiges und sogar ein kleineres Bett, das mein Rucksack in Beschlag nahm. Übrigens hat sich mein Rucksack etwas verändert. Er hat nun noch zusätzlich zu meinen Stickern (die ich noch zu Hause als Wiedererkennungszeichen angebracht hatte) eine holländische und eine chilenische Flagge bekommen. Die Family hatte einen Stand entdeckt in Bangkok mit allen Flaggen und so wurde fleissig getauscht, auch die Schweizerflagge ziert nun holländische und chilenische Rucksäcke.

Auf der Fahrt und nun auch im Hotel habe ich die Leute von unserer Gruppe besser kennen gelernt und am Schluss ein sehr interessantes und lehrreiches Gespräch mit einem holländischen Ehepaar geführt. Er, Arzt und sie Pflegefachfrau, haben mir gute Tipps für Südamerika gegeben und viel aus ihrem Leben erzählt. Immer wieder spannend solche Geschichten zu hören und ich bin natürlich immer dankbar über Tipps für die noch bevorstehenden Länder.

Da ich sehr müde war ging ich früh ins Bett und freute mich so richtig gut und lange zu schlafen. Daraus wurde aber leider auch nichts, ich habe mir auf Deutsch gesagt, den Arsch abgefroren. Die Wände waren lediglich ein paar Bretter und draussen war es zwischen 10-15 Grad! Da könnte ich ja fast in die Schweiz zurück! Ich wusste, dass es im Norden kälter ist, aber gleich so? Das

59

nächste Mal muss ich meinen dicken Pullover und Socken in die
Nähe nehmen.

Auf dem Mekong 16.02. – 17.02.

 Pakbeng, Lao Peoples Dem Rep

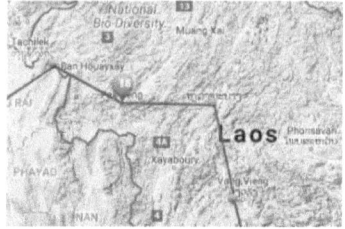

16.02.
Früh morgens gings mit dem
Minibus zur Grenze. Ich als
Schweizerin habe das Glück
kein Visa kaufen zu müssen
und so blieb mir auch der
ganze Papierkram erspart.

Für 15 Tage kann man gratis nach Laos einreisen und da ich sowieso nicht so lange bleiben kann, reicht das tipptopp. Am
Grenzposten stellte sich aber heraus, dass ich trotzdem noch so
einen anderen doofen Zettel ausfüllen musste und so konnte ich
doch nicht einfach so durchlaufen, aber ok, war ja nicht schlimm.
Elend lange mussten wir warten bis alle durch waren und wir
zum Hafen fahren konnten. Dort war das Slowboat bereits bereit
und wir konnten einsteigen. Die Rucksäcke wurden im Bauch des
Bootes verstaut, indem die Bretter aus dem Boden genommen
wurden und ein Angestellter in den kleinen Raum runter klettern
musste. Bretter wieder drauf und gut wars. Ich habe mir das
Slowboat etwas anders vorgestellt und muss ehrlich sagen, dass
ich schon ein bisschen enttäuscht war. Ich habe mir ein älteres
Holzboot vorgestellt, mit Holzbänken und ja einfach etwas traditionell. Stattdessen sassen wir, zwar schon in einem Holzboot,
aber in Stoffsitzen wie im Flugzeug mit viel zu vielen Leuten. Als
ich dann bereits an meinem Platz sass, sah ich plötzlich wieder
ein bekanntes Gesicht ins Boot einsteigen. Nicholas hatte scheinbar keine Lust mehr länger in Chiang Mai zu bleiben und ist auch
nach Laos gekommen, so trifft man sich schon wieder. Auch eine
Engländerin die ich in Bangkok kennen lernte war auf demselben
Boot. Es hat so viele Leute und trotzdem läuft man sich zufällig

ab und zu wieder über den Weg, das finde ich nach wie vor spannend. Ich hatte Pech und einen Randplatz im Boot erhalten, sodass jedes Mal, wenn jemand durchlief und das war so ca. alle 2min, ich gestreift oder geschupst wurde, weil der Mittelgang zu eng war. Tja egal, ich wollte ja den Mekong sehen und das konnte ich nun. Der Fluss ist ziemlich eindrücklich, braungefärbt, gross und stark. Wir fuhren los, ich muss sagen, die Fahrt ist sehr gemütlich, fast keine Wellen und schaukeln tut es kaum. Die Landschaft ist wunderschön, viele Felsen im Fluss und am Ufer viele kleinere Sandstrände, Wälder und hohe Berge. Immer wieder sieht man Kuhherden, direkt am Wasser, teilweise im Sand, Schweine, Ziegen (auf die ich gerne verzichten könnte wie viele wissen, aber wenn sie so weit weg sind, ists ja ok) und natürlich viele Einheimische die fischen oder sonst an Land arbeiten. Oft hat das Boot auch angehalten und Einheimische irgendwo in der Pampa draussen ein und aussteigen lassen. Besonders gefällt mir, wenn die laotischen Kinder im Fluss baden und dem Slowboat zuwinken, voll süss. So schön die Landschaft auch ist, wechselt sie nie und es ist immer wieder das Gleiche. Es wird daher leider etwas langweilig mit der Zeit. Scheinbar ging es aber nicht nur mir so, denn wenn man herumschaute, sah man alle entweder schlafen, lesen, in Tagebüchern schreiben oder Spiele machen. Ok einige betranken sich auch, aber die meisten machten die genannten Dinge. Viele liefen auch zigmal hin und her und störten mich beim Schlafen.

Nach etwa 6h auf dem Fluss kamen wir in dem Dörfchen Pakbeng an. Da in dem Reisepacket diese Übernachtung nicht inbegriffen war, mussten wir erneut ein Hostel suchen. Man hat uns gesagt, dass es sehr günstig sein wird in dem Dorf zu übernachten, sowie uns auch gesagt wurde, es hätte nichts zu essen und zu trinken auf dem Boot. Wieder einmal wurden wir etwas hereingelegt. Aber klar, dass der laotische Reisebürobetreiber mit einem eigenen kleinen Lebensmittelshop dies behauptet, auch er muss natürlich sein Geld einnehmen. Nun gut, ist ja nicht schlimm, es ist so oder so immer noch sehr günstig und ab solchen Sachen muss ich eigentlich nur schmunzeln. Wie naiv wir Touristen auch nach einiger Reisezeit immer noch sind...

Wir fanden ein Hostel für einen mehr oder weniger fairen Preis und es war sogar ganz ok. Es war schon ziemlich spät bis wir endlich unseren Znacht bekamen und da wir alle ziemlich müde waren (keine Ahnung von was, wir sind ja nur im Boot gesessen und haben nichts gemacht), gingen wir bald ins Bett.

Luang Prabang 17.02. – 19.02.

 Luang Prabang, Lao Peoples Dem Rep

17.02.

Nachdem wir auf der Strasse an einem der vielen Stände (die alle dasselbe verkauften... wie können die alle existieren?) unser Frühstück und Lunch gekauft hatten, gings bereits um 08:30 weiter mit der Fahrt auf dem Mekong. Die Fahrt war ähnlich wie am Vortag und die Landschaft auch. So hatte ich nun massenhaft Zeit. Alle Blogeinträge seit Ko Tao bis gerade jetzt (17.02.2015 / 14:10) sind auf dem Slowboat auf dem Mekong entstanden. Auch gut, so war ich wiedermal mit allen Einträgen nach und musste sie nur noch hochladen, sobald mal wieder gutes WiFi vorhanden war. Am längsten dauert es jeweils die Fotos hochzuladen, das ist jedes Mal eine nervenaufreibende Prozedur, sonst wären die Einträge viel schneller online. Ich sitze nun also gerade auf meinem Platz (diesmal hat es zum Glück nur Zweierreihen und einen breiteren Gang in der Mitte) und schreibe für meinen Blog. Rundherum dasselbe Bild wie gestern, die Leute lesen, hören Musik, schreiben wie ich und die Kanadier betrinken sich wieder, diesmal sind sie allerdings bereits mit dem Bier aufs Boot gekommen und sind nun ein paar Stunden später beim Whisky angelangt, bin gespannt wie das noch weitergeht. Da ich nun soweit fertig bin mit Schreiben, werde ich nun etwas lesen und Musik hören, die Fahrt dauert noch eine ganze Weile.

Um etwa 16:00 hielt dann das Slowboat erneut. Die Crew teilte uns mit, dass wir hier seien und aussteigen sollten. Der Hafen, wenn man das überhaupt so nennen kann, sah überhaupt nicht so aus, als ob hier irgendwo eine grössere Stadt wäre. Irgendjemand rief dann durch das Boot, dass es ein Trick sei und man sitzen bleiben solle. Die liessen uns nur hier raus, damit wir noch ein Tuktuk bezahlen für die 10km bis in die Stadt. Der richtige Hafen sei weiter unten und direkt bei der Stadt. Eine Engländerin die ich kennen gelernt hatte, teilte uns aber mit, dass sie von ihrer Reiseagentur ein Mail habe, über diese Situation. Die schreibt, dass man aussteigen müsse, weil es für die Slowboats nicht mehr erlaubt sei mit den Touristen bis nach unten zu fahren und nur die Einheimischen bis dorthin dürften. Wahrscheinlich nur Geldmacherei, aber sie würden nicht weiterfahren. Es hätte Touristen gegeben, die 3h auf dem Boot gewartet hätten und schlussendlich trotzdem aussteigen mussten. Wie auch immer, mir war das zu blöde noch lange zu warten und ob ich jetzt noch 2 Franken mehr für das Tuktuk zahlen musste, war mir egal. Natürlich wurden wir, die ausstiegen, von den andern, die behaupteten es sei ein Trick, ausgelacht und spöttisch angeschaut. Ich musste nur schmunzeln, denn sie werden auch noch aussteigen, dann, wenn wir schon lange in der Stadt sein werden.

Klar wurden wir wieder etwas gelinkt, aber ich sah das positiv. Immerhin konnte man auf der Tuktukfahrt noch etwas vom Inland sehen und nicht nur das Flussufer das wir schon kannten. In der Stadt Luang Prabang angekommen ging dann erneut die Hostel Suche los. Wir liefen eine ganze Weile hin und her und fanden, wenn überhaupt, nur sehr teure Hotels. Wir beschlossen schlussendlich, dass ich mit den Rucksäcken warte und Nicholas spurtete los und klapperte alle Hostels ab. So ging es schneller und effizienter, denn alle waren auf der Suche nach Unterkünften. Nach einiger Zeit fand er dann zum Glück endlich ein Hostel, in welchem noch zwei bezahlbare Betten frei waren. Morgen ist das chinesische Neujahr, was in Laos und auch in Thailand (vielleicht sonst auch) gross gefeiert wird und deshalb seien so viele Hostels ausgebucht. Alle Familien strömten zusammen und feierten in der Stadt. Das Hostel war ziemlich ok und ich war das erste Mal in einem 20er Dorm. Tönt so irgendwie schrecklich und nach Chaos, doch das Zimmer war gut unterteilt, es gab sogar eine Frauen- und eine Männerseite, so dass man genügend Freiraum hatte. Nach einer kurzen Dusche gings dann in die Stadt. Es gab einen sehr grossen Nightmarket und einen Foodmarket. Da wir sehr hungrig waren gings zuerst zum Essen. Der Foodmarket war richtig cool, ein Stand nach dem andern, mit vielen fein und weniger fein aussehenden Esswaren. Ich bin noch etwas skeptisch und frage mich, was man alles essen kann und was nicht. Scheinbar sollte man mit dem Fleisch aufpassen. Rundherum assen alle alles und die Chinesen stürzten sich regelrecht auf irgendwelche gegrillten Hühnerfüsse und dergleichen.

Wir trafen einen Deutschen der mit uns auf dem Boot war und er meinte am Buffet soll das Essen sehr gut gewesen sein. Ok das war schonmal ein guter Tipp, denn wenn das jemand mit einem europäischen Magen sagt, kanns nicht so schlimm sein. Wir steuerten also zum nächsten Buffet und bedienten uns mit allem was wir Lust hatten. Zum Glück liebe ich Nudeln, ich hatte in meiner Schale am Schluss ca. 5 verschiedene Nudelsorten, etwas Reis, eine Art Spinat glaube ich und eine Frühlingsrolle. Wenn man es warm haben wollte, wurde alles in einen Wok geschmissen und etwas erwärmt. Man konnte sich so viel nehmen wie man wollte und das alles für 15'000 Kip, also nicht mal 2 Franken. Das Essen war sehr lecker und bekam uns auch gut.

Danach wollten wir noch gemütlich durch den Nightmarket schlendern. Schon nach den ersten Schritten viel uns auf, dass die Leute sehr nervös waren, richtig hektisch teilweise und vereinzelt schon zusammenpackten. Ich fragte eine Laotin die gemütlich an ihrem Stand sass, ob der Markt bald fertig sei und sie zeigte dann nur zum Himmel hoch. Zuerst bin ich nicht so drausgekommen und wir fragten ein Touristenpaar, diese meinten es sei wohl etwas mit dem Mond oder ein Feiertag. Das schien mir etwas merkwürdig und nur so neben bei sagte ich zu Nicholas, vielleicht kommt ja Regen... Kaum hatte ich das gesagt, fing es plötzlich und heftig an zu regnen. Die Szene die dann folgte hätte gefilmt werden müssen. Auf einmal ein riesen Aufruhr und alle fingen an wie wild zusammen zu packen und ihre Zelte abzubrechen. Wir Touristen flohen regelrecht aus den Ständen hinaus und mussten aufpassen nicht von einem herunterkommenden Zelt erschlagen zu werden. Es kam mir vor, wie wenn bald die Welt untergehen würde. Es war plötzlich richtig dunkel, es donnerte und alle rannten wild herum und schrien. Als dann noch der Strom ausfiel war das Chaos perfekt. Wir retteten uns mit ach und krach, völlig durchnässt in den nächsten Unterschlupf. Von dort konnten wir nur zusehen wie die armen Laoten ihre Sachen zusammenpackten. Sie taten mir richtig leid, vieles wurde nass und als dann noch der Wind kam, wurden auch noch die Zelte teilweise weg gewindet, zudem fiel immer wieder der Strom aus, sodass man kaum etwas sehen konnte. Ich wollte gerne helfen, merkte aber, dass ich wahrscheinlich nur im Weg stehen würde. Nicholas versuchte es und eilte zu einer älteren Dame, doch er konnte nur das Zelt etwas festhalten und mehr auch nicht, denn sie haben ihr eigenes System und sprechen kaum englisch. Zum Glück war der ganze Spuck nach etwas 30min vorbei und wir gingen zurück ins Hostel.

18.02.

Keine Ahnung, aber ich hatte schon wieder so lange geschlafen. Offenbar musste ich doch mehr Schlaf nachholen als ich gedacht hätte. Als ich endlich aus den Federn kam gingen wir frühstücken. Nicholas und ich wurden von Jun, einem Südkoreaner aus unserem Hostel begleitet und hatten ein sehr interessantes Frühstücksgespräch über das Leben und die Unterschiede zwischen, Südkorea, Dänemark und der Schweiz. Solche Gespräche sind immer toll und man lernt viel dabei. Oft sind auch Sachen gleich die man nie erwartet hätte.

Nachdem wir nun gestärkt waren, wollten wir zum berühmten Wasserfall. Der Plan war eigentlich mit einem Tuktuk dorthin zu fahren. Nachdem wir einige abgeklappert hatten, fanden wir den günstigsten der uns hin und wieder zurückfahren würde. Wir stiegen ein und es ging los. Jedoch fuhr der Fahrer nicht direkt Richtung Wasserfall und kurvte in den Strassen mit den Hostels und Travel Agencys umher. Scheinbar versucht er noch mehr Leute zu finden für den weiten Weg. Er war nicht erfolgreich und plötzlich hielten wir an. Ein Minibus Fahrer kam zu uns und meinte, wir könnten nun mit dem klimatisierten Minibus für den gleichen Preis wie mit dem Tuktuk zum Wasserfall fahren, wir dürften es nur nicht den anderen Touristen verraten. Welchen anderen Touristen? Da unser Tuktukfahrer nicht mehr weiterfuhr, stiegen wir halt um. Als der Minibus an verschiedenen Travel Agencys hielt und viele Leute einstiegen, merkten wir, dass wir mittendrin in einer Tour waren. Toll, das hatten wir nicht gewollt. Wir wollten frei entscheiden und nicht mit einer Tour gehen. Wir versuchten nochmals ein Tuktuk zu finden, diese wollten aber alle nicht mehr den weiten Weg fahren und so blieb uns nichts anderes übrig als mit dem Minibus zu fahren. Eigentlich nicht ganz so schlecht, denn der Minibus war einiges schneller als die Tuktuks und etwas bequemer zum Sitzen. Doch war das nicht für alle klar. An dieser Stelle muss ich nun etwas über die Touristen motzen. Ich verstehe nun die Einheimischen immer mehr, wenn sie unfreundlich zu Touristen sind, denn es gibt wirklich viele Idioten. Der Minibus hatte einige normale Plätze und noch zusätzliche Stühle die man runter klappen konnte. Klar waren die nicht gleich bequem wie die anderen, aber ja das ist halt nun mal einfach so und auch nicht so schlimm. Klar, für mehrere Stunden müsste man dort nicht sitzen, doch die Fahrt dauerte ca. 40min. Die zugestiegenen Touristen wussten nichts Besseres, als darüber zu schimpfen wie eng es doch nun sei und sie sicher nicht so fahren würden. So wurde also diskutiert, rumgemotzt und die Hände in die Luft geworfen. Was wollten sie denn? Wenn man Luxusbusse möchte, dann muss man sicher nicht nach Laos und schon gar nicht so einen günstigen Trip buchen, dann bezahlt doch mehr und geht mit dem VIP-Bus! Wir standen dort sicher 20min. Ich war sehr kurz davor meine Meinung zu sagen und den laotischen Fahrer in Schutz zu nehmen. Als ich aber in die Runde schaute und mir die Touristen genauer ansah, merkte ich, dass es wohl keinen Zweck hätte und lediglich nur mich selbst aufregen würde. Ist schwierig, wenn kein Niveau vorhanden ist, Leuten etwas zu erklären, darum liess ich es sein. Wir fuhren schlussendlich trotzdem los. Nach einem kurzen Halt, weil sich jemand übergeben musste, gings dann weiter über die sehr holprigen Strassen. Endlich am Wasserfall angekommen, konnten wir uns von dieser schrecklichen Gruppe für 2h lösen.

Der Wasserfall war sehr schön und eindrücklich. Leider wieder einmal eine riesen Touristenattraktion, aber das war ja klar. Wir sahen einen kleinen Weg mit einem hölzernen Schild an einem Baum mit der Aufschrift: "go on top". Das machten wir auch.

Ziemlich steil und steinig gings ca. 20min bergauf. Ganz schön anstrengend, wenn man schon lange nicht mehr so "wandern" war. Und heiss! Das Klima ist sehr drückend, ich glaube es regnet oft und daher ist es im Wald ziemlich tropisch. Meine Schuhe waren auch perfekt zum Wandern, Sandalen. Gut, besser als viele andere die mit den Flip-Flops den Hang hinauf stolperten.

Oben genossen wir die herrliche Aussicht über das grüne Land und liefen barfuss weiter durch das Wasser. Als wir wieder runter liefen, begann es leicht zu regnen. Wir hatten aber Glück und es blieb bei harmlosen Tropfen. Viele die mit den Flip-Flops hochgelaufen sind, haben diese beim runter gehen nun ausgezogen und liefen den steilen Hang barfuss hinunter. Wenn das mal keine Verletzungen gibt... Runter war viel mühsamer als rauf und man musste teilweise echt aufpassen. Unten angekommen liefen wir ein ganzes Stück flussabwärts bis zu dem Ort an dem man baden durfte. Nicholas und ich stürzten uns ins Wasser, Jun genoss es lieber am Uferrand. Das Wasser war erfrischend nach dem schweisstreibenden Marsch, doch nur die ersten paar Minuten. Danach spürte man, dass das Wasser aus den Bergen kommt, es war saukalt.

Wir machten uns bald wieder auf den Weg nach unten und zu unserem Bus mit der tollen Reisetruppe. Zum Glück waren alle pünktlich und wir konnten ohne grosses hin und her zurückfahren. Die Fahrt war ganz schön mühsam und anstrengend, wir waren froh wieder zurück zu sein.

Schon am Morgen hatte ich leichte Kopfschmerzen die sich leider während des Tages nicht besserten und nach dem Ausflug noch viel schlimmer wurden. Ich entschloss mich, mich etwas hinzulegen und eine Tablette zu nehmen. Schliesslich wollte ich am Abend noch an den Night Market und später den bekannten Club auskundschaften. Ich konnte leider kaum mehr aufstehen, meine Kopfschmerzen waren überhaupt nicht besser und ich musste mich richtig zwingen das Bett zu verlassen. Ich dachte nach etwas frischer Luft und Abendessen, wäre es vielleicht besser. Ich ging kurz durch den Market (konnte natürlich nicht widerstehen etwas zu kaufen) und wieder im Food Market Nudeln essen. Musste dann aber leider wieder nach Hause. Mir drehte alles und ich konnte kaum gerade gehen. Schöne sche*** ging ich halt wieder ins Bett. Mit ruhig schlafen wurde aber leider nichts, es war ja chinesisches Neujahr und das musste natürlich gefeiert werden. Unten im Hostel haben sich zig Leute versammelt und Rambazamba gemacht. Um Mitternacht natürlich noch mit Feuerwerk.

Vang Vieng 19.02. – 22.02.

 Vang Vieng, Lao Peoples Dem Rep

19.02.
Um 10:00 mussten wir auschecken und gingen gemütlich frühstücken. Wir versuchten übers Internet ein Hostel im Voraus zu buchen in Vang Vieng, dies war aber überhaupt nicht einfach. Anscheinend ist ziemlich alles voll und wir hatten gerade noch zwei Betten in einem einzigen Hostel bekommen.

Um 14:00 sollten wir vor dem Hostel abgeholt werden, doch wieder einmal standen wir da ohne dass etwas passierte. Man hatte uns vergessen und so gings dann halt mit dem nächsten Bus, eine Stunde später weiter Richtung Süden. Die Strassen waren wie immer sehr holprig und steinig. Wir fuhren über Berge und mussten teilweise Schritttempo fahren wegen den vielen Löchern auf der Strasse. Die Landschaft rundherum war dafür sehr schön und idyllisch. Die Fahrt ging ziemlich lange und wir waren sehr froh endlich in Vang Vieng anzukommen. Da wir das Hostel bereits vorgebucht hatten, dachten wir nicht lange warten zu müssen und bald ins Zimmer zu können. Leider aber war es wiedermal nicht so. Es standen viele Leute an der Reception und zu allen wurde nur gesagt, dass sie einen Moment warten müssten. Der Mann von der Reception war sehr unfreundlich und ging uns aus dem Weg. Irgendwann konnten wir ihm das Bestätigungsmail von unserer Buchung zeigen. Offenbar hatte eine Buchungs-Homepage immer wieder freie Zimmer von dem Hostel angezeigt, obwohl sie gar keine hatten. Zum Glück aber hatten wir diese Buchung, sonst hätten wir wahrscheinlich auf dem Boden schlafen müssen. Wir wurden ca. 300m weiter in einen anderen Raum gebracht. Es sah so aus, als ob der Schlafsaal einmal ein Shop gewesen wäre und einfach alles rausgerissen wurde und Betten reingestellt. Etwas ungemütlich aber für eine Nacht ganz ok.

Die Schwester die zusammen mit ihrem unfreundlichen Bruder das Hostel führt, war dann aber sehr nett und hat sich xmal entschuldigt. Wir gingen den Ort anschauen und essen. Um 24:00 war ich im Hostel bereit. Ich hatte zuvor vereinbart mit meiner Familie zu skypen, die alle auf Besuch bei uns zu Hause am Geburtstag meines Vaters waren. Das war richtig cool und hat mich sehr gefreut! Danach ging ich ins Bett, nicht ganz einfach, denn in dem sogenannten Bad hatte es kein Licht, aber für was hätte ich denn sonst eine Taschenlampe dabei.

20.02.

Am nächsten Morgen um 11:00 konnten wir wieder ins andere Hostel zurück. Ich habe nun schon einige Dorms gesehen, dieser jedoch war schon etwas gar speziell. Nach einem langen Gang, mit Zweierzimmer, kam ein grosser Raum, eher ein Abstellraum, indem ca. 8 Betten standen und zu beiden Seiten hatte es zwei andere Räume mit nochmals ca. 6 bis 10 Betten. Ich muss nicht sagen, dass natürlich alle Betten gleich viel kosten, ob jetzt mitten auf dem Gang oder in einem der Räume. Wir hatten Glück zwei Betten in den einen Raum zu bekommen. Die Hostelbetreiberin pries uns das eigene Bad im Zimmer an, dies war jedoch eine Katastrophe. Modriger Geruch, nicht wirklich sauber und die Toilette... Nun ja, ich weiss nicht wie man sich darauf setzen sollte ohne in etwas ekliges zu greifen. So eng und ca. 20cm ab Boden auf einer Art Podest. Die andere Toilette, die für alle anderen waren (sind ja nur etwa 15 Leute), war nicht sehr viel besser. Ich weiss man muss im Hostel seine Ansprüche runter schrauben, aber die Leute sind teilweise also schon eklig. Das zu diesem Thema...

Um 12:00 machte ich mich auf den Weg zum berühmten "Tubing". Für die, die nicht wissen was das ist, können es sich so vorstellen: Man sitzt auf einem mit Luft gefüllten Ring (Tube) und lässt sich gemütlich den Fluss hinuntertreiben. Dazwischen hält man an diversen Bars, trinkt natürlich einiges und vergnügt sich. Ich machte mich also auf den Weg und musste zuerst einmal ca. 15min anstehen. Alle mussten einen Zettel ausfüllen mit Namen etc., bekamen eine Nummer auf die Hand geschrieben (ich war um 12:00 bereits die 179igste) und unterschreiben, dass wenn etwas passiert, man selbst haftet. Vermutlich hat es in vergangener Zeit sehr viele Unfälle gegeben und auch einige Todesfälle. Viele hatten sich überschätzt, waren zu betrunken und sind dann ertrunken. Deshalb hat es den ganzen Fluss entlang auch nicht mehr so viele Bars wie früher, und es haben pro Tag abwechslungsweise, "nur" noch 4 Bars offen (reicht total). Nicht umsonst hört man daher die Antwort, wenn man jemanden fragt wie das Tubing war: "Ich hab's überlebt".

Ich lernte beim Anstehen eine Gruppe kennen und machte mit ihnen das Tubing. Was soll ich sagen, es war einfach genial und hat riesen Spass gemacht. Die erste Bar war gerade mal ca. 50m vom Start entfernt und da wurden wir bereits von den Angestellten mit Seilen ans Ufer gezogen. Die Bars sind cool, man kann neben trinken auch noch andere Sachen machen wie Volleyball und Fussballspielen, Tischtennis, natürlich tanzen zu der lauten Musik, Basketball etc. Ich hatte mich für Volleyball entschieden, es war richtig lustig. Ich muss ehrlich sagen, dass ich nach der ersten Bar schon gut unterwegs war (war ja auch schon 13:00 hihi) und so setzte ich mich mit einem kühlen Bier in der Hand wieder in meine Tube und es ging gemütlich weiter.

Ich werde jetzt nicht so stark ins Detail gehen, es kann sich jeder wahrscheinlich etwa vorstellen. Vielleicht so viel, pro Drink, egal was für einen, bekam man ein Armband und wenn man mochte einen Shot dazu. Ich hatte am Schluss 5 Armbänder. Aus Personenschutzgründen hat es daher auch keine Fotos davon. Nein quatsch, ich wollte natürlich meine Kamera nicht kaputt machen...

Nach der letzten Bar gings mit dem Tuktuk zurück zum Hostel. Dann musste man entscheiden, entweder man machte wie zuvor weiter, das hiess noch mehr trinken (und es war erst 18:00) oder man machte eine kleine Pause. Meine Tubing-Kumpane entschieden sich für Letzteres und ich mich dann auch, denn ja, ich brauchte eine Pause. Wie die meisten war ich nach dem Tubing nicht mehr wirklich zu gebrauchen und so verbrachte ich einen ruhigen Abend und ging relativ früh ins Bett.

Hätte ich zuvor gewusst, dass ich vermutlich die schlimmste Nacht meines bisherigen Lebens erleben würde, hätte ich mich fürs Weitertrinken entschieden.

Ich lag also ziemlich kaputt im Bett und war froh die Einzige im Schlafsaal zu sein. Als ich schon richtig geschlafen hatte, wurde ich von meinen französischen Zimmergenossen geweckt. Der eine wusste nichts besseres, als seine doofe Gitarre hervor zu nehmen und darauf herum zu klimpern. Ich mag ja Musik, aber nicht, wenn ich schlafen möchte. Nun gut, ich habe nichts gesagt, man schläft ja schliesslich in einem Dorm und war dann froh, als die Herren nach einer Weile wieder gingen. Endlich wieder eingedöst, erwachte ich erneut durch lautes Gerede. Die Franzosen waren zurück, doch in der Zwischenzeit hat sich ein Fremder ins Bett von ihnen gelegt und wollte dort nicht mehr weg. Er war natürlich betrunken und etwas aggressiv. Die Diskussion wurde intensiver und ich hatte eigentlich nur auf den ersten Faustschlag gewartet. Irgendwie konnten die Herren es doch lösen und der Fremde wurde aus dem Zimmer geschickt. Wohin war mir egal, nur weg.

Endlich kehrte wieder etwas Ruhe ein. Nach und nach kamen natürlich die anderen Zimmergenossen nach Hause und obwohl sie teilweise leise waren, hat man es natürlich trotzdem mitbekommen. Neben den 6 Personen die in den Betten schliefen, hatten wir noch zwei Gäste, zwei deutsche Herren, die auf dem Boden ihr Bett hergerichtet bekommen hatten, da das Hostel sonst voll war. Als ich endlich wieder fast eingeschlafen war, hörte ich plötzlich merkwürdige Kratzgeräusche auf dem Boden und merkte, dass etwas im Zimmer umher rannte. Ich bin etwas erschrocken und sah, dass sich zwei Hunde ins Hostel geschlichen hatten und nun die Zimmer unsicher machten. Unter jaulen inspizierten sie das ganze Zimmer und ich hoffte nur, dass sie nicht irgendwo hinpissten. Einer hatte riesen Freude an den vielen Plastiksäcken die auf dem Boden unter dem Bett von meinem Nachbar verteilt waren und sprang immer wieder hinein. Die zwei Deutschen auf dem Boden taten mir echt leid, denn die Hunde nahmen keine Rücksicht auf sie und liefen dort durch wo es ihnen gefiel. Irgendwann waren sie verschwunden, vielleicht ins andere Zimmer, keine Ahnung. Ich war voller Hoffnung nun schlafen zu können, denn ich war richtig richtig müde, als im Gang draussen der nächste Streit zu hören war. Der Fremde hatte das Gleiche draussen im Gang abgezogen und erneut ein Bett für sich in Beschlag genommen. Schon wieder Streit, Diskussionen und beinahe zwei Männer die sich prügelten. Obwohl, es wäre noch spannend gewesen, wer den besseren Stand gehabt hätte... Zum Glück konnten sie es aber ohne Schlägerei lösen und der Fremde wurde zum Teufel gejagt, wohin keine Ahnung, vielleicht nur bis zum nächsten freien Bett, aber das war weit weg von uns. Ok, nun endlich hoffentlich Ruhe... Ich erschrak zu Tode! Da lag ich ruhig in meinem Bett, nichts Böses ahnend, den linken Arm nicht unter der Bettdecke, als mich plötzlich etwas ansprang und am Arm kratzte. Als ich die Augen aufmachte sah ich direkt in das Gesicht eines weissen Hasen mit roten Augen, der direkt auf mich loskam. Aus Reaktion schleuderte ich den Hasen mit einem festen Schlag aus meinem Bett und quer durch den Raum. Was für ein Schock, mein Herz raste! Davon musste ich mich zuerst erholen. Den Hasen hatte ich am Abend zuvor gesehen, er gehört der Besitzerin, doch was zum Teufel macht der in meinem Bett?! Egal, ich hoffte den Hasen ziemlich erschreckt zu haben und döste wieder ein. Schwerer Fehler. Keine 30min später das Gleiche und ich bin erneut sowas von erschrocken. Dieser scheiss Hase, am liebsten hätte ich ihn gekillt. So süss er tagsüber auch war, hatte er mich in dieser Nacht wahnsinnig gemacht. Natürlich konnte ich kaum mehr ein Auge zu machen, weil ich immer auf die nächste Attacke wartete.

Draussen wurde es schon langsam wieder hell. Ich hörte den Hasen im Zimmer umher hoppeln und schlussendlich unter meinem Bett herum nesteln. Was zur Hölle will dieser Mistkerl von mir, kann der das nicht in einem anderen Zimmer machen? Ich hatte schon Angst, dass er mir ein Loch in meinen Rucksack knabbert. Der eine Deutsche auf dem Boden konnte natürlich auch nicht mehr schlafen und hatte den Hasen im Blick. Plötzlich sprang dieser auf und schletzte die Türe zu… Wir hatten eine Türe!?! Wie um Himmels willen konnte ich die übersehen?!? Und warum hat sie vorher noch niemand zu gemacht?!? Wie auch immer… der Hase war zum Glück endlich draussen und ich konnte noch 1-2h schlafen.

Als ich dann aufstand, sah ich auf das Bett der Deutschen die bereits gegangen waren. Alles mit Hasenscheisse verziert, die armen Kerle. Ich fand dann auch heraus warum niemand die Türe geschlossen hatte, scheinbar haben alle andern das Ganze nur so teilweise mitbekommen, was daran lag, dass alle ziemlich betrunken nach Hause kamen. Meine Hasengeschichte war zur Belustigung der andern aber gut. Ich werde bestimmt die nächste Nacht die Türe von Anfang an schliessen. So ein Seich…

21.02.

Am Nachmittag machten wir einen Kajakausflug. Eigentlich hatten wir so eine Art Rafting gebucht, schlussendlich war es dann aber eine gemütliche Kajakfahrt auf dem Fluss wo auch das Tubing ist, zusammen mit einer Gruppe Asiaten in Schwimmwesten (das sieht jedes Mal wieder lustig aus). Zum Glück hatte ich ein Einerkajak bekommen, sodass ich wenigstens nicht mit Guide fahren musste. Die Fahrt war gemütlich, jedoch nicht gerade das was wir erhofft hatten. Ich konnte nun so die Landschaft geniessen und die Leute beim Tubing beobachten. Wäre ich länger in Vang Vieng, hätte ich es glaube ich nochmals gemacht. Gut, für meine Leber vielleicht besser, wenn nicht.

Mir ist beim Kajakfahren auch aufgefallen wie viele Steine dieser Fluss hat. Der Fluss hat um diese Jahreszeit nicht viel Wasser und viele Steine sieht man kaum und sind nur knapp unter der Wasseroberfläche. Kein Wunder verletzen sich immer wieder Leute. Das Wasser strömte richtig über die Steine und war dort ziemlich stark, man bekam mit dem Kajak sogar ziemlich fahrt. Flussabwärts entdeckten wir dann den "Strand" von Vang Vieng. An einer Stelle die etwas breiter ist, sehr wenig Wasser hat und mit Kies versehen ist, hat es viele Holzpodeste auf denen man sich sonnen und relaxen konnte. Nach unserer Tour, die ca. 500m Flussabwärts fertig war, beschlossen wir zu diesem Platz zu gehen und noch etwas die Sonne zu geniessen. Wir liefen durchs Dorf hinauf und bogen dann in die Strasse ein, die wir dachten, führt zum Steg. Leider war es nicht die Richtige und nur ein kleiner Anleger für Kajaks.

Das Wasser war nicht tief, nur ca. bis zur Hüfte und es schien als könnte man gut rüber laufen. Da ein Mann bereits im Wasser stand, dachte ich, das kann ich auch. Nun ja, nein konnte ich nicht. Die ersten paar Meter war es kein Problem und dann fing die Strömung an. Ich spürte wie sich meine Beine nicht mehr am Boden halten konnten und ich langsam die Kontrolle verlor. Ich kämpfte weiter, doch der Fluss war stärker und hat mich mitgerissen. Ich musste lachen, wie hat der Mann das geschafft? Ich versuchte zu schwimmen, war aber chancenlos. So liess ich mich gemütlich etwas treiben, bis der Fluss breiter wurde und hatte es dann nochmals versucht. Diesmal hatte es geklappt und ich konnte wieder flussaufwärts zu unserem Ziel schwimmen. Zwar mit etwas Umweg, aber ich bin schlussendlich angekommen. Nachdem Nicholas gesehen hatte, wie ich davon trieb wie ein Stück Schwemmholz und alles zurückschwimmen musste, ist er weiter nach oben gelaufen und hat den langweiligen, voll unabenteuerlichen Steg genommen. Ich fand meinen kleinen Ausflug eigentlich ganz witzig und ich wollte ja sowieso baden gehen.

Am Abend gings dann noch etwas fort. Als ich zurück ins Hostel kam, fiel mir sofort auf, dass mein Bett anders war. Jemand hatte mein schönes Bikinioberteil gestohlen. Grrr... Alles andere war zum Glück noch dort, nur das Oberteil war weg. Ist nicht so schlimm, aber trotzdem ärgerlich. Ich bin mir auch nicht sicher ob es jemand gestohlen hat, oder ob irgendein Tubing-Heimkehrer das Gefühl gehabt hatte, er müsste es anziehen oder so. Wie auch immer es war weg.

Vientiane 22.02. – 23.02.

Vientiane, Lao Peoples Dem Rep

22.02.
Heute gings weiter Richtung Vientiane. Ich hatte den 09:00 Minibus gebucht, der um 12:00 in Vientiane sein sollte. Wiedermal reine Theorie. Der Bus kam wie schon erwartet nicht pünktlich und ich musste warten. Es ist ja ok etwas warten zu müssen, aber nicht eine Stunde und nicht am Morgen, wo man noch länger schlafen könnte! Inzwischen gesellten sich auch die Leute zu uns die auf den 09:30 Minibus warteten und wie immer hiess es, er komme gleich. Um 10:00 war dann mal ein Bus aufgekreuzt und alle

hatten sich wie hungrige Hyänen darauf gestürzt. Mir war das zu blöde und ich wartete den nächsten Bus ab. Obwohl Leute im ersten Bus waren, die eigentlich noch nicht an der Reihe gewesen wären. Egal, darüber regte ich mich nicht auf. Der zweite Bus kam und dasselbe Szenario spielte sich ab. Ich hatte zuerst, wie immer, meinen Rucksack dem Fahrer gegeben um ihn auf das Dach zu schnallen und hatte mich versichert, dass er auch wirklich dort war. Ich wollte dann in den Bus einsteigen als mich eine Asiatin anblaffte und nur meinte: "Bus full, full". Die Minibusse haben, wie schonmal erwähnt, normale Sitze und Klappsitze, also reichlich Platz, nicht so super bequem, aber Platz. Zudem hatte ein asiatisches Paar sein Gepäck hinten auf der Rückbank neben sich und so zwei Plätze blockiert. Ich wollte einsteigen und sie schrien nur wieder: "no, no, full, full". Ich erklärte der Lady sachlich, die mich da schon anwiderte, dass es noch Plätze frei hätte. Sie kam aber nur wieder mit dem gleichen Gelaber. Der Fahrer hatte die Heckklappe geöffnet und wollte das Gepäck von dem Ehepaar nehmen, um es wie üblich, auf dem Dach zu verstauen. Die Leute riefen aus und fingen an zu schimpfen. Wieder das gleiche Problem wie damals als wir zum Wasserfall gingen. Das war der Moment in dem ich explodierte. Herrgott nochmals! Ich rief aus! Ich sagte sie sollten nun gefälligst Platz machen! Wir hätten alle für den Minibus bezahlt und müssten darin Platz finden. Wenn es ihnen zu wenig Komfort sei, dann sollten sie doch ein Privattaxi nehmen und müssten dann halt etwas mehr Geld in die Hand nehmen. Da es aber nun mal ein verdammter Minibus war, würde ich das Problem nicht verstehen und es würden jetzt die Plätze belegt werden! Daraufhin hatte ich zwei Leute auf die Rückbank "geschupst", mich auf den einen Klappstuhl platziert und eine Französin, die genau so wütend war wie ich, auf den Klappstuhl vor mir. Nun hatten alle Platz, klar nicht komfortabel, aber mit dem muss man rechnen, wenn man so günstig reisen möchte. Nur so zum Vergleich, die Fahrt ca. 4h hat ca. 6 Franken gekostet. Wahrscheinlich hat mich der halbe Bus gehasst, aber das war mir sowas von egal. Ich wollte nicht wieder elend lange dort stehen und diskutieren.

Wir fuhren endlich los. Wieder über Berge und Strassen, die bei uns nur in Wäldern oder auf Feldern anzutreffen sind. Ich finde solche Fahrten noch recht interessant und wenn sie nicht zu lange dauern auch schön, man kann so etwas das Land sehen.

An einer Raststätte hielten wir dann kurz. Zwei junge Asiatinnen, die sich gerade als erstes auf die Plätze vorne neben dem Fahrer gesetzt hatten, waren nun in heller Aufregung. Ihr Koffer war nicht auf dem Dach. Nun ja das kommt davon, wenn man lieber den besten Platz möchte und nicht auf sein Gepäck schaut. Ich hatte ehrlich gesagt wenig Mitleid. Sie gingen dann mit einem Car, der zurück nach Vang Vieng fuhr, wieder zurück. Ich glaube aber nicht, dass der Koffer, wenn er auf der Strasse gestanden hatte noch dort war... Vielleicht konnte sie sich ihre Sachen am Markt wieder zurück kaufen... :-)

Um 14:00 sind wir endlich in Vientiane angekommen und ich hatte das nächstbeste Hostel genommen. Ich ging auf eigene Faust etwas die Stadt anschauen, kam aber nicht weit. Nach ca. 30min hat es angefangen zu stürmen und wie aus Kübeln zu regnen. Also, in diesem Laos hatte es nun fast jeden Tag geregnet. Manchmal nur für 30min, aber fast täglich. Sogar damals während dem Tubing, dort hat es aber niemanden gestört. Ich setzte mich daher gezwungenermassen in ein Kaffee und wollte etwas abwarten bis das Gröbste vorbei war. Nicht viel später, plötzlich dunkel. Stromausfall. Gut, das ist nichts Neues in Laos. Schaut man sich die Stromleitungen an, auch in Thailand, ist das nicht weiter verwunderlich. Da mir im Kaffee bald langweilig wurde sprintete ich zurück ins Hostel. Ich dachte der Stromausfall sei nur im Kaffee. Ziemlich nass kam ich im Hostel an, auch dies lag im Dunkeln. Zum Glück hatte mein Tablet noch Akku und ich konnte etwas lesen. 2.5h hielt der Stromausfall an, obwohl der Regen bereits wieder aufgehört hatte.

Danach wollte ich an den Night Market, etwas flanieren. Dieser Plan wurde aber auch wieder zunichte gemacht und es goss erneut wie aus Kübeln. Ich rettete mich in ein Restaurant und setzte mich dorthin wo es noch Platz hatte. Mein Tischnachbar stellte sich nach ein paar Sätzen als Schweizer heraus und so hatte ich sehr gute Unterhaltung. War schön wieder mal Schweizerdeutsch zu sprechen, immer Englisch ist manchmal anstrengend. Ich habe zwar viel gelernt, aber ganz sooo flüssig ist es noch nicht. Ich konnte mir wiedermal ein paar gute Tipps für meine Weiterreise sichern und rannte dann im Regen zurück ins Hostel.

Zum 5. und letzten Mal in Bangkok für eine Weile

Bangkok, Thailand

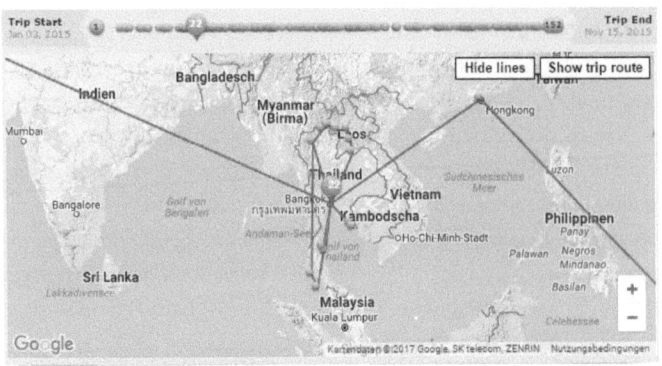

23.02.

Um 05:00 wurde ich bereits vor dem Hostel abgeholt und zum Flughafen gebracht. Wieder einmal war der Weg dorthin nicht so lang wie angekündigt und ich war zu früh dort. Wieso immer solche Sachen am Morgen? Ich hasse das, diese Zeit könnte ich doch immer noch nutzen um noch etwas zu schlafen... Schon merkwürdig am Flughafen zu sein und das Personal trudelt erst so langsam ein. Nach einer Flugstunde kam ich wieder in Bangkok an. Zum 5. Mal nun. Also jetzt habe ich's dann gesehen. Ich ging wieder ins Old Town Hostel das ich schon kannte und freute mich auf einigermassen saubere Sanitäranlagen. Ich nahm ein Taxi und da war erneut das Problem mit der Adresse. Der Fahrer meinte nach langem hin und her, dass er nun wisse wo es sei. Zuerst wollte er nicht mit Taxameter fahren, er wollte 450 Bath, da sie so den ahnungslosen Touristen teilweise den 2-3-fachen Preis abluchsen können. Er stimmte dann aber, nachdem er die Adresse nochmals mit seinem Freund rückgesprochen hatte zu und eigentlich hätte es mir dort schon suspekt vorkommen müssen. Da ich mich immer noch nicht so gut orientieren kann in dieser riesigen Stadt, fiel mit gar nicht richtig auf wo wir durchfuhren. Plötzlich kam eine Zahlstelle, die Autobahn. Natürlich riesen Stau und die sonst ca. 40-minütige Fahrt zog sich fast 1.5h hin, ich bin mir auch nicht sicher ob er wirklich den schnellsten Weg genommen hatte. Am Schluss war der Taximeter bei 375 Bath und er verrechnete noch 50 Bath für die Autobahn und nochmals 50 Flughafen Taxe, super macht dann zusammen auch 475 Bath. So wurde ich wieder einmal verarscht.

Im Hostel platzierte ich meinen grossen Rucksack, da ich ja noch nicht einchecken konnte und ging in die Stadt. Ein bisschen Shopping, soviel mein Rucksack zulässt. Am Abend gönnte ich mir dann noch eine letzte Massage in Thailand. Es war die Beste die ich je bekommen hatte. Immer wieder mal hatte ich mich an verschiedenen Orten massieren lassen. Manchmal ist das sehr abenteuerlich. Da liegt man gemütlich da, schläft fast ein, aber nur wenn's nicht gerade sau weh tut. Dann muss man sich umdrehen und ruckzuck liegt man mit dem Rücken, auf der Masseurin und sie lässt die Knochen knacksen. Oder macht irgendwelche speziellen Bewegungen mit den Armen und dem Rücken. Auch sehr üblich ist es, dass sie, wenn man auf dem Bauch liegt auf einem herumlaufen. Manchmal hatte ich etwas Angst, wenn sie so komische Sachen machen, ich denke aber, sie wissen was sie tun und ich fühle mich danach jeweils meistens wie neu. Ausser in Koh Phangan, da hatte ich grosses Pech. Wir liessen uns zu dritt massieren und auch sonst hatte es viele Leute. Ich hatte dann eine eher ältere, ziemlich grosse und etwas korpulente Dame erwischt. Auch sie lief auf mir herum und das tat richtig weh, wenn sie mit aller Kraft und ihrem Gewicht massierte. Zudem hatte ich einen ca. 2-Franken-Münzen grossen Bluterguss auf meinem linken Unterarm, den hat sie nicht die Bohne interessiert und munter darauf rumgedrückt. Am nächsten Tag war er dann so gross wie zwei 5-Franken-Münzen... Danke auch...

Bangkok – Hong Kong – Auckland

 Hong Kong, China

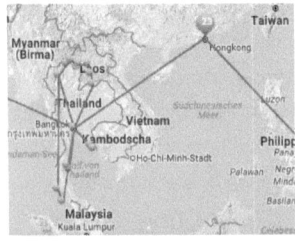

Bereits um 04:00 musste ich heute aufstehen. Da aus irgendwelchen Gründen keine Taxis einen Tag zuvor bestellt werden können, musste ich raus auf die Strasse und warten bis so früh morgens ein Taxi mich zum Flughafen fahren konnte. Ich hatte Glück und musste nicht allzu lange warten. Diesmal war der Fahrer richtig nett und fragte sogar ob ich über die kostenpflichtige Autobahn will oder nicht. Ich entschied mich dagegen und wir waren auch so schnell am Flughafen.

Es war 04:45 als ich am Flughafen ankam und wie immer herrschte im Innern Chaos. Ich dachte mir nichts dabei, denn letztes Mal war es genauso. Ich checkte meinen Flug auf dem Bildschirm, doch dieser war noch nicht aufgeschaltet. Mein Flug ging um 06:45, auf dem Bildschirm waren nur die Flüge bis 06:35 angezeigt. Auch dies wunderte mich nicht, denn auch das kannte ich vom letzten Mal. Ich musste also warten bis mein Flug angezeigt wurde, um zu sehen, an welchem Schalter ich einchecken und mein Gepäck aufgeben konnte.

Die Zeit verging nur sehr langsam und mein Flug wurde und wurde nicht angezeigt. Letztes Mal konnte ich auch erst knapp eine Stunde vorher einchecken. Endlich dann um 05:45 wurden bei den vorgängigen Flügen die letzten Check-In Aufrufe gemacht und ich dachte, dass ich bald drankomme. Langsam machte ich mir Sorgen, ich musste ja noch durch die Passkontrolle und die Personen/Handgepäckkontrolle. Um 06:00 kam dann endlich mein Flug auf den Bildschirm und ich suchte den passenden Schalter. Als ich durch die erste kleinere Kontrolle kam und zu den Schaltern ging, fiel mir auf, dass alle Anzeigetafeln oberhalb der Schalter aus waren und viele Leute herumstanden.

Eine Dame mit einem Schild in der Hand stand weit hinten und schien Informationen zu geben. Sie hatten irgendein Problem. Ich eilte zu der Dame und fragte wo ich einchecken könnte. Sie zeigte mir einen Schalter und wies auf das Schild in ihrer Hand. Dort stand: Last check in 05:45. Toll, schon seit 15min vorbei. Natürlich konnte sie mir nicht sagen was los ist und ich ging zum Schalter, nun war ich nervös nicht mehr einchecken zu können und meinen Flug zu verpassen. Der Herr am Schalter meinte dann, dass ich noch einchecken könnte, mein Gepäck aber wahrscheinlich nicht mit in den Flieger könne und ich hier unterschreiben müsse, dass ich mein Gepäck zu spät eingecheckt hätte. Ich wurde etwas wütend und griff den Herrn an (klar wahrscheinlich konnte er nichts dafür, aber er war halt gerade dort). Wäre es nicht möglich gewesen, diese Informationen an dem Bildschirm anzuzeigen oder wenigstens eine Durchsage zu machen? Ich teilte ihm mit, dass ich seit 04:45 hier wartete und niemand es für nötig gehalten hätte die Leute zu informieren! Er meinte dann sein Bestes zu versuchen, ich aber wahrscheinlich auf mein Gepäck in Hong Kong warten müsste.

Ziemlich genervt eilte ich zur Passkontrolle, denn inzwischen war es bereits 06:15. Ich sah den kleinen Durchgang mit vielen Leuten und hoffte, dass es hinter dem kleinen Eingang genügend Schalter hatte. Natürlich nicht. Als ich drin war, war ich geschockt. Unmengen von Leuten reihten sich in einer endlos scheinenden Schlange. Ich stand an und kam in 10min kaum ein paar Meter weit. Nie im Leben konnte ich rechtzeitig hier durch sein. Ich sah ein Angestellter an der Seite vorbeilaufen und schnappe ihn mir. Ich teilte ihm mit, dass mein Flug bereits zum Boarding bereit war und ich es auf normalem Weg nicht schaffen konnte. Er drückte ein Auge zu und liess mich unter der Absperrung durch zu einem separaten Schalter. Natürlich alles unter bösen Blicken der anderen Wartenden, egal. An diesem Schalter schien es alles Leute zu haben mit demselben Problem wie ich. Ich konnte endlich durch und rannte zur nächsten Kontrolle, inzwischen war es 06:35. Ich kam um die Ecke und bekam den nächsten Schock! Diesmal aber um einiges grösser. Ich sah nur Leute in einem kleinen Raum und kein vor oder zurück. Bestimmt etwa 200-300 Leute eng zusammen gequetscht. Okay, ich würde meinen Flug nun definitiv verpassen dachte ich, das ganze Prozedere schien mehrere Stunden zu dauern. Ich sah eine Flight-Attendant auf mich zu kommen und ich sprach sie an. Ich erklärte kurz meine Situation und sie war so nett und meinte ich sollte mit ihr kommen. An allen andern vorbei, in der Absperrung nur fürs Personal, eilte ich ihr hinter her und sie teilte dem Kontrolleur am Band und dem Scanner mit, mich durch zu lassen. Dieser stimmte zu, doch alle anderen Leute rund herum interessierte dies natürlich nicht. Ich packte auf Drängen der Flight-Attendant mein Gepäck mit Pass und allem auf das Band und musste nun nur noch von der einen Seite des Bandes auf welcher ich stand, auf die andere Seite kommen und durch den Scanner. Die Leute bewegen sich nach höflichem fragen keinen Millimeter und ignorierten mich. Ich merkte, dass ich auf normalem Wege nicht durchkommen konnte und so musste ich mich regelrecht durchkämpfen. Ich schlug Ellbogen in irgendwelche Körper und stand auf etliche Füsse um mir einen Weg durch zu bannen. Am Scanner dann wurde es noch schlimmer, die Leute drückten richtig gegen diesen schmalen Rahmen und das Sicherheitspersonal konnte die Leute kaum zurückhalten. Ich musste aus keinem erklärbaren Grund wieder dort warten. Super, mein Gepäck war unbeaufsichtigt auf dem Band, das machte mich ja nicht weniger nervös... In dieser Zeit kamen mir einige Gedanken. Was wäre, wenn jemand in diesem Tumult kollabieren würde? Es war kaum möglich vorwärts zu kommen. Ich nahm die Stimmung auf und erst dann fiel mir auf, dass die Leute alle durcheinanderschrien, alle drückten gegen die Scanner und Kontrollbänder und es war sau warm und stickig. Eine Massenpanik hätte mich nicht verwundert. Schon extrem, bei uns ist eine solche Situation kaum vorstellbar, da wird man schon zurechtgewiesen, wenn man die Linie übertritt. Endlich gab der Sicherheitsbeamte mir das Zeichen und ich konnte durch. Ich schnappe mein Zeug, was zum Glück noch alles dort war und rannte so schnell ich konnte durch den Flughafen.

Natürlich musste es das letzte Gate sein und ich rannte so schnell, dass mir richtig übel wurde (Rennen ist ja sowieso meine absolute Stärke...). Endlich sah ich das Gate, ich hatte keine Ahnung wieviel Uhr es war, doch zum Glück war das Gate noch offen. Das Personal winkte und rief mir zu, sie hatten auf mich gewartet, meinen Pass wollten sie kaum sehen. Ich stürmte hinein und den Gang entlang zum Flieger. Als Letzte betrat ich komplett ausser Atem den Flieger und sah in verdutze Gesichter. Ich setzte mich auf den einzigen noch freien Platz, meinen Platz. Völlig ausgelaugt und total kaputt schaute ich auf die Uhr 06:47, das ist wohl neuer Rekord und das alles vor dem Frühstück! Toller Morgen. Mit nur 5min Verspätung startete der Flieger und ich kam ein paar Stunden später in Hong Kong an.

In Hong Kong hoffte ich, dass der Flughafen etwas besser funktionieren würde. Da ich ja genügend Zeit hatte, bis mein Flug am Abend um 17:50 weiter ging nach Auckland, liess ich mir Zeit bei all den Kontrollen und so. Keine Ahnung wieso, dachte ich, ich könnte ja doch mal beim Gepäckband vorbeischauen, ich hatte ja nichts Besseres zu tun und siehe da! Mein Rucksack war doch mit meinem Flieger mitgereist. Juhuu!

Auch hier an diesem Flughafen checkte ich die Flüge, doch da

meiner erst in ein paar Stunden ging, war dieser natürlich noch nicht auf dem Anzeigebildschirm. Ganz schön langweilig so lange an einem Flughafen warten zu müssen. Als es dann endlich an der Zeit war, dass mein Flug angezeigt werden sollte, ging ich wieder zum Anzeigebildschirm. Leider konnte ich meinen Flug nicht finden, ich dachte, das kann doch nicht wahr sein und dass ich mich verguckt hätte. Doch auch nachdem ich wieder und wieder darauf gestarrt hatte, konnte ich meinen Flug nach wie vor nicht finden. Ich checkte nochmals Datum und alles, man weiss ja nie, aber alles stimmte und mein Flug war nirgends zu finden. Toll! Ich eilte zum Infostand um zu fragen, nochmals möchte ich nicht so einen Stress. Der Herr dort meinte nur, natürlich besteht der Flug, man könnte bereits in Reihe 9 einchecken. Warum zum Teufel steht das den nicht auf dem Anzeigebildschirm? Wollen die meine Stressgrenze testen? Naja, Hauptsache ich kann fliegen. Nachdem ich eingecheckt hatte (natürlich hatte es keinen Fensterplatz mehr, ich nahm einen Gangplatz) testete ich mein neues Schloss, welches ich kurz zuvor gekauft hatte. Es funktionierte nicht. Kann das sein? Ein neu gekauftes, verpacktes Zahlenschloss funktioniert nicht? Ich glaube heute ist nicht mein Tag. Ich ging zurück zum Shop in welchem ich es gekauft hatte und zeigte mein kaputtes Schloss der Verkäuferin. Sie meinte zuerst nur ich hätte es nicht richtiggemacht. Ich werde wohl noch ein Schloss einstellen können, hallo? Sie stellte nach mehrmaligen Versuchen fest, dass es wirklich kaputt war und gab mir dann ein Neues. So nun aber bitte keine Überraschungen mehr!
Ich kam zum Glück problemlos durch die Kontrollen und zum Gate. Bei der letzten Passkontrolle kurz vor dem Einsteigen, meinte dann der Angestellte dort, dass sich mein Sitzplatz geändert hatte und ich nun keinen Gangplatz hätte. Super, ich hasse Mittelsitze. Was solls... Doch zu meiner Überraschung hatte ich Glück. Ich bekam einen Fenstersitz direkt hinter der Businessklasse, das hiess niemand vor mir und auch der Mittelsitz war frei. Yes, perfekt für diesen 10h-Flug.

Auckland 25.02. – 27.02.

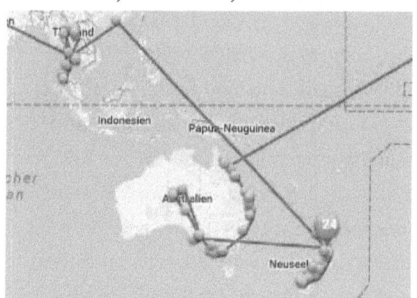
Auckland, North Island, New Zealand

25.02.

Ich kam um ca. 10:00 morgens am nächsten Tag in Auckland an. Mit dem Airport Bus gings in die Stadt. Ich ging zum ersten Hostel, doch dies war total ausgebucht und scheinbar sei überall alles ziemlich voll. Toll, irgendwie kommt mir diese Situation bekannt vor. Ich ging also zum Hostel welches mir empfohlen wurde und fand zum Glück noch einen Platz, einer der Letzten. Ein solch grosses Hostel hatte ich noch nie gesehen. Es war in einem riesen Gebäude und begann im 3. Stock und endete im 10. Hunderte von Betten und sehr viele Leute. Da ich noch nicht ins Zimmer konnte informierte ich mich im hauseigenen Reisecenter wie ich Neuseeland am besten bereisen könnte. Am liebsten hätte ich einen Road Trip gemacht, doch alleine ist dies nicht so lustig und die Leute im Hostel waren nicht gerade sehr offen und kontaktfreudig. Mir wurde der Kiwi-Bus empfohlen und so informierte ich mich darüber. Der Kiwi-Bus ist eine Art Hop on, Hop off Bus und man kann in wenigen Tagen die ganzen Inseln bereisen und selber entscheiden wie lange man an welchem Ort sein möchte. Da ich "nur" einen Monat Zeit hatte und so vieles sehen wollte, schien mir dies eine gute Lösung. Man muss nur einsteigen, was manchmal gut ist, wenn man noch etwas müde ist am Morgen und man würde viele Leute treffen und kennen lernen, perfekt also für Alleinreisende. Ich buchte diesen Trip und es würde übermorgen losgehen. Nachdem ich im Zimmer war ging ich noch etwas die Stadt anschauen, jedoch nicht all zu lange.

Zurück im Hostel entschied ich mich noch meine Wäsche zu waschen und ging runter in den 3. Stock zur Laundry. Während meine Wäsche den thailändischen Sand los wurde ging ich in die Küche um mein Abendessen einzunehmen. Eine solch grosse Gemeinschaftsküche hatte ich noch nie gesehen. Ca. 10 Herde und Lavabos, sowie Unmengen von Töpfen und Pfannen. Das Bild war sehr interessant, verschiedenste Leute bereiteten ihr Essen zu und einiges sah sehr gut aus. Richtig leckere Menus entstanden dort von verschiedensten Nationen. Ich gab mich mit meinen Instant Noodles zufrieden und ging dann zurück zur Laundry. Meine Wäsche war leider, nachdem sie im Tumbler war, trotzdem noch sehr nass und so musste ich diese doofe Maschine nochmals laufen lassen. Ich entschied mich diese 30min dort zu warten und erlebte nochmals eine Überraschung. Viele Leute gingen jeweils an der Tür hin und her und eine Person kam herein um zu sehen was sich in diesem Raum befindet. Ich sah den Typen an und kannte ihn von irgendwo her. Ihm ging es genau gleich und dann erkannten wir uns! Riana und ich hatten ihn, Danijel, damals in Koh Chang an unserem ersten Abend kennen gelernt. Nach ein paar Drinks haben alle zusammen auf dem Tresen getanzt. Wir wussten zwar, dass wir beide nach Neuseeland reisen würden, doch weder wann und wie und wohin genau. Wir hatten auch keine Kontaktdaten ausgetauscht und so freuten wir uns umso mehr, dass wir uns über den Weg liefen. Wir fanden beim Quatschen heraus, dass wir am gleichen Tag den Kiwi-Bus Trip starten würden, dass wir beide genau bis am 30.03. in Neuseeland sein würden und dass wir dann beide von Auckland aus nach Australien fliegen würden. Was für ein Zufall! Das musste natürlich etwas gefeiert werden und so gingen wir auf einen Drink in die Bar neben dem Hostel. Wir waren beide sehr müde und blieben nicht allzu lange, wir verabredeten uns aber für den nächsten Tag, um zusammen die Stadt anzuschauen.
Ich ging zurück zur Laundry und hoffte meine Wäsche endlich trocken vorzufinden. Falsch gehofft. Sie war immer noch

ziemlich nass und ich beschloss nicht noch mehr Geld in diese doofe, nicht richtig funktionierende Maschine zu stopfen und nahm sie mit in mein Zimmer. Ich konnte sie ja rund um mein Bett herum aufhängen, dazu sind Doppelstockbetten sehr praktisch. Mein Zimmer teilte ich mit einem asiatischen Typen den ich nur ein paar Sekunden gesehen hatte und nicht sehr gesprächig war und einem, dafür umso gesprächigerem, etwas merkwürdigem Inder. Der Inder fragte mich regelrecht aus, teilweise ziemlich persönliche Dinge, hörte nicht auf zu quatschen und bestaunte auch meine Wäsche. Ich hatte mir beim Aufhängen der Wäsche gar nichts dabei gedacht und nur darauf geschaut, dass alles irgendwie Platz hatte um zu trocknen. Der Inder meinte dann auf einmal, dass er wahrscheinlich diese Nacht kaum schlafen könne... Ich fragte ihn wieso und er meinte: "Ja wegen diesem tollen Ausblick direkt auf meine Unterwäsche..." Okaaay... Ich beschloss mich bettfertig zu machen und wollte ins Bad. Der Inder wusste auch dies zu kommentieren und meinte: "Oh, du putzt dir die Zähne zweimal am Tag, das ist sehr gut!" Äm... Hehe ich behielt dann für mich, dass wir sogar lernen die Zähne dreimal täglich zu putzen. So höflich wie möglich signalisierte ich ihm, dass ich jetzt schlafen wollte und löschte das Licht. Etwas unheimlich war es schon, so alleine mit diesem Typen in einem Zimmer, doch lange konnte ich mich nicht fürchten, denn ich war so müde, dass ich bald einschlief.

26.02.

Herrlich, ich konnte bis 10:00 schlafen und meine beiden Zimmergenossen waren auch schon weg. Ich traf mich mit Danijel (der übrigens Schwede ist, auch wenn er nicht so aussieht :-) und es immer wieder bestätigen muss) an der Reception und wir gingen zuerst in den Supermarkt und kauften uns leckeres Frühstück. In der warmen Sonne am Hafen assen wir unser Frühstück und mussten aufpassen, dass uns die Möwen und Spatzen nicht das Sandwich aus den Händen klauten. Danach liefen wir etwas umher und sahen uns die Stadt an. Zum Schluss gingen wir zum bekannten Sky Tower. Mir wurde immer wieder erzählt wie freundlich die Neuseeländer seien und das stelle ich dann auch direkt fest. Zuerst im Supermarkt, als der Kassierer mit uns anfing zu quatschen und uns nach unseren Plänen fragte und tatsächlich auch interessiert schien und dann noch am Ticketschalter für den Sky Tower. Der Herr dort fragte mich ob ich Student sei und ich gab aus lauter Gewohnheit zur Antwort "Nein". Er fragte mich nochmals und ich sagte natürlich wieder "Nein" Er schaute mich dann an, zwinkerte und meinte: "Ach, ich denke du bist Student, ooooooder? ", erst dann kapierte ich endlich und sagte "Ja", was mir ein paar Dollar Rabatt einschenkte. Wirklich nett, dachte ich, bei uns wäre das etwas anders. Wir gingen hoch und genossen einen genialen Ausblick über die Stadt. Teilweise hatte es im Boden Glas, sodass man direkt nach unten schauen konnte. Es war richtig cool, das Wetter war perfekt und wir sahen Kilometer weit in die Ferne. Nach dem kurzen Abstecher in die Höhe gings wieder nach unten und zum Mittagessen, hmmm Sushi draussen im Park, was will man mehr. Da wir beide noch sehr müde waren von der langen Reise (hätte nie gedacht, dass ich wirklich mal einen Jetlag haben werde), gingen wir kurz zurück ins Hostel für ein Nickerchen und trafen uns dann wieder zum Abendessen. Danach gings auf eine Pub Tour, die sehr witzig war. Aber auch da hielten wir nicht bis in alle Morgenstunden durch und gingen vor Tourende zurück ins Hostel. Heieiei ich werde alt. :-)

Bay of Islands and Cape Reinga 27.02. – 01.03.

 Cape Reinga, New Zealand

27.02. Bay of Islands

Wir machten uns um 07:00 bereit und wurden zusammen mit ca. 30 anderen vom Kiwi-Bus abgeholt. Nach einiger Fahrzeit machten wir einen Stopp an den Whangarei Falls, jedoch nur kurz und dann gings bereits wieder weiter. Der Kiwi-Bus hält immer wieder mal kurz auf dem Weg zum nächsten Ziel, an speziellen Aussichtspunkten oder schönen Orten und auch für Einkaufsmöglichkeiten. Die meisten Backpacker bereiten ihre Mahlzeiten selber zu, da es sonst einfach zu teuer ist, neben den vielen coolen, aber leider sehr teuren Aktivitäten. Zudem muss man sich bereits im Bus entscheiden welche Aktivitäten man ev. noch am selben Nachmittag oder am nächsten Tag machen möchte, ebenso wie viele Nächte man am nächsten Ort bleiben will und wann man wieder weiterreist. So bekamen wir also bereits die ersten Listen um uns für die Aktivitäten einzutragen. Eigentlich hätte ich gedacht, dass ich meinen Trip hier etwas ruhiger starte, doch das Wetter war perfekt und so trug ich mich in die Liste fürs Skydiving ein. Wie aufregend! Um 12:00 erreichten wir dann das herzige Dörfchen Paihia im Norden auf der Nordinsel von NZ direkt am Meer und checkten ins Hostel ein. Eine Stunde später wurden wir bereits abgeholt und zur Skydiving-Basis gefahren. Nach einer kurzen Instruktion und nachdem wir das nötige Material angezogen hatten, gings los. Ich war etwas nervös, aber in einer guten Art und Weise, ich freute mich so sehr und war sehr gespannt. Mein Guide war mir zum Glück sehr sympathisch und machte einen guten Eindruck, ich vertraute ihm ja schliesslich mein Leben an. Mit 4 anderen und deren Guides gings dann ins Flugzeug und ab in die Luft. Nur schon der Flug war wunderschön, die Sicht über die Bay of Islands war

unglaublich. Zudem stahlblauer Himmel und nur wenige Schön-
wetterwolken. Nach ein paar Minuten fragte mich mein Guide
was ich denn schätze wie hoch wir nun sind. Ich hatte keine Ahnung, denn es schien mir bereits sehr hoch. Erstaunlicherweise
waren es erst 5'000ft... Hmm... Ok nur noch 11'000ft mehr. Ganz
schön hoch. Wir bekamen dann noch Sauerstoffmasken für die
letzten paar Minuten und dann gings schon los. Ich war richtig
aufgeregt. Egal ob du springen wolltest oder nicht, dein Guide
schupst dich nach vorne und so hoppst du Schritt für Schritt näher an den Flugzeugrand. Dann gehts ziemlich schnell. Die Beine
sind bereits über der Kante, man spürt den Wind und die Kraft
und dann Achtung, fertig, los. Kopfüber oder rückwärts oder wie
auch immer stürzt man aus dem Flugzeug und in den freien Fall.
Ich konnte im ersten Moment kaum atmen und war überwältigt.
65 Sekunden freier Fall. Das war absolut unglaublich und ham-
mergeil!!! Das Gefühl, die Sicht auf die wunderschönen Inseln
und der Adrenalinstoss sind einfach unglaublich und kaum zu beschreiben. Mit etwa 200km/h flitzten wir Richtung Boden, bis
der Guide dann den Schirm öffnete und man wieder nach oben
geschleudert wurde. Nachdem die Seile und die Halterung in der
man sitzt etwas gerichtet wurde konnte man einen schönen Flug
geniessen. Mein Guide drehte ein paar Schlaufen mit mir und
fragte mich dann ob ich selber fliegen möchte. Natürlich doch!
Ich steuerte den Schirm und machte ebenfalls ein paar Schlaufen,
wie cool! Nach ein paar Minuten kamen wir immer tiefer und
setzten zur Landung an. Diese war nicht ganz so elegant und endete auf dem Po, war dafür aber umso witziger. Wow, war das ein
Erlebnis! Ein Erlebnis mit Suchtpotenzial! War eventuell nicht
mein einziger Flug, kommt etwas auf mein Portemonnaie an.
Fürs erste ist es aber mal gut. Cool, mein dritter Tag in NZ und
bereits vom Himmel geflogen, nicht schlecht. Wie immer sind
solche coolen Sachen immer viel zu schnell vorbei und es ging
mit der Limo zurück ins Hostel. Leider wurde das vom Hostel
durchgeführte BBQ am Abend etwas verregnet, doch zum Glück

hörte es bald wieder auf. Den Abend genossen wir an der Hostel-Bar.

28.02. Cape Reinga

Heute ging es noch nördlicher, genauer gesagt an den nördlichsten Punkt von NZ. Bevor wir aber dorthin gingen machten wir einige Stopps. Bereits um 07:00 gings los mit dem Bus nach Puketi Kauri. Dort konnten wir einen kurzen Spaziergang durch den Wald machen, welcher Bäume hat die 1'000 Jahre alt und riesig sind. Nach einem kurzen Halt und Frühstück gings dann zur 90 Mile Beach. Mit unserem Bus gings runter an den Strand und zu einem kurzen Fotostopp. Dann fuhren wir mit dem Bus auf dem Sand entlang und auch teilweise durchs Wasser. War richtig cool und auch der Fahrer schien es zu geniessen. Er meinte nur: "So Leute, das ist mein Job, auf dem Strand herumfahren und dazu noch Geld verdienen". Der Fahrer war sowieso richtig cool, etwas verrückt vielleicht, aber sehr unterhaltsam und witzig. Er fuhr manchmal ziemlich schnell auf dem nassen Sand (wir überholten sogar einen Jeep mit unserem grossen Bus), doch er schien zu wissen was er machte, hoffte ich auf jeden Fall. Nach der ca. 30min Fahrt auf dem Strand gings zu den Sanddünen. Ein ziemlich grosser Hügel und eine Ladung von Boards waren bereit fürs Sandboarding. Leider hatte gerade ein paar Minuten zuvor jemand einen Unfall gemacht und lag verletzt im Sand. Wir waren etwas geschockt, denn es sah nicht allzu gut aus. Der Guide meinte dann, dass die Verunfallte wahrscheinlich nicht richtig mit dem Board heruntergerutscht ist und sich deshalb verletzt hat. Wir entschlossen uns nach einer genauen Instruktion des Guides es trotzdem zu machen und viele (unter anderem auch ich) versuchten uns zuerst an einem kleinen Hügel. Ohne Probleme surften wir den Hügel hinunter und getrauten uns an den grossen Hügel. Er schien von unten riesig, doch oben angekommen war es nur halb so wild. Wir flitzen hinunter, ziemlich schnell sogar und einige konnten kaum mehr aufhören.

Bald schon ging es wieder weiter und zur Tapotupotu Bay. Wir genossen einen wunderschönen Strand in einer herrlichen Umgebung. Die Wellen waren ziemlich gross und man wurde hin und her geschleudert, ich fühlte mich etwas wie in einer Waschmaschine. Danijel und ich fragten uns, wann wir dann endlich Mittagessen gehen, denn wir waren bereits sehr hungrig. Als wir herumschauten, sahen wir, dass alle irgendwie Lunch dabeihatten und bestens ausgerüstet waren. Wir erfuhren, dass wir beim Frühstücksstopp am Morgen auch Lunch hätten kaufen sollen. Da Danijel und ich geschlafen und daher die Durchsage nicht mitbekommen hatten, mussten wir also hungern. Ein Pack Nüsse hatten wir noch übrig und teilten uns dies. Nur doof, dass wir auch zu wenig zu trinken dabeihatten und die Nüsse daher nicht wirklich gut waren. Tja. Danach gings zum eigentlichen Ziel unseres Ausfluges. Cape Reinga. Mit dem Bus fuhren wir auf den Hügel und liefen dann zum Cape hinunter. Dort wo die Tasmanische See und der Pazifik zusammenkommen, bildeten sich weisse Schaumkronen und man konnte gut die zwei Meere sehen die dort zusammentreffen. Für mich war das ziemlich faszinierend. Auch sonst war die Landschaft wunderschön, einfach herrlich. Nach einem Spaziergang zum Leuchtturm hinunter gings weiter mit dem Bus und heimwärts. Zu unserer Freude hielten wir unterwegs an dem "besten Fish and Chips Restaurant der Welt", keine Ahnung ob das wirklich stimmt, egal wir konnten unseren Hunger stillen. Hmmm... Lecker wars auf jeden Fall. Zurück im Hostel genossen wir einen weiteren Abend in der Bar. Zu meiner Freude, sah ich noch meinen Skydiving-Guide und trank ein Bier mit ihm.

Auckland 01.03. – 02.03.

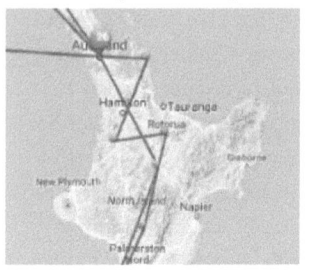 Auckland, North Island, New Zealand

01.03.

Nach nicht allzu viel Schlaf gings bereits mit dem Bus weiter Richtung Auckland. Wir kamen erst am späten Nachmittag dort an, doch der Ausflug in den Norden hat sich definitiv gelohnt. Nachdem wir zum bereits gefühlten tausendsten Mal unseren Rucksack neu gepackt und bereit für den nächsten Tag gemacht hatten (die schlauen machen das immer am Abend zuvor, damit man am Morgen nicht so einen Stress hat und alles noch suchen muss), waren wir richtig lahm und gingen nach dem Abendessen schon ins Bett.

Hot Water Beach 02.03. – 03.03.

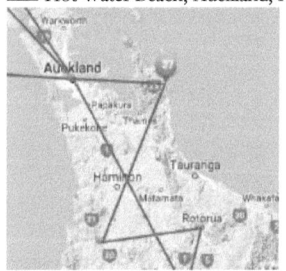 Hot Water Beach, Auckland, New Zealand

02.03.

Heute gings los mit der grossen Tour. Da es verschiedene Touren gibt und dies nun der Start der Grössten war, hatte es auch ziemlich viele Leute. Der Bus war praktisch voll. Von Auckland gings nun nach Hot Water Beach. Auf dem Weg dorthin machten wir wieder ein paar Stopps und mussten uns erneut für Aktivitäten entscheiden. Für mich war klar, dass ich den Kajak Ausflug machen möchte. Dort angekommen gings los und zu den Kajaks. Ich war zuerst etwas enttäuscht, da es nur Zweierkajaks hatte und ich keine Lust hatte mit einem (sorry) Tollpatsch auf dem Meer herum zu schaukeln. Schliesslich fahre ich Kanu/Kajak schon eine ganze Weile und wollte etwas gefordert werden. Ich hatte grosses Glück und erwischte den perfekten Kajakpartner. Die Teams wurden per Zufall bestimmt und ich war mit einem Engländer zusammen. Er hatte zum Glück Ahnung vom Kajak fahren und so hatten wir riesen Spass. Wir konnten richtig Gas geben und uns auf dem Meer in den Wellen austoben. An einem schönen Strand hielten wir zum Baden und unser Guide, bereitete mit einem Gaskocher auf einer Decke im Sand ein Getränk unserer Wahl zu. Nicht nur normalen Kaffee gabs, man konnte zwischen etwa 6 verschiedenen heissen Getränken aussuchen. Da ich ja keinen Kaffee mag, entschied ich mich für eine heisse Schokolade. Herrlich, im Bikini am Strand, habe ich also noch nie eine heisse Schokolade getrunken, doch es war richtig gut. Nach dieser kleinen Stärkung gings weiter. Da wir eine ziemlich gute Gruppe waren und schnell vorankamen, machten wir noch einen Abstecher zu verschiedenen kleinen Inseln. Nach einem Wettrennen gegen zwei Jungs, welches wir natürlich gewonnen haben, gings dann auch schon wieder zurück.

Im Hostel, welches super schön war, entspannten wir uns etwas und lernten uns alle etwas besser kennen. Um 21:00 war es dann endlich soweit für das Highlight dieses Ortes. Um diese Zeit begann die Ebbe und mit Schaufeln ausgerüstet machten wir uns durch die Dunkelheit auf den Weg an den Strand. Der Ort heisst nicht umsonst Hot Water Beach. Der Strand sieht ganz normal aus, doch an einigen Stellen kommt heisses Wasser aus dem Sand, so heiss, dass man kaum darüber laufen kann. Laut unserem Fahrer, ist das Wasser so heiss, dass man darin Eier kochen könnte. Wir versuchten nun also unsere eigenen Pools zu graben. Das Wasser war zu heiss, sodass unsere Pools eher klein und ziemlich flach wurden. Man sollte eigentlich etwas kaltes Wasser vom Meer dazu mischen, doch natürlich hatte niemand einen Eimer dabei. So konnten wir in unseren Pools liegen, doch nicht lange und teilweise wurde es so heiss, dass man fluchtartig raus musste. Trotzdem war es richtig cool, unter Sternenhimmel und dem hellen Mond ein paar Stunden dort zu geniessen. Kurz vor 23:00 setzte wieder die Flut ein und unsere Pools wurden langsam aber sicher weggespült. Das war das Zeichen den Rückweg anzutreten.

Waitomo 03.03. – 04.03.

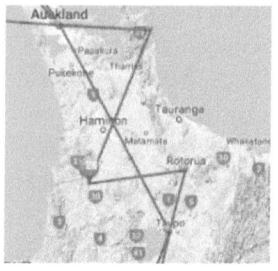 Waitomo Caves, North Island, New Zealand

03.03.

Wieder früh gings los und mit dem Bus Richtung Waitomo. Doch zuerst hielten wir am Karangahake Scenic Reserve für einen Spaziergang. Den Felswänden entlang und über eine Hängebrücke gings in eine Höhle. Obwohl in unserem kleinen Büchlein über die Kiwi-Tour stand, dass wir eine Taschenlampe mitbringe sollten, hatte natürlich wieder niemand eine dabei. Zum Glück gibts ja heute Handys mit dieser Funktion. Zurück im Bus gingen wieder die Listen rum mit den Aktivitäten. Ich wusste bereits was ich machten wollte und war schon sehr gespannt und vorfreudig.

Waitomo ist berühmt für seine Höhlen und natürlich fürs Caving. Ich entschied mich für die grösste Tour und war richtig aufgeregt. Ich war schon mal in einer Höhle und fands richtig genial. Diesmal jedoch sollte es noch spannender werden. Nachdem wir unsere Ausrüstung angezogen hatten, instruiert wurden und ein paar Übungen gemacht hatten, gings los. Leider waren in meiner Gruppe zwei Engländerinnen die dem Klischee "Blondine" leider mehr als gerecht wurden, natürlich zur riesen Belustigung der Männer. Ich nervte mich eher ab diesen Tussis und war nicht ganz so verständnisvoll als sie wieder und wieder das Gleiche fragten und scheinbar teilweise einfach zu doof waren. Schande, genau wegen solchen Ziegen müssen wir Blondinen uns immer diese Sprüche anhören. Die Männer meinten dann aber, dass ich eine Ausnahme sei, danke auch... hoffentlich doch! Nun gut, die

Damen laberten zwar viel, machten die Sache aber dann doch ganz gut. Zuerst kam das selbständige Abseilen 35m hinunter in die Höhle. Gewisse Stellen waren sehr eng und natürlich war es stockdunkel. Nur das Licht der Stirnlampe zeigte wohin es ging. Bereits dies war richtig cool und aufregend. Unten angekommen gings einen schmalen Pfad entlang welcher von Stalaktiten gesäumt wurde. Schon waren wir beim nächsten Highlight, einer Seilbahn. Die Lichter wurden alle ausgemacht und im Dunkeln flitzte man am Gurt befestigt durch die Höhle. Jetzt war es Zeit für eine Pause und wir setzten uns an den Rand des Felsens, unter uns ein Fluss. Heisse Schokolade und ein Honiggebäck wurde serviert, von unseren beiden lustigen Guides, wie gemütlich. Dann ein Sprung mit dem Luftring ins Wasser. Sch***** war das Wasser kalt! Ca. 10 Grad meinte der Guide, das ginge eigentlich noch. Naja ich fands arschkalt. Da es nicht nur mir so ging, machten wir ein Wettrennen mit unseren Luftringen den Fluss hinunter. Schon jetzt konnte man tausende Glühwürmchen sehen. Der Guide erklärte uns noch einiges darüber. Zu unserer Freude konnten wir auf dem Rückweg gemütlich in unseren Luftringen liegen, die Füsse beim Vordermann unter den Achseln einhaken und der Guide zog uns wieder den Fluss hinauf. So hatten wir die beste Sicht auf die Glühwürmchen und konnten einfach nur geniessen, wunderschön sah es aus! Da es nach diesem gemütlichen Teil natürlich wieder sehr kalt war, rannten wir den Fluss hoch um wieder warm zu werden. Bald ging es über Stock und Stein und durch Höhlen und Schluchten, richtig cool. Eine zweite Pause wurde eingelegt und diesmal wurden wir mit einem undefinierbaren heissen, aber gut schmeckenden Getränk und einem Stück Schoggi verwöhnt. Dies war die Stärkung für den letzten Part. Nochmals durch Schluchten und Tunnels und zum Schluss kletterten wir noch einen Wasserfall hinauf. Ich fragte mich zuerst, wie ich durch das entgegenkommende Wasser, ohne Sicherung, mit diesen Gummistiefeln, die Felswand entlang hochkommen sollte. Doch die Guides konnten uns genau sagen wo

wir hinstehen mussten, halfen hie und da und so waren wir ruckzuck oben. Eine letzte Kurve und so krochen wir wieder ans Tageslicht. Wow, wie cool war das!! Ich fands genial und sie hatten
zuvor echt nicht zu viel versprochen. 5h hatte alles gedauert und
ca. 3h davon waren wir in der Höhle. Zum Schluss bekamen wir,
nach einer herrlichen heissen Dusche, noch eine heisse Suppe
und konnten unsere Bilder bestaunen, die die Guides gemacht
hatten.

Rotorua 04.03. – 05.03.

Rotorua, North Island, New Zealand

04.03.

Und schon gings weiter mit dem
Bus. Es ist cool so viel zu sehen,
doch auch etwas anstrengend,
praktisch jede Nacht an einem anderen Ort zu sein und immer wieder ein- und auszupacken. Doch
das ist Gejammer auf hohem Niveau. Trotzdem ein bisschen
mühsam. :-)
Heute gings nach einem kurzen Spaziergang Richtung Rotorua.
Auf dem Weg dorthin machten wir Halt in Hobbiton dem
Filmset von "Herr der Ringe" und "Hobbit". Ich hatte etwas mit
mir gerungen, ob ich dies anschauen gehen sollte, immerhin war
der Eintritt ziemlich teuer und die Filme hatte ich kaum gesehen.
Ich entschied mich dann aber dafür und es war ziemlich gut. Cool
zu sehen wie die kleinen Häuser in echt aussehen und ich war erstaunt über die vielen Details. Der Guide erzählte uns viele Dinge
aus den Filmen und wie sie getrickst hatten. Der Baum über Fro-
dos Haus zum Beispiel, ist komplett aus Plastik. Die Blätter des
Baumes hatten anfangs die falsche Farbe und so musste ein Maler
alle Blätter, jedes einzelne um malen, was 2 Wochen gedauert
hatte. Nur weil sie Angst hatten, dass es jemandem auffallen
könnte, dass der Baum die falsche Farbe hatte. Wie verrückt die

Filmwelt doch ist. Das Set ist sehr schön und überall blühen schöne Pflanzen und die riesigen Bäume sind eindrücklich.

Am Ende der Führung gings ins Pub, welches im Film auch häufig vorkommt (ich muss nun wirklich, wenn ich zurück bin oder mal in einem Flieger die Filme anschauen). Die Getränke die dort ausgeschenkt werden, ich hatte einen Cidre, sind genau die Getränke, die auch in den Filmen vorkommen und werden extra nur dafür von einer Brauerei in der Nähe gebraut.

Anschliessend gings zu einem der Highlights für mich. Rotorua und vor allem das Land rundherum ist Maori Gebiet. Die Maori und ihre Geschichte haben mich schon zuvor interessiert und ich hatte nun die Chance in einem Dorf zu übernachten. Jene die sich dafür entschieden hatten, wurden direkt dorthin gebracht. Wir wurden von Mike begrüsst und seine Schwester Thahita sang uns ein traditionelles Maori Lied vor, mit ihrer wunderschönen Stimme. Wir bezogen unseren Schlafplatz in einem original nachgebauten Maori Haus, Männer und Frauen getrennt und wurden jeweils von den Maori über ihre Geschichte informiert. Der Schlafsaal war wunderschön und ich wäre gerne ein paar Nächte geblieben, nur schon um den teilweise ekligen Hostels zu entkommen.

Gespannt lauschte ich ihren Geschichten und danach wurden wir zu Kaffee und Kuchen eingeladen, was schon sehr üppig war. Wir machten dann noch Seile wie damals und lernten ein Spiel. Die Maori kämpfen mit ihren Stöcken und üben das täglich. Dazwischen machen sie auch Spiele mit den Stöcken, was wir versuchten zu erlernen. Nicht ganz einfach, denn die Stöcke mussten zum Nachbar hinter einem geworfen werden, wobei man nach vorne schaute. Sehr lustig.

Wir lernten noch ein Lied mit ein paar Bewegungen dazu. Thahita meinte, dass wir dies nachher beim Essen vorführen werden. Ich hoffte sie scherzte nur, denn nun war es an der Zeit für die grosse Maori Show. Es kamen auch andere Touristen, unter anderem auch praktisch alle anderen vom Kiwi-Bus. Die Maori zeigten ihre traditionellen Tänze und Kämpfe. Danach durfte man zu verschiedenen Hütten, wo sie uns noch mehr zeigten. Von Tänzen über Handwerk und Kampf, bis hin zu ihren handgemachten Tattoos. Oh wie schön ich diese Tattoos doch finde. Zudem sie alle ihre ganz spezielle Bedeutung haben und eigentlich den Stammbaum und das Leben jedes einzelnen Trägers zeigen. Zum Glück bin ich nicht länger hier, sonst hätte ich wahrscheinlich nicht widerstehen können. Nach diesem Rundgang durch den Wald mit den Hütten gings zum Feuerplatz. Dort entstand unser Hangi, ein Festessen. Lamm und Huhn, wurde zusammen mit dem Gemüse unter der Erde mit Kohle oben drauf 3h gegart. Vor unseren Augen wurden die Leckereien aus der Grube geholt und in die Küche gebracht. Bevors aber zum Essen ging, wurden wir noch mit einer Show unterhalten. Wieder Gesang, Kampf und Tanz gemischt, es gefällt mir richtig gut. Praktisch alle können richtig gut singen und haben super Stimmen. Nach einem abschliessenden Film über die Geschichte Neuseelands gings dann endlich zum Essen. Ein riesen Buffet wurde erstellt und es schmeckte herrlich. Dazu gab es live Musik.

Vor dem Dessert kam die Ankündigung, dass wir, die hier übernachten, einen Song vorbereitet hätten. Toll, Thahita hat also nicht gescherzt. Nun gut, Augen zu und durch. Vor ca. 150 Leuten performten wir also unseren Song. Natürlich klang es nicht halb so gut wie bei den Maori, doch wir hatten uns wacker geschlagen, sogar die Männer haben kräftig mitgesungen und zum Schluss gabs Applaus vom Publikum, so schlimm kanns also nicht gewesen sein.

Als die anderen Touris gegangen waren konnten wir in Hot Pools entspannen, etwas trinken und uns noch austauschen. Schade, dass es schon bald vorbei war, es war super toll!!

Taupo 05.03. – 07.03.

 Taupo, North Island, New Zealand

05.03.
Nach einem leckeren Frühstück (ach ich würde so gerne noch länger hierbleiben, sogar die Betten waren genial), gings wieder mit dem Kiwi-Bus weiter. Nächstes Ziel: Taupo.

Auf dem Weg dorthin hatten wir oft gehalten und etwas angeschaut oder einen kleinen walk gemacht. Das Highlight von Taupo war für mich das Tongariro Crossing, eine Wanderung auf den Vulkan, zu welchem wir eigentlich am nächsten Tag gehen wollten. Weil das Wetter sehr schlecht war wurden die Touren für die nächsten Tage gestrichen. Toll… Wir konnten uns das nicht so ganz vorstellen, denn als wir in Taupo ankamen, war schönstes Wetter. So schön, dass wir direkt nach Ankunft unsere Sachen packten und an den See gingen. Da wir ja nun nicht früh aufstehen mussten am nächsten Tag, gings am Abend wiedermal in den Ausgang.

06.03.
Ich erwachte kurz und hörte doch tatsächlich Regen. Gut, wir drehten uns alle nochmals um und schliefen mal endlich wieder richtig schön aus. Herrlich mal keinen Wecker zu stellen und früh aufstehen zu müssen. Es regnete den ganzen Tag und da sonst nicht viel zu machen war in Taupo, machten wir einen gemütlichen Filmnachmittag. War auch mal wieder schön etwas zu faulenzen.

River Valley 07.03. – 08.03.

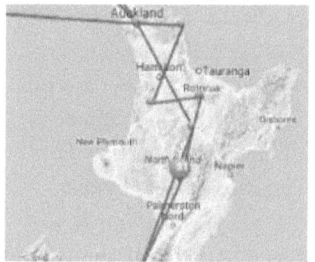 River Valley , Wellington, New Zealand

07.03.

Richtig kalt und wolkig wars heute, nicht so das Wetter, das wir gerne gehabt hätten. Wir machten nur einen kleinen Spaziergang auf dem Weg nach River Valley. Dafür fand ich die Strecke dorthin richtig cool. Sowieso ist es wunderschön durch die Landschaft zu fahren und über die vielen Pässe zu kurven. Viele nerven sich ab dem Geholper und den vielen Kurven, ich hingegen find's toll. Scheint auch super cool zu sein mit dem Töff, immer wieder sieht man tolle Maschinen die Strassen entlang kurven. River Valley ist glaube ich das letzte Tal vor dem Nirgendwo. Wir fuhren immer mehr in die Wildnis und Häuser hatte es schon lange keine mehr am Strassenrand.

Das Hostel mussten wir dann zu Fuss erreichen, denn der Bus konnte die steile, steinige Strasse nicht herunterfahren. Richtig idyllisch liegt das Hostel, direkt am Fluss inmitten der Berge. Wir hatten einen riesen Massenschlag, mit ca. 50 Betten. Das wird ja heiter heute Nacht, wahrscheinlich wird kaum jemand schlafen können. Wir wollten eine kleine Wanderung machen und liefen los, nach ca. 40min begann es zu regnen und wir kehrten um. Zudem wurde plötzlich Jägergebiet angezeigt und wir hatten nun wirklich keine Lust erschossen zu werden. Ziemlich nass und dreckig kamen wir wieder ins Hostel zurück. Ich war auf dem Rückweg auf dem nassen steilen Boden ausgerutscht und hatte mir den Fuss "vertrampt". Toll, eine Bänderzerrung oder Ähnliches konnte ich nun also wirklich nicht gebrauchen. Da es in diesem Tal nicht wirklich etwas zu machen gab, fingen viele Leute an Trinkspiele zu machen. So wurden jene Spiele von verschiedenen Ländern gezeigt und es wurde fleissig getrunken. Eine der doofen

Blondinen vom Caving, war so dermassen doof, dass sie beim Würfeln meinte, dass sie sich die Augenbraue abrasieren würde, wenn sie die genannte Zahl würfle. Und was passierte?? Natürlich kam genau diese Zahl! Wie geil! Klar muss man etwas riskieren bei diesem Spiel, aber die Augenbrauen abrasieren ist schon ziemlich dämlich. Sie geriet in Panik und wollte es natürlich nicht mehr machen. Doch Regeln sind Regeln und ich hätte sie erbarmungslos reinlaufen lassen. Doch die Mitspieler waren so nett und sie musste nur ein kleines Stück abrasieren was man kaum sah. Der Abend artete für einige ziemlich aus und wie schon befürchtet war es nicht wirklich toll in dem Massenschlag.

Von River Valley nach Wellington 08.03.

Wellington, North Island, NewZealand

08.03.
Um 08:30 war für mich und noch 6 andere Tagwache. Wir wollten zum River-Rafting. Die Basis war im Gebäude neben dem Hostel und so machten wir uns bereit. Mit dem Bus gings ein ganzes Stück den Fluss hoch. 3 Frauen und 4 Männer waren wir, sowie 2 Guides und 2 Boote. Für die Männer war sofort klar, dass sie keine Frauen an Board wollten und so setzte ich mich mit zwei Engländerinnen in das Boot. Der Guide instruierte uns und wir machten ein paar Übungen im ruhigen Wasser. Die Damen vor mir nahmen das Ganze nicht so ernst und paddelten mehr schlecht als recht, sodass sie immer wieder vom Guide korrigiert werden mussten. Da ich nicht untergehen und andauernd aus dem Boot fallen wollte, übernahmen der Guide und ich vor allem das paddeln, was auch meinen schrecklichen Muskelkater am nächsten Tag erklärte. Das Rafting war richtig cool und aufregend. Der Fluss war teilweise richtig wild und wir mussten uns ganz schön anstrengen,

also die einen zumindest. Da es geregnet hatte war das Wasser teilweise zu hoch und einige Stellen waren zu gefährlich. Wir mussten aussteigen und am Ufer entlang über Felsen runter laufen. Die Guides manövrierten dann die Boote mit Seilen durchs Wasser vom Ufer aus. Einmal war aber die Wucht des Wassers zu stark und das Boot verabschiedete sich. Zum Glück hatten wir Kajakfahrer dabei (Fotografen, überall werden Fotos gemacht, leider aber oft zu teuer), die konnten zum Glück das Boot einfangen und mit Mühe wieder zurückbringen. Wieder ein super cooles Erlebnis mehr, hat richtig Spass gemacht!

Zurück im Hostel begrüssten wir dann unsere verkaterten Kiwi-Kollegen. Ich war froh nun in den warmen Bus zu steigen und ohne grosse Umwege nach Wellington zu fahren, denn ich war ziemlich kaputt vom Vormittag. Ziemlich spät kamen wir in Wellington an und da dieser Aufenthalt nur für eine Nacht war, ging es ziemlich direkt in den Ausgang. Wiedermal ein gelungener Abend der spät endete.

Kaiteriteri 09.03. – 12.03.

Kaiteriteri, South Island, New Zealand

09.03.
Nach sehr wenig Schlaf gings bereits um 07:00 wieder weiter. Nach einer kurzen Fahrt kamen wir am Hafen von Wellington an und gingen auf die Fähre. Wir suchten uns einen gemütlichen Platz und anstatt die schöne Fahrt zu geniessen, schliefen wir alle auf irgendwelchen Bänken und Sofas ein. Das wird ausgesehen haben, überall wo es möglich war lagen irgendwelche Backpacker herum und schliefen. Nach der 3.5h Fahrt fühlten wir uns alle etwas besser und erreichten Picton. Nach einer Stunde Busfahrt machten wir einen kurzen Stopp und wir konnten uns in einem Fluss erfrischen. Der Fluss war so kalt, dass man das Gefühl hatte

einem sterben die Füsse ab und wärmer wurde es auch nach ein paar Minuten nicht, so hielt niemand länger als 5min in dem Fluss aus. Wir fuhren durch schöne Städtchen und Landschaften. Wir streiften Nelson, eine Stadt am Meer die sehr schön aussah, schade konnten wir hier keinen Stopp einlegen. Nochmals etwas später kamen wir an unserem Ziel an: Kaiteriteri. Ein kleines Dorf am Rande vom Abel-Tasman-Nationalpark, mit nur einem Hostel, einem Laden und ein paar Häusern. Das Hostel lag ca. 200m vom Strand entfernt und war ziemlich gemütlich. Wir genossen einen ruhigen Abend und selbstgemachte Nachos. Ich ging bald ins Bett, denn ich hatte noch Muskelkater vom River-Rafting.

10.03. Abel-Tasman-Nationalpark

Um 09:00 gings mit dem Taxiboot raus in den Abel-Tasman-Nationalpark. Die Fahrt dorthin war schön und versprach ein super Tag, denn das Wetter hätte nicht besser sein können. Strahlende Sonne, aber nicht all zu heiss. Danijel, Jenny und ich wollten etwas wandern gehen und liessen uns vom Taxiboot an dem

geplanten Strand absetzen. Von dort aus, hiess es, sollte es 5-6h Weg sein bis man wieder an einem anderen Strand vom Taxiboot abgeholt wurde. Die Wanderung war wunderschön und die Pfade durch den Dschungel und daneben das Meer und die traumhaften Strände und Buchten waren einfach genial! Ich bin eigentlich nicht so ein Wanderfan, doch so gefällt es mir extrem! Oft konnte man vom Hauptweg weg und auf kleinen Wegen zu Aussichtspunkten oder den Buchten runter. Diese Wege waren sehr anstrengend, da sie sehr steil und sehr uneben waren. Doch es hatte sich jedes Mal gelohnt. Das Mittagessen nahmen wir auf halbem Weg am Strand im Bikini in der Sonne ein und erfrischten uns kurz im kalten Meer. Der zweite Teil der Wanderung teilten wir uns auf, da jeder sein eigenes Tempo hatte. War auch schön mal ganz alleine durch diese schöne Landschaft zu laufen. Die letzten 5km traf ich dann auf eine Schweizer Familie aus Luzern und konnte endlich mal wieder Schweizerdeutsch sprechen, hatte es schon fast verlernt. War schön einfach mal wieder sprechen zu können, ohne nachzudenken was man genau sagen möchte und wie denn nun all die Worte in Englisch heissen. Da es nun das Ende unserer Wanderung war trafen wir wieder alle aufeinander und konnten noch eine Stunde am schönen Strand geniessen, bevor wir wieder mit dem Taxiboot zurück mussten. Um 17:00 waren wir zurück im Hostel und da wir alle zu faul waren um selber zu kochen, genossen wir typisches Fish and Chips. Wir waren ziemlich kaputt, doch der Ausflug hatte sich sehr gelohnt und war wunderschön! Abel Tasman ist definitiv einer meiner Favoriten, das weiss ich jetzt schon!

11.03. Kaiteriteri

Eigentlich hätten wir heute weiterreisen sollen, doch da es uns hier so gut gefiel, hatten wir am Abend zuvor beschlossen noch einen Tag länger zu bleiben. Richtig schön mal einen Tag nichts zu machen und nur am Strand zu faulenzen, genau dies machten wir nämlich und sonst nichts.

Westport 12.03. – 13.03.

Westport, South Island, New Zealand

12.03.

Wieder eine Busfahrt mit vielen Stopps und schöner Landschaft. Am späten Nachmittag erreichten wir Westport, eine kleine Stadt, die berühmt zum Surfen ist. Leider hatten wir aber dafür nicht genügend Zeit, da es am nächsten Tag bereits wieder weiterging. Wir gingen am Abend mit unseren Kiwi-Guides zum Strand und machten dort ein grosses Lagerfeuer. War cool und wir Europäer fühlten uns alle etwas wie in einem amerikanischen Film, nur eine Gitarre hatte noch gefehlt. Um 22:00 gings dann wieder zurück in die Stadt und in die Bar. Doch diese war so ausgestorben und langweilig, dass wir nicht allzu lange blieben.

Lake Mahinapua 13.03. – 14.03.

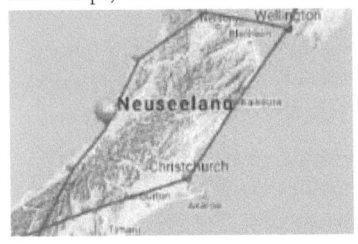

Ruatapu, New Zealand

13.03.

Heute gings erneut an einen sehr abgelegenen Ort: Lake Mahinapua. Das Hostel lag auf der Durchfahrt von einem Dorf zum anderen und hatte rundherum ausser dem See nichts. Dies war der beste Ort für eine Kostümparty. Jeden Abend veranstalten die Besitzer nämlich eine solche Party und gaben jeweils das Thema vor. Unser Thema war "ABC" also "anything but clothes" was so viel heisst wie: "alles ausser Kleider". Ok wir mussten also bei unserem Stopp im Supermarkt ein Kostüm finden/kreieren, dass nicht aus Kleidern bestand, ein Thema hatte und nicht zu viel kostete. Etwa 10

Doller sollten reichen. Das beste Kostüm sollte dann etwas gewinnen. Wir hatten eine Stunde Zeit. Normalerweise bin ich ziemlich kreativ, doch zu diesem Thema wollte mir einfach nichts einfallen. Ich hatte stets Plan B im Kopf, dass ich notfalls als Abfallsack gehen würde, doch das war etwas lahm. In den letzten 5min hatte ich mit Hilfe meiner Kollegen doch noch eine Idee. Im Hostel bezogen wir unsere Zimmer und die ersten machten sich ans gestallten der Kostüme. Ich machte noch einen kurzen Zwischenstopp. Wir konnten nämlich beim Besitzer des Hostels unseren eigenen Jade-Anhänger machen. Mir war ziemlich schnell klar was für eine Art Anhänger ich haben wollte und fand bald den richtigen Stein. Nach etwas schleifen und anschliessendem polieren, hatte ich bald meinen eigenen Anhänger. Wie cool! Genau sowas wollte ich! Ich liess den Stein extra noch etwas rau an bestimmten Stellen, da ich es toll finde, wenn man noch sieht, dass es ein Stein war und mir das natürliche gut gefällt. Viele kennen meinen Schmuck-Tick und dass ich in jedem Land Schmuck kaufen muss. Umso besser nun selbstgemachten traditionellen Schmuck aus diesem Land zu haben, einfach genial! Ich hatte ihn sogleich angezogen und trage ihn nun mit Stolz.

Nun war es auch für mich an der Zeit mich meinem Kostüm zu widmen. Ich wollte als Neuseeland gehen, das Land der "long white clouds". Ich bekam gratis Landkarten beim Bahnhof und einen Abfallsack als Rock von meiner Kollegin. Zudem Kleber und Sicherheitsnadeln vom Hostel und alle weissen Einkaufssäcke von all meinen Zimmergenossen, mein Kostüm war also sehr günstig. Ich hatte es mir nicht ganz so vorgestellt, denn als Oberteil musste ich ein Top nehmen, da ich nicht halb nackt gehen wollte. Tja nicht ganz "but clothes" aber das war mir egal, Hauptsache ich hatte etwas und musste nicht als Müllsack gehen.

Nach dem Essen gings dann los und wir fanden uns alle mit unseren Kostümen in der Bar ein. Richtig coole Ideen und Kostüme konnte man bewundern und mir war schnell klar, dass ich nicht

gewinnen würde. Doch darum ging es mir ja auch nicht. Die
Party war cool und witzig.

Franz Josef 14.03. – 16.03.

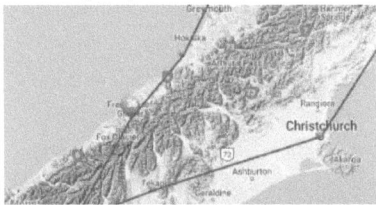 Franz Josef, South Island, New Zealand

14.03.
Heute Morgen waren alle
ziemlich müde und sehr
froh, dass wir erst um
09:30 weiter mussten,
nach einem feinen Pan-
cake and Bacon Breakfast vom Hostel. Wir gingen ziemlich direkt
zu unserem nächsten Ziel: Franz Josef. Ich war schon sehr gespannt auf dieses Dorf und freute mich auf die zwei Nächte dort.
Nur schon die Sicht vom Dorf aus auf die Berge rundherum war
sehr schön und mir hat es auf Anhieb gefallen. Wir erkundeten
etwas das Dorf und genossen einen gemütlichen Abend im Hostel, welches sehr schön und cool war. Der Gewinner von der
Kostümparty wurde noch genannt und er gewann einen Bungy-
Jump. Es war der Roboter, ein Typ der wirklich von Kopf bis
Fuss in Klebeband und Krepppapier eingewickelt war und den
ganzen Abend wie ein Roboter herumlief.

15.03.
Um 09:00 waren Marie, eine Dänin und ich in der Basis vom Gla-
cier Explorer. Heute sollte es nämlich auf den Gletscher gehen,
wir freuten uns sehr. Wir hatten zuvor oft gehört, dass es sich
nicht lohnen würde und es viel zu teuer sei, aber irgendwie hatten
das alle nur gehört und niemand hatte es wirklich selbst gemacht.
So entschlossen wir uns es einfach auszuprobieren, ich konnte
mir nicht vorstellen, dass es schlecht sein konnte, so wie es beschrieben wurde. Und zum Glück hatten wir's gemacht, denn es
war genial! Doch zurück zum Anfang: Wir erhielten unsere Ausrüstung und packten uns warm ein. Nach einem kurzen

Spaziergang durch den Wald gings zum Helikopterlandeplatz. Marie und ich hatten Glück und wir durften vorne sitzen. Der Flug war ziemlich kurz, ca. 5min, aber der Pilot liess es sich nicht nehmen uns etwas zu überraschen. Er flog ziemlich tief, sodass man das Gefühl hatte die Bäume zu streifen und als wir über eine Kippe flogen, holte er aus und zogen den Heli wieder runter, sodass man sich etwas wie in einer Achterbahn fühlte.

Auf dem Eis angekommen zogen wir unsere Spikes an, wurden kurz instruiert wie wir damit zu laufen hatten und schon gings los. Die Wanderung dauerte ca. 3h. Es war nicht auf dem Gletscher selber, denn dies wäre zu gefährlich gewesen. Wir liefen auf dem Eis, dem Ausläufer des Gletschers. Es war richtig cool. Durch Schluchten, Eisspalten und über in Eis geschlagene Treppen, bis hin zu Höhlen gings bis zum Grund des eigentlichen Gletschers. Dort bestaunten wir einen Wasserfall und durch das super Wetter (wir hatten echt Glück) konnten wir sogar einen Regenbogen über dem Eis sehen. Von dort gings wieder runter und zurück zum Heli Landeplatz. Der Guide musste während der ganzen Wanderung mit seiner Hacke den Weg neu präparieren, damit wir gut laufen konnten. Ziemlicher Knochenjob! Als wir dies gesehen hatten, war uns auch klar warum die Guides in Shorts und T-Shirt auf den Gletscher gingen. Leider war es schon wieder vorbei und wir flogen mit dem Heli zurück. Hammer wars! Der Heli Flug war nicht so spektakulär wie den, den ich machen durfte in der Schweiz, doch dafür war die Wanderung und das Gefühl auf dem Gletscher zu sein echt Klasse!

Wieder zurück in der Basis, durften wir noch in die dazu gehörigen Hot Pools und genossen dort 2h. Zurück im Hostel schlemmten wir Pizza all you can eat und verbrachten einen gemütlichen Abend. Schade mussten wir morgen schon wieder weiter, ich hätte gerne noch etwas länger Zeit hier verbracht, denn man hätte noch vieles mehr unternehmen und sehen können.

Wanaka 16.03. – 17.03.

 Wanaka, South Island, New Zealand

16.03.

Eigentlich wäre der Plan gewesen, dass der grosse Bus morgens um 07:30 losfahren würde und der kleine, in dem ich war, um 09:30. Als wir erwachten und nach draussen schauten, lagen überall Rucksäcke herum und einige Leute standen ziellos herum. Wir erfuhren, dass unser Fahrer den Schlüssel des grossen Busses verloren hatte und daher der Bus nicht benutzt werden konnte. Zudem wurde gemunkelt, dass der Fahrer gestern zu viel getrunken hätte und ziemlich besoffen gewesen sei. Es wäre verantwortungslos gewesen, wenn er am nächsten Tag so viele Leute herumgefahren hätte. Ob dies wirklich stimmte, konnte aber niemand so genau sagen. Ich denke nicht, dass er zu viel getrunken hatte, denn wir kannten ihn nun seit ein paar Tagen und er schien nicht der Typ dafür. Nun ja, das würden wir wohl nie erfahren.

Die Leute die früh aufgestanden waren, wurden, so viele es ging, in den kleinen Bus gequetscht und zum nächsten Ziel gebracht. Die Restlichen und wir mussten warten. Keiner konnte uns sagen wann genau wir abfahren konnten und so sassen wir etwas ratlos herum. Zum Glück schien die Sonne, so konnten einige etwas an ihrer Bräune arbeiten. Es war aber auch klar, dass wir nicht alle Stopps auf der Route machen konnten und ziemlich spät in Wanaka ankommen würden. Für mich war es zwar etwas schade, aber nun halt so und kein grosses Ding. Viele andere schienen sich aber darüber stark aufzuregen und wollten eine Entschädigung von Kiwi, was sie veranlasste Mails zu schreiben und dort anzurufen. Um 12:00 kam ein neuer Bus und wir fuhren los. Ein paar Stopps machten wir, doch wir mussten uns auch etwas beeilen. Kurz vor Wanaka teilte unser Fahrer mit, dass wir heute freie

Übernachtung bekämen und ein Essen. Wow! Das hätte ich echt nicht gedacht und ich finde das sehr grosszügig. Kurz ins Hostel und gleich wieder in den Bus gings dann zum Restaurant. Ich hätte auf einfaches Fish and Chips oder so gewettet, doch wir wurden richtig verwöhnt. Ein riesen Buffet mit Rips, Chicken, Fries, Gemüse, Shrimps, Salat und Reis. Hmmm toll wiedermal richtig fein in einem Restaurant zu essen. Obwohl wir alle mit unseren Pluderhosen und Pullis nicht gerade schick aussahen.

Queenstown 17.03. – 22.03.

Queenstown, South Island, New Zealand

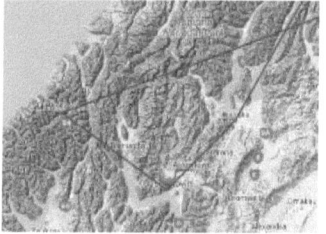

17.03.

Heute ging es nach Queenstown, ich war sehr gespannt, denn ich hatte sehr viel davon gehört. Die Stadt rund um den See ist sehr schön und auch die Landschaft rundherum. Wir bezogen unser Hostel und sahen uns kurz etwas in der Stadt um. Heute war St. Patricks Day und die ganze Stadt war in der Laune dies zu feiern. So also auch wir.

Tagesausflug nach Milford Sound

Milford Sound, South Island, New Zealand

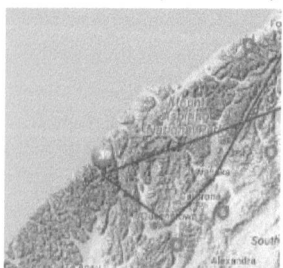

18.03.

Heute gings für mich und mein Zimmergenossen Sondre, ein Norweger, früh los nach Milford Sound, während sich die anderen nochmals umdrehten und weiterschlafen konnten. Um 07:00 waren wir bereit und warteten auf den Bus, er kam 20min zu spät, danke. Zum Glück konnten wir die ersten 2.5h im Bus schlafen, denn der Fahrer meinte wir würden bis dahin nichts verpassen. Nach einem Frühstücksstopp gings in die Berge und ab dann wäre es wirklich sehr schade gewesen im Bus zu schlafen. Die Landschaft war unglaublich und die steilen Felswände erstaunlich. Wir fuhren durch einen Tunnel auf die andere Seite und der Fahrer kündigte uns bereits an, dass am Ende des Tunnels die Landschaft wunderschön sei. Punktgenau mit dem Verlassen des Tunnels erklang imposante Musik und wir hatten eine wunderschöne Landschaft vor uns. Wie in einem Film fühlte es sich an mit der Musik und wäre die Umgebung nicht so eindrücklich, wäre es schon fast etwas kitschig gewesen.

Wir fuhren runter zum Milford Sound und dort auf das Schiff. Knapp 2h dauerte die Rundfahrt und wir hatten wieder einmal riesen Glück mit dem Wetter. Die steilen Felsen und Berge die direkt ins Wasser reichten waren sehr schön und zu meiner Freude sahen wir noch Seelöwen.

Danach gings wieder zurück nach Queenstown. Wir kamen nach 18:00 im Hostel an und waren sehr müde von diesem langen Tag. Da Sondre und ich keine Lust mehr hatten zu kochen oder auf irgendwelchen Fertigfood, gingen wir in ein Steakhouse. Hmmm so lecker, richtig gutes Fleisch. Danach gings ab ins Bett und etwas Schlaf nachholen.

19.03. Queenstown Wanderung

Heute musste ich leider unser schönes Zimmer im Nomads Hostel verlassen und ein paar Strassen weiter ins Base Hostel umziehen. Schade, denn das Zimmer war zwar ein 10-Bett-Zimmer, jedoch sehr sauber, mit eigenem Bad und guten Betten. Das war leider nicht so im Base und ich musste wieder einmal mehr in einem unbequemen Bett schlafen, in dreckigen Gemeinschaftsbädern duschen und auf die Toilette. Tja so ist das Backpackerleben halt manchmal. Ich freue mich dann jeweils umso mehr, wenn es an einem Ort schön ist und so schlimm wie in Thailand ist es noch lange nicht.

Nachdem ich also das Hostel gewechselt hatte, ging es weiter.
Wir wollten auf den Berg wandern, wo auch die Gondel hoch-
führt und von dort oben dann noch weiterwandern. Schon beim
Aufstehen hatte ich gemerkt, dass ich nicht wirklich fit bin, ich
hatte Kopf- sowie Halsschmerzen. Ich versuchte es zu ignorieren
und wir wanderten los. Leider aber fühlte ich mich immer
schlechter, die Kopfschmerzen nahmen zu und ich kam mir vor
wie eine lahme Schnecke die den Berg hinaufschlich. Nach etwa
2h kam ich dann aber zum Glück oben an und wir konnten etwas
verschnaufen. Ich merkte, dass ich mich nicht besser fühlen
würde und da ich nicht noch richtig krank werden wollte, vor allem sicher nicht in dem Hostel-Bett, entschied ich mich, die andern ziehen zu lassen und ging mit der Gondel wieder runter in
die Stadt. Schade, die Wanderung wäre sehr schön gewesen und
die Aussicht auch. Die anderen zeigten mir dann später die Fotos,
so hatte ich auch ein bisschen etwas davon. Ich ging also zurück
in die Stadt und legte mich etwas hin. Viel genützt hatte es aber
leider nicht. Am Abend wollten wir eine Pub-Tour machen, doch
da alle irgendwie nicht in der Stimmung waren und einfach nur so
in den Ausgang wollten, entschied ich mich früh ins Bett zu gehen, damit ich wieder richtig fit werde für die nächsten Tage.

20.03.
Heute sah ich mir etwas genauer die Stadt an und ging etwas
shoppen. Ich musste mir eine warme Jacke kaufen, hier im Süden
ist es, vor allem am Abend, oft sehr kalt. Wenn ich hier in NZ
schon mit meinen vorhandenen Kleidern friere, möchte ich nicht
wissen, wie es dann in Bolivien sein wird, denn dort ist es dann
noch ein Stück kälter. Ich verbrachte einen gemütlichen Tag und
am Abend stand dann die Pub-Tour an. Ich glaube sehr viel muss
ich dazu nicht sagen... Nur so viel: Um Mitternacht waren wir in
der Eisbar (-5 Grad) als ich in meinen Geburtstag hineinfeierte.
Da bin ich so weit weg von zu Hause und ausgerechnet am käl-
testen Ort werde ich ein Jahr älter. Mir war zum Glück aber nicht

wirklich kalt... Lag bestimmt nur am warmen Mantel... Danach gings natürlich noch weiter und wir hatten einen genialen Abend. Wir feierten alle zusammen und hatten glaube ich den besten Ausgang, seit wir in NZ sind. Schöner wäre es natürlich noch gewesen mit meiner Familie und Freunden zu feiern, doch alles kann man halt nicht haben. Es wurde sehr spät, irgendwann, keine Ahnung wann, war ich dann zurück im Hostel...

21.03.
Ojeoje... So kaputt und verkatert hatte ich glaube ich noch nie einen Geburtstags-Tag begonnen. Naja keine Details. Da ich ja machen konnte was ich wollte, entschied ich mich noch gemütlich etwas im Bett zu bleiben und traf mich dann später mit den anderen.

Hmmm wie gut doch so eine Pizza ist nach so einem Abend, das war nämlich mein Geburtstagsessen, wie originell. Wir waren alle ziemlich kaputt und ich wäre am liebsten wieder zurück ins Bett gegangen. Doch schliesslich war es ja mein Geburtstag, woran mich Danijel ca. alle 30min erinnerte. Wir gingen also noch etwas aus, doch um Mitternacht war für mich Ende und ich fiel todmüde ins Bett.

Lake Tekapo 22.03. – 23.03.

Lake Tekapo, South Island, New Zealand

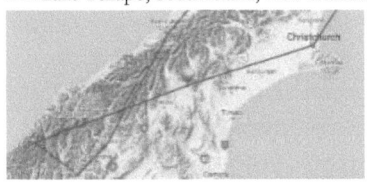

22.03.
Eigentlich war es optimal meinen Geburtstag in der Nacht zuvor zu feiern, denn so war ich einigermassen fit für die Weiterfahrt mit dem Bus. Heute gings nach Lake Tekapo. Ich musste mich nun von allen meinen Freunden trennen, denn viele blieben noch länger in Queenstown oder gingen noch weiter runter in den Süden. Schon etwas merkwürdig, ich war mit Danijel etwa 3 Wochen gereist und nun gings alleine

weiter. Wir werden uns aber wiedersehen, denn er versucht in
Sydney Arbeit zu finden und in ein paar Wochen werde ich ebenfalls dort sein.

Nun gut, mit dem Kiwi-Bus ist man ja nie wirklich alleine, man
kennt immer irgendjemanden von vorherigen Bussen oder lernt
neue Leute kennen. Ich denke, ich werde es aber auch geniessen
mal wieder etwas für mich zu sein.

Wie gewohnt gab es wieder einige Stopps auf der Strecke und am
Nachmittag erreichten wir dann das Ziel. Das Hostel lag direkt
am grossen See und alles war sehr idyllisch. Ich testete meine
neue warme Jacke, setzte mich etwas an den See und spazierte ein
wenig herum. Sehr schön dieser Ort, jedoch war es sehr windig
und bewölkt und von daher nicht allzu viel zu tun. Bei schönem
Wetter könnte man hier toll baden. Offenbar waren alle etwas geschafft von den Nächten in Queenstown und so faulenzten alle
herum und es wurden im grossen Wohnraum Filme geschaut.

Christchurch 23.03. – 24.03.

Christchurch, South Island, New Zealand

23.03.
Auf die nächste Stadt, Christchurch, war ich auch schon ziemlich gespannt, da ich davon auch
schon viele Meinungen gehört
hatte. Die Stadt erlitt vor 3 Jahren
ein sehr schlimmes Erdbeben,
viele Leute starben und vieles wurde zerstört. Es würde wohl
noch viele Jahre dauern bis alles wiederhergestellt ist, meinte unser Fahrer. Schon auf der Fahrt zum Hostel konnte man oft sehen, dass an vielen Orten gebaut wurde und es schien mir sehr
viele neue Industriehäuser hier zu haben.

Nachdem wir im Hostel eingecheckt hatten ging ich etwas nach
draussen. Leider waren meine Zimmergenossinnen nicht in der
Stimmung das Hostel zu verlassen und so ging ich alleine los.

Direkt neben dem Hostel lag der Botanische Garten und ich spazierte dort etwas herum. Sehr schön und gepflegt wars. Ich lief noch etwas um die Strassen von unserem Hostel herum und ging dann wieder zurück. Das Wetter war nicht gerade berauschend und ich war auch nicht so in der Stimmung alleine die restliche Stadt anzuschauen. Zudem finde ich es teilweise auch etwas makaber all die kaputten Häuser anzuschauen.

Ich nutzte die freie Zeit und arbeitete an meinem Blog. Auch gut solche Tage, denn sonst könntet ihr hier gar nichts lesen.

Kaikoura 24.03. – 25.03.

 Kaikoura, South Island, New Zealand

24.03.

Und weiter gehts. Heute war die letzte Übernachtung in einem Dorf auf der Südinsel. Das Dorf heisst Kaikoura, ein Maori Name und der Weg dorthin war wunderschön. Entlang der Küste fuhren wir in strahlender Sonne und vom Bus aus konnten wir Delfine im Meer springen und Seelöwen sehen. Wow wie schön! Ich wusste schon da, dass mir dieser Ort gefallen würde. In Kaikoura angekommen wurde ich nicht enttäuscht. Ein kleines herziges Dörfchen und das grosse weite Meer.

Nun war es soweit für die Aktivität an diesem Ort. Whale watching! Ich freute mich sehr und hoffte, dass wir auch wirklich einen Wal sehen würden! Wir gingen auf ein spezielles Wal-Boot, welches uns sehr schnell übers Wasser zu der Stelle brachte, wo die Wale vermutet wurden. Einer der Guides war der Speaker und erklärte uns alles. Er war offensichtlich ein Maori und sehr unterhaltsam. Ich höre die Maori gerne englisch sprechen, sie haben ihren eigenen Akzent. Es wurden spannende Dinge über die Wale erzählt und gute Filme gezeigt. Hier in dieser Region könne man viele Sperm Whale (Pottwale) sehen, denn unterirdisch verläuft ein Canyon, welcher ein guter Fressplatz für die Wale ist. Wir mussten ein paar Orte auskundschaften und der Captain nahm immer wieder das Hörrohr hervor und lauschte auf die Geräusche der Wale. Endlich wurde einer ausgemacht und nun mussten wir nur noch warten bis er sich zeigen würde. Die Wale bleiben jeweils etwa 1h unter Wasser und kommen dann für ca. 10 Min. an die Oberfläche um zu atmen und neue Luft zu "tanken". Etwas komisch die Situation, alle standen auf dem Boot, schauten aufs Wasser und warteten einfach bis sich etwas bewegt. Plötzlich tauchte er etwas weiter vorne auf und wir fuhren hin. Wow, wie cool! Ein richtiger echter Wal. Das tönt vielleicht etwas merkwürdig, doch ich fands erstaunlich. Man sieht viele Wale im TV oder sonst wo, doch in echt ist es doch nochmals etwas anderes, einfach unglaublich.

Da war er also dieser ca. 18m lange und 55 Tonnen schwere Pottwal. Er liess sich wirklich etwa 10 Min. treiben, atmete vor sich hin und tauchte dann wunderschön und elegant wieder ab. Leider konnte ich davon nur ein Foto schiessen, da meine Kamera etwas

zu langsam war, doch das reicht mir und schliesslich sollte man ja den Moment geniessen. Da wir so schnell Glück hatten und einen Wal sahen, konnten wir noch die Seehunde an den Felsen in Ufernähe anschauen gehen. Auf dem Weg dorthin sahen wir immer wieder mal Haie im schönen türkisfarbenen Wasser. Auch dies fand ich richtig cool, war aber froh, hier nicht baden zu müssen. Auf dem Rückweg sahen wir dann noch die Delfin-Boote vor uns und liessen es uns natürlich nicht nehmen, also der Captain, noch einen Abstecher dorthin zu machen. So sahen wir also auch noch Dusky Delfine herumtollen! Diese Delfine sind dort in Massen vorhanden, mehrere Gruppen von 200-300 Tieren und sehr verspielt. Wir sahen eine etwas kleinere Gruppe, doch auch dies war schon genial!

Was für ein Nachmittag: Wal, Haie, Seelöwen, Delfine und auch noch Albatrosse und das alles in ca. 3h!

Ich schlenderte anschliessend noch etwas durch das Dorf und ging dann zurück ins Hostel.

Trotz der schönen Erlebnisse von heute, war es für mich aber auch ein trauriger Tag. Heute Abend um 22:30 sollte nämlich 12h zeitversetzt, zu Hause in der Schweiz, mein Grossvater beerdigt werden. Ich war mir schon bei meiner Abreise bewusst, dass ich ihn nicht mehr wiedersehen werde. Sein kürzlicher Tod hat mich aber dennoch sehr mitgenommen. Ich war sehr traurig nun nicht zu Hause sein zu können und hatte in diesen Tagen ziemlich Heimweh. So schön das Reisen auch ist, in solchen Momenten wäre man am liebsten einfach zu Hause. Da ich ja nun leider nicht an der Beerdigung teilnehmen konnte, machte ich meinen eigenen Abschied am anderen Ende der Welt. Ich ging also um 22:30 runter an den Strand, setzte mich auf eine Bank unter tausenden von Sternen und einer wunderschönen Milchstrasse, hörte schöne Musik, zündete eine Kerze an und trank einen Cidre zu Ehren meines Opapi. Wäre ich Raucherin, hätte ich natürlich noch eine "Havanna" angezündet...

Kaikoura hat mir sehr gut gefallen und wird für mich immer ein spezieller Ort sein. Einerseits wegen den tollen Erlebnissen und anderseits, weil ich dort von meinem geliebten Opapi Abschied genommen habe.

Wellington 25.03. – 27.03.

 Wellington, North Island, New Zealand

25.03.

Nach Abfahrt vom Hostel, konnten wir nochmals die wunderschöne Umgebung rund um Kaikoura geniessen. Die Sonne schien wieder genial und wir fuhren der schönen Küstenstrasse entlang, mit einem unglaublichen Blick auf das Meer und die Klippen. Wir hielten kurz bei einer Seelöwenkolonie an und konnten diese witzigen Kreaturen bestaunen, oder wie der Fahrer liebevoll zu sagen pflegt: "this fat and lazy seals". Leider gings schon bald weg von der Küste und ins Landesinnere, dies ist auch schön, doch das Meer bleibt nach wie vor mein Favorit, ich liebe es einfach.

Am Mittag kamen wir dann in Picton an und dort gings auf die Fähre. Diesmal war ich wach und konnte auch etwas von der Überfahrt sehen, nicht wie letztes Mal als wir alle geschlafen haben. Wieder hatte ich 3.5h Zeit und schrieb an meinem Blog, bis wir Wellington erreichten. Wieder checkte ich ins selbe Hostel ein wie letztes Mal. Da ich nun nicht mit meinen Freunden zusammen eincheckte und nichts bezüglich des Zimmers sagte, bekam ich ein Zimmer im 5. Stock. Ich dachte mir nichts dabei und ging nach oben. Als ich dann die pinke gesicherte Tür sah dämmerte mir wo ich gelandet bin. In einem "Sanctuary". Nur für Ladies. Toll, naja was solls. Mein Zimmer war gut und mit einer super Aussicht auf die Stadt. Jedoch waren die Fenster so undicht, dass, obwohl sie geschlossen waren, die Vorhänge immer noch wehten.

Ich ging in die Stadt zum Abendessen und gönnte mir mal wieder Sushi. Bald ging ich aber zurück ins Hostel. Ich war irgendwie nicht so fit und entschloss mich früh ins Bett zu gehen, damit ich hoffentlich am nächsten Tag wieder fitter sein werde.

26.03.

Leider hatte alles hoffen nichts genützt. Ich war krank! Kopfweh, Halsweh, riesig geschwollene Mandeln, verstopfte Nase und Ohren und sogar Zahnschmerzen von dem ganzen Druck, das volle Programm natürlich! Und das obwohl ich wegen des Durchzugs mit meinem Schal geschlafen hatte. Scheisse! Krank sein ist sowieso schon blöd und dann auch noch in den Ferien! Ich drehte mich daher nochmals im Bett um und schlief nochmals eine Runde.

Um 12:00 stand ich dann auf und ging etwas durch die Stadt, ich wollte doch wenigstens ein bisschen etwas sehen. Zuerst ging ich in die Apotheke und deckte mich mit Halswehlutschtabletten ein. Danach gings ins Nationalmuseum Te Papa, was mir von vielen Leuten empfohlen wurde. Das Museum war wirklich toll, sehr spannend, lehrreich, interessant und cool gemacht. Ich war jedoch nicht fit, ich mochte nicht alles lesen. Das was ich gelesen hatte, verflog sofort wieder und so schlenderte ich einfach etwas durch das Museum. Schade, denn vieles hätte mich sehr interessiert, vor allem die Geschichte über die Maori und die Entstehung von NZ mit ihrem Volk. Ich ging noch etwas durch die Stadt und mit etwas Umweg zurück zum Hostel, ich fühlte mich gar nicht gut, ich glaube ich hatte auch etwas Fieber. Ich entschloss mich nochmals etwas hin zu legen. Nach meinem kleinen "nap" fühlte ich mich nach wie vor schlecht und ging nur nochmals kurz raus zum Essen und dann wieder ab ins Bett. Schade, ich finde Wellington irgendwie interessant und hätte gerne mehr davon gesehen.

Taupo 27.03. – 29.03.

 Taupo, North Island, New Zealand

27.03.

Heute gings weiter nach Taupo. Auf dem Weg nach unten ziemlich am Anfang meines Trips hier, konnten wir ja das Tongariro Crossing nicht machen wegen dem schlechten Wetter. Hier war jetzt nochmals die Chance. Da ich mich aber immer noch wie von einer Dampfwalze überfahren fühlte, würde das mit dem Crossing wohl schlecht aussehen. Im Bus schauten wir wieder einmal einen Film, das ist noch cool und unterhaltsam, oft sind es neuseeländische Filme. Diesmal sahen wir den Film "Boy", welcher mich ein paar Mal zum Lachen brachte. Nach einem kurzen Stopp bei den Huka Falls gings dann ins Hostel in Taupo. Ich merkte, dass ich meine Grippe so schnell wohl nicht loswerden würde und da ich schon nach einer kurzen Strecke ausser Atem war, trug ich mich schon gar nicht in die Liste fürs Crossing ein, sehr schade, ich hätte das wirklich unheimlich gerne gemacht!

Der Nachmittag/Abend sah nicht viel anders aus wie gestern und so blieb mir nichts anderes übrig, als wieder ins Bett zu gehen und zu hoffen, dass es morgen etwas besser sein wird.

28.03.

Und schon wieder falsch gehofft. Ich hatte nun auch noch Husten und war nach wie vor krank. So ein scheiss! Naja kann man nichts machen. Ich verbrachte die meiste Zeit des Tages im Bett und ging am Nachmittag kurz raus. Ich wollte etwas spazieren und frische Luft schnappen, doch nach ca. 1h wurde mir sowas von schwindlig und meine Kopfschmerzen nahmen wieder zu, sodass ich wieder ins Bett musste.

Um 17:00 kamen dann meine Zimmernachbarinnen vom Crossing zurück, sie sahen nicht gerade glücklich aus. Ich erfuhr, dass sie nach 2h wandern (die Wanderung dauert zwischen 6-8h) nichts mehr sahen da es regnete und total neblig war. Es war sehr kalt und richtig ungemütlich. Sie hatten die Wanderung beendet, jedoch wussten sie nicht warum, denn gesehen hatten sie wirklich nichts. Schade für sie, aber für mich war es ein kleiner Trost, denn so hatte ich wohl nichts verpasst.

Auckland 29.03. – 30.03.

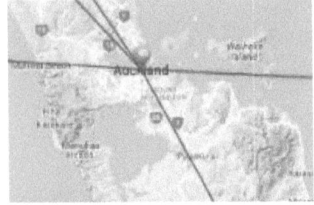 Auckland, North Island, New Zealand

29.03.

Um 08:45 stand der Kiwi-Bus wieder bereit und es ging nordwärts nach Auckland. Ich fühlte mich etwas besser, die Nase war nicht mehr ganz so verstopft, ich konnte teilweise etwas durch die Nase atmen, juhuuuu, doch das Kopfweh, die verstopften Ohren und der Husten blieb hartnäckig. Ojee ojee.

Was natürlich bei einem Besuch in NZ nicht fehlen durfte war, dass man einen richtigen Kiwi sieht, nicht nur immer im Souvenirshop. Da dies in der Natur praktisch unmöglich ist, gingen wir in ein Kiwi-Haus. Cool diese scheuen Tiere endlich mal live zu sehen. Schon ein spezieller Vogel dieser Kiwi, aber süss. Viel grösser als ich gedacht hatte. Leider durften wir aber keine Fotos machen, da sie erschrecken könnten. Diese sensiblen Tierchen aber auch.

Danach gings weiter Richtung Auckland, wo ich den Abend erneut ruhig ausklingen liess.

Morgen früh verlasse ich NZ und es geht weiter nach Australien. Bin schon sehr gespannt!

Ich muss sagen NZ hat mir sehr gut gefallen und ich würde sofort wieder gehen, es gäbe noch sooo viel anderes zu sehen. Der

Kiwi-Bus war ok, doch ein zweites Mal würde ich dies bestimmt nicht mehr machen. Die Leute im Bus waren durchschnittlich zu jung (alle um die 18/19/20) und das war manchmal mehr ein Gefühl von Klassenfahrt und wer ist betrunkener als der andere, als wirkliches Reisen. Dennoch habe ich auf diese Art viel vom Land gesehen und auch viele nette Leute kennen gelernt.

Ich hatte es schonmal erwähnt, aber ich muss es nochmals sagen. NZ ist vielleicht auch noch so speziell wegen den Leuten hier. Alle sind wirklich unheimlich nett, freundlich und hilfsbereit, immer zu einem Schwatz aufgelegt und sie meinen es auch wirklich ernst :-) Mir gefällt auch besonders gut, dass die Maori Kultur hier tief verankert ist.

Überall sieht oder fühlt man die Kultur und auch die Neuseeländer die nicht Maori Abstammung sind, sind stolz auf ihre Geschichte und ihre Maoris und zeigen/sagen dies auch. Wirklich schade, dass ich schon gehen muss, doch Australien wird bestimmt auch genial!

Adelaide 30.03. – 02.04.

Adelaide, South Australia, Australia

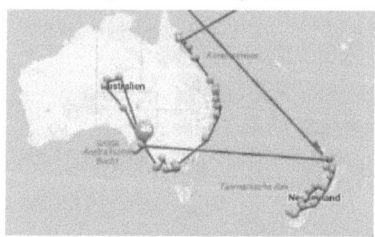

30.03.
Schon sehr früh musste ich aus den Federn und mit dem Bus zum Flughafen. Dort gings zum Glück reibungslos durch alles hindurch und in den Flieger. Um 10:30 kam ich dann in Adelaide an. Schon aus dem Flieger konnte ich über die ganze Stadt sehen und war erstaunt, dass sie so gross ist. Ich hatte mir Adelaide irgendwie viel kleiner vorgestellt, die Stadt und die Vororte ziehen sich aber weit hinaus. Am Flughafen wurde ich abgeholt. Ich hatte zuvor in Queenstown Thomas kennen gelernt, welcher in Adelaide wohnt und durfte die erste Nacht in seiner Wohnung übernachten. Da

er am Nachmittag in die Uni musste, setzte er mich in der Stadt ab und ich konnte auf die Suche nach einem Hostel gehen. Gemütlich, so ohne schweren Rucksack. Ich wurde zum Glück bald fündig und zudem konnte ich auch gleich einen Trip nach Kangaroo Island buchen.

Ich schlenderte noch etwas durch die Stadt, sehr gemütlich, denn ich fühlte mich noch immer nicht so gut. Ich wurde dann netterweise wieder in der Stadt abgeholt und wir verbrachten einen gemütlichen Abend. Die Mutter von Thomas hatte nach ihrem letzten Besuch noch selbstgemachte Lasagne dort gelassen, hmmm wie lecker, wiedermal was Selbstgemachtes. Nicht so gut wie die Lasagne von meinem Mami, doch in diesem Moment war's tipptopp ;)

31.03.

Ich konnte schön lange und in Ruhe, ohne irgendwelche Backpacker um mich herum ausschlafen. Mein blöder Husten war aber leider so hartnäckig, ich hatte schon richtig Muskelkater. Meine Erkältung wollte einfach nicht wirklich besser werden, oder nur sehr sehr langsam. Ich fühlte mich nach wie vor nicht fit, voll ätzend.

Ich ging mit dem Bus in die Stadt und checkte im Hostel ein. In meinem Zimmer hatte ich zwei Mädels aus Deutschland kennen gelernt, Anja und Nina, mit welchen ich mich gleich gut verstand. Sie wollten einen Ausflug an den Strand machen und nahmen mich mit, voll cool.

Mit dem Tram gings eine halbe Stunde aus der Stadt hinaus und nach Glenelg an den Strand. Sehr schön und gemütlich wars. Der Strand hatte mich sehr an einen Strand erinnert (Scarborough Beach) an jenem wir oft waren als ich in Perth war vor 6 Jahren. Leider war es sehr windig und nicht allzu warm, sodass wir nur kurz die Füsse ins Wasser hielten und nicht schwimmen gingen. Doch es war herrlich, einfach nur dort zu sein und die Zeit zu geniessen. Nach dem Sonnenuntergang, welcher leider von den

Wolken verdeckt wurde, gings dann wieder zurück in die Stadt. Die Mädels und ich liessen es uns gut gehen und so gingen wir zum Abendessen zum Inder. Viel zu viel tischte dieser auf. Doch dank Doggy-Bag konnten wir die Reste mitnehmen und so hatten wir eine zweite Mahlzeit für den nächsten Tag, sehr gut. Wir schlenderten noch etwas durch die Strassen und gingen dann zurück ins Hostel.

01.04.

Schon wieder hatte ich etwas länger geschlafen, so gut wie es halt nun mal geht in einem Hostel, manche Leute sind schon sehr rücksichtslos, aber egal. Schon krass ich hatte das Gefühl nur zu schlafen in letzter Zeit, doch ich brauchte es richtig und langsam ging es mir auch etwas besser. Ich bekam nicht mehr gleich Hustenanfälle nach ein paar Meter schnellem laufen, immerhin. Sehr gemütlich machte ich mich bereit und ging ein paar Strassen weiter in den Central Market. Dieser Markt ist sehr berühmt hier und auch eindrücklich. In einer Halle befinden sich Stände an Stände mit vielen tollen und leckeren Sachen, von Früchten, bis Fleisch und Käse, über Blumen und Kaffee, einfach alles. Interessant dieses teilweise hektische Treiben zu beobachten und zu sehen wie die Händler die Waren an die Leute bringen wollen. Da mein Budget aber leider eher begrenzt ist, ging ich dann in den Supermarkt neben an zum Einkaufen. Die Sachen auf dem Markt wären sicher viel besser gewesen, doch nach NZ und hier in Australien werde ich einiges an Geld brauchen für Trips und andere Transfers und daher muss halt an anderen Orten gespart werden. Da ich noch nichts gegessen hatte ging ich zurück ins Hostel und genoss mein Supermarkt-Frühstück/Mittagessen.

Das Timing war perfekt, denn kaum sass ich und begann zu essen, fing es draussen an zu regnen. Ich verbrachte den Nachmittag/Abend gemütlich im grossen Gemeinschaftsraum und versuchte etwas neue Kontakte zu knüpfen, denn die Mädels waren bereits weitergereist. Dies stellte sich jedoch als eher schwierig heraus, alle waren irgendwie sehr mit sich selbst und ihren Tablets und Laptops beschäftigt und schienen nicht sehr kontaktfreudig. Zudem waren die Hälfte der Leute dort Asiaten die irgendwelche Meetings hatten und die ganze Zeit am Lernen, oder was auch immer, waren. Ich ging zurück auf mein Zimmer und traf dort auf ein paar coole Zimmergenossen aus Deutschland und dem Südtirol, mit welchen ich noch lange quatschte.

Kangaroo Island 02.04. – 03.04.

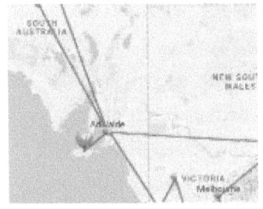 Kangaroo Island, South Australia, Australia

02.04.

Heute um 06:00 war ich bereits mit Sack und Pack am Busbahnhof und war gespannt auf meinen ersten Trip hier in Australien. Kangaroo Island war das Ziel und ich freute mich sehr. Der Bus welcher uns zur Fähre brachte war rappelvoll und bis auf ein paar wenige nur von Asiaten besetzt. Ich frage mich manchmal ob es überhaupt noch Asiaten in Asien hat, so viele wie ich hier und auch in NZ gesehen hatte... Nach knapp 2h Fahrt kamen wir am Hafen an und gingen auf die Fähre. Die Überfahrt war etwas ungemütlich, starke Wellen und Wind, man konnte nicht laufen ohne sich festzuhalten und wie total besoffen auszusehen. Nach der Fähre gings dann zu den Tour Bussen. Wie versprochen hatten wir einen kleinen Bus mit nur 10 Plätzen inklusive meinem. Der Fahrer, J.R. begrüsste uns und schien schon dort sympathisch. Er meinte er würde viel sprechen und erklären, so viel, dass wir uns vielleicht wünschten er würde mal die Klappe halten. Nun gut das werden wir dann sehen.
Als erstes gings nach einer kurzen Fahrt, die mir gefiel, zu einer Schafsfarm. Rob's Sheep Shearing ist eine Farm welche seit 4 Generationen betrieben wird. Der momentane Besitzer begrüsste uns mit seinen Sheepdogs. Er ist 56 und hat die Farm nun seit längerem übernommen, sein Vater der 91 ist, hilft aber freiwillig

noch so gut er kann mit, er möchte einfach weiterhin dabei sein. Seine zwei grossen Sheepdogs hat er bereits einige Jahre und sie lieben ihren Job. Die kleine Welpen Dame ist noch "in training". Sie tastet sich erst langsam an alles heran und wird bald immer mehr als Sheepdog arbeiten.

Wir gingen in den Stall und der Farmer liess die Hunde los. Mit einigen Befehlen wurden die Schafe von den Hunden in den Stall getrieben. Ein bisschen grob war das Ganze aber schon. Der Stall war für die vielen Schafe viel zu klein, doch das schien egal zu sein, es wurde einfach gequetscht. Ein Befehl vom Farmer und ruckzuck stand der Hund auf dem Rücken der Schafe. Dies macht er um im Getümmel vorwärts zu kommen.

Die Schafe mussten nun sortiert werden in bereits geschorene und noch nicht geschorene. Die Schafe wurden durch einen Gang getrieben mit einem Y-Ende und je nachdem ob sie noch Fell hatten oder nicht, auf die eine oder andere Seite getrieben, indem der Farmer das Tor hin und her bewegte. Da die Schafe teilweise sehr schnell rannten, musste der Farmer schnell das Tor hin und her bewegen und das hiess, dass teilweise das halbe Schaf oder sicher die Beine eingeklemmt wurden im Gatter. Nicht gerade sehr sanft diese Methode aber scheinbar altbewährt.

Nachdem die Schafe sortiert waren konnte der Farmer nun eines nehmen und zeigte uns wie sie geschoren werden. Es war erstaunlich, das Schaf war ganz ruhig und hielt ohne zu zappeln hin. Systematisch wurde es sein Fell los und streckte artig die Beine, wenn es nötig war. Am Schluss war das Schaf nicht wieder zu erkennen, ganz schön nackt sah es aus, hihi und irgendwie ziemlich lustig. Es durfte wieder zu den andern und schien glücklich zu sein nicht mehr so eine schwere Last herum schleppen zu müssen. Denn diese Schafe brauchen das Fell nicht um warm zu haben, das machen sie indem sie einfach eng zusammenstehen. Nun war das wertvolle Merinoschafsfell bereit zum Sortieren. Der Farmer sortierte die weniger guten Stücke aus und nur das

Beste kam weiter. Daraus wird dann alles mögliche gemacht. Wir durften das Fell anfassen, richtig schön fein und flauschig.

Danach gings weiter mit dem Bus. Die Landschaft ist wunderschön. Viele Alleen und Natur pur. Nur die Hauptstrasse ist geteert und alle anderen Strassen sind Naturstrassen, was die Fahrt teilweise ziemlich holprig machte. Auf Kangaroo Island gibt es keine öffentlichen Verkehrsmittel und auch in der Stadt hat es nur ein paar Läden und ein Pub. Ziemlich idyllisch das Leben dort und ohne Auto wäre man definitiv aufgeschmissen.

Nach der Sheep Farm gings weiter zur Emu Ridge Eucalyptus Distellery. Ebenfalls eine Farm die schon lange besteht und die Eukalyptus Öl herstellt und daraus verschiedenste Produkte macht.

Da es bereits Mittag war, nahmen wir dort unser Mittagessen ein und lernten einander etwas besser kennen. Ich kam bald in Kontakt mit Shan aus Hong Kong und einer Französin, deren Namen ich nicht mehr weiss. Die restlichen Leute von der Gruppe waren Pärchen oder Mütter mit ihren 16-jährigen Kindern. Nach dem Essen gings wieder weiter mit dem Bus. J.R. erklärte wirklich sehr viel und wie er uns bereits angekündigt hatte ohne Punkt und Komma, doch was er erzählte war sehr spannend und unterhaltsam, also störte es mich nicht. Er hatte eine ganz spezielle Methode uns Sachen bildlich zu erklären. Er malte einfach mit einem Filzstift auf seine Windschutzscheibe, natürlich während des Fahrens, versteht sich. Da der Verkehr auf Kangaroo Island aber sehr sehr begrenzt ist, liess sich dies gut machen. Ich fand das ziemlich witzig und originell.

Der nächste Stopp war Seal Bay, ein Strand an dem wilde Seelöwen wohnen. Mit unserem Guide, der ein älterer eingesessener Bewohner der Insel war, gings an den Strand runter zu den Seelöwen. Mit ihm durften wir bis ca. 10m an die Seelöwen heran. Das war ziemlich cool und schön diese Tiere so nahe zu sehen. Man musste aber auch aufpassen, die Männchen sind in der Zeit der

Rivalen Kämpfe. Wir erlebten einen solchen, eher kleinen Kampf mit und mussten ein paar Schritte zurück.

Danach gings schon weiter zum nächsten Ort. Little Sahara wartete auf uns und das Sandboarding. Von dort gings zum letzten Halt von heute, nämlich zum Hostel. Das Hostel nannte sich eine Lodge und war toll! Inmitten von Natur und auf der Wiese hinter dem Hostel hielten sich wilde Kangaroos auf. Die Kangaroos auf Kangaroo Island werden origineller Weise Kangaroo Island Kangaroos genannt und sind eine eigene Untergruppe von Kangaroos. Da ein paar Leute ein Zweierzimmer hatten waren wir am Schluss 6 Leute und hatten zwei 8er Dorms. Genial, 3 Leute pro Raum, wie schön. Zudem waren die Räumlichkeiten sehr gross und schön. Wiedermal ein Ort an dem man gerne etwas länger bleiben würde.

Unser Guide machte ein leckeres BBQ und wir verbrachten einen gemütlichen Abend. Als ich nach dem Zähneputzen aus der Toilette kam und zum Zimmer ging, schauten mich plötzlich von oben zwei grosse dunkle Kulleraugen an. Ein Possum sass auf dem Holzbalken und beobachtete mich. Ich bin erst etwas erschrocken, doch als ich sah wie putzig diese Tiere aussehen war ich erfreut. Das Possum suchte bald das Weite, als andere Leute sich näherten und ich ging zu Bett.

03.04.

Am Morgen gings weiter mit dem Bus und wir entdeckten weiter die Insel. Es war schon wie gestern ziemlich kalt und windig, man spürt den Winter kommen. Wir gingen an ein paar wunderschöne Strände und Orte.

Das heutige Highlight war für mich die Remarkable Rocks. Felsen und Steinformationen die sich in früherer Zeit gebildet hatten und nun dort zu bestaunen sind. Das hat mir sehr gut gefallen und war erstaunlich. Einige Felsen sehen aus als würden sie schweben. Wir besuchten noch die Hanson Bay Koala Sanctuary.

Ein Ort an welchem Koalas und viele andere Tiere leben und von Freiwilligen umsorgt werden.

Unser Mittagessen nahmen wir im Nationalpark ein und wurden von einem Wallaby unterhalten. Dieses war keineswegs scheu und versuchte immer wieder etwas Essen zu klauen.

Von dort machten wir einen kleinen Abstecher zu einem kleinen Teich. Der Weg führte durch den Wald. Dort konnte man aus nächster Nähe sehen, was das grosse Feuer vor 7 Jahren angerichtet hatte. Kangaroo Island hat jedes Jahr irgendwo ein Feuer, doch meistens hält es sich in Grenzen. Vor 7 Jahren war ein riesiges Feuer über fast die ganze Insel verteilt. Überall unterwegs kann man die alten, toten Bäume sehen und die neuen, lebenden die dazwischen hochwachsen. Das sieht sehr speziell aus und ergibt ein interessantes Landschaftsbild.

Am Teich angekommen hielten wir Ausschau nach einem sehr seltenen und äusserst scheuen Schnabeltier. Wir durften nicht sprechen und mussten ganz ruhig sein, wahrscheinlich die einzigen 15min in denen unser Guide nichts sagte. Jaaaa Mami und Papi, ich konnte ruhig sein und glaubt mir, J.R. der Guide, schlägt mich also was das viele quatschen angeht. :-)

Nach ein paar Minuten hatten wir tatsächlich Glück und sahen das seltene Tier. J.R. selbst hatte dieses Tier in seinem Leben erst zweimal gesehen. Dies war also riesen Glück. Toll, doch leider mit der Zeit auch etwas langweilig, denn das Tier war nur jeweils ein paar Sekunden an der Oberfläche und tauchte gleich wieder ab.

Wir gingen bald zurück und weiter zu Admiral's Arch. Auch hier konnten wir coole Felsen bestaunen, das wilde Meer und Seelöwen. Es hatte so stark gewindet, ich hatte manchmal das Gefühl davon gewindet zu werden. Beim Laufen gegen den Wind musste man sich richtig anstrengen.

Nochmals einen kleinen Abstecher an einen anderen Strand und dann gings auch schon wieder zurück zum Hafen. In dem Dorf dort konnten wir noch leckeres, frisches Fish and Chips essen, bis es dann um 19:30 auf die Fähre ging.

Diesmal hatten wir mehr Glück und das Meer war ruhig, also kein grosses Geschaukel. Es dunkelte bereits ein und wir waren richtig müde. Am anderen Hafen angekommen gings dann mit dem Bus wieder nach Adelaide und nach endlos wirkenden 2h ins Hostel. Ich hatte per Zufall im gleichen Hostel gebucht wie Shan und so konnten wir den Abend noch zusammen ausklingen lassen. Dieser war jedoch nicht mehr allzu lang, denn wir waren so müde, dass wir bald ins Bett gingen.

Zum Schluss kann ich sagen, dass mir Kangaroo Island sehr sehr gut gefallen hat und ich viel Tolles und Spannendes sehen und erleben durfte.

Wir hatten viele wilde Tiere gesehen und die Landschaft war traumhaft. Dieser Trip hat sich richtig gelohnt. :-)

Adelaide 04.04. – 06.04.

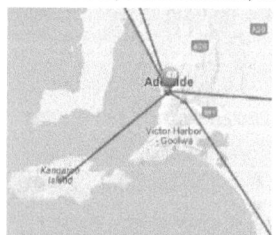 Adelaide, South Australia, Australia

04.04.

Da ich nur eine Nacht im Hostel gebucht hatte, musste ich heute zeitig aufstehen und diese verlängern. Ich hatte gehofft auf der Kangaroo Island Tour Leute zu treffen die auch gerne ins Outback gehen würden und hatte daher nur eine Nacht gebucht. Leider hatten die Leute die ich jeweils kennen gelernt hatte bereits andere Pläne oder zwar ähnliche Pläne, doch die Busse oder was auch immer waren bereits ausgebucht. Nun stand ich also wieder da und wusste zwar was ich machen wollte, jedoch nicht wie. Ich wollte ins Outback das war klar. Alleine kann man das nicht so gut machen und daher musste wohl oder übel wieder eine Tour her. Da ich sowieso wieder nach Adelaide zurückwollte, weil ich danach die Great Ocean Road machen wollte, dachte ich mir also, dass ich wohl irgendwie nach Alice Springs hochgehe und dann eine Tour von dort nach unten mache. Ich fand schnell die passende Tour für mich, die sogar wie ich wollte nach dem Outback auch noch Coober Pedy einschliesst, die bekannte Opal-Stadt.

Die Tour war leider bereits wieder ausgebucht für die Ostertage und so musste ich wohl oder übel den nächst freien Termin nehmen. Dies war der 8.4. Zum Glück habe ich genügend Zeit hier in Australien. Schon wieder eine geführte Tour, wie war das nochmals mit dem frei sein und selber auf eigene Faust losgehen? Nach dieser Tour werde ich dies definitiv intensiv anstreben, ich hoffe wirklich sehr, dass ich nun auf dieser Tour Leute treffe die für einen Road Trip bereit sind. Die Touren sind schön und gut, nur halt sehr touristisch und sehr teuer. Nun gut, die Tour war also gebucht, nun musste ich nur noch irgendwie nach Alice Springs hochkommen. Ich hatte an Fliegen gedacht, da der Weg dorthin ganz schön weit ist. Doch wie es so ist, war ich zu spät für die günstigen Flüge und der billigste Flug war 600 Dollar, das war nun wirklich jenseits von Gut und Böse. So viel Geld für knapp 3h Flug, nein danke. Nun gut, es gibt ja noch den Zug, aber auch dieser war sehr teuer und nicht in meinem Budget. Blieb also nur noch der Bus. Der Greyhound. Ich habe nichts gegen das Busfahren, nur war es halt in letzter Zeit ziemlich oft und bis nach Alice Springs sind es 20.5h! Tja es blieb mir nichts anders übrig und so buchte ich den Bus, immerhin würde dieser über die Nacht fahren und ich würde eine Übernachtung in einem Hostel sparen. Bis ich dies alles geklärt und gebucht hatte war es bereits Mittag.

Ich hatte mit Shan abgemacht zum Central Market zu gehen und so machten wir uns bereit. Es schlossen sich uns noch 3 Kanadier und ein Chinese (aus Hong Kong, das ist ein grosser Unterschied, wurde ich belehrt) an und so spazierten wir zum Market.

Der Market war genauso wie ich ihn schon erlebt hatte, nur noch etwas geschäftiger und mit deutlich mehr Leuten. Wir assen typisch australisch Pie und Sausagerolls und genossen ein leckeres handgemachtes Dessert.

Danach gings kurz zurück ins Hostel, die Strandsachen gepackt und noch einen Engländer und eine Amerikanerin mehr im Schlepptau, zum Strand in Glenelg.

Leider war es dort erneut zu kalt und windig um zu baden, auf jeden Fall für mich und ich bin eigentlich nicht so empfindlich. Wir spielten eine Runde Volleyball und genossen die Sonne.

Am Abend gings in die Ausgangsstrasse. Hoioioi wie aufgedonnert die Menschen dort waren. Ich fühlte mich mehr als "underdressed" und kam mir in meinen Jeans, Top und Turnschuhen richtig fehl am Platz vor. Die Frauen hatten wohl alle die kürzesten, engsten und freizügigsten Kleider und Röcke, sowie die höchsten High Heels an die sie zu Hause gefunden hatten. Den einen fielen fast die Brüste aus dem Ausschnitt und vom Make-Up fange ich nun schon gar nicht an zu sprechen.

Leider hatte es dort nicht so viele Bars und nur Clubs, in die ich, denke ich mal, sowieso kaum Chance gehabt hätte rein zu kommen. Zudem standen sie alle seit ewiger Zeit an und es schien nicht vorwärts zu gehen. Auch die Männer waren praktisch alle mit Hemd und Krawatte unterwegs. Mir löschte es richtig ab und in so einen Schicki-Micki-Laden wollte ich sowieso nicht. Wir entschieden uns daher etwas zu trinken zu kaufen und gingen zurück ins Hostel. Dort hatte es einige denen es genau gleich zu gehen schien und so verbrachten wir einen gemütlichen Abend dort.

05.04.

Nachdem Shan und ich schön ausgeschlafen hatten, gingen wir kurz einkaufen und machten uns einen gemütlichen Brunch im Hostel. Es war Ostern und viele Leute schienen das richtig feiern zu wollen. Auf dem Tisch hinter uns wurde von etwa 8 Leuten ein riesen Menu mit klassischem Truthahn und allem Drum und

Dran aufgetischt, alles selbstgemacht. Wow, immer wieder erstaunlich was die Leute so alles zaubern können.

Shan und ich entschlossen uns, nach unserem eher einfachen aber trotzdem leckeren Brunch, in den botanischen Garten zu gehen. Auf dem Weg dorthin konnten wir nochmals etwas die Stadt anschauen. Es ist teilweise witzig anzusehen, da stehen alte traditionelle Häuser oder Kirchen und direkt daneben modernste Glashäuser und Geschäfte. Die Stadt ist was dies anbelangt sehr gemixt. Der botanische Garten war schön, viele Leute schienen dort zu picknicken und den Ostersonntag zu geniessen. Wir spazierten etwas umher und Shan genoss extrem die Ruhe, die frische Luft und die Natur, Dinge die sie von Hong Kong kaum kennt. Bald hatten wir's dann aber auch gesehen und gingen an die Randall Street. Diese Strasse ist die bekannteste Einkaufsstrasse in Adelaide. Zu meinem Erstaunen waren fast alle Läden offen, trotz Ostersonntag. Krass, sowas finde ich immer wieder erstaunlich und meiner Meinung nach eigentlich auch überflüssig. Wir gingen hauptsächlich in diese Strasse, weil es dort oft viele Strassenmusiker und Künstler hat. Bald fanden wir einen und hörten ihm einen-Chai-Latte-lang zu.

Danach wurde es wieder ziemlich kalt und so machten wir uns auf den Rückweg. Im Hostel musste ich mal wieder Wäsche waschen und genoss das gratis Wi-Fi um die Bilder vom Blog hochzuladen, was immer wieder mühsam und zeitaufwendig ist. Das Hostel ist ziemlich cool, hat einen Billardtisch und von den Esstischen, kann man direkt zur Sofaecke und dem TV sehen. Vom Hostel wurden gratis DVDs zur Verfügung gestellt und so lief ein Film nach dem anderen. Ich genoss es mal wieder mit meinen Eltern zu skypen und ihnen von meinen Erlebnissen zu erzählen. Da ja schliesslich Ostern war und alle so ein riesen Menu hatten, dachten Shan und ich, dass wir auch etwas Tolles essen wollten. Wie praktisch, dass Dominos Pizza gleich neben dem Hostel ist. Genau das war jetzt nach unserem Geschmack und so teilten wir uns eine leckere Pizza.

06.04. Adelaide – Alice Springs

Um 10:00 hatte ich bereits meine Sachen gepackt und ausgecheckt. Leider war das Wetter sehr schlecht, kalt nass und grau, ich hatte die Sonne zu euch in die Schweiz geschickt. :-) Alle schienen keine Lust zu haben gross etwas zu unternehmen bei diesem Wetter und so wurden wieder Filme geschaut. Lustig, es kamen Filme die ich Ewigkeiten nicht mehr gesehen hatte. So relaxten alle etwas und ich arbeitete wieder einmal an meinem Blog, bis es Zeit war mich auf den Weg zur Busstation zu machen. Ziemlich beladen wollte ich los, als ich gerade noch Eric (der Chinese aus Hong Kong) sah und mich verabschieden wollte. Er entschied sofort mich zu begleiten und half mir mit meinem Gepäck, wie nett. Am Busbahnhof kam bald der Greyhound und ich stieg ein. Nun standen mir 20.5h Fahrt bevor. Leider hatte ich ausgerechnet einer der letzten alten Busse erwischt und konnte nicht wirklich von den zuvor angepriesenen super tollen modernen Funktionen des Busses profitieren. Tja, zum Glück hatte ich mein Tablet, Musik und etwas zu lesen dabei.

Alice Springs 07.04. – 08.04.

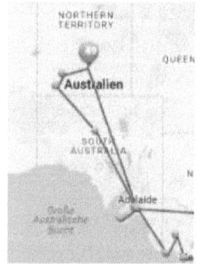 Alice Springs, Northern Territory, Australia

07.04.

Die Nacht verging erstaunlich gut und relativ schnell vorbei. Ich hatte Glück und noch eine Schweizerin im Bus getroffen mit der ich quatschen konnte. Nach einem Stopp unterwegs sind alle Leute ausser uns zweien und noch zwei anderen ausgestiegen und so hatten wir den ganzen Bus für uns.

Um 14:30 sind wir dann endlich in Alice Springs angekommen und checkten im Hostel ein. Die andere Schweizerin und ich gingen etwas die Stadt anschauen. Sie ist viel grösser als ich gedacht hatte. Es fiel auch auf, wie viele Aborigines es dort hat. Sonst sieht man diese Leute eher wenig und in anderen Gebieten in

Australien sind sie kaum anzutreffen. In Alice aber scheinen sehr viele zu leben. Leider haben die meisten keine Arbeit und lungern in der Stadt herum, was teilweise etwas merkwürdig war.

Das Thema "Aborigines" ist sehr heikel und die Leute sprechen ganz verschieden darüber. Fakt ist, dass sie nach wie vor nicht so richtig in der Gesellschaft akzeptiert sind, was zwar viele Australier stört, aber irgendwie scheint sich nicht wirklich jemand darum zu kümmern. In Museen und auf Touristentouren wird immer über die Aboriginal gesprochen und wie stolz man auf die Kultur sei, im wahren Leben spürt man davon aber leider nur wenig. Sehr schade. Das muss ich den Kiwis lassen, sie gehen mit ihren Maoris anders um und sie sind deutlich mehr anerkannt und in der Gesellschaft integriert. Vielleicht wird sich das hier in Australien irgendwann auch einmal ändern, wäre schön.

Nun gut, nachdem wir die Stadt angeschaut hatten gingen wir kurz zurück ins Hostel und dann schon zum Abendessen in die Stadt. Wir fanden ein cooles Restaurant (wo wir mit unseren Backpacker-Klamotten nicht auffielen) und konnten während dem Essen noch Musik-Bingo spielen, was sehr witzig war. Anstatt Zahlen gezogen, wurden Lieder gespielt und so hatten wir den ganzen Abend tolle Musik.

Outback-Tour Tag 1

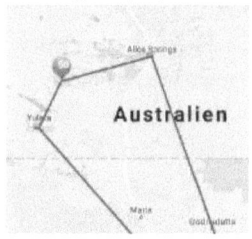 Kings Canyon, Northern Territory, Australia

08.04.

Schon früh morgens musste ich raus aus den Federn und die Outback-Tour begann. Wir hatten einen Minibus und waren ca. 16 Leute, 3 Jungs und der Rest Mädels. Etwa die Hälfte der Leute aus Deutschland, jemand aus Alaska, Kanada, Frankreich, England und aus der Schweiz 3 Leute. Zum Erstaunen der andern waren 3 verschiedene Sprachen vertreten, da die andern zwei aus dem Tessin und dem Kanton Waadt kamen. Immer wieder witzig den Leuten unser Land zu erklären und ihre Gesichter zu sehen, wenn man sagt, dass wir so viele Sprachen in einem so kleinen Land sprechen. Die finden das immer sehr speziell.

Unser Guide für die nächsten 6 Tage war ein Aborigine namens "D" und wurde von seiner Freundin begleitet, die Deutsche ist. Die Tour ging mit Busfahren los und wird hauptsächlich daraus bestehen, da es halt ziemliche Distanzen sind, die man so zurücklegt. Wir machten einen kurzen Kaffee-Stopp in Mitten von Nichts und hatten riesen Glück, dass der Besitzer gerade ein Baby-Kangaroo aufpäppelte. Ein paar Wochen alt war der Kleine und wir durften ihn halten und streicheln wie ein richtiges Baby. Ich finde es sehr witzig, wenn die grossen Kangaroos herum hüpfen, aber bei dem Kleinen sah es noch zehnmal lustiger aus. Danach gings nach einer kurzen Fahrt zu einer Kamel-Farm. Man konnte für 10 Dollar ca. 2min auf den Kamelen eine gerade Strecke auf und ab reiten. Wer meine Geschichten aus Ägypten mit den tollen Kamelen und mir kennt (Sandra wird sich nun schon beim blossen Gedanken daran totlachen), der weiss, dass ich nicht sehr scharf darauf bin auf diesen Tieren zu reiten. So konnte ich gut verzichten. Die anderen hatten Freude an dieser Aktivität und nach dem kurzen Ritt gings auch schon weiter.

Das Ziel heute war Kings Canyon. Wir begannen unsere 3.5h
Wanderung im warmen Sonnenschein und genossen die herrliche
Landschaft. Die Felsformationen waren erstaunlich und der
Canyon selbst gewaltig. Die Fotos können das kaum ausdrücken.
Pünktlich zum Sonnenuntergang waren wir "on top" und be-
staunten einen wunderschönen "Sunset".
Wir machten uns an den Abstieg und da es hier so schnell richtig
dunkel wird, mussten wir leider ohne Licht über Stock und Stein.
Natürlich wieder ohne Taschenlampe, tolle Bergsteiger sind wir...
Zum Glück kamen wir alle heil unten an und fuhren zu unserem
Schlafplatz. Auf einem Campingplatz bereitete D unser Guide ein
leckeres asiatisches Abendessen zu und danach chillten wir noch
etwas am Lagerfeuer, wo auch sogleich unser Schlafplatz war. In
sogenannten "Swags" die wir rund ums Lagerfeuer verteilt hatten
schliefen wir. Die Swags finde ich mega cool. Es sieht aus wie ein
grosser Schlafsack, der aber noch eine Matte integriert hat und
der Stoff ist richtig dick. Mit dem eigenen Schlafsack geht man
dann rein und kann sich schön einkuscheln. Klar ist der Platz
ziemlich begrenzt und wirklich gut drehen kann man sich nicht,

für die kleinen wohl noch etwas bequemer als für die grossen Leute. Dafür sind sie perfekt um unter freiem Himmel zu schlafen. Ich hatte das noch nie zuvor gemacht und genoss es sehr. Der Sternenhimmel war einfach genial, ohne Wolken und irgendeine Lichtquelle in der Nähe konnte man auch die Milchstrasse perfekt sehen. Das war der schönste Sternenhimmel den ich je gesehen hatte. Einfach herrlich draussen an der frischen Luft zu liegen, der Sternenhimmel, das Lagerfeuer das hinter einem flackert und knistert... Natürlich hatte ich auch über die tausend Insekten und vor allem giftigen Spinnen nachgedacht die über einen kriechen konnten oder in den Schlafsack schleichen könnten, geschweige denn von Schlangen oder anderen Tieren im Outback. Ich versuchte nicht weiter darüber nachzudenken und schlief dann auch bald ein.

Outback-Tour Tag 2 und 3

 Uluru-Kata Tjuta National Park, Northern Territory, Australia

09.04.

Heute riss uns D um 06:30 aus dem Schlaf. Ich hatte eine gute Nacht und gut geschlafen, nur das Aufstehen war sehr hart, da es doch ziemlich kalt und richtig fies war den warmen Schlafsack zu verlassen. Nun gut uns blieb nichts anderes übrig und wir wurden dafür mit Pancakes zum Frühstück belohnt, yummyyyy.

Nachdem wir unsere Swags zusammengerollt und verladen hatten, all die restlichen Camp Sachen sowie unser Gepäck, gings bereits wieder weiter mit dem Bus. Im Uluru-Nationalpark war unser nächster Schlafplatz und dorthin fuhren wir zuerst. Wie die Aussies gerne sagen, "just down the road" und dann fährt man locker schnell 40km, oder "just around the corner", und dann gehts noch 1h. Ja die Streckenverhältnisse hier sind etwas anders. Also gingen wir "just down the road" zum nächsten Camp. Nach einer kurzen Pause dort und Mittagessen gings weiter zu Kata Tjuta. Wir wanderten erneut 3.5h durch das Gebiet und erfuhren spannende Geschichten von den Aborigines.

Kata Tjuta ist der Berg für die Männer, d.h. aboriginal Frauen sind dort nicht erlaubt, genau umgekehrt ist es mit Uluru, das ist der Berg der Frauen und die Männer dürfen nicht dorthin. Für unseren Guide war der Ort etwas ganz Spezielles und das merkte man. Da er nicht vom selben Stamm ist wie diese Leute die in diesem Gebiet leben, musste er zuerst von ihnen aufgenommen und quasi geschult werden. Dies hatte ihn sehr berührt und er versuchte uns seine Geschichte näher zu bringen.

"Just around the corner", konnten wir nochmals einen herrlichen Sonnenuntergang geniessen und gingen dann zurück ins Camp. Das Einzige was mich wirklich am Outback stört, sind die super mega doofen lästigen Fliegen! Hunderte sind es die dir um den Kopf schwirren, gerne in deinen Mund, Ohren oder in die Augen fliegen. Einfach nur blöd. Zum Glück hatte ich ein Netz dabei und konnte sie so wenigstens von meinem Kopf etwas fernhalten. Heute gabs nochmals eine Nacht unter freiem Himmel in den Swags, diesmal leider ohne Lagerfeuer, da das Gebiet in der Feuerrisikozone ist.

10.04.

Um 05:30 wurden wir geweckt. Ich hatte schlecht geschlafen, der Mond war so hell, dass ich zuerst meinte ein Scheinwerfer scheint mir ins Gesicht und zudem war es mir zu heiss in meinem Schlafsack. Alle rundherum hatten gefroren, nur ich schwitzte. Hat aber auch sein Gutes, denn nun weiss ich, dass er mich dann im kalten Bolivien wärmen wird.

Wir packten nach einem kurzen Frühstück unsere Sachen zusammen und fuhren weiter. Unterwegs machten wir einen Halt und genossen den Sonnenaufgang mit dem Uluru im Hintergrund. Sehr schön, aber auch sehr kalt, noch so früh am Morgen.

Danach gings zum berühmten Uluru, der Berg der Aborigine Frauen. D setzte uns am Parkplatz ab und verabschiedete sich, da er sich wie bereits erwähnt, nicht dort aufhalten durfte.

Es führt ein 10.6km langer Weg um den Berg, welchen wir natürlich entlanggingen. Der Berg ist erstaunlich. Von weitem sieht er aus wie ein grosser, eckiger Klotz in der Wüste. Von nahem aber kann man erkennen, dass er ganz viele Einbuchtungen und Strukturen hat. Leider habe ich nicht viele Fotos, da es ausdrücklich verboten wird, an gewissen Stellen zu fotografieren, aus Respekt gegenüber der Kultur der Aborigine. Ich hielt mich natürlich daran, obwohl es sehr viele schöne Fotos gegeben hätte. Viele andere Touristen aber leider nicht und was mich noch mehr nervte, dass ihre Tour Guides nichts sagten. Ich musste dann mal wieder laut Denken und erhielt ein paar böse Blicke, mir aber egal. Auf dem Weg um den Berg, teilte sich unsere Gruppe immer mehr auf und ich lief schlussendlich mit Salome, einer Deutschen aus Hamburg. Wir fanden heraus, dass wir die gleichen Pläne hatten nach der Tour und entschieden uns zusammen einen Road Trip zu machen. Juhuuu endlich hatte ich jemanden gefunden und ist wusste da bereits, dass es gut werden würde. Wir verstanden uns auf Anhieb und schienen beide flexibel und unkompliziert. Cool, ich konnte mich also bereits auf ein neues Abenteuer freuen.

Nach dem 3-stündigen Spaziergang gings wieder in den Bus. Wir fuhren sehr lange bis wir unser nächstes Ziel erreichten. Keine Ahnung wo genau wir waren. D nannte es Bush-Camp. Darunter hätte ich mir eigentlich einen idyllischen Ort irgendwo im Bush vorgestellt. In Wahrheit war es aber ein grosser Parkplatz direkt neben der Strasse und das einzige "Bush-mässige" war, dass wir für unsere Toilettenverrichtungen in den Bush mussten. Nun ja es war ganz ok. Laut Reiseprospekt vom Anbieter hätten wir eigentlich noch eine zweite Nacht im Uluru-Nationalpark verbracht, da es aber ein wirklich sehr sehr langer Weg gewesen wäre, von dort bis zum nächsten Schlafplatz, entschied D eben heute etwas weiter zu fahren und unterwegs im Bush zu übernachten. Auch ein Grund war, dass wir am nächsten Tag den Sonnenaufgang an einem speziellen Ort anschauen wollten und dann nicht mehr sooo weit hatten bis nach Coober Pedy.

Da wir richtig früh raus mussten, waren wir schon alle um ca. 20:00 in unseren Swags. Schon komisch, so früh war ich schon lange nicht mehr im Bett, doch sobald es dunkel wird, wird man hier irgendwie automatisch müde und so viel zu tun gibt es auch nicht, zudem waren wir immer ziemlich geschafft vom Tag. Die letzte Nacht im "Swaaaaaaaag".

Outback-Tour Tag 4

 Coober Pedy, South Australia, Australia

11.04.

Ooooooooojeeeeee 03:00, aufsteheeeeeeen!!! Wie kann D denn so früh schon so fit und laut sein?! Sehr mühsam und frierend quälten wir uns aus unseren Swags, rollten diese im Halbschlaf zusammen und gingen so schnell wie möglich mit unseren Schlafsäcken in den Bus an den eigenen Platz und versuchten weiter zu schlafen. Himmel, es war doch noch mitten in der Nacht!

Als es dann langsam heller wurde hielten wir an um den Sonnenaufgang anzuschauen. Leider nicht wie geplant an dem speziellen Ort... Na toll... Der Sunrise war trotzdem schön und ich genoss diesen, kuschelig in meinem Schlafsack eingemummelt.

Wir fuhren weiter durchs Outback und kamen an vielen speziellen und interessanten Orten vorbei. Immer wieder kreuzte uns ein Kangaroo, ob lebendig herum hüpfend oder tot am Strassenrand. An einem Restaurant wurde sogar draussen auf einer Tafel mit "Road Food" geworben. Für die einen etwas makaber vielleicht. Ich hingegen muss gestehen, dass ich Kangaroo auch auf dem Teller mag und sie sehr empfehlenswert sind. Da es sowieso viel zu viele hat, kann man diese auch mit gutem Gewissen essen. Naja vielleicht aber nicht jedermanns Sache.

Zurück zur Tour: Bald schon kamen wir Coober Pedy näher. Dies erkennt man daran, dass es überall viele Löcher in der Erde hat und es aussieht wie auf einer riesigen Baustelle. Ich war schon sehr gespannt auf diese Stadt, da sie anscheinend im "underground" sei. Wir schliefen natürlich auch in einem underground Hostel und so gingen wir zuerst kurz dort hin. Der grosse Massenschlag war für mich eher einfach ein Raum, der in den Hang hinein gebaut wurde. Ich hatte es mir mehr so vorgestellt, dass man wirklich nach unten, also in die Erde hineingehen muss und nicht nur in den Hang hinein. Wir gingen gleich nebenan in ein Opal Museum und erhielten eine kurze Tour. Dies fand ich sehr spannend und wir gingen doch noch mehr in die Tiefe und sahen, wie man Opale sucht. Sie hatten dort auch ein Beispiel wie eine Wohnung hier in Coober Pedy aussieht. Schon sehr speziell und spannend. Irgendwie cool, denn sie brauchen weder Heizung noch Klimaanlage. Doch wäre es mir, glaube ich, etwas zu dunkel und beklemmend nur mit einem Fenster beim Eingang und einigen Luftschächten.

Danach schmökerten wir noch im Shop. Da ich ja seit meinem 20. Geburtstag glückliche Besitzerin eines Opals bin, war es sehr spannend für mich zu sehen wie diese gewonnen und verarbeitet werden. Ich konnte aber trotzdem nicht widerstehen und habe mir noch etwas Kleines gekauft. Jaaaa... ich weiss, mein Schmucktick wieder, kann man halt nicht einfach abstellen. :-)

Nach dem Mittagessen machte D mit uns eine kleine Stadtführung. Wir konnten ein underground Hotel und eine Kirche anschauen, sowie einen Aussichtspunkt. Schon speziell, man sieht oft nur Kamine aus der Erde ragen und es sieht wirklich mehr aus wie eine riesige Baustelle denn ein Dorf. Entlang der Hauptstrasse hat es aber normale Häuser und Shops. Nach etwas Freizeit gingen wir alle zusammen zum Pizza-Dinner und danach noch in ein underground Pub und liessen den Abend ausklingen.

Outback-Tour Tag 5 und 6

Flinders Ranges National Park, South Australia, Australia

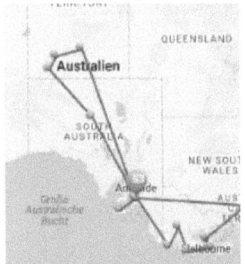

12.04.

Heute konnten wir vergleichsweise ausschlafen und mussten erst um 08:30 aufstehen. Wir würden viel im Bus sitzen und fahren, es lag eine lange Strecke vor uns.

Nach einiger Fahrzeit kamen wir an einem Salzsee vorbei. Es sah aus wie eine grosse Fläche Schnee. Eine Deutsche, Laura die uns immer auf Trab hielt und sehr unterhaltend war, musste natürlich ausprobieren ob der Salzsee auch wirklich salzig ist... und was für ein Wunder, er ist! Die grosse weisse Fläche war auch optimal um witzige Fotos zu machen und so gelangen ein paar coole Schnappschüsse (habe leider noch nicht alle bekommen).

Danach gings weiter mit Busfahren, bis wir erst spät nach Einbruch der Dunkelheit in Flinders Ranges ankamen. D bereitete uns wieder ein leckeres Abendessen zu, diesmal Spaghetti Bolognese. Er ist ein sehr guter Koch und scheint alle Arten von Küche zu lieben, nur mit der australischen scheint er es nicht so zu haben... nun gut uns wars egal, Hauptsache es schmeckte. Wir genossen alle noch unseren letzten gemeinsamen Abend.

13.04.

Um 07:30 gings schon wieder los, über eine coole kurvige Strasse, etwas ins Gebirge zu einer kleinen Wanderung. 250 Treppenstufen gings runter in eine Art Canyon, wo wir uns auf die Suche nach Schlangen machten, aber keine fanden. Ich glaube das war einigen auch recht so. Der Canyon sah schön aus und war interessant. Plötzlich standen zwei Kangaroos, eine Mutter mit ihrem Jungen neben uns, sie waren so nahe, dass wir sie kaum gesehen hatten hinter dem Gebüsch. Nach einem kurzen Spaziergang durch den Canyon gings auch schon wieder die 250 Stufen hoch und nochmals kurz zurück ins Camp zum Lunch. Danach gings wieder on the road weiter Richtung Adelaide. Wir machten noch einen kurzen Halt im Dorf Laura, was unsere Laura natürlich fast aus dem Häuschen brachte. Dort genossen wir das "beste" Glace. Wir erreichten Adelaide erst spät und wurden in unsere Hostels verteilt. Um die Tour abzuschliessen trafen wir uns fast alle noch einmal zum Dinner und genossen den Abend zusammen.

Obwohl ich ja etwas die Nase voll hatte von Touren, muss ich sagen, dass diese mir sehr gut gefallen und riesigen Spass gemacht hat. Wir haben viel tolles, neues, spannendes und interessantes gesehen und erlebt. Nur schon die Nächte in den Swags unter dem herrlichen Sternenhimmel waren genial! Ich werde den Outback-Trip bestimmt nie vergessen.

Adelaide 14.04. – 15.04.

Adelaide, South Australia, Australia

14.04.
Obwohl wir einen ziemlichen Schlafmangel hatten nach der Tour, standen wir heute früh auf. Salome, oder Salo wie sie sich lieber nennt, mit der ich den Road-Trip machen werde, hatte eine fiese Ohrinfektion. Seit der Tour wollte es einfach nicht besser werden und so musste sie zum Arzt. Ich begleitete sie natürlich und fand zum Glück in der Praxis spannende Lektüre über die Aborigines. Danach gingen wir zum Brunch und schlenderten etwas durch die Stadt. Wir versuchten unseren Trip zu planen, was jedoch nicht ganz einfach war. Ein Auto/Camper zu mieten war schwierig. Viele Anbieter boten dies nicht von Adelaide aus an. Wir fanden heraus, dass es nur einen Anbieter hier in Adelaide gab der in unserem Budget lag und da es übers Internet etwas kompliziert war, entschieden wir uns, morgen das Büro des Wicked Car Verleihs aufzusuchen und dort direkt zu buchen.

Am Abend trafen wir uns noch mit Isi, die auch auf der Tour war und liessen es uns bei indischem Essen nochmals gut gehen. Alle anderen von der Tour waren leider bereits weitergereist, doch wir werden die einen wiedersehen und darauf freuten wir uns schon.

15.04.
Heute konnten wir endlich mal ausschlafen und faulenzen bis 11:00 im warmen Bett. Da man in Adelaide überall gratis Velos mieten kann, nahmen wir uns zwei und machten uns auf die Suche nach dem Wicked Car Verleih. Leichter gesagt als getan. Der Weg dorthin war schön und führte am Fluss entlang. Auch die Adresse fanden wir schnell, doch irgendwie schien das kein richtiges Büro zu sein. Wir fanden den Parkplatz mit den Autos, dieser war aber abgeschlossen und niemand dort. Toll... War dann wohl nichts mit dem direkt buchen. Wir fuhren also am Fluss entlang wieder zurück und noch etwas weiter flussabwärts. An einem gemütlichen Ort ruhten wir uns etwas aus und nutzten das free WiFi von Adelaide, um das Auto nun trotzdem übers Internet zu buchen. Wir entschieden uns für die günstigste Variante, ein kleines Auto, welches man auch zum Schlafplatz umfunktionieren konnte. Es gäbe auch die berühmten Wicked Camper Vans, diese schienen aber teilweise ziemlich schmuddelig und da wir nur eine Woche unterwegs waren, gaben wir uns mit dem kleinen Auto zufrieden. Ich war sehr gespannt!
Wir schauten uns erneut noch etwas die Stadt an, gingen einkaufen für unseren Trip und bald mal zurück ins Hostel.

Road-Trip Tag 1

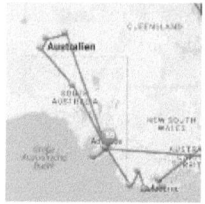

16.04.

Juhuuu heute gehts endlich loooos.
ROAD-TRIP! Wie ich mich freue!!! Ein
bisschen war ich aber auch nervös, wie das
wohl mit dem Autofahren auf der linken
Seite klappen würde? Aber eins ums an-
dere. Wir standen früh auf, gingen noch kurz an den Markt frisches Obst und Gemüse einkaufen und dann mit dem Bus zum
Wicked Car Parkplatz. Wir wussten ja schon wo er sich befindet.
Diesmal war auch jemand dort und zeigte uns das Auto mit allem
Drum und Dran. Das Auto war wirklich klein und sah ziemlich
witzig aus. Leider kein Automatikgetriebe, oje jetzt musste ich
also nach ca. 3 Jahren wieder schalten, das kann ja heiter werden.
Nachdem wir alles gecheckt hatten gings auch schon los. Da Salo
noch nicht über 21 ist und wir einen Zusatz hätten zahlen müssen, hatten wir uns entschieden, dass wir das Geld lieber sparen
und nur ich fahren werde. Salo übernahm daher den Job der Kar-
tenleserin. Sollte sie ja bestens können als alte Pfadfinderin. :-)
Ich fuhr um etwas warm zu werden zuerst ein paar Mal im Quartier umher, zum Glück hatte es dort kaum Verkehr. Da mussten
wir schon das erste Mal lachen, da die Fahrt doch am Anfang
noch ziemlich holperig war, scheiss Schaltung aber auch. Das
Auto war aber zum Glück sehr dankbar und liess mich auch im 2
oder 3 Gang anfahren. Hihi, Salo nannte mich liebevoll "mein
kleiner Fahranfänger" und so fühlte ich mich auch. Und dann alles noch auf der linken Seite! Zum Glück erinnerte sie mich ab
und zu dran, denn ich war teilweise so mit dem Schalten beschäftigt, dass mir gar nicht auffiel schon wieder auf der falschen Seite
zu fahren... Schon mühsam diese Schalterei, ich glaube das "Anti-
Schalten-Gen" und "Ich-fahre-lieber-Automatik-Gen" habe ich
wohl vererbt bekommen. Die, die meinen Vater kennen und ihn
schon geschaltet fahren gesehen haben oder das Vergnügen

hatten mit ihm zu fahren, wissen auch wieso. Nur fluche ich nicht ganz so viel, gäll Papi. :-)

Nach ca. 10min gings aber besser und ich getraute mich auf die grossen Strassen. Wir gingen kurz zurück zum Hostel unser Gepäck abholen und dann gings Richtung Glenelg. Salo hatte den Strand dort noch nicht gesehen und so machten wir einen kurzen Abstecher dorthin. Leider hat es da schon begonnen zu regnen und es war nur ca. 15 Grad warm. Also so hatten wir uns das nicht wirklich vorgestellt, aber ja was solls.

Nach Glenelg gings dann auf den Highway. Der Weg dorthin war aber sehr umständlich. Salo, die alte Pfadfinderin, meinte sie könne gut Karten lesen und wollte mich aus der Stadt lotsen. Das war der Plan. Dieser ging jedoch überhaupt nicht auf. Immer und immer wieder fuhren wir an den gleichen Orten vorbei und kamen einfach nicht aus dieser Stadt raus. Adelaide ist ja schon gross, aber kein Vergleich zu anderen Städten in Australien, wenn wir hier schon Probleme haben, möchte ich nicht wissen wie dies dann in Melbourne sein wird. Nach etwas 30min war meine Geduld und meine Nerven am Ende, nun mussten wir endlich weiterkommen! Wir standen erneut an dieser Kreuzung, an welcher wir schon zweimal falsch abgebogen waren und schon wieder auf der falschen Spur. Die Spur führte nur gerade aus, wir hätten aber auf der Spur daneben stehen sollen, um rechts abzubiegen. Auf dieser standen aber bereits Autos und war daher blockiert. Toll, wenn wir hier gerade aus gingen, kamen wir erneut direkt ins Stadtzentrum und verloren nochmals 20min. Das wollte ich auf keinen Fall. Plötzlich ertönten Sirenen und die Sanität fuhr über die Kreuzung. Alle Autos standen still. Keine Ahnung was mich geritten hatte, aber in meinem Hirn stellte sich irgendein Schalter um und sagte mir, dass dies unsere Chance sei. Kaum war die Sanität durch, ging die Ampel der Spur neben uns auf grün und ich drückte intuitiv aufs Gas. Ein Start wie eine Rennfahrerin, zum Glück hatte ich mich nicht verschalten und zack fuhr ich dem Auto neben mir vor die Schnauze, bog rechts ab und düste mit unserer Klapperkiste davon. Alle Augen auf uns gerichtet und wahrscheinlich diverse Kopfschütteln. Ich nutzte das "Touristen- und Blondinen-Klischee" voll aus. Im Nachhinein war die Aktion natürlich völlig bescheuert gewesen. Wie gesagt, keine Ahnung was mich geritten hatte. Ich hatte mir dies so nicht ausgedacht, es war einfach passiert. Naja zum Glück war alles gut gegangen, mein Fahrausweis habe ich auch noch und die Reise konnte nun endlich weiter gehen. Wir fuhren auf den Highway, ich kriegte sogar den 5. Gang rein und drückte aufs Gas. Und drückte und drückte...Leider geschah aber praktisch nichts... Das Auto war wohl flink und zackig auf normalen Strassen, auf der Autobahn aber hatte ich das Gefühl es schieben zu müssen. Nein ganz so schlimm war es nicht, wir schafften es aber kaum über 110km/h und sobald es etwas bergauf ging waren dann 80km/h schon ziemlich schnell. Naja wir hatten ja Zeit, nur etwas fies, wenn man von Lastwagen überholt wird.

Ich war auch ganz froh über das auffällige Auto, so wusste jeder, dass wir Touristen sind und so konnte ich fahren wie ich wollte, obwohl ich mich schon verbessert hatte. So ein "Fahridiot" bin ich ja nun doch auch nicht.

Unser nächstes Ziel war Hahndorf. Ein Dorf, das von Deutschen gegründet wurde und das Salo natürlich sehen musste. Schon als wir ins Dorf hinein fuhren fühlten wir uns wie in Europa. Die Strassen und Bäume sahen ähnlich aus wie in Deutschland und sowieso schien hier der Herbst schon in vollem Gange zu sein. Das Wetter war auch dementsprechend. Wir schlenderten etwas herum, sogar einen Souvenir Shop mit Artikeln aus Deutschland war vorhanden, man hätte ebenso in Germany sein können. Krass... Wir genehmigten uns einen Kaffee und fuhren weiter.

Es war spät, da wir zuvor ziemlich viel Zeit verloren hatten in Glenelg und Hahndorf und so langsam mussten wir einen Rast- platz finden. Eigentlich sollten wir mit unserem Auto nicht nach Einbruch der Dunkelheit fahren und so war unsere Zeit begrenzt. Wir hatten die höchste Versicherung abgeschlossen, diese beinhaltete alles ausser, "Unfälle mit Tieren". Wie genial! Das Einzige wovon ich wirklich Angst hatte, war, dass wir ein Kangaroo erwischten und genau dies war nicht in der Versicherung eingeschlossen, wie bescheuert! Ok, bis anhin hatte es ja noch keine, aber ich wusste, dass sich das bald ändern würde.

Da es nun immer mehr eindunkelte und weit und breit kein Campingplatz oder ein Rastplatz angezeigt war, auch auf den Landkarten sind diese nicht eingezeichnet, nur die Grossen für die man teuer bezahlen muss, hielten wir an einer grossen Tankstelle um zu fragen. Als wir dort ankamen sahen wir, dass dies wohl für die Trucker Fahrer ein Rastplatz ist und dass es neben dem grossen Parkplatz für die Trucks noch einen kleinen hatte. Wir fragten in der Tankstelle, ob wir dort übernachten durften und die stimmten zu. Nicht gerade luxuriös, geschweige denn von ruhig, direkt neben der Autobahn, doch gratis und mit Toilette und Dusche, sowie Picknick Tischen, also total ausreichend für uns.

Wir waren noch etwas unschlüssig was passieren würde, wenn die Polizei vorbeikäme, doch da die Damen in der Tankstelle alle meinten es ginge in Ordnung, verwarfen wir den Gedanken schnell wieder. Wir assen etwas zu Abend und bastelten dann unser Bett zusammen. Noch etwas harzig, doch bald werden wir das wohl ruckzuck hinbekommen. Etwas begrenzt war der Platz im Auto schon, sitzen konnte man zwar, aber man streifte mit dem Kopf am Dach. Auch das Steuerrad lag total frei, bin ja gespannt wie oft in der Nacht ich ausversehen mit meinem Kopf hupen werde. Wir waren ziemlich müde und schliefen trotz Lastwagenlärm bald ein.

Road-Trip Tag 2

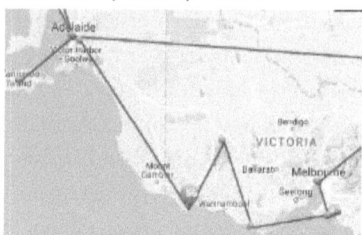 Portland, Victoria, Australia

17.04.

Ziemlich frisch wars zum Aufstehen, etwa 10 Grad und die Scheiben des Autos waren natürlich klitsche nass. Wir hatten nicht schlecht geschlafen, hofften aber doch, dass der nächste Rastplatz wohl etwas ruhiger sein wird. Nach einer warmen Dusche gings weiter. Wir fuhren nach Naracoorte und wollten dort zuerst einmal frühstücken. Da es leider immer noch regnete und wir keine überdachten Picknickmöglichkeiten fanden, nahmen wir unser Frühstück halt kurzerhand im Auto ein. Unser Auto war schon Küche, Schlafplatz und Transportmittel in einem und gar nicht mal ungemütlich. Der Grund warum wir in Naracoorte hielten war, dass es dort scheinbar coole Höhlen zu besichtigen gäbe. So machten wir uns also frisch gestärkt auf den Weg. Natürlich hätte man bei den Höhlen auch wieder verschiedenste Touren machen können, da diese aber zu lange dauerten und zu teuer waren, entschieden wir die kleinere Höhle selbst anzuschauen. Ich finde solche Höhlen ja gewöhnlich immer toll, auch wenn diese jetzt nicht gerade der Wahnsinn war. Trotzdem wars spannend und abwechslungsreich. Nach einem kurzen Spaziergang rund um die Höhlen herum, wo wir wieder ganz nahe Kangaroos sahen, gings auch schon weiter. Nächstes Ziel: Mount Gambier. Diese Stadt ist berühmt für seine Seen und so schauten wir uns den Blue Lake an. Er war wirklich tief blau und von einem Aussichtspunkt aus konnten wir über alles sehen.

Von dort fuhren wir weiter nach Portland. Es wurde schon wieder dunkel und wir hatten keinen Plan wo wir übernachten sollten. Es wird aber auch so früh dunkel hier, ca. um 18:00, da geht der Tag echt schnell vorbei. Wir kurvten in der Stadt herum und

fanden nichts. Wir entschieden uns die Stadt zu verlassen und etwas ausserhalb unser Glück zu versuchen. Prompt sahen wir einen Campingplatz, die Reception war aber bereits geschlossen.
Ok dann halt weiter. Inzwischen war es bereits dunkel, so viel
zum "nicht-nach-Sonnenuntergang-fahren". Wir fuhren noch
weiter raus und sahen erneut ein Campingschild. Wir waren etwas
enttäuscht keinen Rastplatz gefunden zu haben, denn ein Campingplatz hiess auch immer zahlen und da wir ausser einer Toilette eigentlich nichts brauchten, also weder Wasser noch Strom,
waren wir nicht so erfreut. Aber nun gut, irgendwo mussten wir
ja hin. Wild Campen kann hier nämlich sehr teuer werden. Wir
wollten zuerst an der Reception fragen und einen guten Preis aushandeln. Die Reception war auch die Theke um sich essen zu bestellen und so war die Rezeptionistin gerade am Kochen. Wir
warteten und begannen mit zwei Damen und einem Mann zu
sprechen, wie das halt so ist hier in Australien. Sie fragten nach
unseren Reiseplänen und so nebenbei erwähnten wir, dass wir einen Schlafplatz suchten, oder eigentlich nur einen legalen Ort um
das Auto abzustellen. Der Mann meinte dann nur so: "Was ihr
braucht nur einen Ort für euer Auto? 200m auf der anderen
Strassenseite beginnt mein Land, ich bin Farmer hier und ihr
könnt euer Auto dort abstellen, wenn ihr wollt". Ich war zuerst
etwas zögerlich über dieses Angebot und mir schossen all die Geschichten über "Backpacker-Mörder" etc. durch den Kopf die
man so hört, doch Salo schien sich keine Sorgen zu machen und
sagte zu. Offenbar bieten Farmer öfters ihr Land an und auch anhand der Reaktion der anderen im Raum schien dies nicht unge-
wöhnlich.

Nun gut, wir waren natürlich froh und als der Farmer sein Fish
and Chips von der Rezeptionistin/Köchin erhalten hatte, folgten
wir ihm auf sein Land. Wir konnten in der Nähe einer Scheune
parkieren und der Farmer meinte noch, dass er morgen zwar um
09:00 weg müsse, er aber das Haus immer offen liesse und wir
dann auch einfach reingehen, einen Kaffee trinken und duschen

könnten. Wir dankten ihm und er fuhr weiter zu seinem Haus, welches nochmals etwa 500m weiter lag.

Cool, wir konnten also wieder eine Nacht gratis schlafen und fühlten uns auch wohl, da wir nicht Angst haben mussten, dass uns die Polizei erwischt. Wir kochten uns ein leckeres Abendessen und nahmen dies in der Wiese ein, es regnete zum Glück mal nicht. Schon bald machten wir wieder unser Bett und kuschelten uns in unsere Schlafsäcke, schon ziemlich kalt hier.

Road-Trip Tag 3

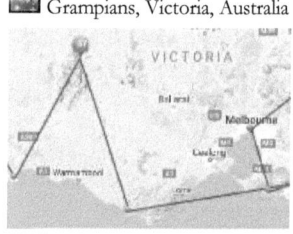 Grampians, Victoria, Australia

18.04.

Durch feine Sonnenstrahlen (juhuu endlich!) und das Klingeln der Kuhglocken erwachten wir langsam. Wir hatten sehr gut geschlafen und machten uns bereit für die Weiterfahrt. Als wir gerade loswollten, kam uns der nette Farmer mit dem Traktor entgegen. Er entschuldigte sich zuerst und hoffte, dass die Kühe uns nicht geweckt hätten. Er bot uns zudem noch einen Job an, er bräuchte Leute die die Zäune neu machen würden und auf der Farm helfen. Wir mussten leider ablehnen, was er natürlich verstand. Wenn wir kein Mietauto gehabt hätten, wäre dies eine spannende neue Erfahrung gewesen, die wir wahrscheinlich angenommen hätten. Tja aber so gingen wir weiter Richtung Hamilton. Dort hatten wir Glück und konnten neben dem Visitor Center duschen und das Geschirr von gestern abwaschen. Zudem frühstückten wir dort und holten uns ein paar Infos und Landkarten des Grampians Nationalpark im Visitor Center. Der Nationalpark ist auch ein sehr wichtiger Ort für die Aborigines und man könnte dort stundenlang schöne Wanderungen machen. Wir nahmen mal alle Infos entgegen und machten uns auf den Weg. Die Strassen waren cool zu fahren und wunderschön. Natur pur und sehr viele Kangaroos auf der Strecke. Oft musste ich das Tempo ziemlich drosseln und auch ab und zu stark bremsen um keines vor die Reifen zu kriegen. Einmal hatten wir richtig Glück und das Kangaroo hüpfte im letzten Moment noch weg, denn ausweichen kann und sollte man ja nicht. Ich war froh, dass es nochmals gut ging. Wir fuhren ziemlich lange, die Strecke zog sich noch recht hin und so kamen wir am Nachmittag zu dem bekannten Wasserfall im Park und machten dort einen kleinen walk. Schon wieder gings knapp 200 Treppenstufen rauf und runter, aber der Anblick des Wasserfalls lohnte sich sehr. Wir hatten Glück und es waren nicht allzu viele Touristen dort, so konnten wir es richtig geniessen.

Bald wurde es leider aber wieder schlechter Wetter und es fing doch tatsächlich wieder zu regnen an. Ach... Es war doch so schön gewesen mit etwas Sonne.

Wir hatten uns zuvor im Visitor Center den Tipp geben lassen, dass es etwas ausserhalb eine Free Campsite gäbe und so machten wir uns auf den Weg um diese zu suchen. Nach über einer Stunde Fahrt kamen wir in das Gebiet und fanden den Ort zum Glück auch gleich. Ausser uns waren noch zwei andere Autos dort, jedoch waren die Leute in ihren Wohnmobilen am trockenen und so sahen wir niemanden. Auf diesem Rastplatz hatte es auch sonst nichts, also wirklich rein gar nichts. Aber wir waren ja unkompliziert. Wir bereiteten das Abendessen im Regen zu und kochten mit unserem super, eigentlich verbotenem Gaskocher leckere Nudeln mit Gemüse. Da es einfach nicht aufhören wollte zu regnen, mussten wir einmal mehr das Essen im Auto einnehmen, so langsam gewöhnte ich mich daran. Den Abwasch mussten wir auch nicht wirklich machen, wir liessen das Zeugs einfach etwas im Regen stehen und bastelten ruckizucki das Bett zusammen. Wir waren schon schneller, am Schluss geht das dann wie der Blitz. Da man dort draussen in der Pampa ja sowieso nichts machen kann, es bereits schon wieder dunkel war und zudem nass und kalt, huschten wir bald schon wieder in die Federn.

Road-Trip Tag 4

19.04.

Heute gings zu unserem eigentlichen Grund unseres Road-Trips, der Great Ocean Road. Entlang der Strecke gab es viele Lookouts welche wir praktisch alle anschauten.

Natürlich waren dort auch die weltberühmten Twelve Apostles. Doch schon als wir auf den Parkplatz fuhren löschte es mir ein bisschen ab. X Autos und riesige Cars mit hunderten von Touristen. Die Apostles sind schön und eindrücklich, doch hatten mir zum Beispiel die Steingebilde von den Bay of Islands ein paar Kilometer weiter vorne viel besser gefallen. Nun ja das ist Geschmackssache. Ich fands cool diese nun mal in live gesehen zu haben und so quetschen wir uns an den Touristenmassen vorbei um ein paar gute Fotos zu bekommen. Wir blieben ehrlich gesagt nicht sehr lange und genossen lieber noch etwas die anderen Sehenswürdigkeiten mit nicht ganz sooo vielen Touristen.

Ich muss sagen, die Strasse selbst ist toll, mega cool zum Fahren und der Ausblick auf die Küste und das Meer ist einfach genial!

Da es leider schon bald wieder dunkel werden würde (schon mühsam diese kurzen Tage), machten wir uns wieder auf die Suche nach einem Schlafplatz. Wir hatten von der Autovermietung eine Liste bekommen mit Gratis-Rastplätzen und so machten wir uns auf den Weg. Wir wussten der Platz ist in Richtung des Leuchtturms, welcher ziemlich weit draussen in der Pampa ist. Es hatte nur eine Strasse dort hin, sollte also nicht sooo ein Problem werden diesen zu finden. Wir fuhren auf der Hauptstrasse bis wir das Schild sahen und bogen dann ab. Durch etwas Wald auf einer Naturstrasse kamen wir zu einem normalen grossen Campingplatz. Nicht das was wir gesucht hatten. Leider war die Reception schon geschlossen und niemand war dort den wir hätten fragen

können. Wir fuhren also zurück zur Hauptstrasse und fanden
dann die Strasse Richtung Leuchtturm. Von dort hätte es eigentlich nicht mehr weit sein sollen.

Inzwischen war es schon dunkel und uns kreuzten kaum noch
andere Autos. So viel wieder zum "nicht-in-der-Nacht-fahren"...
Die Strasse zog sich elend lange hin und inzwischen war es natürlich stockdunkel. Plötzlich waren wir am Leuchtturm und hatten
keine Abzweigung zum Rastplatz gesehen. Na toll... Salo glaubte
schon irgendwo weiter oben eine Art Abzweigung gesehen zu haben und so fuhren wir wieder zurück. Langsam war es für mich
etwas ungemütlich und echt anstrengend. Ich war sehr müde vom
heutigen Tag, sind wir doch sehr viel gefahren und immer wieder
rein und aus dem Auto gehüpft und haben uns Sachen angesehen. Zudem war ich wie auf Nadeln wegen den Kangaroos. Ich
sagte noch zu Salo, dass ich zwar permanent auf der Hut bin und
gefasst, doch wenn eins kommen würde, ich wahrscheinlich
trotzdem mega erschrecken würde. Zumal man es in der Dunkelheit wahrscheinlich erst im letzten Moment sehen würde. Wir
fuhren also wieder zurück. Ziemlich langsam, so etwa mit

30km/h schlichen wir die Strasse hinauf und suchten angestrengt nach der Abzweigung, als plötzlich aus dem nichts und sowas von schnell ein Hirsch von rechts auftauchte. Ich sah nur noch sein Gesicht und sein Geweih und trat so fest ich konnte auf die Bremse, ich hatte mein rechtes Auge schon halb geschlossen. Salo schrie, was mich noch zusätzlich erschreckte und ich hoffte nur, jetzt keinen Aufprall zu spüren. Zum Glück spürte ich diesen wirklich nicht und es schien als ob der Hirsch nochmals davonspringen konnte. Ach du Scheisse, wie war ich erschrocken!!! Zum Glück waren wir so langsam unterwegs, so langsam, dass WIR beinahe gerammt wurden. Nein kein Kangaroo hätte ich beinahe überfahren oder sonst was, nein ein verdammter HIRSCH! Oje oje meine Nerven lagen blank. Wir fuhren weiter, ich war natürlich noch angespannter und da kreuzten uns plötzlich zwei Camper Vans. Die waren aber so schnell unterwegs, dass wir gar nicht reagieren konnten. Wenn die nun also in die andere Richtung fuhren als wir, hatten wir dann die Abzweigung schon wieder verpasst? Ach...

Wir wendeten also wieder und suchten nun die Umgebung nochmals ab, wahrscheinlich hatten wir sie verpasst, da wir noch so geschockt waren von unserer Attacke. Endlich fanden wir sie und merkten, dass wir sie von der anderen Seite gar nicht hätten sehen können. Die Strasse wurde nun einiges enger und war komplett Natur. Holprig, steinig, sandig, steil, mit Löchern und allem Drum und Dran. Das hiess, wir konnten mit unserer Rumpelkiste nur sehr langsam fahren, was ich aber sowieso gemacht hätte. Ich kam mir langsam vor wie in einem schlechten Horror-Film. Wir ganz alleine im Wald, von irgendwelchen Tieren umgeben, fanden unseren scheiss Rastplatz einfach nicht und die Strasse wollte und wollte einfach nicht enden. Langsam wurde mir echt mulmig und ich wollte nur noch ankommen und mich ausruhen.

Endlich war der Rastplatz angeschrieben und wir dachten bald dort zu sein. Fehlanzeige, wir fuhren nochmals mega lange und es kam uns vor als hätten wir ganz Australien umrundet. Zum

Schluss nochmals stark bremsen wegen einem Kangaroo, war ja schon nichts mehr Neues, und dann endlich, endlich kamen wir an. Irgendwie sah dieser Rastplatz sehr organisiert aus und auf einem Schild stand, ob wir den Platz denn schon online gebucht hätten... Was sollte denn das jetzt? Zum Glück hatte es ein paar Leute dort die wir fragen konnten. Wir fanden heraus, dass diese Campside nicht mehr for free war und man hätte vorher buchen müssen. Die Plätze waren alle reserviert und gut besetzt. Die Leute meinten aber, wenn wir uns einfach irgendwo hinstellten und morgen früh bevor der Ranger kommt weg wären, ginge das sicher. Ansonsten würden wir wohl einfach nachzahlen, wenn der Ranger uns erwischte.

Okay nun gut, wir suchten einen Platz und hofften, dass dieser noch frei war, den es kamen erstaunlicherweise immer noch Leute an. Ob die auch so eine tolle Fahrt hinter sich hatten wie wir? Wir waren fix und foxi, assen kurz was und legten uns schlafen, ich war hundemüde.

Road-Trip Tag 5

 Grantville, Victoria, Australia

20.04.

Am Morgen, gegen 06:00 wollten wir aufstehen, damit uns der Ranger nicht erwischte. Doch es war noch dunkel und so genehmigten wir uns noch eine halbe Stunde mehr im warmen Schlafsack. Wie das wieder kalt war! Heieiei schlimmer als zu Hause. Immer so zwischen 5 und 7 Grad am Morgen. Viel zu kalt für Ferien in Australien! Nachdem wir dann unser Auto wieder fahrtüchtig gemacht hatten, gingen wir die dirt road wieder hoch. Ich hatte mir vorgestellt, dass die Strasse gar nicht so lang war und sie mir einfach gestern nur so lang vorgekommen war, doch sie war tatsächlich lang und unser

Autöli hatte ganz schön Mühe die Schotterstrasse hoch zu kommen.

Zurück auf der geteerten Strasse gingen wir nochmals kurz runter zum Lighthouse, also so langsam hatte ich diese Strasse satt. Aber schliesslich wollten wir das Lighthouse ja noch bei Tageslicht sehen. Es war leider aber nicht sehr lohnenswert und so gingen wir bald wieder die Strasse hoch zur Hauptstrasse. Puh endlich weg von diesen Strassen, ich war froh! Wir fuhren der Küste entlang weiter und genossen die wunderschöne Kulisse.

Gute Musik im Auto und auch etwas Sonnenschein, herrlich! Wir machten einen kurzen walk zu einem kleinen Wasserfall und hatten Glück einen wilden Koala zu sehen. Wie gewohnt hatte er geschlafen und liess sich natürlich von nichts stören.

Wir kamen in ein Dorf namens Apollo Bay, welches uns sehr gefiel. Danach gings weiter nach Torquay und von dort mit der Fähre auf die andere Seite. Dies sei einfacher, meinte die Dame in der Touristeninformation, denn durch Melbourne durch sei ganz schön stressig und viel Verkehr.

Wir nahmen also die Fähre und machten uns wieder auf die Suche nach einem Schlafplatz. Es wurde natürlich schon wieder langsam dunkel und weit und breit kein Campingplatz. Ab hier hatte es auch praktisch nur noch Autobahn und so war es noch viel schwieriger etwas zu finden. Die Karte die wir hatten war leider nicht wirklich genau, viele Strassennamen fehlten und so wurde es immer schwieriger etwas zu finden. Wir verliessen die Autobahn in der Hoffnung über Land etwas zu finden, doch das Einzige was passierte war, dass wir uns schrecklich verfahren hatten. Es wurde immer später und es schien wieder sehr mühsam zu werden. Nach langem hin und her waren wir dann endlich wieder auf dem richtigen Weg und fanden eine Tankstelle mit grossem Parkplatz. Wir fragten wieder im Shop ob wir dort parken durften und der Typ meinte nur, ja doch sollte eigentlich schon gehen, wir sollten das Auto einfach ganz nach hinten an den Rand stellen und so sollte es schon okay sein. "Sollte"? Wir schauten uns den Parkplatz an und dachten zuerst wir blieben dort, denn wir waren beide sehr müde und ich mochte auch langsam nicht mehr fahren.

An der besagten Stelle stand aber ausgerechnet ein Schild, wo ausdrücklich verboten wird, hier zu parken und darunter sollten wir unser Auto stehen lassen? Irgendwie war mir das nicht geheuer und mit dem Schild konnten wir bei einer Kontrolle ja nicht einmal auf doofe Touris machen und sagen, wir hätten es nicht gewusst...

Wir entschieden uns also weiter zu fahren. Lieber halte ich irgendwo im Wald und werde erwischt, wo ich mich versuchen kann rauszureden, als dort stehen zu bleiben.

Weiter gings, inzwischen war es nach 20:00 und wir hatten Hunger. Salo schmierte Brote die wir während dem Fahren assen, denn nochmals anhalten und noch mehr Zeit vertrödeln wollten wir nicht. Wir waren nun auch bereit auf einem Campingplatz zu zahlen, doch nicht einmal solch einer war auf dem Weg zu finden.

Im übernächsten Dorf in Grantville kam wieder eine grosse Tankstelle wo wir erneut fragten. Diesmal hatten wir Glück und konnten neben der Tankstelle auf dem Parkplatz des Gemeinschaftszentrums parken. Es hatte noch ein Camper Van dort und so fühlten wir uns soweit wohl dort zu stehen. Wir genehmigten uns noch eine heisse Schokolade, die wir auf den Campingstühlen im Tankstellenshop in der Fischereiabteilung tranken und von den Leuten komisch angeschaut wurden. Hihi muss wohl auch witzig ausgesehen haben, so zwei Mädels die es sich dort gemütlich machten. Danach kurz bettfertig gemacht und ab in die Federn, wieder waren wir so was von müde und schliefen bald ein.

Road-Trip Tag 6

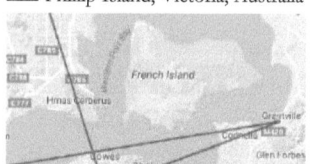 Phillip Island, Victoria, Australia

21.04.

Obwohl wir die Polizei einmal hatten vorbeifahren sehen, hatten wir Glück und wurden nicht kontrolliert. Jupi bis jetzt hatten wir immer gratis übernachtet, das schien ja schon fast zu gut. Wir machten uns ziemlich früh weiter auf den Weg nach Phillip Island. Da wir gestern noch so weit gefahren waren, war es heute nicht mehr weit bis dorthin. Auf einem Picknickplatz mit Blick auf das herrliche Meer und den Strand frühstückten wir in der Sonne und gingen anschliessend wieder einmal mehr zur Touristeninformation. Sind schon praktisch diese Infohäuser, da bekommt man gute Tipps, was man alles sehen sollte, zudem alles gratis Landkarten, Broschüren, etc.

Wir checkten kurz den auf dieser Insel bekannten Surfer Strand aus, hatten jedoch leider kein Glück und sahen keine Surfer. Dafür war der Strand schön und wir spazierten etwas umher. Leider konnten wir nur die Füsse (und ich unabsichtlich meine Hosen) darin baden, denn obwohl die Sonne schien, war es immer noch nicht so warm.

Dann war es bereits Zeit weiter zu gehen zu der Pelikan Fütterung. Freiwillige kümmern sich um die Pelikane und geben denen die Fischabfälle von den Restaurants. Dabei erzählen sie den Touristen etwas über diese Tiere. Einer war verletzt (wurde angeschossen am Kopf) und sollte eingefangen werden, dies gelang aber nicht und so zog er verletzt davon. Hoffentlich überlebt er. Anschliessend fuhren wir auf die andere Seite der Insel. Plötzlich kamen Kuhgatter und wir standen mit unserem Auto in Mitten von Hochlandrindern, Gänsen und Schafen. Wir parkten das Auto und gingen einmal in diesem Gebiet rundherum spazieren. Der Weg war sehr schön und führte der Küste entlang. Noch immer schien die Sonne, juhuuu tat das gut, hoffentlich hält sie heute mal den ganzen Tag. Danach entschieden wir einen Campingplatz aufzusuchen. Auf der Insel gab es keine free Campsides und es war strengstens verboten wild zu campen. Zudem wollten wir mal eine Nacht auf sicher haben und beim Einschlafen nicht daran denken müssen, von der Polizei erwischt zu werden. Ich weiss nicht genau was es kostet, wenn sie einem erwischen. Von jemanden hörte ich aber mal die Zahl "200 Dollar". Da zahlen wir doch lieber 30 Dollar für die heutige Nacht. Nachdem diese gebucht war gingen wir weiter und zu Nobbles, dort hatte es die Blow Holes. Steinformationen im Wasser. Kling langweilig, war aber genial schön. Es sah unglaublich aus, wenn das Meer mit seiner vollen Kraft darauf stiess und die Wellen zu Fontänen zersprangen.

Von dort gings zur Hauptattraktion dieser Insel, den Pinguinen. Bevor diese nach dem Sonnenuntergang aus dem Meer heim kamen fuhren wir gemütlich auf einer Naturstrasse dorthin. Obwohl wir im Schneckentempo, Auto an Auto und Car an Car dahin tuckerten, war es wahrscheinlich der Part unseres Trips, der mir am längsten und besten in Erinnerung bleiben wird. Schwierig dies in Worte zu fassen, aber vielleicht könnt ihr es euch vorstellen: Sonnenschein, holprige Naturstrasse, Meer auf der rechten Seite, wunderschöne Küste, links Wiese mit hunderten von Wallabys (kleine Kangaroos), Fenster unten, den Fahrtwind um die Ohren, die Haare wehen im Wind und zwei Mädels die lauthals zu "77 Bombay Street" Musik (ich habe Salo infiziert) singen und einfach nur den Moment geniessen, genial...!

Bald kamen wir auf den grossen Parkplatz vom Pinguin Zentrum und es wimmelte wieder von Touristen. Wir dachten schon, dass dies so ein riesiger Touristenauflauf würde und waren etwas skeptisch. Wir gingen in die grosse Wartehalle mit Souvenirshops und Essensständen. Es gab doch tatsächlich Popcorn wie im Kino. Das war so touristisch, dass wir nicht widerstehen konnten und uns ein Pack kauften. Am Strand war eine Art grosse Tribüne aufgebaut und wir suchten uns ein Plätzchen. Wir hatten Glück, es schien nicht ausverkauft und nur halbvoll. Immerhin. Nun warteten wir also auf die Pinguine, denn dunkel war es bereits. Natürlich war es wie im Kino, das Popcorn schon weg, bevor die Show anfing. Und dann kamen sie endlich diese kleinen blauen Pinguine. Sie sammelten sich draussen im Meer in Gruppen und liefen dann zum Ufer. Das sah sooo lustig aus! Die Pingis sind echte Schisshasen und laufen nur wenn der Vordermann auch läuft, d.h. einer ist mutig genug und geht voraus und alle folgen ihm. Wehe einer ist zu langsam, dann hält die ganze Gruppe und wartet. Einen liessen sie zurück, der arme Kerl, hatte sich schon zu viel Winterspeck angefressen und kam nicht nach und musste alleine über den Strand hetzen. Im Gebüsch angekommen fühlen sie sich dann wieder sicher und verteilen sich.

Die Leute um uns herum waren plötzlich alle weg und so genossen Salo und ich das Schauspiel fast alleine. Eine Frau die dort arbeitet kam zu uns und fragte ob wir Fragen hätten. Wir löcherten sie natürlich und hatten so fast eine private Führung. Das war cool. Die Pingis werden alle immer gewogen und gezählt mit einem Sensor, so haben sie einen Überblick und können auch verletzte Tiere behandeln. Auf der Insel gibt es fast doppelt so viele Pinguine wie Einwohner. Als es uns dann zu kalt wurde gingen wir zurück zum Auto. Auf dem Weg dorthin konnten wir alle Pinguine sehen auf ihrem Heimweg. Einige legen noch eine ziemlich lange Strecke an Land zurück. Auch hatte es einige die ihr zu Hause auf dem Parkplatz haben und so muss jeder, bevor er abfährt, unter sein Auto schauen ob ein Pinguin darunter sitzt. Dies machten wir natürlich auch. Obwohl wir es zuerst für einen riesen Touristenabklatsch hielten, was es in der Hochsaison wahrscheinlich auch ist, war es mega cool und interessant. Leider durften wir keine Fotos machen, da die Pinguine sonst Angst bekommen vom Blitzlicht.

Wir machten uns anschliessend auf den Rückweg und konnten mal schön in Ruhe, im trockenen unser Essen machen und auch einnehmen. Fast schon etwas merkwürdig, wir hatten uns schon ans Essen im Auto gewöhnt. Wir genossen unseren letzten Abend unseres Road-Trips und freuten uns morgen mal friedlich auszuschlafen.

Road-Trip Tag 7 – Melbourne

Melbourne, Victoria, Australia

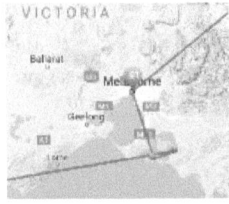

22.04.

Wir schliefen schön bis 08:30 aus und machten uns dann bereit. Wir mussten das Auto noch putzen und so fuhren wir zur Waschanlage. Ich glaube das Auto war noch nie so sauber, obwohl wir ruckzuck alles erledigt hatten. Wir wollten aber eben auf Nummer sichergehen, da es bei "ungenügender Reinigung" zusätzlich 200 Doller kosten würde.

Nach dem putzen merkte Salo, dass sie ihr Portemonnaie nicht mehr hatte. Die grosse Suche begann. Wir befürchteten schon, dass es ausversehen im Abfallsack den wir im Auto hatten gelandet ist. Bevor wir aber den grossen Container auseinandernahmen, riefen wir noch im Pinguin Zentrum an, ob es vielleicht dort war. Und was für ein Glück, tatsächlich! Scheinbar hatte Salo es verloren, als sie unter dem Auto nach Pinguinen geschaut hatte. Wir fuhren also nochmals kurz dort hin und erstaunlicherweise war auch noch alles drin, Bargeld und alles. Offensichtlich hatte es jemand gefunden und zum Zentrum gebracht, wie nett. Danach machten wir uns auf den Weg nach Melbourne. Um 15:00 mussten wir beim Autoverleih sein und das Auto abgegeben haben. Wir hatten von Australiern mit denen wir mal gequatscht hatten gehört, dass es "etwas verwirrend" sei, wenn man auf der Autobahn nach Melbourne hineinfährt. Bin ja mal gespannt. Am Anfang war natürlich noch alles gut, aber als dann die Autobahn 6-spurig wurde und der Verkehr immer mehr zunahm, war es dann mehr als nur "etwas verwirrend". Ojeee, Salo versuchte mich zu navigieren, was aber sehr schwierig war und so hatten wir uns wieder einmal verfahren. Zu allem Übel war es sauwarm im Auto da die Lüftung nicht funktionierte, ich war müde, hatte Hunger und Durst und musste aufs Klo. Als ich meine "Beschwerden" wie ein kleines nerviges Kind Salo aufzählte, konnte die sich fast nicht mehr halten vor Lachen. Wir waren wohl etwas übermüdet und waren einfach nur froh bald durch dieses Chaos durch zu sein.

Wenn das hier in Melbourne schon so ist, möchte ich nicht wissen wie das dann zum Beispiel in Sydney wäre. Zum Glück hatten wir genügend Zeit einberechnet und konnten uns Strasse für Strasse bis zum Autoverleih durchkämpfen. Halleluja endlich geschafft. Das Abgeben des Autos war dann problemlos und so machten wir uns mit unserem schweren Gepäck auf den Weg in die Stadt mit dem Zug.

Wir checkten in einem Hostel in mitten der Stadt ein, wo uns zwei Freundinnen erwarteten, Lea und Louisa, auch aus Deutschland, die wir auf der Outback-Tour kennen gelernt hatten. Wir schauten uns noch kurz etwas die Stadt an und genossen dann einen gemütlichen Abend miteinander.

Melbourne 23.04. – 26.04.

Melbourne, Victoria, Australia

23.04. - 26.04.

Ich war ja schon im Voraus sehr gespannt auf Melbourne, da ich sehr viel davon gehört hatte. Alle meinten Melbourne sei viel cooler als Sydney und nicht so stressig. Ich versuche immer nicht Voreingenommen zu sein und so sah ich mir die Stadt einfach mal an.

Wir hatten leider scheiss Wetter, viel Regen und kalt. Daher schränkten sich unsere Aktivitäten etwas ein. Wir verbrachten die Tage mehrheitlich damit, dass wir uns die Stadt anschauten, an den Markt gingen und immer wieder mal einen Kaffee an der Wärme tranken. Der Besuch in der Library wo wir gratis WiFi nutzten (immer wieder mal gut) war noch ziemlich cool. Das Gebäude ist riesig, schön und rustikal erhalten. Wir gingen natürlich auch hinauf in den Tower und genossen eine herrliche Sicht über Melbourne by night.

Zudem war am 25.4. der alljährliche Anzac Day. Ein Gedenktag an alle australischen und neuseeländischen Männer die in den Krieg zogen. Mit einer Parade (die wir aber irgendwie verpasst hatten) und hunderten, nein tausenden von selbstgemachten roten Stoff Blumen, überall in der Stadt verteilt, gedenken sie an die Soldaten. Am Abend war natürlich an vielen Orten grosses Fest und die jungen Soldaten genossen ihr Feierabend-Bier.

Unsere Freundinnen Lea und Louisa gingen leider weiter (ich werde sie aber wieder treffen, jupii) und bald auch Isi, die musste jedoch nach Hause. Schon cool, wenn man die Leute nun etwas besser kennt und immer mal wieder trifft. Es ist mega spannend neue Leute kennen zu lernen, doch der ewige Small Talk und immer: "Von wo kommst du? Wohin gehst du noch? Wo warst du schon? Aha wow, Weltreise, du musst aber viel Geld haben, ach ja du bist ja Schweizer... (?!?)" wird manchmal auch etwas anstrengend. Es ist schön, mit Leuten Kontakt zu haben die einem etwas kennen und man nicht immer wieder von vorne anfangen muss. So waren also bald "nur" noch Salo und ich übrig und wir genossen noch die letzten Tage zusammen im Melbourne.

Salo habe ich sehr ins Herz geschlossen, waren wir ja auch zusammen auf dem Road-Trip und haben viel miteinander erlebt und vor allem gequatscht (wir Mädels halt). Ich habe sie etwas "verschweizerischt" und sie mich etwas "verdeutscht", was sehr lustig war. Bevor aber auch wir uns verabschieden mussten, gingen wir noch nach St. Kilda einem Stadtteil in Melbourne welcher direkt am Meer liegt. Da Salo noch ein paar Tage hier sein wird, entschloss sie sich nicht die ganze Zeit in der Stadt zu bleiben und zog in ein Hostel in St. Kilda. Ich begleitete sie natürlich und

so konnten wir diese Stadt auch noch zusammen auskundschaften. Obwohl es wieder sehr kalt war und bewölkt, war die Bucht
voller Kite Surfer und wir genossen es denen etwas zu zusehen.
Am Abend musste ich dann weiter und Salo brachte mich noch
bis zum Greyhound. Mein nächster Stopp: Sydney. Unser Abschied war schon ziemlich traurig, aber wir schlugen uns wacker
(niemand weinte, hihi). Wir haben beschlossen, dass ich nächstes
Jahr mal nach Hamburg gehe und sie mich in Zürich besuchen
wird. Ein Besuch an einem 77 Bombay Street Konzert nächstes
Jahr in Zürich ist schon geplant (bis dann kann sie auch alle Lieder auswendig, so wie ich). Eigentlich sollte ich Provision bekommen, wenn ich schon so Werbung mache für diese Schweizer
Jungs. :-)

Melbourne muss ich ehrlich sagen, war cool, hat mich jetzt aber
nicht wirklich aus den "Socken gehauen". Ich weiss nicht recht
ob ich mir schon zu viel vorgestellt hatte, weil ich schon so viel
gehört hatte, oder ob es einfach für mich so ist. So wie immer alle
erzählt hatten, dachte ich, Melbourne wird mir bestimmt besser
gefallen als Sydney. Die Stadt ist nicht schlecht, aber für mich
auch nicht extrem schön, definitiv mehr Charm hatte sie bei
Nacht, wenn die Lichter an waren. Dann gefiel sie mir zehnmal
besser. Die Leute in Melbourne sind cool, viele ziemlich rockig-
punkig und es hat viele Strassenkünstler. Ich habe glaube ich
noch nie so viele bunt gefärbte Haare gesehen wie dort. Es hat
zudem ein paar coole Strassen und Gässchen mit funkigen Restaurants und Kaffees, doch das hat es in anderen Städten auch.
Ich hatte später erfahren, dass es wohl noch ein Quartier gäbe,
dass unserem Kreis 4 sehr ähnlich und mega cool sei, dies hatte
ich leider nicht gesehen. Hätte vielleicht meine Meinung nochmals etwas geändert.
Nun ja, so doof es kling, ich glaube auch das Wetter spielt eine
nicht so kleine Rolle. Wir hatten die meiste Zeit Regen und es
war immer kalt, vielleicht wäre es mit etwas Sonne auch cooler

gewesen. Wie auch immer, ich fands cool die Stadt gesehen zu haben und bin nun gespannt auf Sydney.

Sydney 27.04. – 01.05.

 Sydney, New South Wales, Australia

27.04.

Um 11:00 kam ich mit dem Greyhound am Flughafen in Sydney an. Ich hatte wieder kaum geschlafen... Heieiei nächstes Mal muss ich wohl wirklich mal einen Schnaps trinken, vielleicht hilft das. Diese Schlaflosigkeit stresst mich immer noch, ich kenn das so doch nicht und es ist richtig doof! Zum Glück hatte ich einen Shuttle Bus vom Flughafen zu meinem Hostel und so konnte ich ganz entspannt schonmal etwas die Stadt sehen. Ich hatte in dem Hostel gebucht wo auch Lea und Louisa waren und ich freute mich, wieder Leute zu treffen die ich schon kannte.

Die Mädels waren aber noch unterwegs und so informierte ich mich mal im Reisebüro etwas über die Ostküste. Bald bald wird mich ja Jenny (ich habe mit ihr im USZ zusammengearbeitet) besuchen und wir bereisen dann zusammen 3 Wochen lang die Ostküste. Yeeeaaah ich freue mich jetzt schon!!! Eigentlich wollten wir einen Camper Van mieten und die Küste auf eigene Faust bereisen. Leider ist 3 Wochen aber etwas knapp und wie ich ja bereits erfahren hatte, ist es manchmal etwas schwierig einen passenden Schlafplatz zu finden. Zudem hat es nicht so viele Campingplätze in der Nähe der Städte und wir wollten ja schon auch ein bisschen in den Ausgang und unter die Leute. So entschieden wir diesen ganzen Plan mit dem Camper Van sausen zu lassen. Schon etwas schade, ich wäre gern nochmals etwas herumgedüst. Wir entschieden uns den Greyhound zu nehmen. Wir werden so einiges an Zeit einsparen da dieser oft über Nacht fährt und auch an Geld. Zudem lernt Jenny das richtige

Backpacker-Leben kennen, mit allem Drum und Dran, was ja auch nicht schlecht ist, wenn man das noch nie gemacht hat.

Später kamen dann die zwei Mädels zurück und wir assen zusammen zu Abend. Das ganze Hostel ging später noch in die nahe gelegene Bar zum Karaoke-Abend, wohin wir natürlich auch folgten.

Als ich am Abend in mein Zimmer ging (die Mädels waren in einem anderen), hatte ich leider wieder einmal ein "tierisches" Erlebnis. Neben mir war nur noch ein Inder in meinem Zimmer, der schon tief und fest schlief. Ich wollte auch schlafen, war ich ja schliesslich sehr müde, da hörte ich aber plötzlich ein merkwürdiges Geräusch. Es war eine Art rascheln, krabbeln, keine Ahnung, es klang jedoch etwa so, wie meine Degus früher, wenn sie im Käfig herum wuselten. Da ich nicht genau wusste was es war, konnte ich natürlich nicht schlafen. Ich habe keine Angst vor Mäusen, doch in meinem Zimmer brauche ich sie nicht unbedingt und da ich nicht genau wusste was es war, war ich schon etwas beunruhigt. Ich getraute mich irgendwie nicht (keine Ahnung wieso) aus dem Bett zu gehen und war richtig froh im oberen Bett zu liegen, wo der Abstand zum Boden grösser war. Dann kam auf einmal einer meiner Zimmernachbarn herein und ich witterte die Chance, dass dieser mal unter dem Bett nachsehen konnte. Ich hatte leider erst zu spät bemerkt, dass dieser ziemlich besoffen war und so war er nicht wirklich eine grosse Hilfe. Er hatte natürlich nichts gefunden, ausser ein paar ekligen Käfern die sich wieder zurück ins Gemäuer verzogen und ich war dann immer noch beunruhigt wegen dem "unheimlichen" Tier. Dies schien ihn aber nicht lange zu beschäftigen, denn kaum lag er im Bett, schnarchte er auch schon. Ok, die Maus oder Ratte (?), ich hoffe eher Maus, schien wohl in der Wand zu sein und so beschloss ich einfach zu versuchen nicht mehr daran zu denken. Schliesslich wurde ich ja schon von Hasen und Hunden in Laos wachgehalten und attackiert, was war denn schon eine Maus?

28.04.

Ich musste am Morgen leider nochmals ins Reisebüro um alles zu buchen und so traf ich mich am Mittag mit den Mädels in der City. Wir fuhren mit der Fähre rüber nach Manly Beach. Ein richtig schöner Fleck dieses Manly und es gefiel mir sehr. Leider war es etwas zu kalt (also für uns) um zu baden und so sahen wir etwas den Surfern vom Trockenen aus zu. Wir genossen den Nachmittag und die Sonne dort und gingen dann gegen Abend wieder zurück mit der Fähre in die Stadt. Ich muss sagen, Sydney gefällt mir auf den ersten Eindruck hin richtig gut und ich bin sehr gespannt was ich noch alles sehen werde. Den Abend liessen wir gemütlich im Hostel ausklingen, ich konnte zum Glück ins grosse Zimmer zu den Mädels ziehen und so konnte ich auch beruhigt ohne merkwürdige Geräusche schlafen.

29.04.

Heute liessen es wir uns gut gehen und schliefen schön aus, was auch wieder einmal guttat. Reisen tönt immer so nach viel Erholung und Ferien, es ist jedoch manchmal schon anstrengend, wenn man jeden Tag früh aufsteht und alles anschaut. Irgendwie fehlen die faulen Sonntage und so geniesse ich es immer, wenn ich mal etwas ausschlafen kann. Leider war das Wetter heute nicht so gut und so war unser Stadtbummel und die Besichtigung von Chinatown ziemlich nass. Am Abend gingen wir zum Darling Harbour. Das Gebiet dort hat mir sehr gut gefallen und sah toll aus bei Nacht mit den vielen Lichtern. Leider fing es aber bald an wie aus Kübeln zu schütten und wir machte uns auf dem Rückweg. Meine eigentlich, dachte ich, qualitativ gute, wasserdichte Regenjacke, war leider nicht mehr wirklich dicht und so kamen wir alle ziemlich durchnässt im Hostel an. Toll... Jetzt darf ich mich auch noch auf die Suche nach einer neuen, guten, wirklich wasserdichten und zudem bezahlbaren Regenjacke machen... Hmmm... Diese Probleme wieder. :-)

30.04.

Lea und Louisa mussten leider schon sehr früh raus und gingen mit dem Greyhound weiter nach Byron Bay. Im Halbschlaf verabschiedete ich mich von ihnen und schlief noch etwas weiter. Da es wieder den ganzen Morgen in Strömen regnete genoss ich noch etwas länger das bequeme Bett und machte mich dann am Nachmittag (bei Sonnenschein!!!) auf den Weg zur Free Walking City Tour. Ein Typ, aufgewachsen in Sydney führte uns 3h zu Fuss durch die Stadt und erklärte und zeigte uns viel. Die Tour war richtig cool und so sah ich die verschiedenen Seiten von Sydney. Das alte Spital zum Beispiel, wurde von Rum-Baronen erbaut, also mit den Geldern vom verkauften Rum und ist nun ein Teil des Regierungsgebäudes. Ziemlich witzig, dass die Regierung in einem Gebäude haust, dass mit dem Verkauf von Alkohol entstand, wo ja Alkohol trinken auf den Strassen nicht erlaubt ist. Der Abschluss der Tour war typischerweise mit Blick auf das weltberühmte Opera House, wo wir noch kurz denn Sonnenuntergang im trockenen genossen, bevor es wieder regnete bis zum geht nicht mehr. Ich machte mich wieder auf den Weg zurück ins Hostel.

01.05.

Regen, Regen, Regen. Es will einfach nicht aufhören. Ich glaube in der Schweiz ist das Wetter sogar besser als hier und zudem auch noch wärmer... Ich entschied mich trotzdem nochmals etwas in die Stadt zu gehen und landete schlussendlich "Chai-Latte-trinkend" in einem Kaffee und schrieb etwas an meinem Blog. Viel mehr konnte man bei diesem Wetter auch nicht machen. Am Abend musste ich dann alle meine Sachen wieder zusammenpacken und machte mich auf den Weg zur Greyhound Station. Ich musste zuerst noch mit der Metro fahren und wurde in dieser Zeit von einem älteren Herrn, der ursprünglich aus Rumänien kommt, jedoch schon seit 35 Jahren hier in Australien lebt, belehrt welche Farmarbeit am besten sei. Obwohl ich ihm schon am

Anfang erklärte, dass ich hier nicht arbeiten werde, erklärte er mir
ausführlich mit welchem Obst und Gemüse man am meisten
Geld macht. Also: Tomaten pflücken (was er jahrelang gemacht
hatte), Paprika, auch Mangos und Melonen (wie zur Hölle sollte
ich denn 30kg schwere Melonen pflücken) sind gut, auf keinen
Fall Chilis, diese sind viel zu klein und leicht und man muss viel
zu viele pflücken um was zu verdienen. Also nochmals: Tomaten
und das und das und das und nicht das... Okay ich merke es mir,
vielen Dank! :-)
Nach etwas suchen fand ich dann zum Glück bald die
Greyhound Station und stieg in den Bus. Wieder einmal mehr,
fuhr dieser über Nacht. Scheibe und ich hatte schon wieder keinen Schnaps... das hatte mir übrigens der Tomaten-Pflücker
auch geraten. Mal schauen ob ich dieses Mal schlafen kann...

Surfcamp in Spot X 02.05. – 04.05.

Woolgoolga Beach, New South Wales, Australia

02.05.
Erneut hatte ich kaum geschlafen im
Greyhound. Um 05:45 kam ich am Ziel an.
Von der Busstation wurde ich zusammen
mit der Engländerin Jen abgeholt und zum
Surfcamp gefahren. Total typisch und so
richtig klischeehaft nahm ich nun an einen
Surfcamp von Mojo-Surf teil. Nun gut, es
kann ja nicht sooo schlecht sein, wenn dies alle machen, mal
schauen. Unser Fahrer checkte kurz die Wellen aus und meinte:
"wow ziemlich wild heute". Ich schaute mir die braune wild to-
bende Brühe an und war irgendwie nicht so angetan darin in ein
paar Stunden zu surfen. Abwarten. Wir assen kurz etwas und legten uns noch etwas hin. Die Container in denen wir hausten waren leider ziemlich einfach, was ja nicht schlimm wäre, nur waren
sie leider auch nicht dicht und so war der Boden nass und die
Betten feucht. Toll... Während wir noch etwas dösten, donnerte

und blitzte es draussen ziemlich. So ging ich bestimmt nicht ins Wasser. Pünktlich zu unserer ersten Surflesson um 10:00 hörte es auf zu donnern und blitzen und es regnete zum Glück "nur" noch. Wir erhielten eine kurze Schulung und ab gings ins Meer. Man stellt sich das Surfen etwas anders vor, nicht so im Regen und in einer braunen Brühe, doch wir versuchten das Beste draus zu machen. Leider war ich bei meinen ersten Versuchen nicht so erfolgreich. Als ich damals vor 6 Jahren in Perth gesurft bin war ich viel viel besser und das nervte mich etwas. Ich wieder mit meinem persönlichen Ehrgeiz und Ungeduld... Der Nachmittag wäre zur freien Verfügung gewesen, doch bei diesem andauernden Regen, der immer stärker wurde, hielt sich die Motivation der Leute in Grenzen.

Am Abend war dann Party angesagt und nach einem kurzen Ausflug mit dem Shuttle (wie praktisch) zum Bottle-Shop, gings dann erst richtig los. Da konnte auch der Regen niemanden mehr aufhalten, obwohl man teilweise durch halbe Seen waten musste um irgendwo hin zu kommen.

03.05.

Um 06:00 war Tagwache und Zeit zu surfen. Ich war ziemlich müde und musste mich etwas überwinden in den kalten Wetsuit zu schlüpfen. Zum Glück war nun endlich das Wetter gut und sogar die Sonne schien. Im Wasser hatte man sogar richtig warm bekommen und war froh, dass das Meer eher frisch war. Leider waren auch heute meine Surfkünste nicht viel besser und als nur noch so bescheuertes Seegras um mich herum war, sodass man kaum mehr aufs Board rauf kam, hatte ich etwas den Anschiss. Irgendwie wollte es einfach nicht so wie ich mir das vorgestellt habe. Egal, ich werde bestimmt in Costa Rica nochmals Zeit haben surfen zu gehen (meine Sprachschule soll ja 100m vom Strand entfernt sein) und deshalb liess ich es vorerst mal sein. Nach dem Lunch genossen wir die herrliche Sonne. Am Abend war dann Movie-Night und so chillten wir alle etwas.

Byron Bay 04.05. – 10.05.

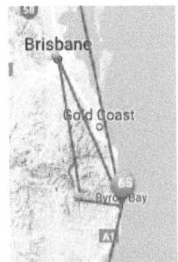 Byron Bay, New South Wales, Australia

04.05.

Um 05:00 musste ich wieder auf und zum Greyhound. Um 10:00 kam ich im berühmten Byron Bay an. Ich war sowas von gespannt, denn alle schwärmen immer so von diesem Ort. Nachdem ich endlich im Hostel angekommen war (die hatten wohl vergessen, dass ich mit dem Bus von Süden herkomme, aber egal), checkte ich ein, machte mich kurz bereit und traf mich mit Louisa, die ich ja schon von früher kannte. Wir liefen den gut einstündigen Weg der Küste entlang bis zum Leuchtturm, wow war das schön! Die Strände und die Landschaft sind herrlich und es wimmelt von Surfern die man in den Wellen beobachten kann. Vom Leuchtturm aus genossen wir einen schönen Blick über alles. Es stimmt was die Leute sagen, Byron Bay ist einfach super, das kann ich bereits nach so kurzer Zeit sagen. Auch das Städtchen ist cool, eher klein, aber mit Charme und die Leute sind cool. Gut, wahrscheinlich vor allem Touristen, aber trotzdem sehr gemütlich und teilweise fällt man schon fast auf, wenn man Schuhe anhat oder nicht irgendetwas hippiemässiges trägt. Das gefällt mir. Gut hatte ich hier ein paar Tage zum "erholen" gewählt. Am Abend gönnten wir uns dann eine Pizza von Dominos (eins DER Backpacker Essens, da sie nur 5 Dollar kosten und ziemlich gut sind). Da Lea, die ja zusammen mit Louisa reist, krank war, gingen wir zu ihnen ins Hostel und genossen unsere leckere Pizza und einen gemütlichen Abend dort.

05.05.

Ich liess es mir heute gut gehen und schlief etwas aus. Danach traf ich mich mit den Mädels und wir genossen etwas den Strand. Anschliessend gönnten wir uns etwas Shopping und einen Kaffee-Klatsch. Eigentlich wollte ich an diesem Abend an einen Pub-

Crawl, doch als ich zu den Mädels ins Hostel kam, waren diese bereits bereit zu einem Filmabend und so schloss ich mich ihnen an.

06.05.

Am Morgen musste ich mich leider wieder von den Mädels verabschieden und verbrachte den restlichen Tag am Strand. Irgendein Verrückter mit Holzstock, zerzaustem Haar und Bart irrte umher und warf mit Steinen um sich. Da ich keinen an den Kopf bekommen wollte, hielt ich ihn etwas im Auge. Leider fiel mir dabei auch etwas ganz anderes, aber genauso schreckliches ins Auge. Ein Mann, mit stark gebräunter Lederhaut, schätzungsweise zwischen 60 und 70, mit verdächtig schwarz gefärbten Haaren und vermutlich nicht echten, ziemlich nach Dauerwelle aussehenden kleinen Löckchen, hatte etwas zu knappe Badehosen (Speedos) und sonnte die Hälfte seines Gemächts. Ich wusste nicht was schlimmer ist, der "verrückte-mit-Steinen-werfende-Irre" oder der "in-den-70gern-hängen-gebliebener-zu-knappe-Badehosen-Träger". Es war wie bei einem Unfall, obwohl es eklig ist, muss man einfach hinschauen. Ich dachte zuerst der gute Herr, hätte dies nicht bemerkt und dass es ein Versehen sei. Als er aber "die Seite wechselte" und die andere Hälfte sonnte, wusste ich, wo's geschlagen hatte. Oh man, wie schamlos... Zum Glück kamen nun die Jungs vom Hostel, mit Baseballschläger bewaffnet und verscheuchten den Irren. Jupii nun musste ich nicht mehr wachsam sein und konnte ein Nickerchen machen, ich musste nur irgendwie das eklige Bild aus dem Kopf bekommen.

Am Abend beim hosteleigenen BBQ lernte ich eine Schweizerin kennen die mich anschliessend gleich mitnahm um eins trinken zu gehen. Es gesellte sich noch ihre Kollegin Alex dazu, die ich lustigerweise kannte. Sie arbeitet auf dem Notfall im USZ, mit welchem ich ja oft zu tun hatte und so konnten wir noch etwas Klatsch und Tratsch austauschen.

Tagesausflug nach Nimbin 07.05.

 Nimbin, New South Wales, Australia

07.05.

Heute machte ich einen Tagesaus-
flug nach Nimbin. Auch von diesem Ort hatte ich schon sehr viel
gehört und war gespannt. Es muss
eine verrückte Hippie-Stadt sein, wo alle Gras rauchen und happy
seien. Hört sich interessant an und muss ich natürlich anschauen.
Der Bus fuhr relativ spät, kurz nach 10:00 und Alex war auch auf
derselben Tour. Mit dem Grasshopper-Bus (eigentlich steige ich
ja sonst auf keinen Fall in einen "Hopper-Bus"... Züri olé!) und
lauter, munterer Musik gings los. Der erste Halt war an einem
Bottle-Shop und schon hier wurde kräftig eingekauft. Nach
knapp 2h Fahrt waren wir endlich in Nimbin angekommen. Leider hatten wir nur knapp 1.5h Zeit um diese Stadt anzuschauen.
Es wimmelte von schrägen Läden und Leuten. Leider bin ich
aber etwas enttäuscht. Ich hatte mir die Stadt fröhlich, mit einigen
Hippies, jungen crazy Backpackern und happy vorgestellt. Tatsa-
che war, dass es einfach ein paar alte bis sehr alte Hippies hatte,
die sehr verwahrlost und teilweise ziemlich krank aussahen (von
den fehlenden Zähnen ganz zu schweigen) und, so schien es, das
Einzige was sie zu tun hatten, den Touristen Gras und Cookies
zu verkaufen. Ich meine schon cool so ein alter Opa mit weissen
Dreads zu sehen, aber das wars auch schon.
Die Stadt hatte nur die Besucher von den Bussen und schien für
mich nicht wirklich happy und bunt und judihudi toll wie es angepriesen wird. Für mich und auch für andere mit denen ich gesprochen hatte, eher ein trauriger Anblick und scheinbar für die
Touristen nur der günstigste und bequemste Weg einiges an Gras
zu kaufen. Ich meine ok dafür schien es wirklich gut zu sein, aber
ansonsten nicht lohnenswert...
Danach gings durch Wald und Hügel über kurvige Strassen. Die
Musik wechselte von munter auf irgendeinen elektronischen Müll

und alle die eins Gekifft oder Cookies hatten, schienen es richtig zu fühlen. Mitsamt dem Busfahrer. Zum Glück ist der abgehärtet und kann den Bus trotzdem sicher fahren, hoffte ich. Nach dem Lunch gings nochmals eeeelend lange über Strassen bis zu dem angepriesenen Wasserfall. Ok für uns Schweizer sind viele Wasserfälle überhaupt nicht spektakulär, im Gegensatz zu anderen Leuten, von anderen Ländern, aber dieser war nun wirklich nichts Besonderes und dafür, dass wir dort nur 5min waren, auch überhaupt nicht lohnenswert. Nochmals eine Ewigkeit sassen wir im Bus auf dem Rückweg und kamen dann gegen fast 19:00 zurück zum Hostel.

Jen, die ich aus dem Surfcamp kannte war nun auch im Hostel und wir machten zusammen Fajitas. Leider fühlte ich mich überhaupt nicht gut, schon den ganzen Tag über war meine Nase wiedermal komplett zu und so ging ich bald ins Bett, in der Hoffnung mich morgen besser zu fühlen.

08.05.

Natürlich fühlte ich mich immer noch nicht besser und war richtig krank. Meine scheiss Grippe die ich scheinbar nie richtig auskuriert hatte, holte mich wieder ein. Mir blieb nichts anderes übrig als mich gesund zu schlafen. Ich war schon so weit, dass ich zum Arzt wollte, damit ich endlich richtig gesund werde. Doch hier in Byron haben sie dummerweise kein medical Center, nur das Spital und ich gehe sicher nicht mit einer Grippe ins Spital. Nein zu diesen Patienten will ich nicht gehören. Am Abend raffte ich mich dann auf und ging mit Jen und ein paar anderen Mädels essen. Danach bestaunten wir noch die Strassenkünstler und ich ging wieder ins Bett.

09.05.

Ich fühlte mich zum Glück etwas besser, aber noch lange nicht 100%. Nach dem Frühstück verbrachte ich einen gemütlichen Tag mit Jen. Am Abend assen wir dann zusammen. Jen hatte vorher zu Hause in England noch nie selbst gekocht, also so wirklich rein gar nie und so "kochte" sie heute das erste Mal Hackfleisch-Fajitas. Da sie dies vorgestern bei mir gesehen hatte wollte sie dies nun auch versuchen. Seit sie nach ihrem letzten Kochversuch beim Reisen danach krank war (ja Hühnchen muss man halt schon durchbraten...) war sie etwas unsicher und ich gab ihr einen "Crash-Kurs", wer könnte das besser als ich 5-Sterne-Koch. Nein, aber die Basics kann ich ja. Zum Essen hatten wir dann noch coole live Musik vom Hostel organisiert und gingen anschliessen noch eins trinken.

Brisbane 10.05. – 12.05.

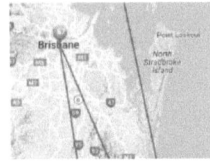 Brisbane, Queensland, Australia

10.05.

Hui schon wieder sind die Tage um und es geht weiter. Schade, aber ich werde ja nochmals kommen und seit Wochen freue ich mich jetzt abartig auf Jenny die mich besuchen kommt. Nun hiess es also wieder Rucksack packen (wie ich das hasse) und ab auf den Greyhound. Auf der Strecke gings noch durch Surfers Paradies, welches ich so auch noch etwas anschauen konnte und weiter nach Brisbane. Dort angekommen wie immer kurz ins Hostel einchecken und die Stadt etwas anschauen. Ich sah noch nicht wirklich viel von Brisbane, aber dafür werde ich morgen genügend Zeit haben. Ich wollte etwas zeitig ins Bett, da ich bereits um 04:00 wieder aufstehen musste um Jenny am Flughafen abzuholen.

Ich war in einem 10er-Dorm und alle ausser mir schienen noch überhaupt nicht müde zu sein. Normalerweise würde ich mich ja dazu gesellen, aber heute war mir gar nicht danach und zudem war ich noch immer nicht wirklich fit. Ok bis 22:00 geht das ja alles in Ordnung, da sage ich ja auch nichts, aber die lieben Herrschaften waren so saumässig laut, mit Musik, vollem Licht natürlich, herumschreien und trinken. Sie vergnügten sich bis nach

Mitternacht und zwischenzeitlich war schon 2x der Security Typ da gewesen. Sehr wirkungsvoll wie man sieht. Ich wusste schon warum ich nichts gesagt habe, mich hätten sie wahrscheinlich auch nur ausgelacht. Beim 3. Mal verzogen sich die Herrschaften dann endlich. Der eine super Typ meinte dann noch höhnisch beim Rausgehen: "Ooooh soooorry sind wir ein bisschen laut? " Neeeeeeeeeein gar nicht du Depp! Ich hoffte nun endlich schlafen zu können. Aber nein! Drei Damen hatten die falschen Schuhe an für die Clubs und kamen keine 10min später wieder zurück. Heieiei sogar ich weiss, dass man in Clubs in Australien nicht mit Flip-Flops rein kann. Nun gut, nach gefühlten 10h plastiksackraschel (das ist das Nervigste, wenn man schlafen möchte und alle haben so verdammt viele Plastiksäcke) fanden die Ladys ihre Schuhe und stöckelten hinaus. Als ich gerade eingeschlafen war, so ca. 40min später... Kamen die ersten schon wieder zurück! Ja was denn? Schon fertig mit feiern, das kann doch nicht sein! Lauthals torkelten die Leute endlich ins Bett und so langsam kehrt wieder Ruhe ein. Eine Stunde später klingelte dann mein Wecker. 04:00.

11.05.

Ich hatte mir überlegt ob ich jetzt auch meinen Wecker laaaaange klingeln lassen soll und so richtig laut sein, Licht an und vielleicht noch etwas rumschreien? Wahrscheinlich würden die meisten es gar nicht merken, weil sie sowieso im Koma liegen. Ich liess es mir aber nicht nehmen mein Schliessfach und die Türe zuknallen zu lassen, nur für meine eigene Genugtuung.

Mit der Metro gings zum Flughafen, scheisse war ich müde und dass es draussen noch dunkel war, war nicht gerade hilfreich. Aber egal, ich freute mich sehr auf Jenny und konnte es kaum mehr erwarten. Am Flughafen bemerkte ich, dass ihr Flug eine Stunde Verspätung hatte... Naja was solls. Als dann auf der Anzeigetafel stand, dass die Maschine gelandet sei, wurde ich sogar etwas nervös. Mit meinem Servietten-Jenny-Schild bewaffnet wartete ich ungeduldig auf sie. Und dann war sie endlich da! Juhuu! Wir fielen uns sofort in die Arme und es flossen sogar ein paar Freudetränen (heieiei ich wieder, kann man das abschalten lassen?). Wir gingen mit der Metro zurück zum Hostel und anschliessend direkt in die Stadt. Natürlich hatten wir uns viel zu erzählen, wir schauten Brisbane an und quatschten und quatschten und quatschten. Am Abend genossen wir leckeres Sushi und gingen bald ins Bett. Sie war todmüde von den langen Flügen und ich wegen letzter Nacht.

Byron Bay 12.05. – 14.05.

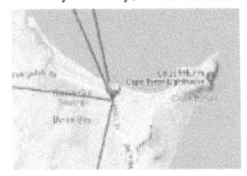 Byron Bay, New South Wales, Australia

12.05.

Mit dem Greyhound gings wieder nach Süden nach Byron. Einige hielten mich für verrückt von Byron nach Brisbane zu fahren und nochmals zurück. Doch mir war das egal, schliesslich hatte ich Jenny versprochen sie abzuholen und so hatte ich Brisbane auch noch kurz gesehen. Und da mir Byron so gut gefiel, machte es mir auch nichts aus nochmals dorthin zu gehen. Ich fand als ich unseren gemeinsamen Trip gebucht hatte, Jenny muss Byron auch gesehen haben und so machten wir diesen Abstecher. Am Mittag kamen wir in Byron an und gingen nochmals ins Hostel in welchem ich vorhin schon war. Ich zeigte Jenny etwas die Stadt und schon bald mussten wir uns auf den Weg machen zum Leuchtturm für den Sonnenuntergang. Die kurzen Tage sind aber auch lästig manchmal, da muss man sich immer so beeilen. Es war schon am eindunkeln als Jenny plötzlich ein Wallaby neben sich stehen hatte. Schon von weiter unten als Jenny ein Foto vom Leuchtturm machte war es dort, was man auf dem Foto sehen kann, doch da hatten wir es noch gar nicht bemerkt gehabt. Es liess sich nicht gross von uns beeindrucken und hüpfte dann bald mal weg. Wir genossen denn

Sonnenuntergang und die Sicht über das nächtliche Byron vom höchsten Punkt aus.

Der gut stündige Weg wieder nach unten war ziemlich dunkel und zog sich etwas hin. Wir machten noch kurz einen Abstecher in den Woolys und bereiteten dann im Hostel unser Abendessen zu. Kangaroo mit Salat. Hehe wiedermal etwas makaber, aber wenn man schon in Australien ist muss man das mal versucht haben. Leider ist uns das Fleisch nicht so gelungen, aber um es mal zu versuchen wars ok.

13.05.

Gut gelaunt und vorfreudig auf unser leckeres Frühstück, das wir gestern gross eingekauft hatten, gingen wir in die Gemeinschaftsküche. Als ich unsere Kühlbox aus dem Kühlschrank holen wollte war diese aber nicht mehr dort. Ok das kann sein, oft nehmen Leute ihre Box raus und die andern fallen irgendwo anders hin oder die Leute quetschen einfach alles zusammen. Also durchsuchte ich alle Kühlschränke doch unsere Box war weg! Mir war sofort klar, dass diese geklaut sein musste. Sie war korrekt angeschrieben, mit Abreisedatum und allem, sodass sie auch nicht vom Reinigungspersonal hätte weggeschmissen werden können. So ein verdammter Mist! Wie asozial ist das denn, jemandem sein Essen zu klauen!? Unglaublich wie dreist manche Leute sind, richtig bemitleidenswert, wenn man schon Essen von anderen klauen muss. Nun, da überall stand, dass alles Video überwacht sei, ging ich an die Reception und meldete dies. Der Typ dort meinte, er werde Leute darauf ansetzen die die Überwachungsvideos anschauen und ich sollte am Nachmittag nochmals vorbeikommen. Ich erhoffte mir nicht allzu viel davon. Doch eigentlich sollte es nicht schwer sein den Dieb auszumachen. Der Kühlschrank war der letzte auf der linken Seite und es war das unterste Fach. Keine andere Kühlbox stand daneben, wenn also jemand von dort eine Box nahm, war es unsere. Zudem waren wir gestern Abend noch bis 20:00 in der Küche, ab 22:00 ist sie geschlossen und am Morgen waren wir ja um 10:00 wieder dort. Das Zeitfenster in dem sie weg kam war also auch nicht sehr gross. Müsste eigentlich keine Hexerei sein, den Täter zu finden. Ich denke aber, dass es jemand war, der vielleicht das Hostel bereits verlassen hat. Nun ja lassen wir die Jungs mal arbeiten und sehen später weiter.

Unsere Laune war etwas am Boden, kaum zusammen unterwegs, schon beklaut worden und zudem waren wir hungrig, was es nicht einfacher machte. Da wir ja nichts mehr hatten und keinen Bock wieder einkaufen zu gehen und es uns vielleicht nochmals klauen zu lassen, gingen wir auswärts essen. Danach genossen wir einen sonnigen Beach Tag. Als wir am Nachmittag wegen der Kühlbox nochmals nachfragten, bekamen wir natürlich wie erwartet schlechte Nachrichten. Etwas war aber komisch und liess mich ein wenig misstrauisch werden. Laut Reception sei der Kühlschrank in dem unser Essen war nicht auf dem Video, weil die Kamera nicht die komplette Küche einfangen könne. Okaaaay, war das nun wirklich so oder heisst das, dass der Täter das wusste und es ausnutzte? Sprich, es war vielleicht sogar ein Insider oder jemand der extra auf die Kameras schaut, oder einfach purer Zufall? Keine Ahnung wir werden es nie erfahren und sollten uns auch nicht länger darüber nerven, weg ist weg. Wir nervten uns trotzdem, immerhin war es leckeres Frühstück und auch sonst Essen für ein paar Tage im Wert von ca. 50 Dollar...

Am Abend gingen wir in ein cooles Restaurant mit live Musik und vielen Einheimischen. Danach kundschafteten wir noch etwas die Bars von Byron aus.

Noosa 14.05. – 16.05.

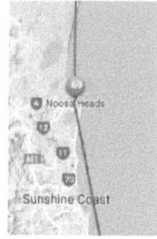 Noosa, Queensland, Australia

14.05.

Am Morgen gings mit dem Greyhound weiter. Von Byron über Surfers Paradies und Brisbane, nach Noosa. Jenny sass am Fenster und ich am Gang. Ca. 20min vor Brisbane, wo wir anschliessend direkt den nächsten Greyhound nach Noosa gebucht hatten, knallte es plötzlich. Weder der Fahrer noch sonst jemand reagierte und so nahmen wir an, dass es einfach irgendetwas war, doch etwas beunruhigend klang es schon. Kurz darauf knallte es erneut, nochmals richtig laut und Jenny sah neben ihrem Fenster nur noch Gummiteile in der Luft herumfliegen. Uns war sofort klar, dass ein Reifen geplatzt sein musste und es dauerte ganz schön lange bis der Busfahrer dies auch realisierte und auf die Bremse trat und vor allem von der Autobahn weg auf den Pannenstreifen fuhr. Mir war klar, dass es jetzt lange gehen kann und ich hoffte nur, dass wir heute noch irgendwie nach Noosa kommen, denn das Hostel dort war ja auch bereits gebucht. Zum Glück mussten sehr viele Leute auch auf den anderen Greyhound, sodass sie ziemlich vorwärts machten und für uns ein Taxi organisierten, dass uns nach Brisbane zur Greyhound Station brachte. Der Greyhound dort wartete auf uns und mit 1h Verspätung gings dann weiter. Ich war sehr erstaunt, dass alles so schnell und reibungslos geklappt hatte. Zum Glück ist uns dies nicht in Thailand oder so passiert, da hätte man Ewigkeiten gewartet.

In Noosa angekommen hätten wir vom Hostel abgeholt werden sollen, doch niemand war dort. Irgendwie erstaunte mich dies nicht. Passte irgendwie zu unseren letzten beiden Tagen. Klar hatten wir Verspätung, ich hatte uns aber im Hostel gestern angekündigt und die sahen ja, dass zur geplanten Zeit kein Greyhound an der Busstation war. Ich versuchte das Hostel 8x anzurufen, doch niemand nahm ab, obwohl auf meinem Voucher stand, dass das Telefon bis 19:00 offen sei und es war 18:30. Toll, wir hatten keinen Plan wo das Hostel war und mussten uns zuerst einmal eine Karte besorgen. Wir liefen mit ein paar anderen Backpackern zu ihrem Hostel und fragten dort. Unser Hostel war ca. 3km weit weg und wir hatten keinen Bock dies alles mit unseren Backpacks zu laufen, zudem hatten wir seit Mittag nichts mehr gegessen und Hunger macht, wie jeder weiss, nicht gerade fröhlich. Wir machten es also kurz und nahmen ein Taxi. Nicht sehr backpacker-like, aber das war uns sowas von egal und diese 15 Dollar waren für uns gut investiert. Im Hostel angekommen wollte ich der Lady dort meine Meinung geigen, warum die ihr doofes Telefon nicht mehr abnimmt. Diese liess mich aber einfach stehen und gab uns nur knapp die Schlüssel. Die gute Dame weiss genau, dass ich recht hatte und sie uns wahrscheinlich vergessen hatten. Zum Glück gabs dort im Hostel gleich ein Restaurant. Selten hatte eine Pizza so gutgetan.

15.05.
Da wir nur einen Tag in Noosa hatten, standen wir zeitig auf und erkundigten die Stadt und den Strand. Noosa gefällt mir sehr gut und der Strand ist sehr schön. Man merkt, dass es hier ein paar besser betuchte Leute hat und es wahrscheinlich für viele als Ferienort gilt, aber das störte uns nicht und ich fand den Ort sehr gepflegt und schön. Zum Mittagessen, dachten wir, dass wir nun auf Ferien ohne Zwischenfälle anstossen. Wir liefen später dann die Strecke zum Hostel zurück und genossen noch einen gemütlichen Abend.

Rainbow Beach 16.05.

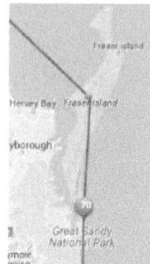 Rainbow Beach, Queensland, Australia

16.05.

Und schon wieder gings weiter mit dem Bus.
Um 13:00 kamen wir in Rainbow Beach an, von
wo morgen unsere Tour nach Fraser Island startete. Leider regnete es wieder und so konnten
wir nicht allzu viel machen. Das Dorf war nicht
speziell und bei Regen an den Strand auch nicht
so cool. Um 16:00 war das Briefing für den Trip.
Wir wurden in 4 Gruppen eingeteilt und Jenny und ich waren in
Gruppe C. Ein Blick in die Runde und ich wusste bereits, dass
wir die dümmste Gruppe erwischt hatten. Ich weiss, ich weiss,
man sollte keine Vorurteile haben. Doch mein Bauchgefühl und
meine Menschenkenntnisse sind ziemlich gut und hatten mich
nur sehr selten getäuscht. Da sassen wir also, bekamen die Sicher-
heitshinweise und andere Infos und lernten die Gruppe etwas
kennen. Zuerst zu dem "Guten" der Gruppe. Da waren zwei 19-
jährige Engländer, obwohl der eine gut für 12 durchgegangen
wäre, aber die waren mir sympathisch. Diese zwei werden auf der
Insel nicht Autofahren und typisch englisch, lieber ein bisschen
mehr trinken und uns unterhalten. Das wars dann leider auch
schon mit den coolen Leuten aus unserer 8er Gruppe, ausser
Jenny und mir natürlich (hihi). Nun zum Rest: Ein sehr von sich
überzeugter, nur scheiselabernder Brasilianer, mit Ray-Ban-Fens-
terglas-Brille (obwohl er wirklich Brillenträger ist... was soll diese
Mode mit den Fake-Brillen...? Egal muss mir ja nicht gefallen),
dann ein, wie soll ich sagen, "typischer-Bünzli-Schwiizer" der allen Klischees mehr als gerecht wird, der das Gefühl hat, nur weil
er ins Fitnessstudio pumpen geht und ein paar krasse Tattoos hat,
jetzt der "Harry-Hirsch" ist und dann noch meine zwei lieblings
Mitreisenden: zwei deutsche Barbie-Puppen. Die eine, an der nun
wirklich gar nichts mehr wirklich "echt" war und Barbie pur, die
war eigentlich richtig nett und gegen die war auch nichts

einzuwenden. Aber ihre Kollegin. Ich hätte sie schon am ersten Tag schlagen können. Kennt ihr die Leute die immer alles, aber auch wirklich immer alles besser wissen? Nur sie haben eine Ahnung vom Leben und wissen über alles Bescheid, sind schrecklich arrogant und können aber eigentlich kaum was? Genauso war sie! Doofe Kuh. Natürlich wieder eine Blondine, was denn sonst... Eine Schande für alle nicht minderintelligenten Blondinen. Was solls. Nach dem Briefing machten wir uns also auf einen abenteuerlichen Trip gefasst. Ach ja und das spezielle an Fraser Island ist, ausser dass es die grösste Sandinsel ist, dass es dort viele Dingos haben soll. Wir wurden auch instruiert wie man sich verhalten soll, wenn Dingos kommen und dass man nie alleine an den Strand gehen soll. Okay da bin ich nun mal gespannt!

Fraser Island 17.05. – 19.05. / Rainbow Beach 20.05.

Fraser Island, Queensland, Australia

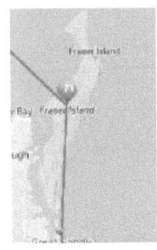

17.05.

Yeah heute gings los. Um 06:00 standen wir auf und machten uns bereit. Jeder packte einen kleinen Rucksack mit dem nötigsten und die grossen Rucksäcke wurden im Hostel eingeschlossen. Kurz vor 08:00 gabs nochmals ein Briefing über das Autofahren. Gut erklärten sie uns nochmals wie man schaltet... Sollte ja eigentlich jeder mit einem gültigen Fahrausweis wissen, aber ok. Wir mussten die Autos checken und unser Essen etc. einpacken. Jede Gruppe bekam zwei Boxen mit Essen und die von uns zuvor bestellten Getränke. Die Engländer hatten sich natürlich je 2 Boxen Goon, also je 8l Fuselwein bestellt. Ich inspizierte mit Jenny das Auto. Wir mussten alle Schäden auf einem Formular festhalten... Ihr könnt euch ja vorstellen wie diese Autos aussehen, wenn immer Touristen mit ihnen im Sand und Dreck fahren und nicht wirklich Sorge tragen.

Ich beschränkte mich auf die wirklich grossen Schäden, sonst wären wir wahrscheinlich nie fertig geworden. Nach all dem organisatorischen gings endlich los. Aja die lieben Barbies hatten natürlich das mit dem kleinen Rucksack nicht ernst genommen und kamen mit dem grossen Backpack... Ok sie teilten sich einen, doch er war trotzdem zu gross und wir mussten, also natürlich die anderen, nicht sie, einige der kleinen Rucksäcke überall im Auto irgendwo hinein quetschen. Es war natürlich auch klar wer als erstes fuhr: meine geliebte "Ich-könnte-sie-schlagen-Barbie". Immerhin, das muss ich ihr lassen, sie fuhr nicht schlecht und man merkte, dass sie schon seit einiger Zeit mit dem Mietauto unterwegs war. Bald gings weg von den geteerten Strassen und auf die "dirt roads". Über eine grosse Sandfläche gings zur Fähre. Diese legte nicht wie gewöhnlich an einen Steg oder so an, nein sie liess einfach die Rampe in den Sand und die Autos fuhren auf das Schiff. Nach ca. 10min waren wir dann auf Fraser Island. Wir fuhren eine ganze Weile herum und alle drängten sich zum Fahren. Schon krass, man fährt mit Leuten die man kaum kennt, also sprich, auch nicht wirklich ein Vertrauen zu ihnen hat und die wahrscheinlich das erste Mal auf Sand fahren. Ich fühlte mich bei den meisten Fahrern auch nicht wirklich wohl hinten drin. Meiner Meinung nach überschätzten sich die einen etwas. Vor allem die lieben Herren mussten zeigen, dass sie "extrem cool" sind und wie die Sau fahren können. Jenny und ich mussten die Jungs dann ab und zu von ihrem hohen Ross runterholen und teilweise etwas ausrufen, schliesslich wollte ich diesen Trip gesund beenden.

Auch die "Ich-könnte-sie-schlagen-Barbie" musste irgendwem etwas beweisen und fuhr teilweise ganz schön gefährlich. Die Regel war, dass man am Strand nicht in die Wellen fahren durfte, klar ist dies verlockend, aber sehr gefährlich. Die "Ich-könnte-sie-schlagen-Barbie" fand das wiedermal nicht wichtig zu beachten und nahm eine Welle mit Vollgas. Wir sahen nur noch Wasser und ich hoffte nur, dass der Wagen vor uns weit genug weg war

und wir ihn nicht rammten. Auch da hätte ich sie am liebsten windelweich geprügelt. Das kann man machen, wenn man alleine unterwegs ist, aber nicht mit anderen Leuten hinten drin! Irgendwann waren dann endlich Jenny und ich an der Reihe und wieder einmal mehr hat es sich gelohnt zu warten. Jenny und ich hatten die coolste Strecke erwischt. Jenny fuhr auf dem Hinweg zum Lake McKenzie und ich zurück. Es regnete zwar aber das machte nichts. Wir fuhren kleine Strässchen durch den Wald. Das ist viel spannender als am Strand. Am Strand ist es cool für die ersten paar Minuten, aber dann wirds bald langweilig. Auf den Waldwegen jedoch wars richtig cool. Alles im 2. Gang, sonst wären wir nicht durchgekommen und das Auto tat mir richtig leid. Rauf und runter, über Stock und Stein. Wir hielten immer extra etwas zu viel Abstand zum vorderen Auto, so dass wir ab und zu richtig die Strasse ausnutzen und uns etwas austoben konnten. Das klingt jetzt vielleicht auch etwas waghalsig, aber ich denke Jenny und ich hatten das Auto am besten im Griff. Beide sind wir schon mehrmals im Schnee gefahren und im Sand war es ähnlich. Man fühlte es richtig, wann es passte und wann nicht und das fühlten die anderen eben nicht, die wollten einfach nur schnell fahren. Ich fuhr dann auch mal noch auf dem Strand und einmal hat mich ausversehen eine Welle erwischt, weil sie zu schnell kam. Ich merkte sofort, dass es das Auto wegzog und obwohl die Welle klein war eine riesen Kraft hatte. Da ich genügend Abstand zum vorderen Auto hatte und nicht zu schnell war, war die Situation auch überhaupt nicht gefährlich und ich war ganz gelassen. Es ist ein bisschen wie bei Aquaplaning. Darum verstehe ich auch nicht warum die anderen dies extra und mit viel zu viel Tempo gemacht hatten. Logisch waren Jenny und ich etwas die Spielverderber der Gruppe, aber wie gesagt ich hatte keinen Bock auf einen Unfall.
Jenny fuhr also die Strasse zum Lake McKenzie. Dieser See ist nur aus Regenwasser entstanden und hat weder Zu- noch Ablauf und sieht sowas von schön aus. Gut man darf nicht daran

denken, dass alle schwitzenden, voller Sonnencreme und was auch immer Touristen in dem See tümpeln und das Wasser immer das Gleiche ist. Eigentlich sieht es mehr aus wie ein Meer mit den verschiedenen Blautönen und so klar wie er ist. Wir hatten geplant dort ca. 2h zu verbringen, doch nach einer Stunde fing es leider wieder mega stark an zu regnen und so flüchteten wir alle zurück ins Auto.

Nun war mein Part, ich durfte fahren. Juuhuuu. Es war so cool und den 4x4 konnte man echt ausnutzen. Ich würde gerne öfters so fahren. Unsere lieben Gruppenmitglieder stellten dann etwas neidisch fest, dass wir die coolste Strecke erwischt hatten. Ich konnte es mir dann nicht verkneifen zu sagen, dass man halt manchmal Geduld haben muss und dass sich vordrängeln nicht immer lohnt...

Nach mir kam natürlich wieder die "Ich-könnte-sie-schlagen-Barbie" dran mit Fahren und wir machten uns auf den Weg ins Camp. Die letzten 100m waren ziemlich steil und ich merkte gleich, dass sie nicht genügend Abstand zum Vorderauto hatte und so musste sie im tiefen Sand stoppen und konnte nicht mehr anfahren. Aber klar die Madame weiss es ja besser. Sie hatte sich so im Sand verfahren und auch nicht auf unsere Tipps gehört, wieso sollte sie auch? Bis dann unser Tour Guide aus dem vordersten Auto ausstieg und zu Hilfe kam. Mit Ach und Krach schafften wir es dann doch noch aus dem Sand heraus und die "Ich-könnte-sie-schlagen-Barbie" musste natürlich so fest aufs Gas drücken, dass wir um ein Haar das vordere Auto gerammt hatten. Gut ich gebe zu ich fahre manchmal auch gerne etwas schnell (belegen auch ein paar Bussen...) jedoch nicht auf Sand. Ach wieso müssen die Leute den anderen immer etwas beweisen? Das ist so unnötig.

Nun gut wir waren im Camp angekommen und mussten unser Essen zubereiten. Da Jenny und ich noch schnell unter die Dusche hüpften, die Barbies gingen nicht, denn die Duschen waren ihnen zu dreckig (gut ich weiss nicht was besser ist, in dreckige

Duschen gehen, man kann ja Flip-Flops anziehen oder einfach 3
Tage nicht zu duschen...), fingen unsere anderen Gruppenmitglieder schonmal an zu kochen. Natürlich auch da übernahm die
"Ich-könnte-sie-schlagen-Barbie" wieder das Kommando. Obwohl ihre Kollegin offensichtlich die viel bessere Köchin wäre.
Die Jungs standen einfach rum und beaufsichtigten mit etwas zu
trinken das Geschehen. Erstaunlicherweise konnte man den
"Fried Rice" recht gut essen (er sah nämlich nicht wirklich appe-
titlich aus) und wir verbrachten noch einen gemütlichen Abend
mit schwatzen, Lagerfeuer, etc.
Ach ja übrigens die Engländer haben ihren Goon schon fast leer!
8 Liter ist das zu glauben?? Nicht mal wenn's Wasser wäre könnte
ich so viel trinken...

18.05.
Um 07:00 standen wir auf, nachdem wir ziemlich schlecht geschlafen hatten. Es war so unbequem und viel zu heiss gewesen.
Im Zelt hatte es Matten, doch eigentlich hätten wir gerade so gut
auch auf dem blanken Boden schlafen können. Man, hätte ich das
gewusst, hätte ich meine Luftmatte mitgenommen die ich schon
seit Anfang mit mir herumschleppe und noch nie gebraucht hatte.
Obwohl wir keineswegs zu spät dran waren, waren unsere anderen Gruppenmitglieder bereits beim Frühstück und haben schön

egoistisch nur für sich gekocht. Danke auch, nein ich möchte keine Rühreier schon ok.

Der erste Stopp mit dem Auto war der sogenannte "Hangover Beach". Man konnte sich einen kleinen Fluss runter treiben lassen (oder man packt sich Jenny die einem zieht, so wie ich hihi) und dann am Strand etwas relaxen, Fussballspielen, Volleyball oder was auch immer. Nach dem Mittagessen, was bereits schon sehr knapp war, weil unsere lieben Gruppenmitglieder sich nicht an die Menu Listen gehalten hatten, gings zu einem kleinen "walk" und nochmals einer Möglichkeit um zu baden. In den Steinlöchern in denen man baden konnte, sollte es quasi ein Sprudelbad geben, wenn die Wellen reinkommen, doch so ganz funktionierte es nicht.

Am späten Nachmittag gings wieder zurück ins Camp. Ach ja eigentlich müsste man ja meinen, dass es der Reihe nach ging mit Autofahren oder? Das haben jedenfalls alle anderen Gruppen so gemacht. Bei uns: ging es natürlich nicht. Und ratet mal wer am meisten fuhr? Ihr wisst wer. Ich hatte keine Lust mehr zu diskutieren. Immerhin hatten sich die Jungs die am Morgen noch ziemlich Restalkohol im Blut hatten zurückgehalten. Im Camp dann erneut kochen. Wieder gingen Jenny und ich kurz duschen und die anderen fingen schon mal an. Das Menu heute war Fleisch und Kartoffelsalat. Eigentlich schon nicht nett, wenn man als letztes dazu stösst und dazwischen schwatzt, aber als die "Ich-könnte-sie-schlagen-Barbie" das Fleisch in etwa einen halben Liter Öl warf, mussten wir reagieren. Wie kann man nur!? Das Fleisch sollte doch nicht frittiert werden! Scheisse war die bescheuert! Ein bisschen Öl ok, aber doch nicht die halbe Flasche! Die "Ich-könnte-sie-schlagen-Barbie" sah ihren Fehler natürlich nicht ein und ging beleidigt davon. Auch gut, so konnten Jenny und ich noch retten was zu retten war. Die erste Portion Fleisch stellte ich den Leuten hin, mit der Aussage, dass es jetzt halt eher frittiert sei als gebraten. Komischerweise nahm die "Ich-könnte-sie-schlagen-Barbie" kein Stück und wartete auf die zweite Portion. Doofe Kuh. Obwohl es nicht auf der Menu Liste stand, haben die Barbies noch einen anderen Salat gemacht. Nimmt mich ja wunder was wir dann morgen essen sollen. Egal, sie wissen es ja eh besser.

Nach dem Essen konnten wir uns endlich etwas von unserer Gruppe trennen und verbrachten den Abend mit ein paar anderen Leuten. Lustigerweise hatten die alle Mitleid mit uns und unsere Gruppe wurde von den anderen nur die "Crazy Group" genannt. Wir machten noch einen Abstecher an den Strand in totaler Dunkelheit. Alle um sich schauend wegen Dingos, doch da waren keine...

19.05.

Wieder relativ früh gings los und nach einem 2km "walk" durch Regenwald und Sanddünen, kamen wir zu einem gemütlichen See. Wir chillten dort etwas und genossen die Erfrischung. Danach liefen wir wieder zurück und hatten am Strand unseren Lunch. Naja also was davon übrig war. Alle anderen Gruppen, die sich an die Menu Vorgabe gehalten hatten, hatten schön Wraps mit Salat, Fleisch und Käse. Wir hatten Wraps mit 1 Tomate, 2 Stückchen Fleisch und Erdnussbutter. Cool. Immer noch hungrig gings wieder Richtung Fähre. Erstaunlicherweise durften heute vor allem Jenny und ich fahren. Der Grund: Die Jungs hatten wieder zu viel Restalkohol und die "Ich-könnte-sie-schlagen-Barbie" war zu "müde". Aha ok, dann dürfen also wir fahren, wenn die Dame keine Lust hat. Egal uns wars recht, so wussten wir wenigstens, dass wir keine Angst haben mussten. Wieder mit der Fähre zurück und zum Hostel in Rainbow Beach. Das Auto kurz geputzt, alles aufgeräumt und zu Ende war unser Trip.

Es wäre ein sehr cooler Trip gewesen. Leider aber hatten wir sehr schlechtes Wetter, die meiste Zeit Regen und wie ihr vielleicht gemerkt habt, eine doofe Gruppe. Zudem hatten wir keinen einzigen Dingo gesehen! Auf Fotos von anderen Reisenden die auch dort waren sind immer Dingos zu sehen aber wir hatten einfach kein Glück. Schade. Da das Mittagessen und auch das Frühstück ja ziemlich spärlich war, entschlossen Jenny und ich uns etwas richtig Geiles zu kochen. Wenn man so lange unterwegs ist bekommt man manchmal so richtig Lust auf Sachen von zu Hause... Also machten wir uns "Ghackets und Hörnli". Yeeeaahh wie geil, sogar mit Apfelmus. Schon fast wie zu Hause.

Seventeen Seventy 20.05. – 21.05.

 Seventeen Seventy, Queensland, Australia

20.05.

Unser Greyhound fuhr erst am Nachmittag und so genossen wir noch einen chilligen Vormittag. Am späten Abend kamen wir dann in 1770 an. Ein kleines Dorf am Strand. Hier klappte auch alles mit dem Hostel. Unser Gepäck wurde ins Hostel gefahren und wir liefen mit einer Frau vom Hostel durchs Dorf, wo sie uns alles zeigte und typisch auch den Bottle-Shop. Danach checkten wir ins Hostel Cool Bananas ein und wir fühlten uns sogleich wohl. Das Hostel war richtig cool und auch unsere Zimmergenossen waren mal richtig gut. Ein gemütlicher Abend verging.

21.05.

Am Morgen gingen wir zuerst noch etwas an den Strand spazieren. Danach gings zu unserem eigentlichen Grund wieso wir stopp machten in 1770: Scooterroo!
Mit kleinen Töffs durften wir bald herumflitzen. Natürlich mussten wir zuerst auf einer Übungsstrecke beweisen, dass wir fahren konnten. Da die kleinen Dinger so laut waren und ich durch den Helm fast nichts hörte, hatte ich jeweils auch die Anweisungen von den Guides nicht verstanden und so musste ich Ewigkeiten im Kreis fahren bis ich endlich das ok bekam. Etwas peinlich, schliesslich bin ich ja auch schon Töffli gefahren, aber egal, ich

hatte ja am Schluss bestanden. Wieder stürzten sich alle anderen auf die Töffs und Jenny und ich warteten. Schon wieder eine gute Entscheidung. Denn die Töffs die wir hatten, sollten am Schluss fahren. Ich war die letzte in der Reihe und das war richtig cool. "Tubelisicher" fuhren wir in der Reihe umher und wurden daneben von zwei grossen Töffs begleitet, welche bei jeder Kreuzung hielten und uns "sicher" über die Kreuzung oder zum Abbiegen verhalfen. Der Vorteil, wenn man zu hinterst ist, die anderen mussten oft warten, bis alle da waren, weil es an den Kreuzungen teilweise etwas länger ging bis man durchkonnte. Ein paar Mal waren nur noch Jenny und ich auf der anderen Seite, mussten zwar etwas länger warten bis wir passieren konnten, dafür konnten wir danach umso schneller fahren und hatten die Strasse praktisch für uns alleine. Wir holten alles was wir konnten aus unseren Töfflis heraus. Die Temponadel ging bis 60km/h und ab da konnte man die Geschwindigkeit nicht mehr ablesen, weil sie nur noch hin und her zitterte. Der Töff klang so laut, dass ich fast Angst hatte er fällt jetzt dann auseinander. Es ging aber alles gut und wir genossen die Tour so richtig. Beide hatten wir einen Dauer-Smile auf dem Gesicht.

Wir machten noch einen kurzen Stopp an einer Imbiss-Bude wo es Potatoes gab und einen hammer Sonnenuntergang am Meer. Bevors ganz dunkel wurde, fuhren wir im Abendrot wieder zurück. Einfach Hammer wars und definitiv eins der Highlights!! Wären am liebsten nochmals gegangen!

Danach genossen wir noch einen ruhigen Abend bevors wieder auf den Greyhound ging und über Nacht nach Airlie Beach.

Airlie Beach 22.05. – 23.05.

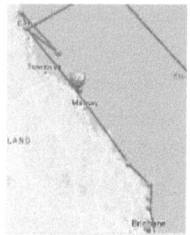 Airlie Beach, Queensland, Australia

22.05.

Wieder einmal mehr hatten wir praktisch eine Freinacht im Bus und kamen ziemlich erschöpft in Airlie Beach an. Wir schauten uns etwas die Stadt an und gingen etwas shoppen. Wir gingen noch ins Reisebüro um uns für einen Skydive für Jenny zu informieren. Und schwuppdiwupps standen wir 2h später vor den Skydive-Startplatz. Jenny wurde bereitgemacht und ich sah sehnsüchtig zu. Sehr gerne würde ich nochmals springen. Doch so aufregend wie beim ersten Sprung wird es nie mehr und so liess ich es vorerst sein. Vielleicht so in 5-6 Jahren mal wieder. :-) Danach hielten wir nicht mehr lange durch und gingen am Abend schon bald ins Bett. Beide waren wir todkaputt und froh bald schlafen zu können.

Whitsunday Segeltrip 23.05. – 25.05.

 Whitsunday Islands, Queensland, Australia

23.05.

Den Morgen "verplämperten" wir noch ein bisschen, bis wir uns auf den Weg zum Hafen machten, wo unser Schiff für die Whitsunday Island lag. Endlich war mal wieder richtig schönes Wetter und die Sonne schien, soll bitte so bleiben! Bis anhin waren wir ja nicht gerade gesegnet mit dem Wetter. Um 14:00 wurden wir herzlich von der Crew der New Horizon empfangen und fuhren los. Wir lernten etwas die anderen Leute auf dem Boot kennen und stellten fest, dass wir diesmal eine recht coole Truppe erwischt hatten. Erst später kamen wir am heutigen Standplatz an und hatten die erste Möglichkeit schwimmen zu gehen. Wegen den Jellyfishes musste jeder einen Wetsuit tragen und durfte nur so ins Wasser. Die Crew stellte sogar ein Sprungbrett hin und so wurden einige coole Jumps vorgeführt. Leider änderte sich das Wetter wieder und Regen kam erneut auf. Zwar nicht durchgehend, aber immer wieder, so dass es leider nicht so gemütlich war wie es hätte sein können. Der erste Abend war eher ruhig, alle tranken etwas und lernten sich gegenseitig kennen. Jenny und ich waren in einer reinen Mädels Koje unter der Steuerkabine in der die Crew schlief, mit 5 Betten und 8 Mädels. Das hiess "Kuschel-Time". Hihi nein Jenny und ich hatten das beste Bett erwischt und sogar zusammen ganz gut Platz darin. Alle anderen, also die restlichen 24 Leute, waren in einer grösseren Koje nebenan. Keine Ahnung wieso, aber irgendwie lief der Motor oder sonst irgendein Generator, die ganze Nacht und liess uns nicht ruhig schlafen. Egal, dafür war das leichte schaukeln angenehm.

24.05.
Um 06:30 wurden wir ziemlich unsanft vom Skipper geweckt und gingen schlaftrunken zum Frühstück. Leider leider regnete es wieder. Heute wäre der Tag gewesen der am wichtigsten war von diesem Trip. Denn heute gings zu den eigentlichen Whitsundays, eine traumhafte Sandinsel. Wir fuhren dort hin und von dort mit den kleinen Booten an den Strand. Von dort liefen wir durch den Wald zum Aussichtspunkt. Ich weiss von anderen, dass sie dort hinauf am Schluss platschnass waren, weil sie so geschwitzt hatten unter ihren Wetsuits. Wir waren nass, weil es so geregnet hatte… Maaaan Petrus kannst du uns nicht einmal auch gut gesinnt sein!? Wenn ich mal dort hoch kommen sollte werde ich ein Wörtchen mit ihm sprechen diesem fiesen Kerl!
Etwas enttäuscht, weil wir wirklich durch den Regen kaum was gesehen hatten gingen wir runter auf die andere Seite des Hügels an den Strand. Dort gings ins Wasser und wir wurden von den

Wellen richtig durchgeschüttelt. Ein bisschen kam noch die
Sonne, aber leider nur kurz. Nach ein paar Gruppenfotos gings
schon bald wieder weiter zum Schiff. Beim nächsten Standplatz
konnten wir dann erneut ins Wasser mit der grossen Rutsche, die
sie aufgeblasen hatten, runter und schnorcheln gehen. Leider war
das schnorcheln nicht so gewaltig und viel zu viele Leute (von anderen Booten) hatte es auch. Eigentlich hatte ich mich gestern
zum Tauchen angemeldet. Leider spinnten meine Ohren mal wieder und so liess ich es sein. Ich wollte nicht das Tauchen am
Great Barrier Reef in ein paar Tagen gefährden. Schon schade ich
wäre sehr gerne tauchen gegangen, nur schon wegen dem heissen
Dive Guide. ;-)
Nach dem Essen gabs am Abend noch ein von der Crew organi-
siertes Spiel, indem sich alle zuerst verkleiden mussten (vor allem
die Jungs hatten am Schluss sehr schöne Negligés und Kleidchen
an) und dann in mehrere Gruppen gegeneinander antraten. Ich
gehe darauf nicht weiter ein. Nur so viel: Spiele, organisiert von
Männern die die meiste Zeit auf See sind, Alkohol und ein paar
wilde, keine Scham kennende Backpacker die alle gewinnen wollten... Ihr könnts euch alle vorstellen.

25.05.

Und schon wurden wir wieder unsanft geweckt. Ich glaube die
Crew macht das gerne. Wir konnten wieder schnorcheln gehen
und baden. Ich passte aber, da ich mit meinen Ohren zu kämpfen
hatte und es bereits wieder regnete. Gut im Wasser wird man so
oder so nass, aber zudem war es eben noch kalt... Schon bald
machten wir uns auf den Rückweg nach Airlie Beach. Am Abend
gabs noch eine After Party in einem Club, wo wir alle vom Boot
nochmals zusammenkamen.

Airlie Beach 26.05.

 Airlie Beach, Queensland, Australia

26.05.

Nachdem wir im Hostel ausgecheckt hatten, gings kurz wegen mir zum Doktor. Meine Ohren schmerzten sehr und ich konnte keinen Druckausgleich mehr machen. Tolles Timing, genau vor dem Tauchen, passt ja mal wieder. Echt meine Ohren und Nebenhöhlen würde ich gerne ersetzten. Der Doktor stellte eine Entzündung fest und verschrieb mir Antibiotika Tropfen. Tauchen gehen durfte ich aber, ich müsse mich einfach schonen und nichts provozieren. Gut, das hätte ich sowieso gemacht, bisschen Ahnung habe ich ja vom Tauchen und der Medizin. Danach gingen wir an die Lagoon etwas chillen. Da es auch in Airlie Beach diese doofen Jellyfishes im Meer hat, haben sie eine künstliche Lagoon erbaut, wie eine Badi bei uns, richtig schön. Wir liessen es uns gut gehen bis wir am Abend auf den Nachtbus nach Cairns mussten.

Cairns 27.05. – 28.05.

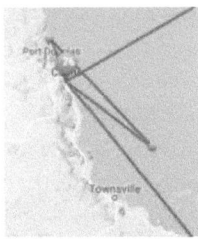 Cairns, Queensland, Australia

27.05.

Und was denkt ihr, konnten wir diesmal schlafen im Bus? Natürlich nicht. Wir kamen um 06:00 im Hostel an und chillten dort etwas auf den Sofas. Ich bin natürlich sogleich eingenickt. Danach schauten wir uns die Stadt an bis wir im Hostel einchecken konnten. Das ist schon doof, da kommt man so früh an und kann immer erst am Nachmittag einchecken. Per Zufall hatte ich meine Emails angeschaut und festgestellt, dass unser Trip zum Great Barrier Reef gestrichen wurde. Das Boot sei nicht seetauglich, aber wir könnten einen Tag später kommen. Toll, ich hatte vorgestern noch den Trip rückbestätigt und da hatten sie mir nicht gesagt, dass das Boot kaputt sei. Später kommen konnten wir auch nicht. Laut Reception vom Hostel sei bei dieser Company das nicht unüblich und sie würden fast jeden zweiten Trip stornieren. Toll, genau diese hatten wir erwischt. Das darf nicht ins Wasser fallen, denn der zweitägige Tauchtrip war etwas das ich unbedingt machen wollte. Wir hatten ja alles über ein Reisebüro gebucht und so machten wir uns wieder auf den Weg in die Stadt um dies mit denen zu klären. Die Leute dort arbeiten wirklich gut und geben sich sehr Mühe. In knapp 10min war unser alter Trip storniert und wir konnten auf ein anderes Boot, das noch besser, also etwas luxuriöser und auch noch günstiger war. Gut ich bin mal gespannt. Auch in Cairns haben sie eine Lagoon und so gingen wir danach noch ein bisschen dort hin.

Tauchboot Great Barrier Reef 28.05. – 29.05.

Great Barrier Reef, Queensland, Australia

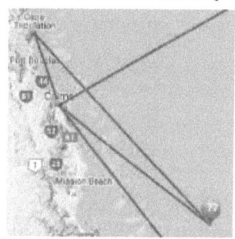

28.05.

Heute gehts los aufs Tauchboot, juhuu ich freute mich sehr! Leider waren meine Ohren noch nicht wirklich gut und auch sonst war ich wieder einmal erkältet, aber das sollte mich nicht aufhalten. Auch Jenny fühlte sich leider mit Halsschmerzen auch nicht gut. Zudem war sie am Morgen beim Aufstehen ziemlich wütend. Ich wusste nicht genau wieso, da wir in einem 4er Zimmer waren und beide anderen noch schliefen, konnten wir nicht gross darüber reden. Als wir draussen waren erklärte sie mir wieso. Mitten in der Nacht war die eine Zimmernachbarin, die im Etagenbett über Jenny schlief, in Begleitung nach Hause gekommen. Jenny wachte auf als die beiden sich lauthals vergnügten und sie im unteren Bett regelrecht durchgeschüttelt wurde. Zum Glück ging das Ganze nicht allzu lange und der Fremde verzog sich wieder. Und ich... schnarchte friedlich vor mich hin... Unglaublich, dass ich das nicht mitbekommen hatte. Eigentlich hatte ich das Gefühl nicht wirklich tief geschlafen zu haben und war immer wieder mal wach. Scheinbar hatte ich aber doch tiefer geschlafen als gedacht. Ich hatte von anderen schon sehr viele solche und noch schlimmere Geschichten gehört und war immer froh, dass mir dies noch nie passiert ist... Glaube ich auf jeden Fall... Wenn ich nun so darüber nachdenke, hatte ich solche Situationen vielleicht doch schon erlebt, nur habe ich es nicht mitgekriegt... Egal, soll mir recht sein.

Wir machten uns also auf den Weg zum Hafen und gingen dort zuerst auf das Reef Experience Schiff. Das Schiff war für Leute die nur einen Tag ans Great Barrier Reef wollten. Nach einer Stunde Fahrt erreichten wir das Reef Encounter Schiff, auf welchem wir übernachten würden. Herzlich wurden wir von der Crew empfangen und hatten eine 3er Koje die wir noch mit einer Engländerin teilten. Ist euch aufgefallen, dass es von Engländern nur so wimmelt? Also Engländer und Deutsche hat es hier bis zum geht nicht mehr. Die Schweizer sind auch ab und zu vertreten und auch einige Holländer. Aber die anderen sind deutlich in der Mehrheit. Egal zurück zum Thema. Das Schiff war wirklich sehr schön, sauber und gepflegt, richtig cool! Ich glaube da hat es sich gelohnt, das umzubuchen. Ich bekam ein kurzes Briefing zum Tauchen und da merkte ich, dass die Leute wirklich Ahnung hatten. Ich habe nun doch schon an einigen Orten getaucht, viel Gutes und Schlechtes erlebt und bin mit meinen 80 Tauchgängen kein Anfänger mehr. Ich merke jeweils gleich ob die Tauch Guides und die Company gut sind oder nicht und diese hier war prima. Wir machten zwei Tauchgänge und mit meinen Ohren ging es relativ gut, nicht optimal, aber ohne Schmerzen. Jenny ging in dieser Zeit schnorcheln. Das Riff war schön, jedoch nicht aussergewöhnlich. Also da erwarte ich mir schon noch ein bisschen mehr vom berühmten Great Barrier Reef. Ich war gespannt auf die nächsten Tauchplätze.

Kurz vor dem Eindunkeln, gings zum Briefing für den Nachttauchgang. Ich hatte bis anhin erst einen Nachttauchgang und der
war nicht so toll gewesen. Ich bin etwas ein Schisshase wenn's
um Nachttauchgänge geht. Wenn ich aber mal im Wasser bin ists
ok. Schon am Nachmittag hatten wir immer wieder einen Hai
ums Boot kreisen sehen und sie erzählten uns, dass es am Abend
noch viel mehr haben wird. Klar sind es nur Riffhaie, doch bin
ich nicht wirklich ein grosser Fan von Haien. Die Crew meinte
dann noch so, dass die Haie gerne auf das Licht der Taschenlampe schwimmen. Dann müsse man mit der Lampe auf sich
leuchten, damit der Hai merkt, dass es sich um einen Taucher
handelt. Toll soll ich mich ihm gleich zum Frass vorwerfen? Der
Guide witzelte man könne auch auf den Buddy nebenan leuchten... Das wäre dann eher mein Ding. :-) Ich wusste, sie wollten
uns etwas Angst machen und dass es wahrscheinlich halb so wild
sein wird, trotzdem war ich nicht gerade Feuer und Flamme ins
Wasser zu gehen. Aber ich wollte dies nun mal wieder machen
und zog es durch. Wir stiegen ins Wasser und das erste was ich
sah, waren gigantisch grosse Thunfische! Ich hatte ja schon einige
gesehen, aber diese waren sowas von gross. Krass. Das gäbe ein
paar Dosen Thon aus einem... Ich hielt immer etwas Ausschau
nach dem Hai und zweimal huschte er auch an uns vorbei, aber
ignorierte uns völlig.
Der Guide hatte violettes Licht dabei und als wir alle die Taschenlampen ausmachten konnte man die Korallen weiss/gelb-
lich leuchten sehen, das sah cool aus. Irgendwie fühlte ich mich
sogar wohler ganz ohne Licht und ich war erstaunt wieviel man
sah. Nach 30min gings wieder zurück und ich war nicht unglück-
lich, denn ich hatte schon lange kalt und so spannend war es nun
auch nicht. Klar ist es ein Erlebnis, doch all die Sachen die man
bei Nacht sehen könnte waren nicht dort. Fazit: Es war gut wieder einmal einen Nachttauchgang gemacht zu haben, doch ich
muss es nicht allzu oft haben, ich bin nach wie vor ein Fan vom
Tag-Tauchen. Man sieht einfach viel mehr und ich kann es mehr

geniessen. Danach waren wir natürlich sehr hungrig und genossen ein leckeres Abendessen. Im Speisesaal hat es viele runde Tische und auch die Crew setzt sich zu einem hin, das ist cool und man kann sich austauschen. Es hat viele junge Leute dort, die etwas putzen, sich um das Boot kümmern und dafür dort gratis sein dürfen und natürlich vergünstigt tauchen können. Wie cool. Sie haben mir dies natürlich auch mehrmals angeboten. Ich hatte ja meinen nächsten Flug schon gebucht, sonst hätte ich das definitiv gemacht! Das wäre jetzt nun wirklich mein Ding. Etwas putzen macht mir nichts aus und dafür am Great Barrier Reef viel tauchen zu gehen, wie geil! Ich war sogar ein bisschen traurig, dass ich nicht länger bleiben konnte.

Aber genau deshalb habe ich ja alle meine grossen Flüge schon gebucht, sonst wäre ich schon an einigen Orten hängen geblieben. Vor allem dort wo man tauchen konnte. In einem Hostel würde ich nur ungerne arbeiten, aber auf diesem Boot, das wäre wirklich cool gewesen. Nach dem Abendessen gingen wir bald ins Bett, ich war sowas von müde vom vielen tauchen und zudem waren wir ja beide immer noch etwas am kränkeln.

29.05.

Obwohl das schaukeln am Anfang noch schön war zum Einschlafen, hatte es in der Nacht ziemlich zugenommen und man musste auf dem Rücken oder Bauch liegen, denn auf der Seite wurde man hin und her geworfen.

Noch vor dem Frühstück um 06:30 war der erste Tauchgang. Jenny hatte recht und drehte sich nochmals. Der Tauchgang war nicht sehr speziell, da es noch immer das gleiche Riff war und es noch nicht so hell war. Das Frühstück danach war wie in einem 5-Sterne-Hotel und einfach super. Danach fuhren wir ca. eine Stunde weiter zu einem neuen Tauchplatz. Das Meer war ziemlich wild und es schaukelte extrem. Huiuiui schon nach dem Whitsunday-Trip hatte es bei uns an Land den ganzen Tag weiter geschaukelt, sodass uns fast schlecht wurde, wie wird denn das nach diesem Trip sein?

Der zweite Tauchgang am neuen Platz war wunderschön! Genauso hatte ich mir dies vorgestellt. Viele Korallen, viele Schwarmfische und schöne Farben. Leider machten aber meine Ohren nicht mehr länger mit und ich musste die letzten 10min des Tauchgangs an der Oberfläche verbringen, weil ich nicht mehr runterkam. Natürlich fragten mich auf dem Boot alle was ich denn da gemacht habe. Schade, fertig mit tauchen für mich. Nach dem Mittagessen gingen Jenny und ich dann zusammen schnorcheln. Ich bin nicht soo ein Schnorchel-Fan (da ich ja das tauchen kenne) doch hier war es richtig schön und wir genossen es. Kurz umgezogen und schon wurden wir wieder vom anderen Tagesausflugs-Boot abgeholt. Die Crew fragte nochmals ob wir denn wirklich gehen möchten. Auf dem anderen Boot gabs noch ziemlich gediegen Wein und Käse und nach etwa 1.5h waren wir dann zurück in Cairns.

Wieder festen Boden unter den Füssen, doch wir hatten wie befürchtet, immer noch das Gefühl auf See zu ein. Oje mir wurde fast schlecht. Als ich in der Pharmacy der Verkäuferin das Geld geben wollte, habe ich es ihr angeworfen, weil es immer noch so schwankte. Wir gingen kurz zum Woolys und dann zurück ins Hostel. Abendessen und ab ins Bett, denn morgen gings wieder früh weiter.

Tagesausflug Cape Tribulation 30.05.

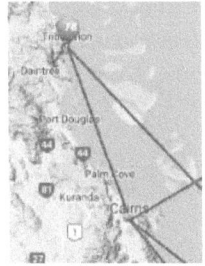 Cape Tribulation, Queensland, Australia

30.05.

Früh morgens gings los mit unserer Tour zum Cape Tribulation. Wir hatten keine Ahnung was wir machen würden, uns wurde nur gesagt, dass dies cool sei und so gingen wir dort hin. Eigentlich fühlten wir uns nicht wirklich danach, wir waren beide noch mehr krank und ich glaube Fieber war auch etwas vorhanden, eigentlich hätten wir besser im Bett bleiben sollen, aber wir hatten ja schon gebucht. Sowieso war unser Programm recht straff und wir hatten kaum Ruhezeit, doch wenn man nur 3 Wochen für die Ostküste hat, muss man sich schon etwas ranhalten.

Zuerst fuhren wir mit dem Bus eine Stunde. Der Fahrer war zwar sehr nett und erklärte viel, aber teilweise etwas zu viel, kurz gesagt er redete ohne Punkt und Komma. Noch schlimmer als ich (auch wenn sich das einige nicht vorstellen können). Er redete so viel, dass man irgendwann gar nicht mehr zuhören mochte, wenn man so in die Runde schaute ging es aber nicht nur uns so, einige dösten nämlich vor sich hin.

Der erste Halt war in einem Nationalpark wo uns ein Aborigine uns seine Kultur etwas näher brachte. Danach gings in den Wald und zu einem Fluss wo man baden gehen oder wie wir etwas spazieren konnte. Danach weiter mit dem Bus zum Mittagessen. Nach klassischem Fish and Chips gings dann wieder in den Bus. Ein kurzer Halt an einem Glace Stand, der Sorten anbietet die ich noch nie gesehen hatte und sehr originell waren (Schokolade mit allen möglichen Zutaten, bis über alle möglichen Früchte und Kombinationen und zu Süsskartoffeln und Kürbis...) und schlussendlich zum grossen Fluss mit den Krokodilen. Wir gingen auf ein Boot und hielten Ausschau nach den grossen Echsen. Wir fanden zwei Krokis und schauten diese kurz an. Aja hatte ich

205

erwähnt, dass es schon wieder regnete? Zum Glück hatte ich mir inzwischen eine neue Regenjacke gekauft. Nach dem kurzen Boot Trip gings wieder in den Bus und zurück nach Cairns. Nach 19:00 waren wir wieder im Hostel. Eigentlich wollten wir mal noch das Nachtleben von Cairns anschauen, doch wir waren sowas von nicht fit und gingen richtig langweilig ins Bett.

Laaaaaanger 31.05. Cairns – Auckland – L.A.

 Cairns, Queensland, Australia

31.05.
Ooooooh heute war es soweit, ich musste Australien und Jenny tschau sagen. Wie schade! Gerne wäre ich noch etwas länger geblieben, das Land ist einfach zu gross. Auch schade, dass ich mich nun wieder von Jenny trennen musste. War schon cool mal wieder mit jemandem etwas länger zu reisen den man kennt. Wir hatten eine coole Zeit und viel Tolles erlebt! Schon cool, wenn man Besuch von zu Hause bekommt! Hammer, dass dies so geklappt hat und wir zusammen Australien erkunden konnten! Jenny wird noch einen Tag in Cairns bleiben und dann morgen für ein paar Tage nach Sydney gehen. Sie begleitete mich an den Flughafen und ganz tapfer verabschiedeten wir uns. Ohne Tränen! Ich werde besser. :-)

Von Cairns flog ich 5h bis nach Auckland. Dort musste ich dann 2h warten und dann gings nochmals 13h bis nach Los Angeles. Wegen der Zeitverschiebung hatte ich immer den 31.5. Schon komisch, man startet am 31.5. in Australien und kommt immer noch am 31.5. in den USA an. Leider war der Flug nicht so toll für meine Ohren. Trotz speziellen Ohrenstöpseln für den Druckausgleich hatte ich starke Schmerzen und litt etwas. Nicht gerade förderlich für meine Ohren, dass ich jetzt so viel fliegen muss.

In L.A. angekommen musste ich natürlich elend lange anstehen bis ich durch die Passkontrolle war. Mein Gepäck lag schon lange irgendwo auf dem Boden, da auf dem Band bereits Gepäck vom nächsten Flieger war. Vom Flughafen nahm ich den Bus nach Santa Monica. Nicht einfach und ziemlich kompliziert den richtigen zu finden, vor allem wenn einem der erste Buschauffeur den man nett fragt sofort "zusammenscheisst".

Ziemlich kaputt bin ich endlich um ca. 19:00 in meinem Hostelzimmer angekommen. Um 15:00 war ich gelandet... Ich schaute mir Santa Monica an und war von Anfang an begeistert, ich mag die Stadt. Viele Strassenkünstler und coole Stimmung. An einer Stelle tanzten etwa 50 Leute Salsa und hatten richtig Spass. Ich mochte aber nicht so lange und ging wieder zurück und ins Bett. Irgendwie hatte ich das Gefühl jetzt richtig richtig krank zu werden, jetzt da ich etwas Zeit und Ruhe hatte nach den vielen Trips und Touren wäre das so typisch. Wie wenn man die ganze Zeit arbeitet und dann in den Ferien krank wird. Mal schauen, ich hatte vor auszuschlafen und hoffentlich morgen fitter zu sein.

Santa Monica 31.05. – 03.06.

Santa Monica, California

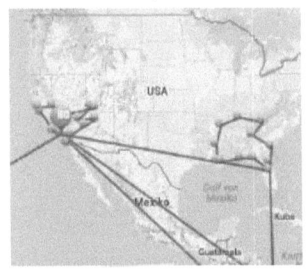

01.06. – 03.06.
Wie befürchtet gings mir natürlich nicht besser. Man war das scheisse! Ich hatte das Gefühl permanent krank zu sein, so hatte ich mir dies also nicht vorgestellt... Egal was ich machte, es wurde einfach nicht besser.

Meine Ohren waren seit ich Australien verlassen hatte zu und ich musste wie ein Idiot jeweils 3x nachfragen bis ich alles verstanden hatte. Der einzige Vorteil, ich hörte die Geräusche von meinen Zimmernachbarinnen kaum und konnte gut schlafen.

Ich verbrachte die Tage in dem ich mir Santa Monica mit dem

Strand und dem bekannten Pier anschaute und mich zwischendurch immer wieder im Hostel ausruhte. Toll es muss jetzt dann wirklich besser werden, so kann ich nicht auf meinen Trip in Südamerika. Der wird nämlich ziemlich streng werden und so halb krank ist das nicht wirklich toll.

Am 03.06. machte ich mich wieder auf den Weg zum Flughafen. Von L.A. gings über San Salvador nach Quito in Ecuador.

Quito 04.06. – 05.06.

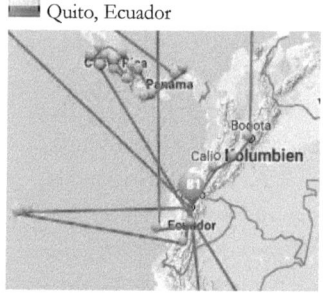 Quito, Ecuador

04.06.

Kurz vor 01:00 landete der Flieger in Quito und war sogar noch etwas voraus. Ich war sehr müde und hoffte bald ins Hotel zu kommen. Wow Hotel wie das nur schon klingt. Ich freute mich wieder einmal ein Zimmer für mich alleine zu haben, mit eigenem WC und Dusche, auch wenn's nur für ein paar Nächte war. Bevor ich aber all dies geniessen konnte wurden meine Nerven noch auf die Probe gestellt. Ich musste nämlich beschissene 2h bei der Passkontrolle anstehen. Keine Ahnung wieso ich dort anstehen musste, die andere Schlange war viel schneller und ich war in der Schlange mit all den Leuten die ein Visa brauchten oder sonst irgendeine spezielle Einreise hatten. Pro Passagier hatten sie etwa 5-10min und für die vielen Leute natürlich nur 3 Beamte. Als ich endlich endlich dran war und klar, in 2min durch die Kontrolle, konnte ich mein Gepäck holen. Natürlich lag es bereits schon wieder auf dem Boden und ich war nur froh, dass es noch dort war. Dann gings nochmals 20min, weil das Gepäck wieso auch immer, nochmals kontrolliert wurde und durch den Scanner musste. Auch dort 4 Maschinen, nur 2 in Betrieb und 7 Deppen die einfach nur so rumstehen und zuschauen. Ok an das muss ich mich jetzt hier in Südamerika wohl gewöhnen.

Eigentlich hätte mich jemand abholen sollen und mit einem Schild mit meinem Namen auf mich warten. Ich las alle Schilder und fand meinen Namen aber leider nicht. Toll. Ich wartete, denn auf meinem Voucher von Intrepid Travel mit welchen ich die Tour durch Südamerika machen werde, steht ausdrücklich, dass man nicht mit irgendjemandem mitgehen soll, sondern warten, bis der Fahrer einem findet. Nach etwa 20min und nachts nach 03:00 wars mir aber dann zu doof. Klar, ich hatte quasi 2.5h Verspätung, aber trotzdem sollte der Fahrer hier sein (eigentlich umso mehr) und auch wenn er hätte umparken müssen oder so, waren meiner Meinung nach 20min genug. Eine Dame vom Flughafen bot mir ihre Hilfe an und rief für mich im Hotel an. Denn vom Abholdienst hatte ich natürlich keine Nummer. Das Hotel wusste nichts von einem Transport und so nahm ich ein Taxi dort hin. Ich wollte nur noch ins Bett. Kurz eingecheckt und ab ins Zimmer. Wow wie cool, ein eigenes Zimmer! Zwei Betten, Bad, Dusche, sogar mit Haarföhn, Frottiertücher, Shampoo und Seife, sogar einen TV (gut den brauche ich sowieso nicht) und Privatsphäre, über was man sich nach so vielen Nächten in Hostels freut!

Ich schlief richtig lange aus und genoss es einfach keine Pläne zu haben. Gaaaanz gemütlich machte ich mich bereit und ging in die Stadt. Ich war etwas aufgeregt, denn hier spricht kaum jemand Englisch und mein Spanisch ist sehr sehr gering.

Ich hatte schon viel über solche Grossstädte gehört und daher extra keine Handtasche mitgenommen und alles in meine Jacke getan. Ich hatte nur meinen kleinen Geldbeutel dabei, ein paar Taschentücher, mein Handy und den Zimmerschlüssel.

Ich schlenderte etwas umher und fühle mich ehrlich gesagt nicht gerade sehr wohl. Alle starrten mich an und drehten sich teilweise sogar nach mir um. Kommt schon, hier hat es ja genügend Touristen und Quito ist nicht irgendwo in der Pampa wo sie noch nie welche gesehen hätten. Da ich immer noch nicht fit war und auch nicht so recht wusste wegen dem Essen hier, ob es problematisch sei oder nicht, entschied ich mich auf "Nummer sicher" zu gehen und ging ins Subway. Dort setzte ich mich alleine an einen Tisch ans Fenster. Ich schaute den Leuten zu und entschied, dass ich mich vielleicht getäuscht hatte und die Leute hier doch cool sind. Ich fühlte mich nun etwas wohler und als ich gehen wollte bekam ich einen riesen Schock! Meine Jacke die ich extra so über die Lehne des Stuhls gehängt hatte, dass ich sie fühlte, war offen, also die Innentasche wo mein Handy drin war. Mir fiel kurz das Herz in die Hosen und ein Schweissausbruch setzte ein. So eine riesen verdammte Scheisse!!! Ich durchsuchte wie blöd alle meine Taschen, aber es war klar, das Handy war weg. Wie ist das passiert!? Ich schaue immer so penibel auf meine Sachen, bin wahrscheinlich oft zu vorsichtig und jetzt wurde ich ausgeraubt. Am helllichten Tag, in einem Restaurant, während dem Essen, nicht im Gedränge oder so, an einem Tisch, alleine, die Jacke direkt neben mir, mit Leuten im Restaurant. Wie kann ich den Täter nicht bemerkt haben? Krass…! Ich habe schon viel über Taschendiebe gehört und auch per Zufall gerade jetzt beim Reisen ein Buch darüber gelesen, doch meistens machen die Leute dies ja im Getümmel oder wenn sie mit einem sprechen. Mich hatte niemand abgelenkt und ich hatte mit niemandem gesprochen, noch war ich im Getümmel, das ist schon krass. Zudem hatte es niemand gesehen? Oder decken die sich einfach gegenseitig? Keine Ahnung. Ich war ziemlich sauer und enttäuscht. Zudem auch wütend über mich selbst. Da war ich einmal nicht ganz soo vorsichtig und schon wars passiert. Gut ich hatte Glück, es hätte auch der Geldbeutel sein können, das wäre dümmer gewesen, denn meine EC-Karte war darin. Ich glaube der Täter hatte einfach in die Tasche gegriffen und das genommen was wertvoll war. Der Zimmerschlüssel war nämlich noch drin, wäre der Geldbeutel dort gewesen, wäre dieser weg, daher lieber das Handy. Um das Handy selbst geht es gar nicht, das ist mir egal, es war schon alt und etwas kaputt. Viel anfangen kann der Täter damit sowieso nicht. Es geht mir mehr darum, dass ich jetzt für Notfälle kein Handy mehr hatte. Zudem war es praktisch, wenn man eine Karte oder so brauchte, dann konnte man kurz das Internet einschalten. Zudem kann ich jetzt nicht mehr whatsappen und dadurch ist mein Kontakt nach zu Hause etwas eingeschränkt. Klar, ich habe immer noch das Tablet, aber dafür brauche ich WiFi und das nehme ich ja nicht mit nach draussen. Schöner Mist! Ich eilte zurück ins Hotel um meine SIM-Karte sperren zu lassen. Zum Glück hatte ich die Nummer rausgeschrieben und so ging das reibungslos. Auch Glück, dass ich fürs Reisen mein Handy auf Pre-Paid hatte umschalten lassen. So konnte das Arsch**** welches mein Handy hat, nur für höchstens 25 Franken und 20mb Daten telefonieren und surfen, denn das war der Restbetrag den ich noch hatte. Ich bekomme auch meine Nummer wieder zurück und Guthaben, falls es noch hat.

Eigentlich alles halb so wild, nur sehr nervend und mühsam. Zum Glück mache ich nun diese Tour und bin nicht alleine, sonst würde es mich noch mehr stressen.

Als ich übrigens im Hotel telefoniert hatte und den Beiden von der Reception die Story erzählte, fragten diese wo das passiert sei. Ich sagte im Subway und beide meinten gleich: "Oooh ach ja, das ist bekannt dort". Super, genau dann, wenn ich mal nicht einheimisch essen gehe, was ich sonst bevorzuge, passiert es. Gut, man kann jetzt noch lange darüber grübeln und "was-wäre-wenn" denken, ändern tut es sich nichts mehr, weg ist weg. Zum Glück hatte ich noch alle Fotos auf die Dropbox geladen und auch sonst war nichts drauf was mir fehlte. Ausser WhatsApp natürlich. Also Leute, wenn ihr mit mir Kontakt haben möchtet, dann bitte über Facebook, falls ich WiFi habe. Mal schauen. In Costa Rica werde ich mir wahrscheinlich wieder eine SIM-Karte zulegen, da ich dort etwas länger bleibe, aber hier lohnt es sich nicht. Gut, nachdem ich alles geklärt hatte, war ich nicht mehr wirklich in Stimmung nochmals raus zu gehen und so verbrachte ich den

Abend im Hotel. War auch gut, denn sonst würde hier wieder nichts stehen. Ich war nämlich über einen Monat nicht mehr am Schreiben. So konnte ich mal alles nachholen. Eigentlich wars klar, dass mir mal was geklaut wird. Ich bin nun doch schon seit 5 Monaten unterwegs und ausser meinem Bikinioberteil besitze ich noch alles. Ich hatte ja extra auch Sachen mitgenommen die nicht wertvoll sind, trotzdem unnötig.

05.06.

Wieder schlief ich etwas aus und ging erneut in die Stadt. Diesmal nur mit Bargeld im Hosensack und sonst nichts. Den Abend verbrachte ich im Hotel und ruhte mich nochmals etwas aus, bevors dann morgen mit der Tour losgeht. Ich bin immer noch nicht fit und meine Ohren sind nach wie vor mehrheitlich zu, ab und zu gehen sie mal auf, aber das sind kurze Momente. Mal schauen wie ich auf der Tour so mithalten kann.

Start der Südamerika-Tour / Quito 06.06. – 07.06.

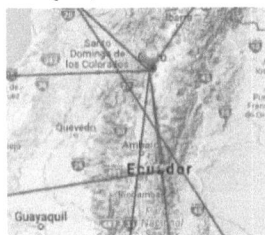

06.06.

Nachdem ich mir nochmals erlaubt hatte etwas auszuschlafen, ging ich kurz in die Stadt zum Frühstück. Um 14:00 war das erste Treffen und Briefing für die Südamerika-Tour. Einige fragen sich vielleicht warum ich eine Tour mache. Ich wusste bevor ich gegangen bin nicht recht ob ich Südamerika alleine bereisen kann, so ohne Spanischkenntnisse, als junge Frau und dann auch noch blond... Als mir die Beraterin von Globetrotter diese Tour gezeigt hatte, war ich Feuer und Flamme und entschloss mich diese zu machen. Nun war es also soweit und ich lernte meine Gruppe für die nächsten 8 Tage kennen. Danach geht nur ca. die Hälfte der Gruppe weiter nach Peru und es kommen dann noch ein paar neue Leute dazu. Die Gruppe war erfreulicherweise ein ziemlicher Mix von unterschiedlichsten Leuten. Total 16 Leute, davon 2 Amis, 1 Österreicher, 2 Schweizer und der Rest Australier. Ich war wie schon angenommen, ausser der Tochter vom "Ami-Mutter-Tochter-Gespann", die jüngste und fand die Gruppe recht interessant. Wir bekamen alle Infos für die nächsten Tage und erledigten den Papierkram. Nach x-Fragen und Erklärungen gings endlich los zur Stadtbesichtigung.

Wir fuhren mit dem Bus zu einem Park von wo wir die Besichtigung starteten. Ich hielt richtig paranoid meine Kamera fest und Geld hatte ich nur im Hosensack. Ich erfuhr, dass ich bei langem nicht die einzige bin der was geklaut wurde. Der Ami-Mutter wurde vorgestern im Bus auch das Handy geklaut.

Die Tour durch die Altstadt von Quito war cool und unser Guide erklärte viel. Wir gingen zu einer Kirche und dort stiegen wir abenteuerlich auf den höchsten Turm. Von dort hatte man eine wunderbare Sicht über ganz Quito. Wow, das sah toll aus! Die Stadt ist riesig! Die Häuser sind sehr bunt und die Stadt hat 45 Kirchen, von welchen man jeweils nur knapp die Turmspitze sah. Wieder unten angekommen, spielten ein paar Mariachi, da zuvor gerade eine Hochzeit war und ein weiteres Fest war bereits im Gange. Wir liefen weiter durch die Altstadt und sahen nochmals eine Hochzeit bei einer anderen Kirche. Heute am Samstag war aber auch was los.

Auf den grossen Plätzen kamen dann jeweils die kleinen Jungs mit ihren Schuhputzutensilien und versuchten alle Touristen mit Lederschuhen dazu zu bewegen sich für 1 Dollar die Schuhe putzen zu lassen.

Zudem hatte es viele schön traditionell gekleidete Frauen die Tücher und Schals verkauften. 5 Dollar für zwei Schals, ooh wie gerne hätte ich da zugegriffen, aber wohin mit dem Zeug in meinem Backpack...?

Danach gings in eine Gasse und in ein ecuadorianisches Restaurant zum Empanadas essen. Dazu gabs ein heisses alkoholisches Getränk, das sehr nach unserem Glühwein schmeckte. Etwas "angesüselt" gings mit den Taxis wieder zurück zum Platz in der Nähe unseres Hotels. Die 10min Fahrt kostete gerade mal 5 Dollar, also etwa 1 Dollar pro Person. Schon krass wie günstig hier teilweise Dinge sind. Am Platz angekommen herrschte schon reges Partyleben und Leute waren überall. Wie immer waren auch überall Polizisten, zu Fuss oder auf ihren Segways und sogar die Sondereinheit stand dort... Wofür wusste niemand so genau... Wo waren bitte schön die Herrschaften als mein Handy geklaut wurde? Egal, die haben besseres zu tun.

Die ganze Gruppe ging noch zusammen essen (zum Mexikaner wie originell) und danach zurück ins Hotel. Alle waren wir ziemlich müde und packen mussten wir auch noch für unser Trip zu den Galapagos Inseln. Obwohl ich sehr müde war konnte ich nicht schlafen. Alle halbe Stunde ging wieder irgendwo an einem Auto die Alarmanlage los, worauf natürlich die Hunde antworten mussten. Jede Nacht dasselbe...

San Cristobal 07.06. – 08.06.

San Cristobal, Galapagos Islands, Ecuador

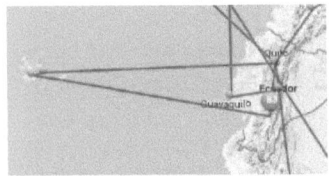

07.06.
Heute um 06:00 gings wieder los und an den Flughafen. Von Quito flogen wir eine halbe Stunde nach Guayaquil und von dort, ohne dass wir das Flugzeug verlassen mussten, weiter nach San Cristobal auf den Galapagos Islands. Ich war riesig gespannt was wir dort alles bestaunen dürfen!
Auf der Insel angekommen wurden wir mit dem Bus ins nahegelegene Hotel gefahren und bezogen die Zimmer. Das Hotel war sehr schön und die Aussicht einfach genial. Ich teilte das Zimmer mit Andrea einer Australierin aus Sydney und sie überliess mir gleich das grosse Doppelbett, wie geil! Ach, an was man sich nach all den Hostels nicht alles erfreut. Ich konnte es kaum erwarten darin zu schlafen, hihi.
Kurz die leichten Sachen angezogen, yeeeeees endlich wieder so richtig richtig warm. Schon fast zu heiss, nach den letzten Tagen. Ich war es mir gar nicht mehr gewohnt und dann gings gleich in ein kleines Restaurant zum Mittagessen. Eine einheimische Gemüsesuppe und danach Fisch mit Salat stand auf dem Menüplan, hmm war das lecker. Schon auf dem Weg dorthin sahen wir riesige Vögel am Himmel, die wie Raketen ins Wasser stachen und fischten, sowie Echsen, Krebse und Seelöwen. Die Seelöwen lagen einfach dort wo es ihnen gefiel. War dies nun am Strand oder

im Dorf auf einer Bank, wie cool ist das denn! Die immer so verschlafen aussehenden Seelöwen sind süss, aber riechen auch ziemlich, egal ich fands cool und sie sind überhaupt nicht scheu oder ängstlich, die Touristen interessieren sie kaum.

Danach wurden wir mit Schnorchel-Equipment ausgestattet, was für die einen ziemlich mühsam war. Die Wetsuits in der Hitze, in diesem kleinen Shop anzuprobieren (zum Glück weiss ich meine Grösse und so blieb mir das schwitzen und mühsame anziehen erspart). Danach gings mit dem Bus wieder eine kurze Strecke bis an den Strand. Wir liefen ca. 30min am Strand entlang und sahen viele tolle Tiere. Erneut Seelöwen, Vögel und Krebse, aber auch viele kleine Echsen und vor allem die grossen Iguanas welche sich überall auf den Felsen sonnten. Oft hört man ja von den Guides, dass man dies und das an dem besagten Ort sehen kann und oft sieht man es nicht oder nur eins oder zwei davon. Aber hier war es wirklich so! Wir sahen die Tiere, teilweise richtig nahe und viele davon. In einer kleinen Bucht sprangen wir dann kurz ins Wasser. Leider war es sehr trübe, so dass man beim Schnorcheln kaum was sah. Am Strand lagen auch wieder Seelöwen und ein Seelöwen-Baby, welches seine Mutter suchte, hat mich abgecheckt ob ich seine Mama bin, indem es an meinen Füssen schnupperte. Wie süss. Leider kommen einige Mütter nicht mehr aus dem Meer zurück und die Babys müssen dann qualvoll verhungern. Sie werden leider nicht von anderen Seelöwen adoptiert und niemand kümmert sich um die Kleinen. Leider sahen wir genau so ein Baby, ein sehr tragischer Anblick. Auch der Kleine der an meinen Füssen schnupperte ging zu allen anderen Seelöwen hin, doch wurde er teilweise sehr rau von den anderen weggescheucht und musste alleine den Strand nach seiner Mama absuchen. Leider hatte der Kleine solange wir dort waren keinen Erfolg, traurig, aber das ist halt die Natur. Die Galapagos wirken sowieso teilweise sehr unberührt und die Regierung kümmert sich stark darum, dass dies so bleibt. Hoffentlich schaffen sie es! Als es langsam dunkel wurde gingen wir zurück und noch kurz ins Info-Centrum. Nach ein paar spannenden Infos gings zurück ins Hotel und anschliessend zum Abendessen. Wir bekamen zur Vorspeise wieder eine Suppe. Das interessante daran ist, dass sie dazu auch immer Popcorn servieren und man das Popcorn dann in die Suppe wirft. Klingt vielleicht merkwürdig, ist aber mega lecker!

08.06.

Am Morgen gings aufs Schiff und nachdem unser Guide Cheche uns ein paar Tiere vom Boot aus gezeigt und uns dazu Sachen erklärt hatte, gings zu einem kurzen walk. Eher durch Busch und über Stock und Stein, als ein richtiger Weg, doch sehr abenteuerlich. Wir sahen wieder viele Tiere und mussten sogar die Seelöwen wegscheuchen damit wir passieren konnten.

Danach gings endlich zum Schnorcheln. Korallen hat es leider kaum, dafür ist das Wasser nicht geeignet, doch dafür konnten wir mit den Seelöwen schnorcheln. Das war der absolute Hammer!! Cool die Tiere unter Wasser zu sehen und teilweise spielten sie sogar mit uns! Was für ein Erlebnis!

Danach gings zum Entspannen an einen einsamen Strand, wo wir uns eine knappe Stunde sonnen konnten. War das schön. Inzwischen war es bereits Zeit um mit dem Boot zurück zu fahren, da einige noch Biken gehen wollten. Eigentlich wäre dies sowieso ursprünglich auf dem Programm gewesen, doch da zu viele Unfälle passiert waren, wurde dies nun gestrichen. Ein paar Männer wollten es jedoch trotzdem machen und so gingen wir zurück. Ich hätte es eigentlich schon auch gerne gemacht, doch wenn die Bikes kaum bremsen, ist es nicht so cool, downhill zu fahren. Wir gingen daher gemütlich an den Strand von San Cristobal, ca. 10min von unserem Hotel entfernt und liessen den Nachmittag dort ausklingen.

Am Abend gingen wir alle zusammen essen. Zum Glück waren alle Biker heil und niemand musste verarztet werden. In einem sehr einfachen Restaurant, welches so wie es aussah auch das zu

Hause der Wirte war, ass ich das erste Mal einen Lobster. Nachdem ich den Kampf gegen die harte Schale von dem Tier gewonnen hatte, war mir der Appetit schon fast vergangen. Ich mags nicht so, wenn ich mein Essen zuerst noch in Einzelteile zerlegen muss. Nun ja es war eine Erfahrung, der Lobster war laut den erfahrenen Lobster-Esser leider nicht der Beste und ich muss sagen, mir hat er auch nicht wirklich geschmeckt. Vielleicht ein anderes Mal wieder. Wir liessen den Abend ruhig ausklingen und genossen auf dem Heimweg nochmals die Seelöwen.

Isla Floreana und Isla Isabela 09.06. – 11.06.

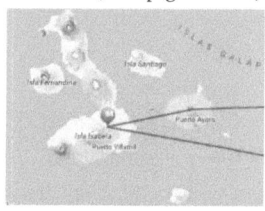 Isabela, Galapagos Islands, Ecuador

09.06.
Um 07:30 waren wir bereit und es ging mit dem Boot los zur Isla Floreana. Doch leider kamen wir nicht sehr weit. Nach 30min und mehrmaligem umladen des Gepäcks streikte der Motor ganz und musste repariert werden. Die Crew hatte Werkzeug dabei und sogar Ersatzteile, der Motor wurde halsbrecherisch geflickt und wir fuhren weiter. Leider jedoch schien immer noch nicht alles in Ordnung und wir mussten umkehren, wieder zurück zum Hafen. Ich fühlte mich gar nicht gut an diesem Morgen, hatte schon beim Frühstück etwas Übelkeit und das heftige schaukeln des Bootes war nicht sehr hilfreich. Zurück im Hafen wurden wir nach etwas Wartezeit auf ein anderes Boot verfrachtet und versuchten erneut auf die Insel Floreana zu kommen. Wir waren nun 2h zu spät und der Kapitän gab entsprechend Gas. Mir war hundsübel und ich überlegte mir schon wo ich mich am besten übergeben soll. Zum Glück kam es nicht so weit und wir erreichten nach 3.5h endlich Isla Floreana.
Dort gings, da es nun schon Mittagszeit war, direkt zum Lunch und anschliessend an den Strand zum Schnorcheln. Die Sicht war leider nicht so gut, doch wir hatten Glück und sahen eine riesen

Schildkröte! So eine grosse hatte ich noch nie gesehen, gewaltig! Ach wie geil wäre es hier zum Tauchen! Meine Ohren waren leider noch immer nicht 100% in Ordnung und ich wollte nichts riskieren. Schade schade, das hat mich schon etwas frustriert. Immerhin konnten wir schnorcheln, doch es ist halt nicht das Gleiche. Bald gings wieder aufs Boot und nach 1.5h kamen wir endlich auf der Insel Isabela an. Wir genossen den Sonnenuntergang auf See und in Isabela gings nach einem kurzen Halt im Hotel direkt zum Dinner und anschliessend bald ins Bett. Wir waren alle sehr geschafft von diesem Tag und bei mir schwankte natürlich alles wieder. Sogar im Bett hatte ich noch das Gefühl auf dem Boot zu sein.

10.06.

Am Morgen gings wieder aufs Boot, diesmal jedoch um einiges ruhiger, zum Glück. Wir fuhren der Küste entlang und beobachteten verschiedene Tiere. Wir sahen viele blue footed Boobies, verschiedene Vögel, Seelöwen, Pelikane und viele Pinguine. Teilweise konnten wir mit unserem Boot sehr nahe an die Tiere heran, das war einfach genial!

Anschliessend machten wir einen kurzen walk auf einer Insel. Wir dachten schon bis anhin viele Iguanas gesehen zu haben, doch auf dieser Insel wurden wir sehr überrascht. Iguanas überall wo man hinsah! Wie cool! Die Tiere sonnten sich meistens gemütlich und schienen sehr zufrieden. Wir liefen einmal um die Insel herum und gingen anschliessend schnorcheln. Am Anfang in der kleinen Lagune war noch nicht viel los, doch dann gingen wir zu den Mangroven. Millionen von Fischen kamen uns entgegen, es war einfach unglaublich. Ich habe ja schon viele Fischschwärme gesehen, doch dies war schlichtweg Wahnsinn. Die kleinen silbernen Fische schwammen mir entgegen und es hörte einfach nicht mehr auf. Sicher etwa 5min dauerte es bis der ganze Schwarm durch war.

Danach kamen wir zu Felsen aus Lavastein. Dort warteten Pinguine und Seelöwen auf uns. Einfach wunderschön und so cool neben und mit diesen Tieren zu schwimmen. Die Pinguine waren
ziemlich frech und attackierten die Kamera von einem und pick-
ten zwei andere kurz in den Arm. Ich glaube wir waren in ihrem
Jagdrevier und unsere Anwesenheit gefiel ihnen wohl nicht so.
Wir schnorchelten daher weiter und liessen die Kerlchen in Ruhe.
Wir schwammen durch einen von Lava geformten Tunnel, dieser
war richtig toll. Der Tunnel war ca. 1m breit, auf der linken Seite
standen einen halben Meter entfernt Pelikane und sahen uns komisch an, zudem waren wir umgeben von Krebsen. Im Wasser
im Tunnel schwammen Seelöwen und Pinguine unter uns durch
und Fische. Was für ein Erlebnis! Kaum in Worte zu fassen. Einfach genial!!!
Leider wars bald wieder Zeit um weiter zu gehen und zum Lunch
auf der Insel. Danach gings zum Tortoise Breeding Center. Wir
sahen ein paar ziemlich grosse und alte Landschildkröten und
hunderte von kleinen Schildkröten jeder Altersklasse. Wir hatten
eine kurze Führung dort und erfuhren etwas mehr über diese

Tiere. Zum Schluss zeigte uns ein Betreuer von dort ein erst ein paar Tage altes Baby, so süss! Von dem Center aus liefen wir durch Wald und anschliessend am Strand entlang zu einer coolen Beach-Bar. Viele Einheimische spielten Volleyball dort und die meisten Touristen genossen die Happy-Hour und den Sonnenuntergang. Etwas "angesüselt" entschlossen ein paar von uns so richtig touristisch zu sein und so genossen wir eine leckere Pizza im Dorf. Obwohl das Essen immer sehr lecker war, hatten wir alle Heisshunger auf Pizza und so gönnten wir uns eine. Es war ein lustiger und flüssiger Abend.

11.06.

Heute Morgen gings früh los mit dem Bus 1h Richtung Inland. Kurz vor Erreichen unseres Ziels machte der Bus schlapp, wir waren zu schwer für dieses letzte steile Stück und so mussten wir laufen.

Oben angekommen begann die Wanderung zum Sierra Negra Volcano. Am Anfang wars noch sehr angenehm zum Laufen und auch von der Temperatur her gut. Wir kamen bald zum Rand des Vulkans und genossen eine herrliche Aussicht dort. Nach ein paar Fotos gings auch schon weiter. Wir kamen ziemlich zügig an dem geplanten Rastplatz an, was eigentlich das Ende der offiziellen Tour gewesen wäre. Wir entschlossen uns aber noch ein Stück weiter zu gehen und unser Guide Cheche gab uns noch eine extra Führung. Wir liefen nun auf ganz anderem Terrain, die Umgebung änderte schlagartig. Nun war es nicht mehr normaler Boden und etwas Wald rundherum. Es war nun alles altes Lava auf welchem wir liefen und wir sahen coole Formationen und Tunnels die vom letzten Ausbruch übrig waren. Es war etwas merkwürdig auf diesen Steinen zu laufen, da sie sehr leicht sind und oft unter einem zerbrechen. Wir liefen bis zu einem grossen Felsen, welchen wir bestiegen. Von dort sahen wir über einen grossen Teil der Insel, fantastisch!

Der Rückweg war für mich weniger angenehm. Es ging alles bergauf, war sauheiss und ich hatte obwohl ich genügend getrunken hatte, extreme Kopfschmerzen. Toll, dieses Problem habe ich leider oft, wenn es so heiss ist und ich wandern muss, so doof. Ich war schon ziemlich ausser Puste nach diesen 18km und fragte mich wie das wohl auf dem Inka-Trail gehen soll. Ojeoje...

Wieder zurück beim Rastplatz nahmen wir unseren Lunch zu uns und machten uns anschliessend auf den Rückweg zum Bus.

Kurz nach 15:00 kamen wir im Hotel an, zogen uns um und anschliessend gings noch ein letztes Mal zum Schnorcheln. Eigentlich mochte ich überhaupt nicht und meine Kopfschmerzen wurden auch immer schlimmer. Doch ich wollte mir das Schnorcheln nicht entgehen lassen, wenn ich hier schon nicht tauchen gehen konnte.

Wir mussten nochmals etwa 20min laufen bis zum Schnorchel Ort, was uns nicht gerade glücklich machte. Dort angekommen gings dann endlich ins kühle, erfrischende Meer. Wir sahen diesmal auch Iguanas im Wasser schwimmen was sehr lustig aussah. Sehr viele schienen nun heimzukehren, es war richtig was los auf dem Wasser und man musste schauen, nicht mit einem zusammenzustossen. Zudem hatten wir Glück und sahen zwei riesige Schildkröten unter Wasser vor sich hindösen.

Ansonsten war es nicht sehr spannend und ich war nicht traurig zurück zu kehren, da es langsam sehr kalt wurde und wie gesagt meine Kopfschmerzen leider immer stärker wurden. Wir liefen zurück zum Hotel und waren froh endlich etwas ausruhen zu können.

Unser Guide organisierte ein paar Drinks, eine kleine Happy-Hour, welche ich aber ausliess und darauf wartete, dass meine Kopfwehtablette nützte.

Kurz vor 20:00 gings zum Dinner und danach für mich direkt ins Bett. Mir war inzwischen richtig übel vom Kopfweh und das Einzige was dann jeweils nützt bei mir ist Schlaf. Also gute Nacht...

Isla Santa Cruz 12.06. – 13.06.

 Isla Santa Cruz, Galápagos, Ecuador

12.06.

Heute konnten wir "ausschlafen" das hiess bis 09:00. Wer mich kennt, weiss, dass ich unter ausschlafen etwas anders verstehe, doch ich wollte ja was sehen, also alles ok. Nach dem Frühstück gings zum Strand und dort auf Kajaks. Wir fuhren etwas herum und gingen nochmals zu dem Tunnel wo wir schon mal waren. Das Kajak fahren war cool, doch auch ziemlich anstrengend in den Wellen.

Nach dem Lunch gings mit dem Boot zur letzten Insel, Santa Cruz, auch die Heimatsinsel von unserem Guide. Wir bezogen das Hotel, welches richtig schön war, mit einer genialen Aussicht auf das Meer. Cheche zeigte uns noch den lokalen Fischmarkt, welcher interessant war. Die Seelöwen und Pelikane sassen direkt neben den Fischen und warteten hungrig darauf etwas abzubekommen. Danach hatten wir den restlichen Abend frei und gingen etwas shoppen und anschliessend essen. Cheche empfahl uns zu den Essensständen auf der Strasse zu gehen und so hatten wir ein leckeres Essen zwischen vielen Einheimischen.

13.06.

Am Morgen gings wieder früh los. Wir liefen ca. 1.5h zu einer Lagune. Da wir so früh dran waren, waren wir praktisch die einzigen dort und genossen dies natürlich sehr. Schon bald füllte sich der Strand mit Einheimischen, die ihren freien Samstag dort verbrachten. Wir gingen zurück, der Weg zog sich ziemlich hin und bereits war es wieder sehr stickig und heiss. Nach dem Lunch gings ins Hochland von Santa Cruz, zu einer Art Schildkröten-Farm. Die Schildkröten bewegen sich frei in diesem geschützten Park und sorgen für sich selbst. Die Strassen dorthin waren sehr ungemütlich und wir wurden in dem alten Bus ziemlich durchgeschüttelt. Nach einer Stunde Fahrt kamen wir fast an. Eine Schildkröte ruhte sich natürlich mitten auf der Strasse aus und machte keine Anstalten sich fortzubewegen. Wir stiegen aus und liefen den Rest. Der Fahrer musste warten bis sich die Dame verzogen und er weiterfahren konnte. Wenden oder rückwärts nach oben fahren, wäre auf dieser Strasse unmöglich gewesen. Bei dem kleinen Restaurant angekommen erklärte uns Cheche wieder einiges über die Schildkröten und wir hatten die Möglichkeit in einen echten Schildkrötenpanzer zu klettern. Hihi nicht gerade einfach und ziemlich schwer das Ding. Wir machten einen ca. 1-stündigen Spaziergang durch das Gelände und sahen zwei grosse Schildkröten. Nach einem Abstecher in eine Höhle, welche auch einmal ein Lavatunnel war (ziemlich eindrücklich, der ganze Tunnel ist ca. 9km lang) gings auch schon wieder zurück ins Dorf über die Schotterstrasse. Zum Glück hatte die andere Schildkröte inzwischen das Weite gesucht und so konnten wir mit dem Bus wieder zurückfahren.

Am Abend gabs nochmals ein gemeinsames Dinner und ein paar von uns genossen danach noch einen leckeren Mojito in der angesagtesten und ich glaube auch einzigen Bar in Santa Cruz.

Zurück nach Quito 14.06.

Quito, Ecuador

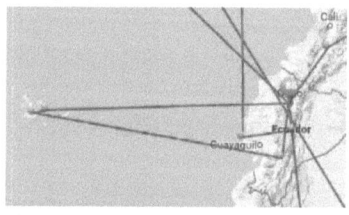

14.06.
Wieder sehr früh gings los und zur Charles Darwin Fondation. Dort sahen wir nochmals ein paar spezielle Tiere und Pflanzen. Danach gings ein ganzes Stück mit dem Bus bis zum Hafen, dort kurz, also kaum 5min, auf eine kleine Fähre und von dort wieder auf einen anderen Bus zum Flughafen. Wir waren leider ziemlich spät dran, Cheche hat in der Charles Darwin Fondation etwas zu lange gequatscht und so mussten wir ziemlich durch den Flughafen

hetzen. So schnell war ich noch nie in einem Flieger. Ruckzuck eingecheckt, durch die Sicherheitskontrolle und ohne Halt direkt zum Flieger. Gefällt mir so, viel weniger Wartezeit. Zurück in Quito gings kurz ins Hotel und dann zu einem anschliessenden Dinner. Wir verabschiedeten uns von der einen Hälfte der Gruppe, die andere Pläne hatten und wir anderen 7 würden zusammen weiterziehen.

Nun war das "Abenteuer Galapagos" vorbei. Wow war das ein Erlebnis! Die Inseln sind wunderschön und die Tierwelt einfach unglaublich! Etwas das ich sicher nie vergessen werde...!

Lima 15.06.

Lima, Peru

15.06.

Wieder gings sehr früh los und zum Flughafen. Von Quito flogen wir nach Lima. Lima liegt auf ca. 2900m.ü.M. und wirkt schon auf den ersten Blick ziemlich hektisch. Wir fuhren zu unserem Hotel, da wir aber die Zimmer noch nicht beziehen konnten, gingen wir in die Stadt zum Lunch. Das Essen dauerte ca. 40min bis es endlich kam und so musste ich mein Essen in ca. 10min herunterschlingen, da wir bereits wieder zurück zum Hotel mussten, zum Briefing für die nächsten Tage.

Beim Briefing lernten wir die neuen Leute kennen und gingen anschliessend zu einem Stadtrundgang. Keine Ahnung, Lima ist mir irgendwie nicht so sympathisch, vielleicht hatte ich zu wenig davon gesehen, aber das was ich sah, gefiel mir nicht speziell. Der Verkehr ist katastrophal, überall wird gehupt, auch wenn's nicht notwendig ist und Leute überall. Wir gingen kurz durch Chinatown, was noch viel schlimmer war. Auf dem Markt in der Fleischabteilung ist mir fast das Mittagessen wieder hochgekommen und ich bin, glaube ich, nicht so zimperlich mit üblen Gerüchen... Puh, zum Glück konnten wir dort schnell wieder raus. Wir

gingen in einen etwas ruhigeren Teil, welcher noch schön war.
Die Gebäude sahen sehr spanisch aus und man hätte genauso gut
irgendwo in Spanien sein können. Die gesamte Truppe, also 16
Leute gingen zusammen essen. Danach nahmen wir Gruppen-
weise Taxis zurück zum Hotel. Leider sind die Taxifahrer nicht
gerade super und so mussten wir noch gute 30min zum Hotel
laufen. Naja ein Verdauungsspaziergang hat ja noch nie gescha-
det.

Amazon Jungle 16.06. – 17.06.

Puerto Maldonado, Peru

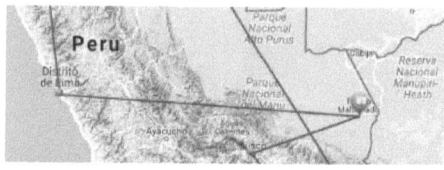

16.06.

Wieder gings früh
los zum Flughafen.
Der Flieger
brachte uns nach
Puerto Maldonado, im Amazonasgebiet. Dort gings für 15min in
einen Bus und zum Büro des Tour Anbieters. Wir bekamen einen
kleinen Dufflebag in den wir die Sachen für die nächsten zwei
Tage packten und das restliche Gepäck blieb dort. Wieder gings
mit dem Bus weiter. Diesmal jedoch für 1h 15min. Die Strecke
wäre nicht lange, wahrscheinlich könnte man sie unter normalen
Strassenverhältnissen in 30min fahren. Da an den Strassen aber
gar nichts gemacht wird und sie holprig und löchrig wie Schwei-
zerkäse sind, dauert es eine Weile bis man ankommt. Die Strasse
führt durch Dschungel und man kommt sich vor wie am Arsch
der Welt. Als die Strasse plötzlich aufhörte waren wir auch am
"Hafen" angekommen. Es ging auf ein grosses motorisiertes
Kanu und für 2.5h den Fluss hoch. Auf dem Weg sahen wir
schon ein paar Tiere, toll! Ein Kaiman posierte für uns und auch
die "übergrossen Meerschweinchen" die ich aus dem Zoo kenne,
waren ganz nahe am Ufer. Endlich erreichten wir die Lodge und
bezogen unsere Zimmer. Ich werde ab nun das Zimmer mit Katrina, einer Australierin aus Melbourne teilen und wir hatten schon

von Anfang an Spass. Die Zimmer waren sehr einfach und ohne Strom und warmes Wasser. Zum Glück aber auch ohne eklige Krabbelviecher, das war mir wichtiger als Strom. Wir hatten etwas Freizeit und die meisten suchten sich ein gemütliches Plätzchen zum Relaxen. Die Hängematten am Fluss waren natürlich sehr begehrt. Herrlich dort zu liegen und den Dschungelgeräuschen zu lauschen! Um 18:00 versammelten wir uns alle, ausgerüstet mit Taschenlampen und Gummistiefeln. Katrina und ich hatten vorher noch wie kleine Kinder riesen Spass mit der Blinkoder wie ich sie nenne "Disco-Funktion" der Taschenlampe und so waren wir bestens gelaunt und bereit für den "Nightwalk" durch den Dschungel. Ein bisschen unheimlich war es schon, ich wusste ja nicht genau was wir zu Gesicht bekommen werden und auf die vielen Insekten war ich nicht gerade scharf. Direkt auf einem Baum neben der Lodge hing ein Faultier hoch oben im Baum. Es war leider so weit oben, dass ich das Tier nur mit etwas Fantasie erkannte. Nun gings weg von der Lodge und auf einem kleinen Pfad in den Dschungel. Das schwierigste war, dass man in dem Matsch nicht ausrutschte und hinfiel, oder die Gummistiefel flutete. Nach ca. 20min laufen, blieben wir stehen und schalteten alle die Taschenlampen aus für 2min, um den Geräuschen zu lauschen. Mist, waren das 2 verdammt lange Minuten für mich! Ich konnte weder den Geräuschen lauschen, noch das irgendwie geniessen. Überall krabbelte, juckte und zwickte es, ich hatte keine Ruhe, in Gedanken malte ich mir aus, was mich gerade alles "bekrabbelte" und Ekliges auf mir herumlief. Natürlich flog mir dann auch noch irgend so ein Viech ins Gesicht, keine Ahnung was, es war so dunkel, dass ich meine eigene Hand nicht sah und so war ich heilfroh als wir das Licht wieder anmachten. Wäääh. Zum Glück machten wir uns bald auf den Rückweg, bei Nacht in den Dschungel ist nicht so meins habe ich festgestellt. Leider hatten wir ausser ein paar Insekten und einem Vogel nicht wirklich etwas Spezielles gesehen. Das aufregendste war, als ein Baum umfiel. Ich dachte schon was jetzt aus dem Gebüsch gesprungen kommt, schliesslich hat es hier Pumas... Hehe war aber dann doch nichts, nur der Baum der wohl schlappgemacht hatte. Nachdem wir uns mit Mühe aus den schlammigen Gummistiefeln gewunden hatten gings zum Abendessen. Noch ein bisschen quatschen und schon bald waren wir alle reif fürs Bett. Wir machten uns bei Kerzenschein bettfertig, ich drapierte mein Moskitonetz penibel um mein Bett herum, schliesslich wollte ich morgen früh keine bösen Überraschungen erleben und zusammen mit den Dschungelgeräuschen schliefen wir ein.

17.06.

Um 06:00 gabs schon wieder Frühstück. Ich hatte nicht sehr gut geschlafen und war dementsprechend noch sehr müde. Der heutige Plan: 4km laufen bis zu einem See. Kling nach nicht viel, was sind schon 4km? In diesem Schlamm... Eine ganze Menge! Wir brauchten für die Strecke 3h und es war ziemlich anstrengend durch den Schlamm zu waten. Ein paar Mal stoppten wir und die Guides zeigten uns spezielle Insekten oder Pflanzen. Mit einer Pflanze wurde Farbe gemacht und so bekamen wir alle noch schaurig gruslige Dschungelbemalungen. Vielleicht schreckt dies die Pumas ab... Oder amüsiert schlichtweg die Guides. Egal ich finde solche Sachen immer lustig.
Sehr eindrücklich waren die riesigen, uralten Bäume, welche teilweise Wurzeln hatten, in der Grösse von Autos, krass. Am See angekommen mussten die Guides zuerst das Wasser aus den Kanus schöpfen und dann gings gemütlich auf den See. Wir sahen gleich zu Beginn einen Kaiman, danach waren wir jedoch nicht mehr so erfolgreich. Ein paar schöne Schmetterlinge und Libellen bekamen wir zu sehen, zudem zwei Papageien hoch oben am Himmel, sonst leider aber nichts. Nun stand der Weg zurück durch den Schlamm wieder an. Wir waren alle nicht gerade sehr begeistert. Die Guides versuchten noch mehrmals an Tarantel Löchern die kleinen Monster aufzuwecken und aus ihren Höhlen zu locken. Mehrmals klappte es nicht, doch zum Schluss hatten

wir Glück und das eklige Ding zeigte sich uns. Interessant mal live zu sehen, nicht nur im Zoo, doch einmal reicht mir völlig.

Zum Glück konnten wir auf dem Rückweg ein paar Abkürzungen nehmen und so kamen wir nach 2h völlig dreckig wieder bei der Lodge an.

Nun war duschen angesagt. Warmes Wasser war sowieso nicht vorhanden und ich hatte das Glück, dass ich lediglich ein Rinnsal bekam. Cool, Haarewaschen dauert ewig so... Auch ich hatte es endlich irgendwann geschafft und so gings zum Lunch.

Dann hatten wir zur Freude Aller Freizeit! Jupii, relaxen in der Hängematte, genial!

Kurz nach dem Eindunkeln gings zu den Kanus und auf nächtliche Kaimanen-Jagt. Leider hatten wir wieder Pech und sahen nur ganz kurz 2 Kaimane. Ich genoss die Fahrt aber trotzdem. Das Gefühl im Kanu war ganz speziell für mich. Stockdunkel, kein Licht, ein wunderschöner Sternenhimmel, das Rauschen des Wassers, ab und zu ein blinken von irgendwelchen Insekten im Busch und natürlich die Dschungelgeräusche... Faszinierend. Da sich die Kaimane nicht zeigen wollten gingen wir wieder zur Lodge zurück zum Abendessen. Ich ging schon bald ins Bett, ich glaube meine "nicht-weg-zu-kriegende-Erkältung" flammte wieder auf, schon wieder! So ein Scheiss.

Es war toll mal einen Teil des Amazonas gesehen zu haben, jedoch hatten wir was die Tiere anbelangt nicht so Glück. Ich hatte gehofft wenigstens ein paar Papageie zu sehen oder Affen. Schade, schade...

Cuzco 18.06.

18.06.

Schon wieder 06:00 und Zeit fürs Frühstück. Wie bei der Hinreise gings wieder zurück, jedoch in umgekehrter Reihenfolge. Kanu, Bus, Büro, die Sachen wieder packen, nochmals Bus und zum Flughafen. Am Flughafen wurden kurz meine Nerven etwas strapaziert. Da musste man doch tatsächlich sein Gepäck von zwei Männern von Hand untersuchen lassen. Ich hätte ja nichts gegen solche Kontrollen, WENN sie nur richtiggemacht würden und nicht so halbpatzig, ein bisschen rumwühlen in meinem Gepäck. Nur um mich zu schikanieren und dass ich dann meinen ganzen verdammten Rucksack wieder neu packen muss, was nicht gerade einfach ist. Sie waren vor allem auf der Suche nach Früchten, dafür gibt es doch Hunde die das ganz genau riechen... Nein man muss sein Gepäck den Herren hinstellen. Ziemlich gereizt über diesen Nonsens, schmetterte ich meinen Rucksack dem Typen auf den Tisch (ich weiss, vielleicht etwas kindisch, aber solche Sachen nerven mich). Ich glaube mein Papi kann das nachvollziehen hihi) und wie erwartet, grabschte er etwas in meinem Rucksack herum, ich meine mir ja egal, wenn er meine dreckigen, schlammigen Kleider untersucht, aber ich hätte ein Kilo Bananen schmuggeln können und er hätte es nicht gemerkt! So, genug davon, ich packte meinen Rucksack wieder mühsam und durfte endlich einchecken. Das Ganze hatte ganz schön lange gedauert, die Personen mit den Koffern waren natürlich schon lange durch.

Der Flug dauerte nur etwa 30min und so landeten wir in Cuzco. Mit dem Bus gings zum Hotel. Puh, schon beim Treppensteigen merkte man die Höhe und wir waren alle ziemlich ausser Puste. Schon krass was die Höhe mit einem anstellt. Kurz geduscht und bereitgemacht, gings zum Lunch und anschliessend zu einer kleinen Stadtführung mit Besuch in einem Coca-Museum. Der Laden war voll von Dingen aus diesen Blättern. Von Schokolade und anderen Süssigkeiten, bis hin zu Getränken und Snacks. Ich liess es mit natürlich nicht entgehen und kaufte Coca-Schokolade, diese werde ich dann auf dem Inka-Trail geniessen.

Anschliessend schlenderten wir etwas durch die Stadt und gingen wieder einmal mehr shoppen. Ich musste noch einen wärmeren Pullover haben, es wird immer kälter und kälter, doch ich war nicht die Einzige die nicht perfekt ausgerüstet war.

Um 19:00 war dann das Briefing für den Inka-Trail mit unserem Guide Victor. Ach du heilige Scheisse, hatte ich nun Bammel! Ich meine ich wusste, dass es hart werden würde für mich, doch nun hatte ich definitiv den "Schiss in der Hose". Sorry für den Ausdruck, doch anders kann ich's nicht beschreiben. Naja mal sehen ob ich das packen werde, mein Ziel ist einfach anzukommen. Egal wie lange ich haben werde und wahrscheinlich werde ich auch immer die Letzte sein, doch egal, mein Ziel: ich möchte es einfach nur schaffen.

Nach dem Briefing gingen wir nochmals kurz in die Stadt. Cuzco gefällt mir, schöne alte Häuser mit Charme. Es war richtig viel los, in ein paar Tagen ist hier ein grosses Festival und alle waren bereits in Feierlaune. Viele Leute überall, Musik und Feuerwerk.

Ollantaytambo 19.06.

19.06.

Einmal mehr gings wieder früh los von Cuzco, welches übrigens auf 3450m.ü.M. liegt, weiter zum Sacred Valley. Wir genossen die schöne Aussicht über das Tal mit dem Fluss und fuhren in ein Dorf, ziemlich hoch oben in den Bergen, mit dem Namen Amaru. Die Strasse dorthin war abenteuerlich und nicht jedermanns Sache, so schauten die einen besser nicht aus dem Fenster. Im Dorf angekommen wurden wir von den Bewohnern herzlich empfangen und nach einer kurzen Vorstellungsrunde natürlich gleich in die passende Kleidung gesteckt. Die Bewohner erzählten uns etwas über ihr Leben dort und zeigten uns wie man Quinoa gewinnt, was wir auch selbst ausprobieren durften und was sie für Handarbeit machen. Sie erklärten uns wie man das selbst gesponnene Garn färbt und mit was und zeigten anschliessend wie man webt. Erstaunlich, die Frauen wissen alle Muster im Kopf auswendig und zaubern wunderschöne Tücher und Schals. Etwa 3 Monate dauert es, bis ein Schal fertig ist. Anschliessend gabs landesübliches Mittagessen was sehr gut schmeckte. Danach gings wieder in den Bus und ans eigentliche Ziel dieses Tages. Ollantaytambo war die nächste Stadt in der wir hielten und auch übernachteten. Wir schauten uns dieses kleine Dörfchen etwas an und genossen einen leckeren Kaffee inklusive "People watching". Zum Abschluss des Tages gönnten Katrina und ich uns noch ein Alpaka-Steak (hmmm meeega gut!!) und gingen früh ins Bett. Wir wollten ja schliesslich fit sein für den grossen Inka-Trail-Start morgen.

Inka Trail 20.06. – 22.06.

Aguas Calientes, Sacred Valley, Peru

20.06. – 1. Tag Inka-Trail: Start von 2850m.ü.M.

Nun war es endlich so weit. Der Tag an dem der Inka-Trail startete. Wie lange hatte ich mir darüber schon den Kopf zerbrochen, teilweise schlaflose Nächte gehabt und Bauchschmerzen. Ich bin kein grosser Wanderer und bin noch nie so weit und so lange gelaufen. 4 Tage, 45km, hoch und runter, Maximalhöhe 4200m.ü.M. Werde ich es schaffen...?

Diese Frage quälte mich schon lange. Obwohl ich nicht wirklich fit war (habe ich doch die letzten paar Monate nicht wirklich viel Sport gemacht) und zudem war meine Erkältung mit Husten im vollen Gange, war ich trotzdem froh, dass es nun endlich soweit war.

Für einige Leute ist der Inka-Trail vielleicht keine grosse Sache, für mich aber definitiv die grösste Herausforderung meines Trips. Am Morgen gings zuerst nochmals ein Stück von Ollantaytambo mit dem Bus bis zum Start vom Inka-Trail. Am Start wurden unsere Dufflebags gewogen, jeder durfte nur 6kg packen, alles was zu schwer war musste selbst getragen werden. Wir lernten unsere Crew kennen. Sogenannte Porter oder wie sie sich selbst nennen Chaskis werden unser Gepäck tragen, sowie die Zelte, eine komplette Küche mit allem Drum und Dran, eine Toilette mit Zelt, eine Butanflasche und was alles sonst noch so gebraucht wird. Unsere Crew wies daher 11 Chaskis auf, 2 Köche und 1 Kellner, wobei die letzten drei natürlich alle auch Chaskis sind. Die Herren sind jeden Alters, teilweise sogar über 60ig. Ca. 20kg oder ich denke teilweise sogar noch etwas mehr, müssen die Chaskis tragen. Unglaublich was die leisten! Von den Herren habe ich den grössten Respekt!

Nachdem wir quasi "eingecheckt" hatten (es dürfen pro Tag maximal 200 Leute auf den Trail, daher wird alles ganz genau dokumentiert) und einen Stempel in den Pass bekamen, gings los. Ich war riesig gespannt was mich die nächsten Tage erwarten wird. Am Anfang war der Weg noch wie bei einer normalen Wanderung. Wir sahen schon nach ca. einer halben Stunde die ersten Inka-Ruinen und die Umgebung rundherum war sehr schön. Das Wetter stimmte auch perfekt, etwas Sonne aber nicht zu heiss. Natürlich wurden wir von unserem Guide Victor immer wieder mal über die Geschichten rund um den Inka-Trail informiert. Übrigens, Victor arbeitet schon seit 14 Jahren als Tour Guide und machte mit uns seinen 500. Inka-Trail, Wahnsinn!!! So langsam wurde die Wanderung etwas anspruchsvoller und es ging schon jetzt praktisch nur noch bergauf. Ich traute meinen Augen kaum, als ich in einer ziemlich steilen Felswand Leute dort hinauf "kragseln" sah. Ich meinte zuerst, das sei eine steile Abkürzung für die Chaskis, doch als der Weg nur in diese Richtung ging, war mir klar, dass ich dort auch hoch musste. Das sollte heute eine "easy" Wanderung sein? Oje oje, wenn das easy ist, weiss ich nicht was mich morgen erwarten wird...

Ziemlich ausser Puste erreichte ich zum Glück bald die Spitze dieses kleinen Berges, doch natürlich gings weiter bergauf, nur nicht mehr ganz sooo steil. Zum Schluss, kurz vor Erreichen des Camps gings nochmals richtig steil nach oben und ich wurde nochmals richtig ausgepowert. Zum Glück war bald das Camp in Sicht, die anderen waren natürlich schon alle dort, war ja klar, dass ich die letzte sein werde, an das konnte ich mich wahrscheinlich schon mal gewöhnen. Egal, mein Ziel ist lediglich den Trail zu schaffen, egal wenn ich immer die letzte bin. Beim Erreichen des Camps klatschten alle Chaskis und gratulierten mir zum ersten geschafften Tag.

Wir waren nun 11.5km gelaufen und waren nun auf einer Höhe von ca. 3150m.ü.M. Das Camp war richtig cool, wir hatten Zweierzelte welches ich mit Katrina teilte (sehr gross und sauber), ein

Toilettenzelt (was ich sehr erstaunlich fand), ein Essens- und ein Koch-Zelt. Wow was die Chaskis alles aufgebaut hatten und vor allem wie schnell die sind! Wir bekamen eine Schale heisses Wasser, welches wir als "dusche" benutzen durften und wurden schon bald zum Tee gerufen. Schon jetzt war es ziemlich kalt und ich war richtig froh um den heissen Tee. Nach dem Tee gabs eine kurze Vorstellungsrunde. Jeder Chaski stellte sich kurz vor mit Namen, Alter und wie lange er dies schon macht. Das war erstaunlich und sehr interessant. Auch wir stellten uns vor mit dem besten Spanisch. Bald darauf wurde das Essen serviert. Auch da war ich wieder mega erstaunt, was die Herren mit wenigen Mittel zauberten. Das Essen war genial, wie im Hotel. Leider konnte ich es aber nicht so geniessen. Ich hatte schreckliche Kopfschmerzen, rein gar keinen Hunger, starke Übelkeit und Bauchschmerzen. Alles Symptome die man in der Höhe bekommt. Ich fühlte mich gar nicht gut und stopfte mich gezwungenermassen mit Medikamenten voll, damit ich mich nicht am Tisch übergab und mir hoffentlich der Kopf nicht platzte. Scheisse, ich hoffte mein Höhen-Medikament nützte bald und dass ich die Symptome bald wieder loswerde, denn so konnte ich sonst nicht weitergehen. Schon krass wie der Körper auf die Höhe reagiert. Wahrscheinlich war es zudem auch die Anstrengung vom Tag, doch auch andere klagten über die Höhe. Wir sind uns das halt nicht gewohnt... Ich war froh als das Abendessen vorbei war und ich ins Bett konnte. Gerade mal kurz nach 20:00, waren alle hundemüde im Bett.

21.06. – 2. Tag Inka-Trail:
"most challenging day of the trck"
Schon sehr früh war Tagwache und wir wurden liebevoll von einem Chaski mit Coca-Tee geweckt. Hm ich liebe diesen Tee und so einen zu bekommen noch im warmen Schlafsack ist richtig toll. Leider war es in der Nacht sehr kalt, ca. 2 oder 3 Grad und wir hatten alle nicht sehr gut geschlafen. Zudem hat uns der liebe

Rodney mit seinem Schnarchen extrem genervt. Naja was solls.
Mir gings zum Glück besser, die Appetitlosigkeit blieb aber noch
bestehen. Ich zwang mich etwas zu frühstücken und danach gings
dann auch schon los. Heute sei der strengste Tag von allen und
ich wusste da schon, dass ich wahrscheinlich sowas von fluchen
und fast sterben würde bis ich oben war, doch mein eigener Ehrgeiz wird mich schon vorantreiben. Schon 10m nach unserem
Camp gings bergauf und die ersten "typischen" Inka-Trail-Stufen
kamen. "Typische" Inka-Trail-Stufen, sind steinerne, unebene,
nicht gleich tiefe und teilweise sehr hohe Stufen, die mir noch
lange in Erinnerung bleiben werden. Die anderen gingen bereits
wieder ruckzuck voraus, doch ich hielt mein eigenes Tempo. Den
Tipp den ich von allen bekommen hatte war, sein eigenes Tempo
zu wahren und vor allem wirklich langsam zu gehen, sonst
komme man nicht bis nach oben.
Gut, das mit dem langsam war kein Problem, ich konnte sowieso
auf Grund meiner Atmung nicht schneller gehen, sonst wäre ich
echt in Atemnot geraten. So ging es also, Stufen um Stufen um
Stufen und Stufen. Immer, immer und immer weiter nach oben.
Endlos scheinend... Ich trottete vor mich hin, mochte lediglich
ein paar Stufen auf einmal nehmen und musste dann wieder pau-
sieren um Luft zu holen. Es ging aber nicht nur mir so, alle schienen etwa das gleiche Problem zu haben. Die Stufen hörten einfach nicht mehr auf und immer, wenn man um eine Kurve kam
oder einen Teil erklommen hatte, gings einfach weiter mit noch
mehr Stufen. Tausende!
Ich war irgendwann schon gar nicht mehr überrascht. Ich dachte
nur: "Das mache ich nie, nie, nie, nie wieder. Und dafür hatte ich
auch noch bezahlt...! "
Ich traf immer wieder mal auf Victor, der wartete auf mich,
chillte etwas im Gras oder quatschte mit seinen Kollegen, dann
lies er mich vorbeiziehen und überholte mich wieder. Immer kurz
gecheckt ob mit mir alles ok sei und weiter gings. Langsam begann ich in einen Trott zu fallen und resignierte etwas. Ich wusste

es gab keinen Weg zurück und ich musste einfach nur weitergehen. Ich glaube da ist vieles auch Kopfsache und ich versuchte mich immer wieder selbst zu motivieren, was nicht gerade einfach war. Plötzlich hatte ich das Gefühl ganz alleine zu sein. Ich hatte Victor länger nicht mehr gesehen und vor und hinter mir war niemand mehr. War ich nun tatsächlich von den 200 Wanderer die allerletzte? Nein das durfte bitte nicht wahr sein, soooo schlecht war ich doch hoffentlich nicht? Ich hatte nun ziemlich den "Aschiss" und verfluchte diese scheiss Stufen. Ich hatte nun echt Mühe und mochte kaum noch. Dieser Teil der Strecke war permanent im Wald und ich hatte null Zeitgefühl, wie lange ich schon gelaufen war und vor allem wie weit. Ich hoffte so, dass ich bald oben ankomme, ich hatte das Gefühl kaum noch weiter gehen zu können. Ich war echt an meiner Grenze angelangt. Da sah ich zum Glück Victor bei der nächsten Kurve auf mich warten. Er sah mir an, dass es mir nicht so gut ging. Ich meinte zu ihm: "Bitte sag mir, dass ich die Hälfte geschafft habe? " (natürlich hoffte ich bereits weiter zu sein). Er meinte nur: "Fast... " Was!? Echt!? Scheisse... Mir ging ziemlich der "Laden runter" und ich konnte kaum fassen, dass ich noch nicht mal die Hälfte hatte. Victor schien dies zu bemerken und er meinte ich solle ihm meinen Rucksack geben. Ich weigerte mich zuerst, denn das war mir zu peinlich. Ich konnte doch wohl meinen eigenen Rucksack selbst tragen, zudem trug er ja auch schon einen Rucksack der gute 10kg wog. Victor meinte nochmals ich solle ihm den Rucksack geben und ich weigerte mich erneut, ich meinte es ginge schon. Als er mich dann beinahe anschrie und mir quasi befal ihm meinen Rucksack zu geben, gab ich auf und gab ihm ihn. Knappe 7kg leichter gings dann auch etwas besser die Stufen hinauf.

Obwohl es immer noch scheiss anstrengend war. Nach ca. 10min kam ich am Rastplatz in der Hälfte an. Die anderen warteten dort auf uns. Ich war etwas beschämt, einerseits weil Victor mein Gepäck trug und andererseits, weil ich nicht wusste wie lange die anderen wohl schon auf mich warteten. Ich erfuhr, dass sie auch erst seit 20min da seien und fand dann, dass dies gar nicht so lange sei.

Zu meinem eigenen kleinen Triumph kamen nun auch noch Leute nach mir zum Rastplatz, ich war also nicht die letzte. Ich hatte echt das Gefühl gehabt. Dauernd überholten mich Leute und so dachte ich echt die -Letzte zu sein, doch zum Glück nicht. Nach einer 20min Stärkung und viel Gatorade gings dann weiter. Obwohl es weiterging mit diesen verdammten Stufen, fühlte ich mich viel besser. Ich trug wieder meinen Rucksack und war zusammen mit den anderen. Nun waren wir nicht mehr im Wald und die Landschaft war sehr schön. Man konnte in die hohen Berge rundherum sehen und den Wind spüren. Das tat gut und half die Stufen weiter hoch zu gehen. Ach wie werde ich ab nun Treppen hassen... Wir sahen schon sehr bald das Ziel. Es war ziemlich deprimierend, das Ziel schien so nah, war aber noch sooo fern.

Die letzten 100m waren die schlimmsten. Allen gings gleich. Wir liefen ein paar Stufen und mussten ca. 30sek oder mehr Pause machen. Man bekommt dort oben einfach keine Luft! Krass und die Chaskis machen diesen ganzen "Seich" noch mit dem riesen Gepäck! Hut ab! Obwohl dieser Teil auch für sie sehr anspruchsvoll ist. Ein ziemlich alter Chaski hatte mich anfangs überholt, dieser hatte aber nicht ganz so abgekämpft ausgesehen wie ich, aber doch ziemlich am Ende und hatte sehr schwer geatmet. Ich dachte nur: Bitte krieg mir hier keinen Herzinfarkt oder fall Tod um, ich würde wahrscheinlich höchstens 5 Thoraxkompressionen machen können und dann würde ich kollabieren. Wir kämpften uns Stufe um Stufe hoch und kamen dann endlich endlich oben an.

Dead Woman's Pass auf 4215m.ü.M.
GESCHAFFT!!!

Wow! Ich war sowas von froh, dass der schlimmste Part nun vorbei war! Auf dem Pass erholten wir uns zuerst etwas, machten natürlich ein paar Fotos und genossen die Aussicht. Die Landschaft muss ich sagen ist schon genial schön und eindrücklich. Da ist man auf über 4000m.ü.M. und die Berge rundherum sind einfach nochmals etwa 2000m oder mehr höher. Es war extrem windig auf dem Pass und so machten wir uns bald auf den Weg nach unten. Toll nun gings so viele Stunden nur bergauf und nun nur noch steil runter. Das runter gehen war genau so anstrengend, vor allem für die Knie (aua, aua) und man musste echt aufpassen nicht auf den Steinen und dem Kies auszurutschen. Endlich war die Campside auf 3600m.ü.M. in Sicht und somit auch das Ende dieser Wanderung greifbar nahe, was war ich froh! Die zwei schnellsten unserer Gruppe waren 4h vor uns im Ziel angekommen. Was solls, mir war nur wichtig es überlebt zu haben. 10km waren es heute gewesen. Eigentlich nicht so viel, doch von 3150m.ü.M gings nach 4215m.ü.M. und wieder runter nach 3600m.ü.M. Nach einer kurzen "Dusche" gings bald zum Abendessen. Mir gings einiges besser als am Abend zuvor und ich mochte auch wieder ein wenig essen. Ich war aber immer noch nicht fähig die ganzen Portionen der Gänge (Suppe, Hauptgang und Dessert) zu essen, zur Freude von Victor, der sehr gerne mein Abnehmer war. Wir gingen alle bald ins Bett, waren wir doch ziemlich kaputt. Meine Knie waren im Arsch, ich konnte kaum mehr vom Stuhl aufstehen... Zum Glück hatte ich eine gute Salbe eingepackt und konnte diese etwas pflegen, wäre nicht cool morgen mit Schmerzen laufen zu müssen.

22.06. – 3. Tag Inka-Trail: "A piece of cake"

Heute gings wieder sehr früh los, nachdem wir natürlich mit dem super leckeren Coca-Tee geweckt wurden und gefrühstückt hatten. Die Nacht war wieder saumässig kalt gewesen, wir hatten gefroren und nur wenig geschlafen. Auch ein Symptom der Höhe: Schlaflosigkeit, genial. Was solls... Laut Victor war die Strecke und alles andere nun nach dem zweiten Tag ein "piece of cake" also "nicht der Rede wert". Er meinte wir hätten den zweiten Tag gut überstanden, da sei eben der Rest nur ein "piece of cake"... Ich war noch nicht so überzeugt, mal schauen. Ich war irgendwie noch überhaupt nicht wach und mein Körper schien noch zu schlafen. Wir gingen gleich zügig los und weiter diese verdammten Treppen hoch (ich hatte gehofft es sei nun bald fertig mit diesen scheiss Stufen, leider nein...). Obwohl ich gestern sehr an meine Grenzen kam, hatte ich immer noch das Gefühl weiter gehen zu können und es zu schaffen, heute ging das irgendwie nicht. Schon nach ca. 20min wandern war ich fix und fertig und ich mochte mich kaum noch den Berg hochtragen. Wie war das mit dem "piece of cake"? Nicht wahr! Also auf jeden Fall nicht für mich! Keine Ahnung was los war, ich glaube ich brauche einfach etwas Zeit am Morgen und kann nicht so früh, so kurz nach dem Aufstehen gleich so krass los wandern. Victor war natürlich wieder nicht weit und sah wie ich kämpfte. Er fragte mich wie gestern schon xmal: "Okay?", normalerweise kam dann immer ein vielleicht etwas gequältes, aber doch deutliches "Okay" von mir, diesmal aber nicht. Victor war nicht gefasst auf diese Antwort und erschrak etwas. Er erzählte mir später, dass er sich in diesem Moment schon überlegte was um Himmelswillen er mit mir machen sollte, wenn ich nicht mehr weitergehen konnte. Doch so weit kam es zum Glück nicht. Die Rucksack-Diskussion startete wieder und erneut wehrte ich mich zuerst dagegen. Da ich wusste, gegen ihn sowieso keine Chance zu haben und ich wirklich nicht fit war, gab ich ihm meinen Rucksack. Ich war etwas den Tränen nahe, wollte ich doch eigentlich den Inka-Trail ganz alleine schaffen, ohne Hilfe. Doch schlussendlich sagte ich mir, dass es eigentlich egal ist, wenn Victor mir etwas hilft, wenn ich dadurch besser weitergehen kann. Ohne den Ballast ging es schon etwas besser. Victor kümmerte sich sehr nett um mich und wartete immer wieder mit meinem Rucksack damit ich etwas trinken konnte.

Die anderen warteten weiter oben und ich war nun wieder bereit meinen Rucksack selbst zu tragen und fühlte mich etwas besser. Von da an gings eigentlich relativ gut. Die Strecke war zwar elend lange, doch mehr oder weniger gerade. Das war kein Problem für mich. Gegen den Schluss gings sogar immer besser, ich fand meinen Tritt und war sogar ziemlich schnell. Ach ja übrigens, auf der ganzen Strecke sieht man immer wieder Reste von Inka Dörfern und Victor erzählte uns immer wieder mal etwas darüber, sehr spannend! Vor lauter Treppen ist dies leider beinahe untergegangen.

Bevor wir zur Campside kamen durchquerten wir noch eine etwas grössere Ruine der Inkas mit zwei grossen und einem Baby Lama. Gegen 17:00 kam ich dann im Camp an und war nicht mal die letzte! Halleluja! Ein kleiner Triumph für mich. Die zwei schnellsten waren zwar wieder sehr viel schneller als wir anderen, doch diese hatten heute sehr grosse Mühe gehabt, weil die Strecke so lange war. Ganze 16km von 3600m.ü.M. nach 2650m.ü.M. Obwohl ich am Anfang Mühe hatte, war der Rest für mich nicht ein grosses Problem gewesen und sogar noch cool. Im (mehr oder weniger) geradeaus laufen bin ich also gut, hihi. Immerhin etwas. Die Campside hier war sehr gross, mit vielen Leuten und wenig Platz. Da man sich aber sowieso nicht gross vom Zelt wegbewegte, auch nicht weiter tragisch. Ich war erstaunt, obwohl ich erneut dachte eher langsam gewesen zu sein, kamen spät nach mir noch Leute an in den anderen Camps. Man hörte bis abends um 21:00 die Chaskis klatschen. Wow ich war so froh früher angekommen zu sein, kurz nach 18:00 wurde es nämlich dunkel und die Strecke hätte ich nicht im Dunkeln gehen wollen. Heute war der letzte Abend und wir genossen nochmals ein herrlich leckeres Essen. Wir bedankten uns herzlich bei den Chaskis mit einem grossen Trinkgeld (obwohl ich ihnen gerne noch viel mehr gegeben hätte) und machten noch ein Abschlussfoto.

Ich finde es immer noch unglaublich was sie leisten und bin nach wie vor fasziniert. Die Herren hetzen an einem vorbei den Berg hinauf, motivieren dich noch mit "vamos, vamos" und rennen (ja wirklich rennen) dann den Berg wieder runter. Immerhin war die Firma von welcher unsere Chaskis angestellt waren (eine Australische), sehr bemüht um ihre Mitarbeiter und rüsteten die Chaskis mit gutem Material und vor allem Schuhwerk aus. Viele andere sah man in kaputten Ledersandalen und zerschlissenen Rucksäcken. Zudem werden sie glaube ich relativ gut bezahlt im Gegensatz zu den anderen. Auch sehr gut finde ich, dass wenn nicht alle Touristen zur Tour antreten am ersten Tag (bei uns mussten 2 Personen leider ein paar Stunden vorher absagen) werden die Chaskis nicht wie bei anderen Firmen wieder nach Hause geschickt, sondern dürfen bleiben. Das hiess dann, alle mussten weniger tragen und alle verdienten ihren Lohn. Denn nur wenn sie den Trek laufen, kriegen sie Geld. Der Grund weshalb auch so viele Männer über 50ig oder älter Chaskis werden ist, dass sie mehr verdienen, als wenn sie Bauern sind. Etwa 35 Dollar bekommen die Herren pro Tag, das ist mehr als wenn sie in der Landwirtschaft tätig sind... Krass... Ihnen hatte ich nun wirklich sehr gerne ein grosszügiges Trinkgeld gegeben. Wir verabschiedeten uns von "unseren Chaskis", denn morgen wird dafür kaum Zeit sein. Bald darauf gings auch schon ins Bett.

Machu Picchu 23.06.

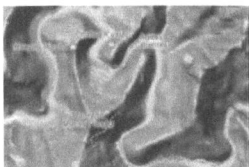

4. Tag Inka-Trail: Ziel Machu Picchu

Uff, heute gings richtig früh los für die letzten 5km. Wir wurden mit einem letzten Coca-Tee geweckt (ach... das werde ich also vermissen) und zwar um 03.30! Also noch mitten in der Nacht! Wir packten lediglich unsere Sachen zusammen und machten uns bereit. Frühstück gabs heute keines, dafür eine kleine Frühstücksbox für unterwegs. Der Grund warum wir so früh aufstehen mussten war leider lediglich ungünstige Organisation des Staats. Die Chaskis mussten auf einen Spezialzug (nicht mit den Touristen) in Machu Picchu Dorf welcher bereits sehr früh fuhr. Das hiess, nachdem wir alle fertig waren, so ca. um 04:00, packten die Chaskis ruck zuck alles zusammen und rannten wie wild den Berg runter um es auf den Zug zu schaffen. Würde der Zug etwas später fahren, müssten wir nicht so früh aufstehen und die Chaskis nicht so hetzen, richtig doof.

Wir liefen dann ca. 10min und mussten leider eine glatte Stunde warten bis das Tor zum Nationalpark aufging und wir eintreten durften. Natürlich wurde wieder alles genau kontrolliert. Alle sprinteten Richtung Sungate und Machu Picchu. Ich konnte das nicht, war ich doch immer noch im Schlafmodus. Ich hatte erneut ziemlich Mühe und kämpfte mich vorwärts, natürlich wurde ich wieder von allen überholt und am Schluss waren nur noch ich und Stephan (ein anderer Schweizer) mein treuer Wanderkumpane übrig. Wir liessen uns nicht stressen und trotteten vor uns hin. Wie wenn es noch nicht genug wäre, gab es zum Schluss nochmals eine gewaltige Portion Treppen. Zwar nicht sehr viele, nur ca. 50ig, aber so steil, dass man es eigentlich nicht mehr wandern, sondern klettern nennen konnte. Ich weiss nicht wie die Inkas das gemacht haben, die waren ja sicher nicht grösser als ich und die Stufen kamen bei mir schon ca. bis zu den Knien.

Abartig. Dies war zum Glück die letzte grosse Hürde und wir waren endlich am Sungate angelangt und hatten eine gewaltige Sicht auf Machu Picchu welches auf 2400m.ü.M. liegt. Ich hatte es geschafft! Ich war den ganzen Inka-Trail gelaufen. Ich konnte es gar nicht glauben.

Wir sahen wie Machu Picchu langsam von der Sonne erhellt wurde und machten ein paar Erinnerungsfotos. Irgendwie konnte ich mich gar nicht wirklich freuen, ich war einfach nur froh, dass es vorbei war. Wir liefen die Strecke vom Sungate runter nach Machu Picchu und amüsierten uns ab den Tagestouristen die sich die kurze Strecke bis zum Sungate hoch abkämpften. Wenn die wüssten was wir gelaufen waren... Endlich kamen wir am Machu Picchu an und es erschlug mich fast. Tausende von Touristen! Ich wusste, dass es viele Touristen haben würde, doch so viele waren schlichtweg abartig! Man sah nur noch Menschen und mir löschte es richtig ab. Da läuft man 4 höllisch anstrengende Tage und dann das. Klar "der Weg ist das Ziel", das war schon die Hauptsache des Inka-Trails, doch es ist sehr enttäuschend Machu Picchu dann so zu sehen.

Wie gesagt, ich wusste das, doch es hat mich mehr gestresst als ich gedacht hätte. Ich hatte gar keine Lust mehr lange dort zu bleiben. Ich hasse Touristenaufläufe sowieso und dies war jenseits von Gut und Böse. All diese Touristen die mit dem Zug und Bus hochgekommen sind, waren früher dort als wir, die die ganze Strecke gelaufen waren, für mich ist das nicht so fair und etwas deprimierend. Wir trafen auf die anderen Leute von der Reisegruppe, welche nicht den Inka-Trail gemacht hatten und Victor bat uns auf der Wiese Platz zu nehmen, damit er uns etwas über Machu Picchu erzählen konnte. Er meinte wir könnten uns auch hinlegen, was ich mir natürlich nicht zweimal sagen liess. Herrlich, zu liegen, im Gras, die warme Sonne, ein leichtes Lüftchen, die monotone Stimme von Victor, auf Englisch...schnarch... Ich war eingepennt. Nicht, dass es nicht interessant gewesen wäre mehr über die Inkas und Machu Picchu zu erfahren, ich finde es nämlich sehr spannend, doch ich war schlichtweg zu müde. Ich kann ja mal ein Buch lesen um mir die fehlenden Infos zu besorgen. Nachdem ich geweckt wurde (zum Glück hatte ich nicht geschnarcht) schauten wir uns die Ruine an. Schon sehr erstaunlich und interessant, aber wie gesagt mit den vielen Touristen nicht wirklich toll und ich war froh, als wir "Freizeit" hatten und gehen konnten. Wir hielten es nicht länger aus zwischen all den Leuten und gingen mit dem Bus runter ins Dorf. Dies liegt nochmals weiter unten auf 2000m.ü.M. Wir genossen dort etwas unsere Freizeit und trafen uns später wieder mit den anderen zum Lunch. Wir verabschiedeten uns von Victor und gingen auf den Zug am späteren Nachmittag. Der Zug sollte uns in etwa 1.5h zurück nach Ollantaytambo bringen. Leider hielt der Zug plötzlich in etwa der Hälfte der Strecke und rührte sich nicht mehr vom Fleck. Scheinbar war etwas kaputt und musste geflickt werden. Toll, wir waren ja gar nicht müde und wollten nicht so bald wie möglich zurück ins Hotel und vor allem: duschen! Es schien hier etwas länger zu gehen... Zum Glück hatte der Zug an einer Gabelung gehalten, so dass uns die nachfolgenden Züge überholen

konnten. Der erste Zug, welcher uns überholte hatte, hatte einen Clown im Waggon und die Leute in unserem Zug kommentierten dies natürlich lauthals. Schon etwas unfair, eigentlich sollten wir, die warten müssen, etwas Unterhaltung bekommen. Als uns dann der nächste Zug überholte in dem die Leute Bier tranken, wurde es etwas lauter in unserem Waggon und als dann noch das Abteil des Speisewagens mit weissen Tischtüchern und teurem Wein vorbeifuhr, flippten die Leute völlig aus. Ausgerechnet dieser Waggon hielt für ca. 10min auf unserer Höhe und wir mussten den Leuten beim Essen und Trinken zusehen. Es wurden sogar Tauschhandel versucht über die Fenster, doch das ging leider nicht. Die vorbeifahrenden Züge waren die einzige Unterhaltung die wir in den beinahe 2h Wartezeit hatten. Zum Glück gings endlich weiter und mit Volldampf nach Ollantaytambo. Dort wartete der Bus auf uns nach Cuzco.

Natürlich gabs nun ein riesen Verkehrschaos auf dem Parkplatz und die Autos und Cars standen kreuz und quer. Irgendwie manövrierte unser Fahrer uns hinaus und es ging endlich weiter. Um 22:30 kamen wir in Cuzco an. Nachdem wir seit 03:30 wach waren und doch recht viel erlebt hatten, waren wir alle todmüde und wollten nur noch duschen und ins Bett.

Der Inka-Trail war definitiv ein Erlebnis und obwohl ich es nie mehr machen werde, möchte ich es nicht missen. Ich denke dieser Trek war die grösste Herausforderung meines ganzen Trips und den werde ich bestimmt nie mehr vergessen (vor allem nicht die Treppen...). Obwohl der Abschluss beim Machu Picchu etwas ernüchternd war, war der Weg dafür mega schön und eindrücklich. Wie sagt man doch so schön: "Der Weg ist das Ziel". Dies stimmt bei diesem Trek definitiv. Wahrscheinlich ist für einige erfahrene Wanderer der Inka-Trail nicht so eine grosse Sache, doch für mich war es eine riesen Herausforderung und ich habe sie denke ich relativ gut gemeistert. Darauf bin ich sehr stolz.

Cuzco 24.06.

Cusco, Peru

24.06.

Heute hatten wir einen freien Tag, was wir nach dem Inka-Trail auch richtig nötig hatten. Ich wollte eigentlich so richtig schön ausschlafen, doch das ging mit meiner sehr früh aufstehenden, nicht sehr leisen Zimmernachbarin leider nicht so gut. So stand ich also um 09:00 auf und ging mit ihr gemütlich in der Stadt Cuzco frühstücken. Heute war noch das Fest und überall spielte etwas Musik und waren Leute. Das grosse Highlight, die Parade, hatten wir leider verschlafen, doch laut den anderen Leuten der Tour hatten wir nicht sehr viel verpasst. Wir gingen noch etwas shoppen und genossen den herrlich schön sonnigen Tag. Hatte ich schon mal erwähnt, dass es ziemlich kalt war? Ich konnte meine Daunenjacke gut gebrauchen und auch meine neu gekauften Alpaka-Mützen (ja... Ich konnte mal wieder nicht widerstehen...). Nach dem "anstrengenden" Morgen mussten wir uns nochmals etwas hinlegen und gingen dann mit ein paar anderen später zum Dinner. Das Restaurant in welchem wir assen war genial. Tagsüber ist es ein Museum und abends dann ein Restaurant, sehr interessant. Leider war auf den Strassen von Cuzco nun praktisch nichts mehr spürbar vom grossen Festival (das war wohl alles die letzten Tage und hatte heute Morgen mit der Parade abgeschlossen) und so gingen wir bald zurück zum Hotel.

Puno 25.06.

 Puno, Peru

25.06.

Um 07:45 gings los und mit dem Minibus zum grossen Busterminal. Man hatte uns einen "Luxusbus" für die lange Fahrt (ca. 7h) nach Puno versprochen und so waren wir sehr gespannt was uns nun erwartet. Zu unserem Erstaunen war der Bus wirklich sehr luxuriös. Grosse breite Sitze, wo man das Fussende hochklappen konnte, es gab Decken und Tee serviert und zudem lief ein Film. So bequem müsste man im Flugzeug auch sitzen können! Wow ja so liess es sich nach Puno reisen. Der Film war leider nichts für mich und so drehte ich mich auf die Seite (wie cool, wenn man das kann in einem Bus) und schlief eine Runde. Wir kamen am Nachmittag in Puno an und gingen direkt zum Hotel. Kurz eingecheckt und schon gings weiter an den lokalen Markt. Wir kauften alle ein paar Geschenke für unsere Gastfamilien morgen und gingen anschliessend zum gemeinsamen Dinner. Der Abend klang gemütlich aus.

Titicacasee 26.06. – 27.06.

 Capachica, Puno, Peru

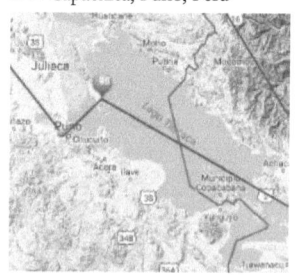

26.06.

Um 07:30 standen wir mit unserem kleinen Gepäck für 2 Tage bereit und wurden zu unserer Freude mit den Velotaxis zum Hafen gefahren. Etwas kriminell die Fahrt durch den morgendlichen Strassenverkehr aber amüsant. Am Hafen gings für ca. 3h auf Schifffahrt. Titicacasee, schon viel davon gehört und nun sehe ich ihn mal live. Sehr schön und interessant. Wir hatten perfektes Wetter und konnten die Fahrt richtig geniessen. Wir hielten an einer Insel mit dem Namen Taquile und machten dort einen Spaziergang. Es ging etwas steil aufwärts und wir sind fast gestorben. Wie um Himmelswillen hatten wir nochmals den Inka-Trail geschafft? Keine Ahnung was los war, aber ich mochte mich kaum den Berg hochtragen, wohl immer noch etwas ausgelaugt. Nun gut, wir hatten es zum Glück bald geschafft und konnten die schöne Insel mit ihrem kleinen Dorf und den Bewohner geniessen. Unser Guide erzählte uns viel über diese Insel und die Bewohner. Die Damen und Herren tragen spezielle traditionelle Kleidung an welcher man auch erkennt, ob die Person verheiratet oder Single ist und auf der Suche oder nicht. Wie praktisch. Wir hatten Lunch bei einem jungen Ehepaar mit wunderschöner Sicht auf den See. Lustigerweise sah es ein bisschen so aus wie in Griechenland. Auf der Insel ist Handarbeit grossgeschrieben und das Häkeln und Stricken vor allem Männersache. Die Frauen nähen eher und machen andere Sachen. Der junge Mann zeigte uns seine Häkelkunst und unser Guide erklärte uns alles dazu. Die Männer tragen spezielle Mützen welche sich jeder selbst häkelt. Als junger, unverheirateter Mann trägt man weisse Mützen und später, wenn man vergeben ist wird die Farbe auf rot oder pink gewechselt. Zudem haben die Herren immer eine bunte Tasche dabei, in welcher sie Cocablätter aufbewahren, also immer griffbereit (hihi wie praktisch, ich war etwas neidisch). Sowieso ist die Kleidung und vor allem die Accessoires sehr bunt, was ich richtig toll finde. Oft tragen die Leute die traditionellen Kleider ja nur für Zeremonien oder für die Touristen, hier in Peru wird sie auch so getragen und man sieht die verschiedensten Trachten. Leider aber sind die Träger alle eher älter und die jungen Leute sind meist modern angezogen. Ich denke bald wird man keine oder nur noch sehr wenige traditionell gekleidete Leute mehr auf der Strasse sehen, da die Tradition immer mehr "ausstirbt". Nach dem Mittagessen gings wieder aufs Boot und nach 1h Fahrt kamen wir auf dem Festland auf der anderen Seite des Sees an. Dort wurden wir herzlich von den Einheimischen und dem Chef des Dorfes empfangen. Katrina und ich waren zusammen in einem Homestay und unsere Hostmum hiess Prudencia. Wir waren unheimlich gespannt was uns nun erwarten würde und vor allem wie unser Schlafgemach aussehen würde. Unser Spanisch war natürlich praktisch gleich null und so war es nicht gerade einfach zu kommunizieren, zudem sprechen sie hier ein spezielles Spanisch, das nicht mal alle Peruaner verstehen. Uns wurde nur gesagt, dass wir mit in die Familie gehen und dort für ca. 1h bei den alltäglichen Arbeiten helfen können. Der kleine Hof von Prudencia war sehr schön und unser Zimmer auch richtig gut, mit eigener richtiger Toilette und Blick auf den See. Prudencia hatte eine grosse Plane ausgelegt, auf welcher hunderte von Bohnen lagen. Ich nahm an, dass sie so getrocknet wurden und wir halfen ihr nun die Bohnen aus ihren Hüllen zu schälen. Eine mühsame Arbeit und nach einer Weile auch ziemlich langweilig. Sehr schade, dass wir uns nicht verständigen konnten. Ich versuchte mich nach ihrer Familie zu erkundigen. Ich verstand, dass sie wohl einige Kinder hat, die aber alle in Puno leben. Plötzlich kam ein Mann aus dem Haus, er schien aber zu jung um ihr Ehemann zu sein, vielleicht ein Sohn. Dieser kam ca. 10min später mit einem riesen Fisch und breitem Grinsen zurück, ein guter Deal vom Fischhändler. Wir getrauten uns nicht zu fragen wie alt Prudencia war, sie schien schon ziemlich alt, jedoch ist das hier bei den Leuten sehr schwierig zu sagen. Oft sehen die Leute viel älter aus als sie sind. Wohl die harte Arbeit und Lebensumstände hier. Nach ca. 1h Bohnen schälen gings zu Fuss zum Fussballplatz. Dort wurde mit Holzstecken und Steinen ein Volleyballnetz aufgestellt und das Spiel war schon in vollem Gange. Einheimische gegen Touristen. Keine Frage wer gewann. Nachdem wir uns geschlagen geben mussten wurden die Teams gemischt. Neben mir auf dem Spielfeld stand eine Frau aus dem Dorf. Die Frauen hier sind sehr kräftig und wow hatte die einen Schlag drauf! Zweimal krachten wir zusammen, weil ich auch versuchen wollte einen Ball zu kriegen, doch sie schien eher etwas verbissen zu sein. Ich bin nicht grottenschlecht im Volleyball und hätte auch ein paar Bälle gekriegt, doch die Frau schien hier das Zepter in der Hand zu haben. Nach dem zweiten Zusammenprall hatte ich sogar etwas Angst vor ihr und distanzierte mich etwas. Puh, zum Glück wurde das Team nochmals neu gemischt. Es war richtig cool und es sah so lustig aus wie die Frauen in ihren Trachten Volleyball spielten. Auch hier wieder traditionelle Kleidung mit ihrer Bedeutung. Die Buben sahen aus wie kleine Männer und die Mädchen waren sehr süss in ihren Kleidchen und den lustigen Mützen. Nach dem Spiel gingen wir nochmals zurück zu "unserem Haus" und wurden für das Abendessen schick gemacht. Verheiratete Frauen bekommen eher dunkle Kleidung, einen Hut und ein schwarzes Tuch und ledige Frauen bunte Kleidung mit einer ziemlich lustig aussehenden Mütze. Irgendwie nahm Prudencia wohl an, dass Katrina verheiratet war und gab ihr ohne zu fragen die schwarze Variante. Ich glaube sie hatte gedacht, dass wir Mutter und Tochter sind und so wurden wir angezogen. Als ich die tolle Mütze aufgesetzt bekam, welche mir viel zu gross war, so dass ich kaum was sah, konnte sich Katrina nicht mehr halten vor Lachen. Es sah aber auch echt komisch aus. So gingen wir zum Gemeinschaftshaus und halfen bei der Zubereitung des Abendessens. Wir schälten Kartoffeln, Karotten und Bohnen. Die Frauen kochten uns damit und mit etwas Fleisch, ein leckeres Reisgericht. Schon bald gings wieder zum Haus, denn hier geht man früh ins Bett, da man morgens sehr sehr früh aufsteht. Wir wurden aber verschont und mussten nicht schon um 04:00 wieder aufstehen. Wir machten uns bettfertig, bekamen eine Petflasche mit heissem Wasser für ins Bett und kuschelten uns unter die vielen Decken. Brrr war das kalt. Wir hatten so viele Decken, dass man sich kaum drehen konnte, weil sie so mega schwer waren. Die Petflasche war genial, doch als ich am linken Fuss Wärme empfand, die Flasche aber nur den rechten Fuss berührte wurde ich misstrauisch. Kurz gecheckt und ja, meine Flasche hatte ein Leck, mein linker Fuss und Socken war nass. Schade, es wäre so schön gemütlich gewesen.

27.06.

Wir hatten relativ gut geschlafen und standen morgens um 07:00 wieder auf. Prudencia brachte uns das Frühstück ins Zimmer. Schade, ich hätte gerne etwas vom Haus oder der Küche gesehen und mit der Familie gegessen, wahrscheinlich meinte sie es nur gut mit dem Frühstück im Zimmer. Bald darauf begleitete uns Prudencia wieder runter zum Boot und wir verabschiedeten uns von unserer Hostemum. Es war cool und eine gute Erfahrung, wir waren aber auch froh weiter gehen zu können. Prudencia war zwar nett, es schien jedoch so, dass sie dies nur mitmacht um Geld zu verdienen, im Gegensatz zu anderen Familien, die dies wirklich gerne zu machen schienen. Wir fuhren nochmals 2h auf dem See rum bis wir zu den Uros-Inseln kamen. Das sind die Inseln die komplett aus einer Art Schilf bestehen. Wir wurden herzlich von den Bewohnern der kleinen Insel empfangen und setzten uns, um dem Chef der Insel zu lauschen. Er erzählte uns etwas über den See und seine Familie. Er erklärte uns anhand eines selbstgemachten Models wie die Inseln gebaut werden. Sehr interessant wie das Ganze funktioniert. Um eine solche Insel zu bauen benötigen sie ca. 1 Jahr und sie hält so viel ich mich erinnern mag etwa 15 Jahre. Die Leute graben am Ufer Schilfblöcke aus und pflanzen sie mit Hilfe von Pfählen an der gewünschten Stelle ins Wasser. Dann kommen mehrere Lagen von Schilf. Dieses Schilf wird alle paar Tage aufgestockt und in einem gewissen Abstand auch komplett erneuert. Krass, wie das funktioniert und vor allem schwimmt und hält. Irgendwie war es merkwürdig auf der Insel zu laufen, da der Boden sehr weich ist und man so das Gefühl hat zu schwanken. Auf der Insel hatte es mehrere Hütten welche wir anschauen durften und einen Aussichtsturm. Etwas halsbrecherisch die Leiter nach oben, aber wir sind alle noch heil.

Nachdem natürlich noch handgemachte Ware verkauft wurde, gings mit einem der traditionellen Boote weiter. Früher wurden die Boote komplett aus Schilf gemacht, heute verwenden sie etwa 2000 gebrauchte Plastikflaschen damit das Boot auftreibt. Naja leider nicht mehr sehr traditionell, dafür wird der Plastik recycelt. Das Boot wurde von zwei Personen per Ruder angetrieben und brachte uns auf eine andere Insel, wo wir nochmals kurz Handarbeiten anschauen konnten und dann wieder zurück auf unser motorisiertes Boot gingen. Schon sehr touristisch das Ganze, aber mir hatte es trotzdem gefallen. Ich finde es sehr erstaunlich wie die Inseln gebaut und unterhalten werden. Mit dem Boot gings zurück nach Puno und zum Lunch. Danach hatten wir Freizeit, welche wir natürlich wieder einmal mehr nutzten um durch die Läden zu stöbern. Am Abend gabs nochmals ein kurzes Briefing betreffend dem Grenzübergang morgen und anschliessend gings zum gemeinsamen letzten Dinner. Das Dinner wurde von lokalen Tänzern und Musikern begleitet, eigentlich sehr unterhaltsam und witzig jedoch so laut, dass wir uns anschreien mussten. Naja dafür war das Essen ausgezeichnet.

La Paz 28.06. – 30.06.

 La Paz, Bolivia

28.06.

Um 06:30 gings los und mit dem Bus einige Stunden bis zur bolivianischen Grenze. Dort mussten wir ziemlich lange anstehen bis wir die nötigen Stempel hatten. An der Grenze zeigte sich auch wie korrupt die einen Leute sind. Da wurde zum Beispiel bei den Einheimischen am Stempelposten der Stempel einfach mal kurz auf April zurückgestellt und so den Pass gestempelt...??? Auch sonst wurden, glaube ich, einige Sachen ein bisschen anders gemacht als gedacht. Naja wie auch immer, trotz ein paar kleineren Problemen hatten wir's schlussendlich alle auf die andere Seite geschafft und konnten wieder in unseren Bus einsteigen. Nun gings auf bolivianischem Boden weiter bis nach La Paz. Auch von dieser Stadt hatte ich schon viel gehört und war sehr gespannt darauf. Bevor es nach La Paz ging kamen wir in einen Vorort. Die Reiseführerin erzählte uns, dass die armen Leute oben im Norden wohnen und die reichen unten im Süden. Die Stadt hat einen Höhenunterschied von ca. 1000m und unten ist es natürlich viel wärmer als oben. 1 Mio. Leute wohnen oben im Vorort und 1 Mio. unten in der Stadt. Wir fuhren durch den Vorort und man konnte anhand der Häuser schon erkennen, dass die Leute hier eher arm sind. Zudem war ich entsetzt vom vielen Abfall. Ich war ja schon in vielen Ländern und an vielen Orten ist es ein Problem, doch was ich dort sah, war katastrophal. Zwar war der meiste Abfall in Plastiksäcke verpackt, doch diese tausend Plastiksäcke lagen alle in dem kleinen Fluss welcher kaum Wasser hatte. Dazwischen hunderte von Vögeln, Hunden und Katzen, welche den Abfall wieder auseinandernahmen. Ganz eklig und ein für mich trauriges Bild. Wir fuhren nochmals etwas und kamen endlich an den Rand des Berges von wo man auf ganz La Paz sah. Wow diese

Aussicht! Man sah nur Häuser umrundet von hohen Bergen mit Schnee und das alles auf ca. 3600m.ü.M. Wir fuhren den Berg runter und um ca. 15:30 kamen wir in unserem Hotel an. Puh, hatte dies nun lange gedauert. Um 16:00 war eine Walking-Tour angesetzt. Wir hatten alle nichts zu Mittag gehabt, waren daher sehr hungrig und mega müde von der Reise. Die Gruppe schleppte sich die Strassen rauf und runter und war überhaupt nicht motiviert. Zum Glück liess die Reiseführerin mit sich reden und ging mit uns statt zur Walking-Tour in ein Restaurant zum verspäteten Lunch. Das war uns allen viel lieber und wir waren wieder glücklich. Lustigerweise bestellten praktisch alle (also ca. 16 Leute) den Big Burger und so wurde kräftig geschlemmt, auch mal wieder lecker, obwohl der local-food immer gut war. Danach gingen alle individuell weiter und jeder konnte das machen was er wollte. Die Tour war nun offiziell fertig und wir mussten uns teilweise schon von einigen Leuten verabschieden. Zum Glück blieben die Leute mit denen ich's sowieso gut hatte noch ein bisschen länger und so hatten wir noch etwas Zeit zusammen. Wir schlenderten etwas durch die Strassen von La Paz und gaben mal wieder Geld aus an den vielen coolen Marktständen. Besonders speziell, einerseits amüsant und anderseits eklig, war der Hexenmarkt. Von irgendwelchen Kräutern und Samen, gegen und für "weissichnichtwas" gabs hier alles. Leider auch sehr viele tote Lama-Babys in allen Stadien, vom Embryo bis zum kleinen Lama, welche so sagte man uns, nicht umgebracht werden, sondern nur verkauft, wenn sie sowieso eines natürlichen Todes sterben (wers glaubt...) und dann zusammen mit Süssigkeiten als Opfergaben für ein neu gebautes Haus der Pacha Mama also Muttererde übergeben werden. Naja... Jedem das seine, aber interessant. Am Schluss endeten wir in einem Pub bevors dann ins Bett ging.

29.06.

Am späteren Morgen gings zu viert mit dem Taxi zum Moon Valley. Wir schauten uns dieses Valley an und man fühlte sich

wirklich etwas wie auf dem Mond. Danach gings mit dem Taxi
weiter zu den Gondeln (natürlich Garaventa) die quer über die
Stadt führen. Wir genossen den Ausblick über ganz La Paz und
für mich war es sehr interessant die verschiedenen Häuser und
Viertel von oben zu sehen. Man konnte reich und arm so schon
sehr genau sehen. Ganz oben angekommen blieben wir nicht
lange, da es sehr kalt und windig war. Wir nahmen wieder die
Gondeln nach unten und gingen dort irgendwo zum Lunch. Der
Nachmittag verstrich gemütlich und am Abend trafen wir uns
nochmals mit allen die noch hier waren zum Abendessen. Nachdem wir uns verabschiedet hatten gings auch schon bald ins Bett.
Ich hatte auf dieser Tour ein paar sehr tolle Menschen kennen gelernt und hatte oft sehr grossen Spass mit ihnen. Schade gehe ich
nicht jetzt nach Australien, nun würde ich sehr viele Leute dort
kennen, vor allem in Melbourne und Sydney... Naja vielleicht ein
andermal hihi...

30.06.
Nun waren es nur noch zwei... Helene, eine Australierin und ich
genossen noch die letzten gemeinsamen Stunden zusammen und
verweilten uns nochmals etwas in der Stadt. Als sie am Mittag
zum Flughafen musste war nur noch ich übrig. Ich genoss etwas
Ruhe und schrieb mal wieder an meinem Blog. Am Abend um
19:00 ging ich mit dem Taxi zur Busstation von wo aus mein Bus
nach Salar de Uyuni fahren sollte. Zum Glück ging ich so früh
los, denn das Taxi hatte für eine 10min Fahrt etwa 45min gebraucht und mein Busunternehmen war an der Busstation nirgends zu finden. Als ich am Infoschalter fragte, erfuhrt ich, dass
es gar nicht hier sei, sondern ein paar Strassen weiter unten. Toll,
ich machte mich also auf den Weg und nach etwa dreimal fragen
kam ich endlich an. Um 21:00 gings in den Bus, welcher zum
Glück ziemlich komfortabel war, wieder wie damals nach Puno,
mit Abendessen und etwas zu trinken inklusive. Ich versuchte

etwas zu schlafen, damit ich morgen in Uyuni einigermassen fit war.

Salar de Uyuni 01.07. – 03.07.

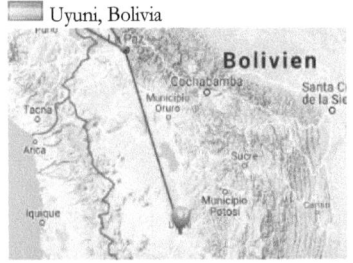
Uyuni, Bolivia

01.07.
Um ca. 09:00 kamen wir in Uyuni an und es schlug mir gleich die eisige Kälte ins Gesicht. Ich wusste ja, dass es kalt sein würde, doch gleich so?!?! Scheisse war das kalt... Oje und ich will nicht wissen wie es in der Nacht sein wird... Zum Glück hatte ich meine Alpakasachen, Schal, Handschuhe und Mütze eingepackt. Im Office des Veranstalters lernte ich 4 Kanadier kennen. Sie nahmen mich mit auf eine kleine Shoppingtour, wo sie sich natürlich ordentlich mit Alkohol ausstatteten, also vor allem die zwei Jungs.

Als es um die Einteilung für die Autos ging, immer 5 Leute pro Wagen, waren wir schon alle verteilt. Ich sah wie die Kanadier natürlich zusammen sein wollten und mit dem Veranstalter sprachen. Ich sah mir die anderen Leute an, welche zwar nett schienen, jedoch ziemlich langweilig und machte mich gedanklich schon mal darauf gefasst, mit ihnen im Jeep zu sein. Doch die Kanadier dachten wohl auch, dass sie mich nicht mit denen alleine lassen konnten und so buchten sie mich auch gleich in ihren Jeep. Kurz darauf gings los und wir hatten viel Spass zusammen. Zwar wars ab und zu etwas hart als Einzige "nicht-kanadierin", doch sehr lustig und unterhaltsam.

Der erste Stopp war bei der ersten bolivianischen Lokomotive, welche sehr zum Fotos machen einlud. Danach gings zu einer kleinen Stadt welche ausschliesslich vom Salz gewinnen lebt und natürlich den Souvenirständen. Wir sahen riesen Berge von Salz, welches zur Verpackung bereitstand, zudem wurde uns kurz

257

etwas drüber erklärt bevors zum Mittagessen ging. Anschliessend gings zum Highlight der Tour, der eigentlichen Salt-Flat oder auch Salzsee/Salzwüste genannt. Wohin das Auge reicht, sieht man nur Salz, Salz und nochmals Salz. Es ist ganz hart und trocken, so dass man auch meinen könnte auf Eis oder hartem Schnee zu laufen. Da nun Trockenzeit war, konnte man leider nicht die berühmte Spiegelung sehen, doch mir wars gerade recht zu der Kälte nicht noch verregnet zu werden. Wie jeder der einmal dort war, machten auch wir ein paar coole Fotos und sogar einen kleinen Film, bei welchem unser Guide Regie führte. Es war ziemlich lustig diese Fotos zu machen und genauso den anderen dabei zu zusehen. Wir blieben ziemlich lange dort und fuhren dann ca. 1h vor Sonnenuntergang weiter. Wir kamen zu einer grossen Kaktusinsel welche wir bestiegen. Über 1000 Kakteen soll es auf dieser Insel haben und es sieht schon ziemlich witzig aus in mitten der weissen Salt-Flat plötzlich eine Insel mit so vielen grünen Kakteen. Wir konnten von dort zusehen wie die Sonne unter ging und sahen den eigentlichen Sonnenuntergang dann etwas weiter weg von der Insel, immer noch von der Salt-

Flat aus. Wunderschön! Mit der Sonne ging auch das allerletzte bisschen Wärme weg und es wurde eisig kalt! Huuuiii! Ich fragte mich, ob ich mit einer Lungenentzündung nach La Paz zurück kehren werde...

Wir fuhren noch ein Weilchen und kamen dann zu unserem Salz-Hotel. Die Wände und vieles der Einrichtung waren aus Salz und cool gemacht. Leider nur kein bisschen warm, so dass man sich hätte aufwärmen können. Die warme Dusche die hier eigentlich gegen Gebühr hätte sein sollen, war leider auch nicht vorhanden und so freuten wir uns alle umso mehr auf die Teerunde. Bald darauf gabs bolivianisches Abendessen und der Abend klang gemütlich aus. Boa, war ich nun froh um meinen super Schlafsack, dieser konnte ich nun echt nochmals gut gebrauchen!

02.07.

Schon ziemlich hart in dieser Kälte den warmen Schlafsack zu verlassen (ich vermisse den heissen Coca-Tee welcher mir von einem Chasky gereicht wird...), doch wir kämpften uns tapfer aus dem Bett und wieder in den Jeep. Nachdem wir ziemlich herum gefahren waren schauten wir uns einige Vulkane und Lagunen an. Cool wie diese verschiedene Farben haben. Je nachdem was in den Lagunen ist. Gewisse waren hochgiftig und sahen auch so aus. Wir kamen natürlich auch zum berühmten Rock Tree, ein Stein der aussieht wie ein Baum. Sowieso ist die Landschaft mega schön und spannend, immer wieder andere Felsformationen, Vulkane und von Wüste über Wiese sahen wir alles. Wir sahen auch die Grenzvulkane zu Chile. Bei einem Vulkan auf fast 5000m.ü.M. hielten wir etwas länger zu einem Fotostopp. Ich hielt es jedoch nicht sehr lange ausserhalb des Jeeps aus. Erstens wars sowas von ARSCHKALT und zweitens stank es so unheimlich übel nach Schwefel, dass uns fast schlecht wurde. Schnell ein paar Fotos geschossen und wieder rein in den Jeep.

Das Hotel in welches wir für diese Nacht gingen, war auch teilweise aus Salz und sehr einfach. Nach dem Tee (wie ich dies hier zu schätzen weiss...) und dem anschliessenden Dinner gings zu einem weiteren Highlight. Den Hot Springs. Eine Quelle mit heissem Wasser (ca. 38 Grad) lädt inmitten von nichts zum plantschen ein. Eigentlich machen alle Touren diesen Stopp am Tag, wo man die Springs mit vielen anderen Leuten teilen muss. Da wir aber gerade ein paar hundert Meter oberhalb der Springs im Hotel übernachteten und es keine "Öffnungszeiten" für die Springs gibt, durften alle Hotelgäste rein. Wir waren zwar auch etwa 15 Leute, doch besser als mit 50 oder so. Der Weg dorthin war sehr sehr hart. Möglichst wenig Kleider wollten wir mit nach unten nehmen und natürlich gings in Flip-Flops über Steine im Dunkeln zu den Quellen. Ach du sch*****meine Zehen! Sooo kaaaalt! Als ich schon meinte sie gar nicht mehr fühlen zu können kamen wir endlich an und dann gings von einem Extrem ins andere. Die Quellen waren am Anfang fast zu heiss und ich fühlte mich als würde ich gekocht werden. Doch man gewöhnte sich ziemlich schnell daran und so genossen wir den Abend in den Hot Springs.

03.07.

Heute fuhren wir eigentlich nur noch zurück nach Uyuni. Noch ein paar kurze Stopps an schönen Orten und sonst sassen wir den ganzen Tag im Auto. Zum Glück wussten wir uns mit Spielen zu unterhalten und hatten trotzdem Spass. Am frühen Nachmittag kamen wir in Uyuni an und gingen noch zusammen Abendessen, bis wir alle auf verschiedene Busse weitermussten. Ich ging wieder auf den Nachtbus zurück nach La Paz. Meine kanadischen Freunde mussten leider wo anders hin und so verabschiedeten wir uns.

Die Salt-Flat war sehr cool und erstaunlich. Die Tour ist sehr viel "nur" Landschaft anschauen, doch mir hat es sehr gut gefallen und wird mir definitiv in Erinnerung bleiben. Die verschiedenen Landschaften sind eindrücklich und interessant.

Zurück nach La Paz 04.07.

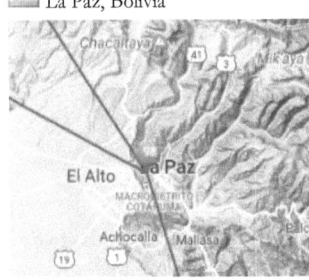

04.07.

Um 06:00 war ich wieder in La Paz angekommen und sogleich mit dem Taxi zu meinem Hotel gefahren, in dem ich vorhin schon war und wo mein Gepäck auf mich wartete. Zum Glück durfte ich sofort ins Zimmer und so konnte ich noch etwas Schlaf nachholen. Eigentlich wollte ich am Nachmittag kurz zum Flughafen und mein Packet, welches ich nach Hause schicken wollte, abgeben. Ich fuhr also mit dem Taxi wieder den Berg hoch zum Flughafen. Schon krass, man fühlt richtig die Höhe, wenn man so schnell ein paar hundert Höhenmeter zurück legt. Wow, dort oben hatte es sogar geschneit und es war richtig richtig kalt! Am Flughafen war leider nicht so wie versprochen ein Postschalter oder etwas dergleichen, nur ein kleiner Stand und niemand dort. Ich fragte am Infoschalter nach und diese sagten mir, die Person die dort arbeitet käme in 30min zurück. Da ich sowieso Hunger hatte ging ich in dieser Zeit etwas essen und dann wieder zurück. Immer noch niemand dort... Ich fragte nochmals am Infoschalter, die Dame war wie zuvor schon, sehr genervt und keineswegs hilfsbereit. Sie meinte ich müsse nochmals warten, inzwischen war aber bereits fast 1h vergangen. Ich fragte sie, ob denn der Postschalter überhaupt offen sei und daraufhin meinte sie, ja das wisse sie doch nicht. Toll, du doofe Kuh, sag mir doch, von Anfang an, dass du keine Ahnung hast! Mir blieb also nichts anderes übrig als wieder zurück ins Hotel zu gehen, denn das Postbüro in der Stadt hatte ja heute Samstag geschlossen. Ein Taxi zurück zu finden war genau so schwierig. Ich musste fast nochmals 1h warten bis ich endlich eines bekam! Zum Glück fand ich im Hotel heraus, dass ich auf meinem Flug zwei Gepäckstücke aufgeben durfte und so lief ich nicht Gefahr Übergepäck zu haben. Zurück im Hotel nutzte ich die Zeit und schrieb wiedermal etwas an meinem Blog und schlief noch etwas bis ich abgeholt wurde.

Villarreal Homestay 05.07.

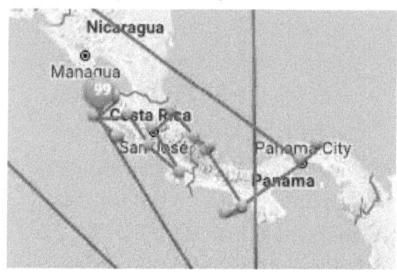 Villarreal, Guanacaste, Costa Rica

05.07.
Um 01:30 wurde ich abgeholt und ging erneut zum Flughafen. Zum Glück war kein Verkehr um diese Zeit, nicht so wie tagsüber und ich erreichte den Flughafen ziemlich schnell. Einchecken ging relativ schnell und problemlos, doch danach das ganze Tamtam mit Personen- und Handgepäckkontrolle war mega mühsam und dauerte ganz schön lange. Immerhin musste ich nicht mehr ganz so lange am Gate warten. Diese Zeit war sogar ziemlich witzig. Ein "immer noch betrunkener" junger Policeman aus Byron Bay (Australien) setzte sich zu mir und quatschte mich voll. Endlich um etwa 04:00 war der Flieger bereit und es ging zuerst nach Bogota. Dort wechselte ich lediglich das Gate um mit dem nächsten Flieger nach San José, Costa Rica zu fliegen.

Ich war etwas nervös und sehr gespannt, nun würde ich bald mein "neues zu Hause" für die nächsten 3 Wochen und meine Hostfamily kennen lernen. Zuerst aber musste ich noch einen ziemlich mühsamen und wackeligen Flug mit einer angsteinflössenden Landung über mich ergehen lassen und war froh endlich in San José anzukommen. Dort kam, kaum als ich am Gepäckband angekommen war, ein Typ vom Flughafen auf mich zu und fragte mich nach meinem Namen. Ich wusste sogleich, dass irgendetwas nicht stimmte. Mein Gepäck war in Bogota geblieben. Toll, auch das noch. Der Flughafentyp versprach mir, dass das

Gepäck mit dem nächsten Flieger von Bogota, also um 16:00 kommen würde und dann zu meiner Hostfamily geliefert werden würde. Da mein Transfer erst um 15:00 war und es einen Transfer von einem anderen Unternehmen, noch mit anderen Passagieren hatte, würde mein Gepäck wahrscheinlich sogar vor mir bei meiner Hostfamily sein, meinte der Typ. Ok, das schien mir eher unrealistisch, aber mal schauen. Da ich ja noch kein Spanisch konnte, musste der Typ für mich bei meiner Hostfamily anrufen und mitteilen, dass ev. mein Gepäck noch vor mir ankommt. Toll, guter Start, wenn meine Hostfamily schon Sachen für mich erledigen muss bevor ich sie überhaupt kenne.

Ich schlug die Zeit tot bis ich abgeholt und nach Villarreal gefahren wurde. Die Fahrt sollte ca. 5-6h dauern laut dem Transferunternehmen. Dort sollte ich von meiner Hostfamily abgeholt werden, denn ich hatte keine Ahnung wohin. Die Strassen sind nicht wie bei uns mit Namen und Nummern versehen. Die Adressen sind oft so etwas wie: 100m von der Kreuzung blablabla, nach rechts bei der Verzweigung blablabla... Also für Touristen schwierig zu finden. Leider konnte ich auf der Fahrt nicht sehr viel vom Land sehen, da es schon bald dunkel wurde. Bereits nach etwa 4h kam ich an meiner Haltestelle in Villarreal an. Also Haltestelle war übertrieben, es war einfach der Parkplatz von einem Tierfutterladen. Da ich nun sehr viel früher als geplant ankam wusste ich nicht recht was ich nun machen sollte. Alleine losgehen und das Haus suchen war praktisch unmöglich und telefonieren konnte ich ja auch nicht, da mein Handy ja geklaut wurde. Ich entschied mich einfach auf die Treppe zu sitzen und zu warten, im schlimmsten Falle würde es 2h dauern... Ein bisschen unwohl war mir schon, ich wusste ja nicht wie es so nachts alleine in Costa Rica ist und in welcher Gegend ich war. Zum Glück musste ich nicht lange warten und eine weibliche Person näherte sich mir. Es stellte sich heraus, dass es Ruth meine Hostmum war und mit Händen und Füssen verständigten wir uns irgendwie. Sie führte mich ca. 5min bis zu ihrem Haus, war also nicht weit. Dort warteten auch mein Hostdad Diego, obwohl eher Hostbrother, denn er wirkte sehr jung und eine andere Studentin. Die andere Studentin war Deutsche und sprach fliessend Spanisch und so konnte ich mich zum Glück für heute mit meiner Hostfamily verständigen. Mein Gepäck war natürlich noch nicht dort und Ruth berichtete mir, dass die Fluggesellschaft nochmals angerufen hätte und mein Gepäck erst morgen um ca. 09:00 kommen würde. Ich war nicht überrascht. Ina, die andere Studentin gab mir ein frisches T-Shirt, Duschmittel und Ruth ein Frottiertuch, damit ich mich wenigstens etwas frisch machen konnte. Ich kam zudem in den Genuss des ersten costa-ricanischen Abendessens: Reis und Bohnen. Das wird mich noch lange begleiten. Zum Glück war es sehr lecker und die Leute schienen nett. Ich war etwas verwirrt, Ruth schien einiges älter als Diego und sie schienen auch nicht wie ein Paar. Ein paar Tage später fand ich heraus, dass Ruth 52 ist und Diego 32. Sie sind kein Paar, doch wenn Studenten da seien kommt Diego und hilft ihr (einkaufen mit dem Auto etc.). Zudem ist es einfacher Studenten (und somit auch Geld) zu bekommen als Familie, als wenn man alleinstehend ist. Naja mir ja egal, solange sie nett sind und ich mich wohl fühle.

Mein Zimmer war ziemlich gross und hatte alles was man braucht. Klar, alles etwas verbraucht, dreckiger als zu Hause und voller Spinnweben, doch ich denke für diese Verhältnisse hier ziemlich gut. Ich hatte ein grosses Bett und auch sonst war das Haus gemütlich. Die Küche war halb offen und so sass man mehr oder weniger draussen beim Essen. Zudem sind alle Häuser mit grossen massiven Zäunen umgeben, ein ziemlich ungewöhnliches Bild für mich, doch das scheint hier normal zu sein. Ich war hundemüde und war froh bald ins Bett zu können.

Tamarindo 06.07. – 10.07.

Tamarindo, Province of Guanacaste, Costa Rica

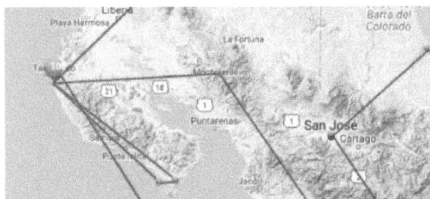

06.07.

Um 06:30 war Frühstückszeit und ich bekam die ersten leckeren tropischen Früchte, hmmm frische Ananas wie ich das liebe. Danach gings auch schon los zur Busstation. Ich war froh Ina bei mir zu haben, die mir alles zeigte. Die Schule liegt im Hauptort in Tamarindo und ist von Villarreal etwa 10min Autofahrt entfernt. Die Schule hat einen eigenen Shuttle und so lernte ich bereits im Bus ein paar Leute kennen. Erstaunlich viele Schweizer hatte es. Doch als ich dann in der Schule die Informationen hinter mir hatte war mir klar wieso. Die Schule hatte damals ein Schweizer gegründet und die Schule arbeitet mit vielen Schweizer Reiseveranstalter zusammen. Oje, ich hoffe ich werde etwas Spanisch lernen in den nächsten drei Wochen und nicht nur verschiedene Schweizerdialekte. Zum Glück wohnte ich in einem Homestay und nicht im Studentenhaus, sonst würde ich wohl noch weniger lernen. Wir mussten einen Einstufungstest machen, den ich mir eigentlich hätte sparen können, denn ich wusste, dass ich sowieso im totalen Anfängerkurs sein werde und so war es dann auch. Drei Leute in einer Klasse, das war genial, so lernten wir wirklich viel und gut. Wir hatten diese Woche am Morgen Schule und am Nachmittag frei, das gefiel mir. Nach dem Mittagessen machten wir uns natürlich sofort an den Strand. Toll, ich immer noch in denselben Kleidern die ich seit dem Flug anhatte. Ich hoffte echt, dass mein Gepäck inzwischen angekommen war. Um 17:00 als die anderen von der Schule auch Feierabend hatten, gings zum gemeinsamen Volleyball spielen, das war richtig cool. Kurz vor 19:00 wurde es dunkel und Zeit für die meisten um nach Hause zu gehen. Bei den meisten Homestays, so auch bei mir, gabs ab

19:00 Abendessen. Ina und ich kamen etwas knapp und das Essen war schon bereit. Wir erzählten von unserem Tag und ich versuchte meine erlernten Spanischkenntnisse anzuwenden. Ich war nach wie vor froh um Ina, denn vieles verstand ich noch überhaupt nicht. Übrigens, mein Gepäck war da, juhuuu!!

Heute Montag, war kein "Ausgangsabend", das war mir gerade recht, denn so konnte ich nochmals früh ins Bett und etwas Schlaf nachholen. Ich war immer noch ziemlich kaputt von der Tour in Südamerika und extrem froh nun mal 3 Wochen an einem Ort zu bleiben und mich etwas erholen zu können vom vielen rumreisen. Ich weiss, schon wieder jammern auf hohem Niveau, aber trotzdem...

07.07. bis 09.07.

Die Tage sahen alle mehr oder weniger gleich aus. Am Morgen um 08:00 gings in die Schule, danach am Nachmittag an den Strand (meistens zu den Liegestühlen im El Be Club, da es dort auch gute Happy Hour gab) und am Abend aus, je nachdem in welcher Bar etwas los war. Die Schule bot immer Montag und Mittwoch eine Aktivität an und so versuchte ich mich am Mittwoch das erste Mal im Yoga. Huiuiui war das anstrengend. Beim Meditieren am Schluss bin ich fast eingeschlafen. Hm... Ich denke es ist eigentlich ganz cool und sicher sehr gut für den Körper, doch für mich eher nichts. Mal schauen, vielleicht versuche ich es ein andermal nochmals.

Mit meiner Hostfamily lief es auch richtig gut, Diego ist zwar ein etwas "komischer Vogel" doch beide sind sehr nett und zuvorkommend, besonders Ruth mag ich sehr und sie gibt sich grosse Mühe. Ich wurde sogar richtig verwöhnt, laut Schule soll die Wäsche von der Familie gemacht werden. Ruth ist dabei besonders schnell und sogar mein Bett wurde täglich von ihr gemacht, fast wie im Hotel. Langsam hatte ich mich auch an den Reis und die schwarzen Bohnen gewöhnt, sogenannte Frijoles und mochte sie sogar richtig gerne (hätte ich auch nie gedacht). Obwohl diese zwei Produkte immer Bestandteil vom Menu waren (sogar, wenn es Spaghetti gab), versuchten sie abwechslungsreich zu kochen. Die costa-ricanische Küche schmeckt mir sowieso sehr gut, obwohl es ziemlich Reis lastig ist. Ein Gericht zum Beispiel, das typische Landesgericht neben Gallo Pinto (Reis mit schwarzen Bohnen) ist Casado. Casado heisst übersetzt auch "verheiratet" und ist auch Reis mit Bohnen aber meistens mit noch etwas Fleisch. Man sagt das so, denn wenn ein Costa-Ricaner (übrigens nennen sie sich Ticos und Ticas), also wenn ein Tico eine Tica heiratet/casado, dann muss er damit leben, dass sie immer Reis und Bohnen kochen wird. Hihi das stimmt total, obwohl die Ticos auch im Restaurant freiwillig Casado oder Gallo Pinto essen. Anfangs fand ich's etwas schade, dass Ruth nur Kinder hat die schon ausgezogen sind, doch dafür hatte ich auch angenehme Ruhe. Mehrmals pro Woche aber kam die Enkelin von Ruth, Valentina, ein 2-jähriger Goldschatz und zuckersüss. Obwohl sie sehr anstrengend war, da sie immer auf Trab war und beschäftigt werden wollte (ich weiss nun wie sich meine Eltern gefühlt haben mussten, SORRY!!) war es witzig mit ihr zu spielen. Leider aber verstand ich sie nie. Sie konnte noch nicht gut sprechen und ihre Aussprache war noch ziemlich undeutlich. So nannte sie Diego zum Beispiel immer "Dschescho", wir verstanden uns aber auch so. Obwohl ich sie die erste Woche nur einmal gesehen hatte, kam sie beim zweiten Mal auf mich zu gerannt und empfing mich freudig schreiend. Und zum Abschied gabs eine dicke Umarmung und ein Küsschen auf die Wangen. Zudem rief sie mich immer zum Essen: "Adin, vamos a comer", das verstand sogar ich. Eigentlich bin ich nicht so ein riesen Fan von Kindern in diesem Alter, aber Vale war sowas von süss, dass ich richtig Freude an ihr hatte. Zudem mischte sie etwas den Alltag auf und Diego blödelte immer mit ihr herum, was teilweise sehr lustig war.

Das Einzige was mich unheimlich nervte in meinem Homestay waren die vielen Tiere rund ums Haus herum. Ruth hat lediglich einen kleinen Chihuahua welcher draussen wohnt und so gut wie nie auffällt. Doch die scheiss "Güggel" rundherum hätte ich echt erschiessen können!! Normalerweise krähen die doch wenn der Tag anbricht, nein diese Mistviecher begannen schon um 01:00 in der Nacht und natürlich mussten dann alle anderen Güggel von den anderen Familien antworten, sodass ein riesen Gekrähe ausbrach. Worauf natürlich die Hunde (und das sind auch nicht wenige) dann nicht still sein konnten und mitbellen mussten. Ein riesen Lärm, selbst mit Ohrstöpsel kein bisschen besser. Meine Idee: ein grosses Chicken BBQ! Ruth gefiel die Idee auch und sie hätte mich sofort unterstützt nur wäre dann wahrscheinlich der Nachbarsfrieden nicht mehr intakt und das wollte ich ihr natürlich nicht antun. Ach ja neben den Güggeln und den Hunden hatte ich noch ein anders tierisches Problem. Am zweiten Tag hatte ich mir Müsliriegel gekauft welche ja wie bei uns einzeln verpackt in einer Kartonschachtel sind. Ich hatte die Schachtel in meinem Rucksack welchen ich jeweils in die Schule mitnahm. Als ich in der Pause einen Riegel essen wollte sah ich, dass die Schachtel ein Loch hatte und die Verpackung von den Riegeln auch. Es sah aus wie wenn jemand daran geknabbert hätte. Ich wusste zuerst nicht ob dies wohl vom Supermarkt so war, doch eine kaputte Schachtel wäre mir doch aufgefallen. Ich hatte den üblen Verdacht, dass dies wohl in meinem Zimmer passiert sein musste. An den Knabberspuren an sah es aus wie von einer Maus... Hoffte ich auf jeden Fall, denn eine Ratte wäre ziemlich eklig. Obwohl ich Ratten als Haustiere cool finde, fände ich eine wilde costa-ricanische Ratte in meinem Zimmer alles andere als cool. Oje bitte lass es "nur" eine Maus sein! Ich entschloss ab jetzt nichts mehr Essbares im Zimmer zu lassen. In derselben Nacht hörte ich ein raschelndes Geräusch und war mir sicher, dass sich irgendetwas über meinen Abfalleimer hermachte. Als ich das Licht an machte, sah ich nur einen Schatten wegspringen. Aaaahhh! Ich habe eigentlich keine Angst vor Mäusen, aber solange ich noch nicht wusste ob es eine Maus oder Ratte war, ekelte ich mich schon. Ich stellte mir immer wieder unabsichtlich vor, wie die Ratte über mich rannte während ich schlief und konnte natürlich kaum schlafen. Immer wieder hörte ich merkwürdige Geräusche und schreckte jedes Mal hoch. Ich versuchte mehrmals das Vieh mit meiner Taschenlampe zu sichten, doch erfolglos. Am Morgen war ich ziemlich erschöpft und alles andere als erholt. Ruth musste mir dies wohl angesehen haben und fragte mich nach meinem Befinden. Ich erzählte ihr mit meinem super Spanisch von meinem Verdacht und ihre Antwort war lediglich ein Schulterzucken und ein Lachen, scheinbar hier etwas Alltägliches. Nun gut, damit musste ich wohl leben. Ein paar Abende später sah ich dann den Übeltäter auf einem Balken laufen der über die Küche führt. Ich sah, dass es zum Glück "nur" eine Maus war. Ich fand mich damit ab und kann nun sagen, dass ich in Costa Rica sogar ein Haustier hatte.

10.07.

Heute gingen wir nach der Schule zum Surfen. Da Selina (meine Schweizer Mitstudentin und auch Nachbarin) und ich noch blutige Anfänger waren, nahmen wir zusammen eine Surflesson. In Australien hatte ich ja nur mässig Erfolg und war danach ja ziemlich deprimiert, weil es überhaupt nicht klappen wollte. Ich wollte es daher nochmals versuchen, denn ursprünglich in Australien vor 6 Jahren, fand ich es richtig cool. Wir gingen an den Strand und machten zuerst ein paar Trockenübungen. Schon dort fiel mir auf, dass sie hier eine ganz andere Technik anwenden, als mir in Australien gezeigt wurde. Eine viel einfachere! Vielleicht ist das nicht so eine elegante Art um auf dem Brett aufzustehen, doch das ist mir doch egal, Hauptsache ich kann irgendwie aufstehen. Und siehe da: Es funktionierte! Natürlich immer noch mit einem kleinen "Schupf" vom Surflehrer, doch wir standen beide auf und surften etwas herum, wie cool! Nach den 2h Lesson waren wir ziemlich kaputt, doch mega happy, es war wirklich toll. Wir liessen den Nachmittag in der Happy Hour im El Be ausklingen, dann kurz nach Hause, essen, duschen und bereit machen für den

Abend. Heute Freitag ist Party im Monkey's mit live Band, das durfte man natürlich nicht verpassen.

Actionreicher Tagesausflug 11.07.

Rincon de La Vieja, Province of Guanacaste, Costa Rica

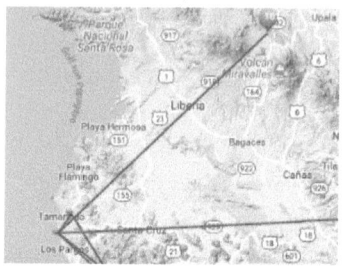

11.07.
Heute gings auf einen Ausflug mit einer Tour. Schon um 06:40 standen wir bereit und wurden abgeholt. Die Fahrt, sagte man uns, sollte 2h dauern, das hiess für uns also 2h schlafen. Die Tour führte in den Rincon de La Vieja Nationalpark. Ich hatte mich nicht gross um die Organisation gekümmert, das hatte jemand anderes übernommen und ich ging einfach mit. So war ich also gespannt was genau uns alles erwartete, ich hatte nur eine grobe Ahnung. Dort angekommen gings zuerst zum Ziplining. Ich finde solche Sachen ja immer toll, doch dort hatte es so viele Leute, dass ich mich nicht wirklich sehr darüber freuen konnte. Das Ziplining wäre cool gewesen, die Anlage ist gut gemacht und es hatte lange Lines, aber man musste bei jeder Line (7 hatte es total) ca. 20min anstehen und das machte es leider sehr mühsam. Zudem fragte ich mich, wenn die Männer die dort arbeiten und die Leute immer sichern und losschicken, sowie auch die Leute die "angesaust" kamen entgegennahmen, dass bei dieser ganzen Hektik dann kein Fehler passiert... Naja es ging ja zum Glück alles gut. Als dieser Part fertig war, was ganz schön lange gedauert hatte, gings rüber zu einer kleinen Farm. Dort warteten bereits ein paar Pferde auf uns. Wir wurden dann ruckzuck auf die Pferde gesetzt und los gings. Toll ich habe ja keine Ahnung vom Reiten und ziemlich Respekt vor diesen Tieren. Es war auch etwas unangenehm da es natürlich wieder viel zu viele Leute hatte und die Pferde sich einfach durchdrückten, egal ob irgendwelche

270

Beine von den Reitern zwischen den Satteln eingeklemmt oder man ins Gebüsch mit Dornen gequetscht wurde. Als ich nach ca. 10min auf dem Pferd zu niessen anfing, fiel mir wieder ein, dass ich ja allergisch auf diese Tiere bin. Da ich sonst nie mit Pferden zu tun habe, hatte ich gar nicht daran gedacht. Oje war das mühsam. Gut gemacht Nadine. Ich war nur froh als es bald vorbei war, denn mich juckte es unheimlich und ich sah aus als ob ich eine Grippe hätte, mit zusätzlich schön roten Augen. Zum Glück gings nun ins Wasser und ich konnte alles abwaschen. Wir bekamen einen Helm, Schwimmweste und einen grossen Luftring. Man sagte uns wir sollen uns gut festhalten und dann könne nichts passieren. Das stimmte soweit auch und ich hatte anfangs riesen Spass. Die Tubing-Strecke war 5km lang und wir freuten uns riesig. Es war echt cool den Fluss runter zu sausen und teilweise war es ziemlich steil und schnell. Wie ein bisschen beim River-Rafting, nur dass man nicht rudern musste. An den etwas heikleren Stellen standen Leute die einem halfen und sie sagten auch, dass wenn man rausfällt sie einem helfen wieder auf den Ring zu kommen. Der eine Typ fand es wohl lustig mir noch einen etwas heftigeren Schupps zu geben als nötig und so schoss ich nur so den Abhang hinunter und schwupps mit der nächsten Welle raus aus dem Ring. Ich konnte mich nicht mehr halten, die Strömung war so stark, ich wurde einfach mitgerissen und konnte nicht mehr anhalten. Von Hilfe natürlich keine Spur. Mein Ring war schon lange weiter unten und ich wurde über die Felsen ebenfalls nach unten geschwemmt. Zum Glück hatte ich die Schwimmweste an und Turnschuhe. Ich hatte meinen Ring bald eingeholt und versuchte zu stoppen, um wieder aufsteigen zu können. Keine Chance, teilweise verdrehte es meine Beine so, dass ich Angst hatte mir noch den Fuss zu brechen. So liess ich mich wohl oder übel treiben. Da ich aber nicht den ganzen Weg so zurücklegen wollte und bereits wieder steile Felsabhänge in Sicht waren, kam ich etwas, nicht gerade in Panik, aber schon etwas in Not. Ein Junge hatte dies bemerkt und bot mir seine Hilfe an. Ich konnte mich an seinem Ring festkrallen und er hielt mich fest, damit ich nicht wieder davon driftete. Unglaublich, ein kleiner Junge half mir und nicht die Guides oder ein anderer Erwachsener. Gemeinsam spülte es uns die nächsten Abhänge runter und dann wurde es zum Glück endlich etwas ruhiger und so flach, dass ich anhalten und wieder in meinen Ring steigen konnte. Danach ging die Strecke nochmals etwa so lange wie bis anhin, aber ich war leider nicht mehr ganz so erfreut darüber wie zuvor. Schon noch erstaunlich, alle tun so als wäre es überhaupt nicht gefährlich und ist es denke ich auch nicht, wenn man nicht aus dem Ring fällt. Ich dachte nur, wenn das ein Kind gewesen wäre...? Ich hatte ja schon sehr Mühe und musste schauen mich nicht zu verletzen und so zimperlich bin ich ja nun denke ich mal nicht. Egal, Hauptsache alles noch ganz und der Anfang war ja cool. Ich versuchte den Rest zu vergessen. Ups Mami, dass wusstest du ja noch gar nicht... Sorry, dass du es so erfahren musst, aber es ist ja nichts passiert. ;-) Nach dieser sehr kühlen Abkühlung gings endlich zum Lunch, wir waren schon halb verhungert und etwas unterkühlt. Anschliessend gings mit dem Bus ein Stück weiter bis zu den "Hot Springs". Bevor wir aber in die Quellen gingen, schmierten wir uns mit Schlamm voll, was scheinbar sehr gut sein soll für die Haut. Eigentlich hätte man es 10min trocknen lassen sollen, doch es war so kalt, dass wir nicht die ganzen 10min aushielten und vorher ins Warme mussten. Die Hot Springs waren sehr relaxing nach diesem Tag und wirklich sehr "hot". Danach gings wieder nach Hause. Wir alle nutzten die Fahrt wieder für ein Nickerchen. Zurück in Villarreal duschten wir kurz und gingen noch zusammen nach Tamarindo zum Abendessen. Wir waren nicht mehr in der Stimmung um in einen Club zu gehen und so gingen wir noch auf ein Bier ins Studentenhaus von der Schule. Dies war auch interessant, denn neben den Studenten wohnen dort 4 Waschbären die alles andere als scheu sind und zum Berühren nahekommen. Kevin und seine Freunde, die anderen Namen der Waschbären weiss ich nicht mehr, waren sehr unterhaltsam und die grossen Krebse die auch noch dort herum krabbeln auch.

Back in town... 12.07. – 17.07.

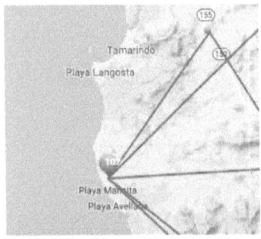 Tamarindo, Province of Guanacaste, Costa Rica

12.07.

Heute versuchte ich etwas auszuschlafen, was leider kaum möglich war mit dem ganzen "Zoo" rund um mein Schlafzimmer herum. Gegen Mittag trafen wir uns alle am Strand und chillten gemütlich. Nach dem Abendessen in der Family gings nochmals nach Tamarindo, heute war Bier Pong im Sharkys.

13.07. bis 17.07.

Diese Woche hatten wir immer am Nachmittag Schule. Selina und ich gingen aber trotzdem immer schon mit dem Morgen-Shuttle nach Tamarindo. Wir gingen entweder an den Strand, einmal sogar nochmals für 1.5h zum Yoga, danach war ich tot kaputt und weiss nun, dass es wirklich nicht so meins ist und einmal mieteten wir uns auch noch ein Surfbrett. Wir versuchten es alleine, leider nicht mit sehr grossem Erfolg. Alleine ist es schon viel schwieriger und der letzte kleine Schupps vom Surflehrer fehlte uns wirklich. Immerhin wir hatten es versucht.

In der Schule wars toll, unglaublich dass ich sowas mal über eine Schule sage, aber wir hatten diese Woche eine neue Lehrerin und obwohl der letzte Lehrer auch gut war, war diese noch viel besser. Selina und ich waren nur noch zu zweit in der Klasse und so lernten wir viel und mir machte es richtig Spass eine neue Sprache zu lernen. Zudem war ich nun alleine im Homestay, Ina ist weitergezogen und so konnte ich mich wirklich immer mehr mit Ruth und Diego verständigen. Klar ist es noch lange nicht gut, aber immerhin, ich konnte mich ausdrücken und von meinem

Tag erzählen, das fand ich richtig cool. Es fiel mir gar nicht so schwer zu lernen und ich war sogar teilweise richtig motiviert. Hihi was so eine lange "Lernpause" ausmacht...

Ansonsten verlief die Woche nicht viel anders als die letzte. Anstatt "Schule, Playa, kurz nach Hause und Ausgang", wars nun "Playa, Schule, El Be, kurz nach Hause und Ausgang".

Das Leben in Tamarindo ist sehr touristisch. Man sieht schon viele Locals, die sind auch die ganze Zeit an allen Partys und Bars, aber eher um Touristen für Surfkurse etc. zu überreden oder um mit den Touristinnen zu tanzen und sie rumzukriegen. Wohnen jedoch tun die Locals nicht in Tamarindo, dafür ist es zu teuer. Um von Tamarindo nach Hause zu kommen oder auch von Villarreal nach Tamarindo kann man den Bus nehmen. Da weiss einfach niemand wie er fährt oder man nimmt wie alle hier die Colectivos. Das sind lokale Sammeltaxis, keine offiziellen Taxis und daher viel günstiger. Da wird man zu zweit noch zu vier anderen ins Auto gequetscht und sitzt schon mal auf dem Vordersitz, der Kollegin auf dem Schoss. Zudem kann man froh sein, wenn das Auto einigermassen ganz ist, doch das ist dort Gang und Gäbe. Teilweise noch speziell, man hält einfach ein Auto an, oder meistens hupen sie einem und man sitzt einfach einem wildfremden Typen ins Auto und lässt sich irgendwo hinfahren. Die Strecke Villarreal- Tamarindo ist zum Glück nicht weit und da es dort ein normales Transportmittel ist auch nicht gefährlich. Eine solche Fahrt kostet tagsüber 1 USD und nachts vielleicht 2 oder 3 USD.

Ach ja übrigens, wenn man am Strand liegt, wird man ab und zu von Affen begrüsst die über einem, von Baum zu Baum springen. Auch rund um die Schule hat es Affen, Eichhörnchen und Krebse. Natürlich auch überall Vögel und schöne Schmetterlinge. Nochmals etwas zum Leben in Costa Rica: Die Ticos haben das Lebensmotto "PURA VIDA", volles Leben. Diese zwei Wörter werden für alles gebraucht. Auf die Frage wie es einem geht, als

Begrüssung oder als Verabschiedung, eigentlich kann man es auf alles anwenden und das tun sie auch.

Auch diese Woche hatte die Schule wieder Aktivitäten organisiert und so gingen wir an einem Nachmittag nach der Schule zu einer Familie nach Hause zum Empanadas machen und natürlich essen. Es war interessant eine andere Familie und deren Haus zu sehen und selbst Empanadas zu machen. Auch nutze ich diese Woche und den freien Morgen um mal wieder mit meiner Familie zu skypen, was mich sehr freute. Wegen der Zeitverschiebung und natürlich, weil wir "alle" (also vor allem ich) ja immer sooo beschäftigt sind, ist es manchmal schwer einen passenden Zeitpunkt zu finden. Diese Woche war es zum Glück endlich mal wieder möglich und ich hatte mich sehr gefreut meine Familie wieder mal zu sehen. Obwohl ich das Reisen liebe und es mich voll infiziert hat, vermisse ich meine Familie schon sehr und natürlich auch meine Freunde. Manchmal vermisse ich zugegeben auch mein eigenes Bett (oh wie gerne würde ich nur ab und zu eine Nacht darin schlafen...), ganz klar auch mein Saxophon und so gewisse Kleinigkeiten, die eigentlich nicht überlebenswichtig sind, aber trotzdem hat man sie gerne. Eines Abends hatten wir's mal von diesem Thema und die Leute die erst gerade mal 2 Wochen oder so von zu Hause weg waren, hatten erzählt was sie so vermissen. Also vor allem gings ums Essen, da viele genug von Reis und Bohnen hatten. Als ich dann gefragt wurde, was ich an Essen so von zu Hause vermisse, überlegte ich kurz und konnte dann kaum mehr stoppen aufzuzählen. Obwohl es überall auf der Welt so viele leckere Sachen gibt, fehlt einem halt nach einer Weile ab und zu schon die gewohnte Küche. In meinem Fall sind das meine Lieblingsessen, Kartoffelstock, natürlich vom Mimi mit Voressen oder das weltbeste Lachsmousse vom Omem. Auch das Curry von meinem Mami oder die Pizza und das Gegrillte vom Papi und und und... Natürlich noch so ein paar andere Sachen, doch die zähle ich hier jetzt nicht alle auf, das wird sonst langweilig.

Immer am Ende der Woche gab es einen Test um zu schauen ob man ein Niveau weiter gehen konnte oder ob man wiederholen musste. Die letzte Woche waren wir, also Selina und ich, soweit ganz gut, dass wir eines weiter gehen konnten. Nun stand auch schon wieder der Test für diese Woche an. Der Part wo man reden muss ist immer das schwierigste, ich weiss das können einige nicht verstehen, dass reden für mich schwierig ist, aber auf Spanisch schon. Wir bekamen den Test bereits am Schluss des Nachmittags zurück. Ich hatte 70 von 100 Punkten. Nicht gerade Weltklasse, aber hey immerhin, dafür, dass ich nur jeweils 4h Schule hatte am Tag und zwar schon meine Hausaufgaben machte, aber nicht wirklich "büffelte" fand ich das ganz ok. Mehr als die Hälfte, bestanden, was will man mehr!?

Am Abend gings wie scheinbar jeden Freitag ins Monkeys zum Salsa tanzen (oder zu der Salsa-Version die die Touristen mit den Locals versuchen).

...und los geht unser Weekendtrip 18.07.

Santa Teresa, Puntarenas, Costa Rica

18.07.

Juhuu Road Trip! Zu sechst gings los zu einem verlängerten Wochenende. 5 SchweizerInnen und eine Österreicherin hatten zusammen ein Auto gemietet. Von Tamarindo/Villarreal gings los der Pazifikküste entlang. Wir hatten geplant nicht auf der Hauptstrasse zu fahren um etwas Land und Leute zu sehen, doch irgendwie kamen wir auf eine ganz krasse Strasse. Sie stand im Reiseführer als "unexplored", doch es war nicht wirklich ein Weg zurück und so wagten wir es. Zum Glück hatten wir einen starken 4x4 ansonsten wäre diese Strasse nie möglich gewesen zu fahren. Natürlich "dirt road" und extrem holprig und löchrig. Teilweise mussten wir Flüsse passieren und oft ging es ganz schön steil nach oben oder unten. Aber mega cool und ich fands richtig schade konnte ich nicht fahren. Wir hatten nur zwei Fahrer angemeldet, weil es sonst noch mehr gekostet hätte. Ja sehr schade, die Strasse war richtig cool. Egal auch das Mitfahren hatte Spass gemacht. Es ging durch Dschungel, wo wir Affen beobachten konnten und zwischen Felder hindurch. Die Farmer winkten uns alle freudig und grüssten uns. Vielleicht lachten sie uns auch aus und dachten "ach die Touristen wieder, wenn die wüssten wo die hinfahren...", aber ich denke es war ein liebgemeintes lächeln. Mit ziemlich mehr Verspätung als wir gerechnet hatten kamen wir in Santa Teresa an und entschieden uns dort zu bleiben. Der Strand war schön und so genossen wir den Nachmittag dort. Als es dunkel wurde, zogen wir an den Pool vom Hostel und blieben so lange wir durften und der Hostelbesitzer den Pool schloss. Danach gingen wir fein essen und bald ins Bett, da wir irgendwie alle sehr müde waren.

Montezuma 19.07.

Montezuma, Province of Puntarenas, Costa Rica

19.07.
Heute gings weiter mit dem Auto, jedoch nicht mehr ganz so lange wie gestern. Unser nächstes Ziel: Montezuma, oder laut Reiseführer auch "Montefuma". Als wir dort ankamen bestätigte sich dies auch. Das Dorf ist klein und voller Rastafaris, welche eine typische Duftnote hinterlassen. Irgendwie cool dieses kleine Dorf fand ich. Wir checkten in einem coolen Hostel ein, dass mehr wie ein grosses Hotelzimmer für uns sechs war und gingen zu den Wasserfällen. Zuerst mussten wir ca. 30min hochlaufen. Oben angekommen sahen wir den Wasserfall. Er war cool, aber wie so oft für uns Schweizer jetzt nicht sooo speziell. Nachdem wir uns etwas erfrischt und rumgeplantscht

hatten gings auch schon bald wieder zurück. Wir liessen den Nachmittag am Strand ausklingen und genossen noch etwas die Sonne und das Meer. Später gings zum Abendessen und in die einzige Bar in der noch was lief.

Letzte Woche in Tamarindo 20.07. – 26.07.

Tamarindo, Province of Guanacaste, Costa Rica

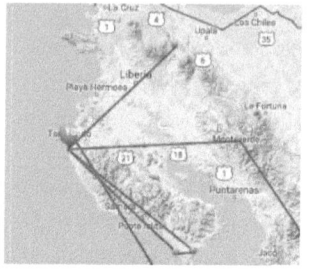

20.07.

Nach einem gemütlichen Frühstück gings noch an die Playa Grande von Montezuma. Wir mussten ziemlich lange laufen, ca. 45min, was in der Hitze und im Sand nicht gerade sehr angenehm war. Zum Glück hatte es sich aber gelohnt! Der Strand war riesig und mega schön! Das Wasser mega warm und mit vielen grossen Wellen. Leider konnten wir nicht sehr lange bleiben, da wir schon bald wieder zurückmussten, im Hostel auschecken und zurück fahren nach Tamarindo. Die Fahrt dauerte wieder eine Weile und wir kamen um ca. 18:00 in Tamarindo an. Wir waren alle ziemlich müde und die meisten entschieden sich den Abend zu Hause ruhig ausklingen zu lassen, so auch ich.

21.07.

Die letzte Schulwoche hatte begonnen. Wie jede neue Woche hatte ich nun wieder einen neuen Lehrer und eine neue Klasse. Leider spürten wir schon am ersten Tag, dass die neue Lehrerin nicht so toll ist und wir nicht sehr viel lernen werden. Sie konnte leider überhaupt nicht erklären und wiederholte, wenn man etwas nicht verstand, einfach das gleiche Wort oder den gleichen Satz immer und immer wieder. Wie wenn das helfen würde, wenn man es nicht versteht, dann versteht man es nicht und dann muss man versuchen es mit anderen, vielleicht besser bekannten

Wörtern zu umschreiben. Die anderen Lehrer hatten das immer gemacht und es ging so sehr gut und wir lernten viel, doch diese Lehrerin war leider nicht fähig dazu. Schade, wir lernten in dieser Woche nicht sehr viel. Immerhin konnte ich mich zu Hause mit meiner Hostfamily etwas unterhalten. Gegen Ende des Morgens gabs noch eine kleine Vorstellung von zwei einheimischen Töpfermeistern. Es war cool ihnen bei ihrem Handwerk zuzusehen und wie schnell und perfekt sie ihre Arbeit machten. Am Nachmittag nach der Schule (ich hatte diese Woche wieder am Morgen Schule, jupii) gings natürlich wieder an den Strand. Zum Abendessen mussten wir alle wieder nach Hause und da am Montag so quasi der "Ruhetag" war, gingen wir auch nicht aus, sondern machten brav unsere Hausaufgaben zu Hause...

22.07.

Heute Morgen in der Schule hatte ich mich riesig genervt über die Lehrerin und kurz die Beherrschung verloren. Zum Glück kamen mir bald wieder meine Manieren in den Sinn und ich beruhigte mich wieder. Die Lehrerin hatte aber gemerkt, dass ich sie unfähig finde und das ist auch gut so. Am Nachmittag gings nochmals kurz an den Strand und dann zum Surfen. Es war sowas von cool! Wir hatten den gleichen Lehrer wie das letzte Mal und es war super. Die Wellen waren teilweise sehr gross, also für uns Anfänger zumindest. Obwohl die Sonne schien, fing es an zu regnen. Das war ein spezieller und irgendwie mega schöner Moment. Das Wasser mega warm, der kalte Regen, der einem zum Glück etwas abkühlte, plus das Salzwasser vom Meer, vermischt mit dem Süsswasser vom Regen auf dem Gesicht und ein paar coole Wellen, einfach genial! Nach dem surfen gings kurz nach Hause zum Abendessen und schon bald wieder zurück nach Tamarindo, natürlich mit den Colectivos und in den Ausgang. Ich kam ziemlich spät nach Hause und wollte nur noch schlafen. Ich suchte überall meine Ohropax, die ich ja seit ich hier bin zum Schlafen brauche um den Saulärm etwas zu dämpfen. Ich fand meine

Ohropax schlussendlich versteckt in meinem Tablet (welches ich so als Dreieck aufgestellt hatte wie ein Zelt) und angeknabbert! Nein gabs sowas! Jetzt machte sich meine unerwünschte Zimmermitbewohnerin (die Maus, falls ihr das nicht mehr wisst...) sogar über meine Ohropax her, ich hoffte sie erstickte daran...

23.07.

Heute in der Schule war ich ziemlich müde. Wir hatten schon einen Teil des Tests, obwohl dieser für mich ja nicht mehr so bedeutend war, da es sowieso meine letzte Woche war. Nach der Schule liefen wir an den Nachbarstrand, an die Playa Langosta. Es war cool einen anderen Strand zu sehen, doch so speziell war er leider nicht.
Als ich an diesem Abend nach Hause kam war Vale, die Enkelin von Ruth, wiedermal hier und unterhielt die ganze Familie. Ich spielte etwas mit ihr und verbrachte einen gemütlich-lustigen Abend.

24.07.

Heute in der Schule hatte wir den zweiten Teil des Tests und konnten anschliessend gleich unseren Punktestand anschauen. Ich hatte wieder 72 Punkte von 100. Naja nach wie vor nicht mega gut, aber immerhin bestanden und für den nicht sehr grossen Aufwand den ich betrieb für mich zufriedenstellend. Wir bekamen anschliessend unser Diplom und verabschiedeten uns von allen. Am Nachmittag liess ich es mir etwas gut gehen und machte einen kleinen Beauty-Nachmittag im Spa. Als um 17:00 für alle die Schule aus war, traf ich mich mit Luki. Luki war eine Woche nach mir in die Spanischschule gekommen und wir hatten nun spontan entschieden zusammen etwas rumzureisen. Wir wollten zuerst ein Auto mieten, da wir beide ca. 2.5 Wochen Zeit hatten um rumzureisen und das schon sehr cool gewesen wäre. Leider aber liessen dies unsere Geldbeutel nicht zu und so beschlossen wir das Ganze per Bus zu machen. Wir trafen uns also und buchten den ersten Bus von Tamarindo nach Monteverde, unserem ersten Stopp. Am Abend gings nochmals alle zusammen ins Monkeys.

25.07.

Heute konnte ich schön ausschlafen und am Nachmittag gingen ein paar von der Schule zusammen mit dem Bus nach Santa Cruz. Diese nächst grössere Stadt organisierte ein grosses Fest zum heutigen Jahrestag von der Provinz Guanacaste. Wir waren ziemlich gespannt, da dies nun schon lange angesagt war und die Leute sich darauf freuten. In Santa Cruz angekommen gings noch ein paar Minuten Fussweg bis zum Festgelände. Ich hatte nicht ein Fest erwartet wie bei uns, doch was wir dort sahen war schon sehr mickrig. Ich denke wir waren fast zu spät, das Hauptfest war unter der Woche und nun gings langsam dem Ende zu. Es befand sich eine grosse Rodeo-Arena dort und wir schauten uns dies natürlich an. Ich hatte noch nie Rodeo gesehen und war gespannt. Auch dies war etwas ernüchternd. Die Reiter blieben kaum 5sek auf den Stieren und danach wurden die Tiere einfach nur unnötig von ca. 50 anderen Männern herumgejagt und nervös gemacht. Ansonsten war leider nicht viel zu machen auf dem Fest und so gingen wir schon bald wieder zurück. Wir gingen alle zusammen Essen und anschliessend noch aus.

26.07.

Heute konnte ich nochmals schön ausschlafen und ging gemütlich an den Strand. Viele von der Schule waren dort und wir genossen die Sonne, den Strand und das Meer. Am Abend hatte ich das letzte Abendessen "zu Hause" mit meiner Hostfamily und ich übergab ihnen noch ein kleines Geschenk. Ich wusste lange nicht was ich ihnen schenken sollte, da ich nicht genau wusste was sie mochten und sie auch nicht wirklich Hobbys hatten. Ich entschied mich dann, Ruth ein paar Ohrringe zu schenken (sie hatte jeden Tag andere Ohrringe an, immer passend zum Oberteil) und eine schöne Schale aus Muscheln, etwas "Bling-Bling" aber das passte zu ihr. Und Diego, der immer auf jede Speise Chily oder Tabasco darauf schmiss, zwei spezielle scharfe Saucen. Damit sie auch nicht vergassen, dass ich aus der Schweiz bin, natürlich noch eine weisse und eine normale Toblerone (welche man in jedem Supermarkt kaufen konnte). Sie freuten sich zum Glück sehr und die Geschenke schienen zu passen. Wir machten noch ein paar Fotos und hatten Spass. Danach gings wieder ins Sharkys, denn Sonntag war wieder Beer Pong.

Nun waren diese "3 Wochen Homestay in Costa Rica" auch schon wieder vorbei. Es war echt schnell gegangen. Ich hatte meine "familia tica" ziemlich ins Herz geschlossen und sie mich glaube ich auch etwas. Als ich nämlich Ruth erzählte, dass ich am Montag weiter gehen werde nach Monteverde, fragte sie mich, wo ich bis dahin schlafen werde. Ich meinte, dass ich wohl in ein Hostel gehen würde, da der Homestay offiziell nur bis am Samstag ginge. Ruth schaute mich nur an und meinte, wieso ich es so kompliziert machen wollte und noch Zimmer wechseln, packen etc., wenn ich möchte, könne ich auch bis Montag hierbleiben, wie sie schon am ersten Tag gesagt hatte: "mi casa es su casa". Ich war richtig gerührt und nahm das Angebot natürlich dankend an. Diego, der ja sonst nicht so viel sagte und ich nie richtig wusste, was er von mir hielt, meinte dann am letzten Abend, dass ich jederzeit, wenn ich mal wieder in Costa Rica sei vorbeikommen könne und auch jetzt, wenn beim rumreisen irgendetwas sei, ich mich immer an sie wenden darf. Ach, wie lieb die zwei! Ich hatte die Zeit dort, trotz Lärm und Maus in meinem Zimmer, sehr genossen und fand es schön mal wieder etwas länger an einem Ort zu sein. Jetzt war ich aber auch wieder bereit weiter zu ziehen und mehr von Costa Rica zu sehen.

Monteverde 27.07. – 28.07.

Monteverde, Province of Puntarenas, Costa Rica

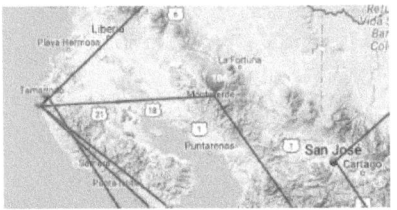

27.07.

Früh morgens packte ich meine letzten Sachen zusammen und verabschiedete mich von Ruth und Diego.

Da beide arbeiten gehen mussten und nachher nicht mehr zu Hause sein würden, musste auch ich das Haus schon verlassen. Ich ging mit dem Taxi in die Schule, platzierte mein Gepäck dort und erledigte noch ein paar Sachen. Ein grosses Packet musste ich noch auf die Post bringen um es nach Hause zu schicken. Wieder einmal etwas viel Souvenirs gekauft... Am Mittag assen wir nochmals alle zusammen und um 14:00 gingen Luki und ich auf den Bus nach Monteverde. Ca. um 18:00 waren wir in Monteverde angekommen und fanden sogleich ein Hostel. Wir schauten uns das Dorf etwas an und buchten eine Tour für den nächsten Tag.

28.07.

Am Morgen wurden wir abgeholt und die Tour ging zuerst durch den Dschungel. Natürlich schauten wir uns die bekannten Hängebrücken an und suchten nach Tieren. Leider sahen wir wegen dem Regen nicht so viele. Eine Schlange, ein paar Affen und Vögel, sonst leider nichts. Mit dem SkyTram gings den Berg hinauf, nass und sehr kalt. Die ganze Strecke die wir hochfuhren gings mit etwa 7 Ziplines wieder nach unten. Das war wirklich sehr cool gemacht, und die einen Lines waren mehr als 1km lang und gingen oft quer über den Dschungel, richtig cool. Bei zwei Lines musste man sogar zu zweit, damit man genügend Speed hatte um am anderen Ende anzukommen, da die Lines so lang waren. Trotz Regen war der Ausflug richtig cool gewesen. Um ca. 16:00 waren wir wieder zurück und fanden per Zufall noch ein

Reptilienhaus. Obwohl Luki ziemlich grosse Angst vor Schlangen hat, gingen wir rein und sahen ein paar coole Tiere. All zu spät wurde es an diesem Abend auch nicht, da wir am nächsten Tag schon wieder früh los mussten.

Manuel Antonio 29.07. – 31.07.

Manuel Antonio, Province of Puntarenas, Costa Rica

29.07.

Um 06:00 standen wir an der Bushaltestelle und warteten auf den Bus, der uns zuerst nach Puntarenas fuhr. Dort mussten wir umsteigen und fuhren mit einem anderen Bus nach Manuel Antonio. Leider fuhr der Linienbus nicht direkt bis dorthin, sondern nur ins grössere Dorf davor. An der Bushaltestelle war gerade jemand von einem Hostel, der natürlich Werbung machte, doch das Hostel klang gut und so wurden wir mit einem Taxi dort hingefahren. Am Mittag waren wir im Hostel angekommen und es zeigte sich auch als gut. Es war gut gelegen und die Zimmer und alles rundherum tipptopp. Wir schmissen uns in unsere Badesachen und gingen an den Strand. Leider aber konnte ich nicht allzu lange bleiben. Ich fühlte mich schon wieder seit einigen Tagen nicht so gut, denke auch, dass ich Fieber hatte und war geplagt von Durchfall und Übelkeit. Toll, da ich nicht wieder irgend so ein "Käfer" lange mit mir rumtragen wollte, ging ich wohl oder übel zum Doktor. Sie gaben mir eine Infusion, ein paar Medikamente und ich hoffte, dass es auch wirklich nützte. Danach ging ich sogleich ins Bett.

30.07.

Am nächsten Morgen war ich vergleichsweise relativ fit und wir machten einen Beach-Day. Es war sehr gemütlich. Um 15:00 gingen wir zurück ins Hostel und assen einen verspäteten Lunch.

Danach gings mir leider gar nicht gut und ich musste mich wieder hinlegen. Eigentlich wollten wir heute Abend etwas in die Clubs, aber ich fühlt mich überhaupt nicht gut und pendelte wieder zwischen Zimmer und Toilette. Toll... Luki fand zum Glück ein paar Mädels denen er sich anschliessen konnte und so konnte immerhin er etwas das Nachtleben erkunden, ich kroch zurück ins Bett.

31.07.
Nach dem Frühstück gings mit dem Bus zum Nationalpark. Dieser wurde mir von vielen Leuten empfohlen und ich war sehr gespannt. Wir machten erneut eine Tour, da man mit den Guides halt einfach mehr sieht und diese ein gutes Fernrohr dabei hatten. Wir hatten einen coolen Guide und sahen viel. Schon bevor wir überhaupt in den Park gingen sahen wir ein Faultier im Baum. Und auch anschliessend sahen wir viele Tiere, es war richtig cool! Am Ende der Tour waren wir an einem wunderschönen Strand, wo man das Gepäck vor den Affen und Waschbären beschützen musste. Der Strand war mega schön, doch leider wimmelte es von Leuten, so dass man es nur bedingt geniessen konnte. Wir gingen am späten Nachmittag wieder zurück zum Hostel. Eigentlich wollten wir noch eine Nacht länger bleiben, doch das Hostel war ausgebucht und so mussten wir halt weiterziehen.

Relax in Golfito 01.08. – 02.08.

 Golfito, Province of Puntarenas, Costa Rica

01.08.

Am Morgen gings wieder früh los mit Shuttle und Bus nach Golfito. Das kleine Dorf direkt am Meer sei laut Reiseführer sehr ruhig und idyllisch. Wir fanden nur ein einziges Hostel und dieses war eher teuer, wir waren also gespannt. Wir kamen etwas ausserhalb des Dorfes an und nahmen ein Taxi zum Hostel, da wir keine Ahnung hatten wo es sich befand. Zum Glück hatten wir uns fürs Fahren entschieden, es wäre sonst sicher ein stündiger Fussmarsch gewesen. Quer durch das Wohnquartiert bis zu einer kleinen Bucht wurden wir gefahren. Dort konnte man von aussen schon sehen, dass das Hostel toll war. Ein Teil des Hauses auf dem Festland und der andere auf Stelzen ins Meer hinein gebaut. Das Hostel wurde von zwei Schwestern betrieben und war einfach nur schön. Es war gleichzeitig auch ihr zu Hause und das Wohnzimmer war auch für die Besucher offen, lediglich ihr Schlafzimmer schien abgetrennt. Mit eigenem kleinem Steg und wunderschöner Aussicht. Eigentlich wäre es perfekt gewesen um etwas zu baden, doch nachdem uns die Hostelbesitzerin erzählte, dass sie in letzter Zeit immer wieder ein Krokodil gesehen hätten, hatte ich irgendwie nicht mehr so Lust. Ich fragte dann extra nochmals nach, ob sie so die kleinen Krokis wie Kaimane meine oder so richtige Krokodile? Ja... ich ging nicht baden dort. Ich genoss stattdessen die Sonne im Schaukelstuhl mit Blick aufs Meer. Jetzt war auch klar warum das Hostel teurer war als andere in Costa Rica, doch für diesen tollen Ort gibt man gerne etwas mehr aus.

Da wir heute Abend keine Lust hatten selbst zu kochen und auch kein Supermarkt in der Nähe war um überhaupt etwas einzukaufen, entschieden wir uns, in die von der Hostelbesitzerin empfohlene Pizzeria zu gehen. Dort angekommen waren wir zuerst etwas skeptisch, keine Leute und es sah mehr nach einem Take-Away-Laden aus. Egal sie meinte es sei gut dort, also versuchten wir es. Und sie hatte recht! Das war die beste Pizza seit ich in Süd- und Zentralamerika war! Anschliessend genossen wir noch den Abend gemütlich draussen in den Schaukelstühlen.

02.08.

Wir schliefen etwas aus und bekamen danach leckeres Frühstück auf der Terrasse, wieder mit perfektem Sonnenschein und Meersicht. Danach gingen wir in die "Stadt" und buchten unseren nächsten Bus für den folgenden Tag. Danach gingen wir mit einem Taxiboot zu einer Insel, welche uns ebenfalls von der Hostelbesitzerin empfohlen wurde. Dort konnte man baden und ich hoffte, dass das Kroki zu faul war um so weit zu schwimmen. Wir genossen es dort und gingen gegen Abend wieder zurück. Kurz einkaufen und zurück im Hostel kochten wir leckere Pasta. Da man in Golfito eigentlich sonst nichts machen kann, liessen wir den Abend erneut gemütlich ausklingen. Golfito ist sehr schön, doch auch sehr, sehr ruhig und so waren wir auch nicht traurig am nächsten Tag wieder gehen zu müssen.

San José 03.08.

San Jose, Province of San Jose, Costa Rica

03.08.

Um 05:00 gings in Golfito auf den Bus Richtung San José. Nach einer ca. 7h Fahrt kamen wir dort an und suchten vergebens ein Hostel, dass noch Betten frei hatte. Der Fahrer wusste natürlich ein Hotel wo wir Platz hätten. Wahrscheinlich irgendein Kollege von ihm, da wir keine Lust hatten noch länger zu suchen und es auch nicht so teuer war liessen wir uns dort hinfahren. Danach erkundeten wir etwas die Stadt. Wir gingen nochmals kurz zurück ins Hotel, bevor wir eigentlich wieder in die Stadt wollten fürs Abendessen. Wir waren aber beide eingeschlafen und hatten überhaupt keine Lust mehr noch einmal nach draussen zu gehen, zudem war es schon ziemlich spät. Wir kamen dann auf die Idee, irgendwo in der Nähe etwas in einem Fast Food Laden zu holen. Die Reception schlug den Pizza Service vor, was natürlich noch viel besser war. Habt ihr euch schon einmal Pizza ins Hotel liefern lassen? Also ich zuvor noch nie, aber es ist richtig gut.

San José selbst gefiel mir nicht sonderlich gut. Eine Grossstadt halt, auch nicht viele schöne alte Häuser oder so, von dem her entschieden wir uns gleich weiter zu gehen.

Tortuguero, wo sich alles um die Schildkröten dreht 04.08. – 05.08.

Tortuguero, Province of Limon, Costa Rica

04.08.

Unser Ziel heute: Tortuguero. Ein langer Weg stand uns bevor. Wir mussten zuerst mit dem Bus von San José nach Cariari. Dort mussten wir zuerst das andere Busterminal finden und mit einem anderen Bus über eine holprige Landstrasse zum Wasser. Dort gings auf ein motorisiertes Kanu. In Tortuguero angekommen, kurz im Hostel unser Gepäck abgestellt und den Ort erkundet. Der Ort ist klein und niedlich, es hat viele Künstler die verschiedenste Souvenirs verkaufen, praktisch alles über die Schildkröten. Am Abend gings auf eine Schildkröten-Tour. Leider kann man die Schildkröten nicht alleine anschauen gehen, was aber vielleicht besser ist, da sonst sicher irgendwelche dummen Leute Fehler machen würden. Die Strände dort sind geschützt und man muss in Gruppen warten bis man zu den Schildkörten gelassen wird. Also eigentlich muss man zuerst einmal warten, bis eine an Land kommt. Die Schildkröten kommen an ihren Geburtsstrand zurück um selbst Eier zu legen. Unser Ziel war das ganze Prozedere zu sehen, wie die Schildkröte an Land kommt und ein Loch in den Sand gräbt, wie sie die Eier legt und wie sie diese am Schluss zudeckt und zurück ins Meer geht. Da es natürlich sehr viele Gruppen hatte und man nicht einer Schildkröte beim gesamten Prozess zusehen konnte, da dies sonst viel zu lange gedauert hätte, wurde das Ganze etwas aufgeteilt. Wir bekamen per Funk die Nachricht nun an den Strand zu kommen und so eilten wir los. Eine Schildkröte wurde soeben von freiwilligen Helfern vermessen und registriert. Natürlich alles komplett ohne Licht, lediglich eine Rotlichtlampe. Alles andere würde die Tiere verstören. Die Schildkröte war gerade dabei das Nest auszubuddeln und der Sand flog nur so umher. Wir schauten ihr etwas zu und gingen dann zur nächsten Schildkröte. Diese hatte gerade das Nest wieder zugedeckt und ginge zurück ins Meer. Schon krass die Schildkröten sind riesig und sehr schwer, ca. 250kg. Dann tragen sie sich zurück ins Meer, es sieht mega schwerfällig aus, doch wenn sie sich mit den Hinterbeinen abstossen, kommen sie ein grosses Stück vorwärts und sind dann doch ziemlich zügig zurück im Meer. Nun fehlte uns nur noch eine Schildkröte die gerade Eier legt. Und wir hatten Glück! Soeben kam der Funkspruch und wir eilten zum nächsten Ort. Diese Schildkröte hatte ihr Nest bereits gegraben und war gerade dabei die ca. 100 Eier zu legen. Die Eier sind etwas grösser als Pingpongbälle und sehen eher gummig, als zerbrechlich aus, wie Hühnereier. Leider werden nur etwa 20% der Eier überleben und schlüpfen. Die kleinen Schildkrötchen, die es ohne gefressen zu werden ins Meer schaffen, müssen dort ganz alleine klarkommen und weiterhin ums Überleben kämpfen. Auch dort schaffen es leider nur wenige. Leider werden die Schildkröten nach wie vor gejagt und sterben auch

durch die Überfischung der Meere. Deshalb sind diese Tiere immer seltener und werden nah dies nah unter Schutz gestellt, leider aber noch nicht alle Arten. Die Schildkörten sind sehr wichtig für die Unterwasserwelt und einige Arten fressen zum Beispiel auch Quallen. Sie tragen viel zum Gleichgewicht bei, ich hoffe sehr, dass man irgendwann mal aufhört diese Tiere zu jagen! Doch wie bei vielen anderen Tieren wird es vermutlich leider, leider nicht passieren. Wir werden sehen. Als die Schildkörte fertig war mit dem legen der Eier, deckte sie das Nest wieder zu. Man meint, dass sie eher unkontrolliert den Sand herum schmeissen und mit ihrer Grösse eher träge sind, doch sie decken das Nest sehr genau und am Schluss kann man kaum mehr was sehen. Übrigens ob die Eier zu Männchen oder Weibchen werden entscheidet die Hitze. Je nachdem wie warm es ist gibt es alles Männchen oder Weibchen. Ich bin mir nicht sicher, aber irgendwie über 37 Grad gibt es Weibchen und darunter Männchen, oder so. Sehr spannend das Ganze und mega cool, so etwas mal hautnah erleben zu dürfen. Nachdem wir nun den ganzen Prozess gesehen hatten gings wieder zurück ins Dorf. Gerade pünktlich, denn es fing an zu regnen.

05.08.

Es hatte die ganze Nacht geregnet und auch als wir aufstanden regnete es immer noch, nicht nur ein bisschen, richtige Wasserfälle kamen da vom Himmel runter. Wir hatten heute eine Kanu-Tour durch den Dschungel gebucht und gingen zur abgemachten Zeit mal fragen, ob sie überhaupt stattfindet bei diesem Regen. Während dem 2-minütigen Fussweg wurden wir völlig durchweicht und kamen klitsche nass dort an. Die Tour wurde etwas nach hinten verschoben. Ich fragte, ob man überhaupt Tiere sehen würde, wenn es so regnet und natürlich meinte der Veranstalter "Ja", ich war mir da nicht so sicher... Anstatt um 08:30 gings um 11:00 los. Es hatte aufgehört zu regnen, war aber immer noch mega bewölkt. Ich nahm vorsichtshalber die Regenjacke mit. Wie schon angenommen, sahen wir schon Tiere, aber nicht ganz so viele wie erwartet, da sich die Tiere alle etwas zurück gezogen hatten wegen dem Regen. Wir hatten Glück mit den Kaimanen und sahen 5 davon, ein paar Affen, eine eklige riesige Spinne und den schönen, für Costa Rica so bekannten blauen Schmetterling. Wir waren ziemlich lange unterwegs ca. 2-3h Als es wieder zu tropfen anfing gingen wir zurück. Auch hier war ausser den "tierischen" Aktivitäten nicht viel zu machen und so gingen wir lediglich essen und mussten einmal mehr wieder die Sachen packen für den nächsten Tag.

Puerto Viejo 06.08. – 10.08.

Puerto Viejo, Province of Limon, Costa Rica

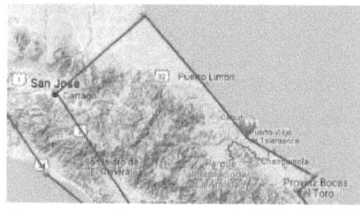

06.08.

Heute brachten wir einen richtigen Transfer-Marathon hinter uns. Gestartet waren wir um 05:30 in Tortuguero. Wieder mit dem motorisierten Kanu gings zurück zu den Bussen. Auf dem Weg dorthin wurde unnötigerweise noch unser Herz getestet, ob es bei Schock nicht stehen bleibt. Die Kanus sind ziemlich lang und mit etwa 20 Reihen an Sitzen. Luki und ich sassen in der zweitletzten Reihe, ich am Rand. Vorne im Kanu war das ganze Gepäck. Kurz vor Ankunft passierte folgendes: Das Kanu fuhr zügig, doch in den Kurven nahm der Captain es eher gemütlich und fuhr schön auf der rechten Seite, wie im Strassenverkehr. Bei einer der letzten Kurven kam mit einem Affenzahn ein ziemlich grosses Motorboot um die Kurve geschossen. Ich sah, dass das Motorboot nicht auf "seiner" Seite war und dabei war, direkt in uns zu crashen. Ich sah schon unser Boot zersplittern, unsere Rucksäcke im Wasser versinken und wir mit ihnen. Zum Glück war unser Captain so flink und zog unser Kanu im letzten Moment auf die rechte Seite. Der Typ auf dem Motorboot war

nämlich nicht so flink und hätte unser Mann nicht so super gut
reagiert, wäre er voll in uns gekracht. Es gab eine riesen Welle
und flutete unser Kanu, ich war platschnass. Durch die starke
Wendung nach rechts und die Welle krachten wir dann noch beinahe ins Ufer auf der rechten Seite, doch auch das hatte unser
Captain im Griff. Was war der andere Typ für ein Arsch****! Zuerst hatte ich gemeint es sei die Polizei, das Boot und der Typ sahen nämlich etwas so aus. Wir waren alle geschockt. Ich war so
sauer auf den anderen Typen, dass ich ihm zurief was ich von
ihm hielt, am liebsten hätte ich ihm noch den Mittelfinger gezeigt!
Die anderen im Boot (viele Einheimische) kamen auch langsam
wieder zu sich und das grosse Herumgeschimpfe fing an. Scheisse
war ich erschrocken. Ich bin nicht pessimistisch, aber ich sah uns
wirklich schon im Wasser liegen. Uns in den hinteren Reihen
hätte es wahrscheinlich nichts gemacht, aber die Leute vorne wären arm dran gewesen und auch unser Gepäck. Naja zum Glück
war nichts passiert. Wir waren sehr froh am Ufer anzukommen
und konnten gleich in den Bus nach Cariari einsteigen. Wir hatten
den letzten Platz, direkt hinter dem Fahrer. Dieser quasselte
schön mit der Kontrolleurin und schaute immer zu ihr nach hinten (sie sass in der Reihe neben uns), ich sagte noch zu Luki, dass
er besser auf die Strasse schauen sollte, einmal am Tag ein "Bei-
nahe-Unfall" reicht. Kurz danach schrie Luki und die Kontrolleurin gleichzeitig "Schildkröte! / Tortuga! " und dann knallte es.
Der Fahrer hatte doch tatsächlich eine ca. Fussballgrosse Schildkröte überfahren! Aaaaaah!! Es war die einzige weit und breit auf
der Strasse und der Fahrer erfasste sie voll. Dieser Knall... das
war so schlimm! Da ist man an einem Ort wo sich alles nur um
Schildkröten dreht und dann so was! Der Fahrer meinte nur:
"Ups" und war wenig beeindruckt. Wie gerne hätte ich ihm das
"Ups" sonst wohin geschoben! Oh man... der Tag fing ja super
an, hoffentlich würde sich das nicht so weiterziehen. In Cariari
gings auf einen grösseren Bus, welcher uns nach Limon fuhr. In
Limon wechselten wir nochmals den Bus und fuhren an unser

Ziel, Puerto Viejo. Dort angekommen hatten wir etwas Probleme mit dem Hostel in das wir wollten und versuchten ein anderes zu finden. Leider waren viele ausgebucht, doch schlussendlich fanden wir Unterschlupf im Bikini Hostel. Inzwischen war es 14:00 und ich war unheimlich froh endlich angekommen zu sein! Wir erkundeten noch etwas den Ort und gingen etwas trinken. Eigentlich dachten wir zuerst wir seien erneut zu faul um zu kochen, doch dann kam wiedermal die Diskussion über Essen von zu Hause auf. Wir waren uns alle einig, dass Omeletten jetzt einfach genial wären. Gesagt, getan. Wir gingen in den nächsten Supermarkt und kauften das nötige dazu ein. Hmmm es wurden geniale Omeletten und wir genossen es so richtig. Leider fing es schon bald wieder an zu regnen und da wir sowieso todmüde waren gings ab ins Bett.

07.08.

Regen, Regen, Regen. Schon mühsam. Ich meine klar, es ist Regenzeit. Aber an der Pazifikküste hatte es viel weniger geregnet und vor allem in Tamarindo hatten wir sehr Glück gehabt. Hier an der Karibikküste regnete es praktisch jeden Tag und leider nicht nur ein paar Minuten, sondern oft den ganzen Morgen. Wir schliefen daher aus und chillten mehr oder weniger den gesamten Tag. Sehr viel konnte man hier bei Regen sowieso nicht machen.

08.08.

Wieder Regen am Morgen, was für mich eigentlich gerade gelegen kommt, dann kann ich ausschlafen und muss kein schlechtes Gewissen haben. Am späteren Vormittag kam zum Glück die Sonne. Wir mieteten ein paar Velos und fuhren etwas herum, cool und schön etwas von Puerto Viejo und seinen Stränden zu sehen. Wir genossen den Nachmittag an einem der schönen Stränden und liessen es uns gut gehen.

09.08.

Heute wars nicht viel anders als gestern. Wieder Regen am Morgen und sobald er aufhörte gingen wir an den Strand. Am Abend gings weiter mit "Schweizerküche", wir machten uns Spätzli! Wie cool! Zu Hause hatte ich das noch nie selbst gemacht (eine Schande) umso besser war es hier. Die Hostelbesitzerin wunderte sich über das merkwürdige Gericht das wir hier kochten. Ich bot ihr als es fertig war zum Probieren an und zu meinem Erstaunen mochte sie es sehr. Die Ticos essen sonst praktisch nur die eigene Küche, umso mehr freute es mich, als sie mich nach dem Rezept fragte und wie man es kocht. So erklärte ich ihr mit meinem perfekten Spanisch wies funktioniert. Hihi vielleicht geht man jetzt nach Puerto Viejo ins Bikini Hostel und bekommt Spätzli. Cool wär's.

10.08.

Auch heute sah der Tag nicht anders aus als die letzten, wir genossen es sehr einfach nichts zu tun und nicht herum zu stressen und in Bussen zu sitzen.

Bocas del Toro 11.08. – 17.08.

 Isla Colon, Bocas del Toro, Panama

11.08.

Heute verliess ich Costa Rica und ging rüber nach Panama. Mit einem Shuttle gings in etwa 2h zur Grenze, dort mussten natürlich ganz genau alle formellen Dinge geklärt und erklärt werden, bis man endlich einreisen durfte. Sie nahmen es sehr, sehr genau an der Grenze und ich war froh, dass ich Weiterflugticket und alles bereits hatte, sodass ich ohne Probleme einreisen konnte. Man musste sogar eine Kreditkarte vorweisen können oder 500 Dollar in bar. Andere hatten weniger Glück und mussten wieder zurück auf die costa-ricanische Seite. Danach gings nochmals ein Stück weiter mit dem Bus bis zum Hafen. Nach langem Warten kam auch endlich ein Boot und mit diesem gings in nochmals fast einer Stunde nach Bocas del Toro. Ich hatte sehr viel Unterschiedliches gehört über diese Inseln, von mega toll bis mega schlimm. Ich war also gespannt. Ich wollte nur etwas tauchen und ein paar gemütliche Tage dort verbringen.

Auf der Isla Colon, der Hauptinsel, angekommen ging die Suche nach einem Hostel los. Ich wurde zum Glück bald fündig und schaute mir den Ort etwas an. Ja er ist nicht extrem schön und der Strand nicht wirklich toll, doch die Insel ist ziemlich gross und es gab schon einiges zu sehen. Ich fühlte mich soweit wohl. Ich machte mich auf die Suche nach einem Dive-Shop und fand auch bald einen passenden. Es gab natürlich viele, doch ich wollte nichts Schäbiges. Ich machte gleich ab um morgen tauchen zu gehen und freute mich schon sehr. Ich war sehr gespannt was ich zu sehen bekommen würde. Ich lernte auch bald ein paar Leute kennen und auch die Jungs vom Dive-Shop waren alle cool und kontaktfreudig.

12.08.

Heute stand mein erster Tauchgang hier in Panama an und ich war mega vorfreudig. Leider regnete es aber wieder einmal. Klar beim Tauchen wird man sowieso nass, doch die Sicht unter Wasser ist halt wegen dem Regen nicht ganz so toll. Wir gingen trotzdem mit dem Boot raus zu zwei Tauchgängen an diesem Morgen. Das Tauchen war nicht so mega überragend (vom Riff und den Korallen her und auch von den Fischen), doch ich liebe nur schon das Gefühl zu Tauchen und war trotzdem happy. Zudem machte es mega Spass mit all den Leuten die ich kennen lernte.

13.08.

Da es am Morgen fast immer regnete, hatte ich heute einen Nachttauchgang gebucht. Am Nachmittag, nachdem es aufhörte zu regnen gings mit dem öffentlichen Bus an den Seestern-Beach. Nach dem Bus gings noch auf ein Taxiboot und zu besagtem Strand. Ich erwartete tonnenweise Leute, doch es ging noch und wir fanden einen Abschnitt am Strand, der nicht so überfüllt war. Wir hatten Glück und sahen ein paar grosse Seesterne. Ich liebe Seesterne und habe auch jedes Mal beim Tauchen Freude einen zu sehen. Die Seesterne waren sehr nahe am Ufer und so konnte man auch super Fotos von ihnen machen. Leider aber können viele Leute nicht einfach nur schauen und müssen immer alles anfassen. So wurden Seesterne schamlos aus dem Wasser genommen, sie herumgezeigt und mit ihnen posiert. Keiner dachte soweit nach, dass dies vielleicht nicht gut für die Seesterne ist. Wir haben Bakterien und alles Mögliche (Sonnencreme etc.) an unseren Händen und das schadet den Seesternen. Die Leute sind manchmal einfach zu blöd um an so etwas zu denken, sie machen einfach. Sowieso ist mir aufgefallen, dass viele Leute alles machen um ein tolles Selfie zu bekommen. Klar finde ich Fotos mit speziellen Motiven auch cool, aber man kann sie auch auf andere Art und Weise machen. Die Leute tun fast alles um ein spezielles Bild zu bekommen, egal wer oder was darunter leidet.

Wir genossen die Zeit am Strand und gegen den späten Nachmittag gings wieder zurück. Ich hatte lediglich Zeit kurz ins Hostel zu gehen und schon kurz darauf musste ich im Dive-Shop sein und machte mich bereit für den Nachttauchgang. Ich bin nicht gerade der grösste Fan von Nachttauchgängen, wie ich glaube schon einmal erzählt zu haben, doch dieser Nachttauchgang war an einem Wrack und das wollte ich sehen. Wir waren nur wenige Leute und das war gut. Das Wrack war cool und wir sahen viele Krebstiere und Fische. Am Schluss knieten wir uns noch in den Sand und machten alle Lampen aus. Wir fuchtelten mit den Händen herum und machten so das Plankton sichtbar. Wow das war so cool! Ich hatte dies ja schon einmal in Thailand gesehen, doch da waren wir an der Wasseroberfläche. Hier beim Tauchen war es nochmals intensiver und schon fast surreal.

Einfach nur mega cool! Nach dem Tauchgang gings wieder zurück, es war ziemlich kalt und so wärmten wir uns mit einem Bier und guter Musik. So gefällts mir!

14.08 bis 17.08.

Geplant wollte ich nur ein paar Tage in Bocas bleiben, doch irgendwie wurden es ein paar mehr. Es war gar nicht so speziell schön hier, auch nicht beim Tauchen, da hatte ich schon schöneres gesehen, aber irgendwie stimmte es. Ich traf coole Leute, ging oft aus und tauchte praktisch jeden Nachmittag. Ich lernte unter anderem eine Holländerin namens Elina kennen, mit welcher ich weiterreisen wollte.

Cacao Farm

Almirante, Bocas del Toro, Panama

17.08.

Heute machten wir einen Ausflug auf das Festland, wir wollten uns eine Cacao-Farm anschauen. Wieder einmal regnete es. Wir waren zu dritt und hatten einen Guide und einen Übersetzer ganz für uns alleine. Die Cacao-Farm wird von einer Gemeinschaft geführt. Die Leute wohnen schon seit Ewigkeiten dort und die Farmen und Felder werden von Familie zu Familie weitergegeben. Sie funktionieren wie ein kleines Dorf und haben eine Schule. Wir wurden von einem etwas älteren Herren durch die Plantagen geführt. Er erzählte uns sehr viel und es war mega spannend. Die Plantagen sind alle BIO und werden regelmässig kontrolliert. Er erzählte uns, dass vor vielen Jahren das Cacao-Geschäft noch sehr lukrativ war, doch heute verdiene man damit nicht mehr sehr viel. Ich weiss leider die Zahlen nicht mehr, doch was sie heute für ein Kilo Cacao-Bohnen bekommen ist nichts.

Es ist alles Handarbeit, vom Pflücken der Früchte, das gewinnen der Bohnen, das trocknen, fermentieren und rösten. Und ratet mal wer auch von dort seine Cacao-Bohnen bezieht? Genau, ein bekannter Schweizerschokoladen-Hersteller. Die Farmer geben ihr Bestes um die höchste Qualität hinzukriegen. Ob die Bohnen in die beste Kategorie 1 eingeteilt werden hängt vom Prozess des Trocknens und Fermentierens ab. Natürlich bekommt man nur den vollen Preis für die beste Qualität, je schlechter umso weniger Geld bekommen die Farmer. Schade, dass ich die Zahlen nicht mehr weiss, doch ich weiss noch, dass es uns fast aus den Socken gehauen hatte als ich den mickrigen Betrag hörte. Ich glaube wir hatten festgestellt, dass sie für ein Kilo Bohnen weniger bekommen als wir für die fertige Schokolade im Supermarkt ausgeben. Klar, bei der fertigen Schoggi ist noch einiges mehr drin und der Hersteller kauft die Bohnen ungeröstet. Für eine Tafel Schoggi braucht man sehr viele Bohnen. Der Aufwand für die Farmer und der Ertrag kam uns einfach nicht ausgeglichen vor. Die Farmer haben leider noch ein zusätzliches Problem: Schimmelpilz. Viele Früchte sind davon befallen und daher unbrauchbar. Da sie ja BIO sind, dürfen sie auch keine Pestizide verwenden und so haben sie extremen Verlust. Von den ganzen Früchten sind leider nur etwa 20% brauchbar! Sehr gemein ist auch, dass der Pilz nicht mal von hier stammt. Damals, schon etwas länger zurück, wollte Costa Rica sich die Cacao-Plantagen unter den Nagel reissen und verhandelte mit Panama. Irgendwie hatten sie dann Teile von Plantagen bekommen und brachten auch diesen Pilz mit. Inzwischen hat sich Panama alle Plantagen wieder zurückgeholt, Costa Rica hat ihre eigenen, doch der Pilz blieb leider. Schlimm ist auch, dass er überall ist, es gibt zig verschiedene Cacao-Pflanzen, doch alle sind davon befallen. Stellt euch vor, nur 20% von allem kann gebraucht und verkauft werden. Wenn davon noch ein Teil nicht höchste Qualität wird, ist das Ergebnis meiner Meinung nach ziemlich ernüchternd. Klar hatten wir für die Tour auch Geld bezahlt (30 Dollar) bekamen aber die Fahrt und sogar ein Mittagessen plus ein Geschenk inklusive. Das Geld geht voll und ganz an die Gemeinschaft, damit wird die Schule aufrechterhalten und die Anlage gepflegt. Die Anlage die wir anschauten ist nämlich nur für Touren. Die Guides haben alle ihre eigenen Plantagen. Ich fand es sehr sympathisch, alles ist sehr einfach gehalten, kein grosser Show- oder Verkaufsraum am Schluss, nur ein Raum in einem Haus und ein paar Tische und Stühle zum Essen und einen Tisch mit Schoggi und kleinen Mitbringsel. Sie zeigten uns wie man aus der Frucht die Bohnen gewinnt, wie man sie röstet und schlussendlich Schoggi macht. Wir durften diese pure Schoggi, also reinen Cacao probieren und es war krass. Natürlich überhaupt nicht süss und sogar eher bitter, reiner Cacao halt. Der sympathische Guide wurde von uns richtig mit Fragen bombardiert und beantwortete alles geduldig. Er erzählte uns offen über das Leben als Cacao-Farmer, jammerte aber nie. Für sie ist es ihr Leben. Er selbst hat viel Land, was er damals auch von seinem Vater geerbt hatte und sein Land wurde nun aufgeteilt und jedes seiner Kinder bekam einen Teil. Auf dem eigenen Land arbeiten die Leute alleine und machen alles selbst. Es scheint ein sehr mühsames und strenges Leben zu sein. Wir fragten den Guide was wir als Schoggi-Konsumenten dann tun könnten, damit es ihnen besser ginge? Leider nicht viel. Den Leuten würde am besten geholfen, wenn man die Cacao-Bohnen bei ihnen direkt beziehen würde, doch das ist für uns eher schwierig und zudem macht praktische niemand selbst Schoggi. Das andere ist, dass man nur Schoggi kaufen sollte mit dem BIO-Label darauf. Dann weiss man, dass die Farmer wenigstens den offiziellen Preis bekommen und nicht noch weniger. Also daher eine Anregung von mir: Achtet euch doch mal von wo eure Lieblingsschoggi kommt und ob sie eines der Label hat. Wenn ja super! Wenn nicht... ist es vielleicht an der Zeit eine neue Lieblingsschoggi mit BIO-Label zu finden... Gibt schlimmeres als ein paar verschiedene Schoggis durchzuprobieren oder? :-)

Santa Catalina 18.08. – 20.08.

 Santa Catalina, Veraguas, Panama

18.08.

Heute gings von Isla Colon weg Richtung Süden. Das Ziel war Santa Catalina, doch ob wir dies heute schaffen würden wussten wir noch nicht. Ich war mit Elina der Holländerin unterwegs. Alle rieten uns die Reise in zwei Tagen zu machen da es ein sehr langer Weg sei. Wir entschieden uns es einfach mal zu versuchen und wenn wir sehen würden, dass es nicht reicht, könnten wir immer noch auf dem Weg irgendwo übernachten.

Es ging also mit dem ersten Boot um 06:00 los nach Almirante wo wir ja gestern auf der Cacao-Farm waren. Von Almirante gings mit einem Taxi zum Busbahnhof. Von dort mit einem Bus nach David. Von David nach Santiago. Dort mussten wir etwas warten, da wir gerade den Bus verpasst hatten, doch von der Zeit her waren wir sehr gut dran. Von Santiago gings nochmals mit einem Bus nach Sona. Inzwischen war nach 17:00 und wir hätten nie gedacht überhaupt so weit zu kommen. In Sona waren aber leider alle Busse nach Santa Catalina schon weg. Wir waren nicht mehr weit entfernt und ärgerten uns etwas, dass wir es jetzt nicht schaffen würden. In Sona schien praktisch nichts zu sein, wahrscheinlich nicht einmal ein Hostel. Wir hatten Glück und ein Taxi stand dort, die fast einstündige Fahrt war aber nicht gerade günstig. Nochmals Glück, denn zwei Einheimische mussten auch in diese Richtung und so konnten wir uns das Taxi teilen, perfekt. Natürlich regnete es in Strömen und wir waren skeptisch ob unsere Regenschütze für die Backpacks eine Stunde auf der Ladefläche des Pick-Ups durchhielten. Der Taxichauffeur war so nett und organisierte 4 grosse Abfallsäcke, in welche wir unsere Rucksäcke nochmals verpacken konnten. Es blitze und donnerte und auf dem Weg nach Santa Catalina. Wir sahen sogar einen hölzernen Strommasten in Flammen stehen. Das sah krass aus, das Feuer war nicht wie normales Feuer, sondern weissglühend und die Funken spritzten nur so herum.

Wir hatten zuvor schon wegen einem Hostel im Internet geschaut und der Taxifahrer war so nett und fuhr uns direkt dort hin. Das Hostel lag mega ausserhalb. Ich meine Santa Catalina ist schon sehr sehr klein, also eigentlich nur eine Strasse und das Hostel lag nochmals ca. 15min Autofahrt weiter draussen. Das Taxi lud uns ab und brauste davon. Wir schienen die einzigen Gäste im Hostel zu sein und wurden zu unserem Zimmer begleitet. Es war ein Dorm, zweistöckig und mit Balkon, jedoch ohne Fenster und nichts. Ist ja schon schön das Meer rauschen zu hören, aber ohne Fenster hat man auch jede Menge unerwünschte Tierchen. Das wäre eigentlich nicht so ein grosses Problem gewesen, doch als ich ins Bad ging sah ich, dass wir nicht einmal ein Waschbecken hatten. Wir fühlten uns nicht wirklich wohl und entschieden in ein anderes Hostel zu gehen, zudem wollten wir ein bisschen Zivilisation. Ich denke das Hostel ist perfekt, wenn man jeden Tag surfen geht, doch da wir dies nicht wollten, sondern tauchen gehen, war es an der Zeit zu gehen. Wir erklärten dies dem Hostelbesitzer und der schien total verständnisvoll. Wir fragten ob wir ein Taxi bestellen könnten, doch er meinte, dass es hier gar keine Taxis geben würde. Nun gut, dann mussten wir wohl oder übel laufen. Zum Glück hatte der Regen etwas nachgelassen und es tröpfelte nur noch leicht. Es blitzte und donnerte aber noch weiterhin ziemlich stark. Teilweise wurde es taghell. Wir sind beide nicht so überängstlich, aber als wir so ganz alleine auf der Strasse liefen umgeben von nichts, alles flach um uns herum, wurde es uns doch ein bisschen unwohl. Der brennende Strommast vorhin war dabei auch nicht gerade hilfreich. Wir liefen so schnell wir konnten über die offene Fläche und waren froh bald Häuser und Bäume um uns zu haben.

Endlich kamen wir im Dorf an und suchten ein neues Hostel. Wir waren mega müde, verschwitz und wollten nur noch ankommen, sodass wir das erste Hostel das wir sahen ansteuerten. Das Hostel hatte lediglich ein Zimmer im Haus, welches besetzt war und rundherum kleine Zelthäuschen auf Stelzen. Wir entschieden uns dort zu bleiben, denn inzwischen war es 20:00. Boa, war das ein langer Trip gewesen. 14h bis wir endlich angekommen waren. Wir gingen kurz was essen und wollten anschliessend ins Bett. Als ich ins Zelt ging bekam ich einen Schock! Eine riesen riesen Kakerlake klebte an der Wand! Wääääää! So eine grosse hatte ich noch nie gesehen! Sie war mind. 10cm lang und etwa 5cm dick! Wie eklig, man konnte alles ganz genau sehen! Ich eilte zum Hostelbesitzer, der musste dieses Ungetüm entfernen. Natürlich konnte der nur Spanisch und ich wusste gerade das Wort für Kakerlake nicht. Ich forderte ihn auf mitzukommen und zeigte im Häuschen auf das eklige Ding: Er meinte nur: "Ah Cucaracha" und zuckte mit den Schultern. Äm ja genau bitte weg machen! Ich weiss schon, dass sie nichts machen und dass es dort ganz normal ist, doch es ist trotzdem eklig! Er entfernte sie irgendwie und wir konnten uns schlafen legen. Zum Glück hatten wir ein Moskitonetz um unser Bett herum, sonst hätte ich glaube ich gar nicht geschlafen. Igitt, nach all dem Reisen habe ich mich noch immer nicht an diese ekligen Viecher gewöhnt und werde es wohl auch nicht. Spinnen, also ausser Taranteln und so, sind inzwischen kein Thema mehr, aber Käfer und Kakerlaken sind nach wie vor äusserst eklig!

19.08.

Am Morgen sahen wir, dass das Zimmer im Haus nun frei war und fragten den Hostelbesitzer ob wir umziehen dürften. Wir hatten wie erwartet nicht wirklich gut geschlafen und zudem war es sauheiss. Er lächelte nur und meinte: "Aaah por la cucaracha?", si si. Wir durften wechseln.

Wir bekamen den Tipp an den Strand etwas weiter weg zu gehen und liefen ca. 20min dort hin. Es hatte sich gelohnt, denn an dem Strand war praktisch niemand und es war mega gemütlich. Bevor die Sonne unter ging, machten wir uns auf den Rückweg und gingen zu dem Dive-Center in dem wir schon vorgängig unseren Dive für morgen gebucht hatten. Ich war schon mega aufgeregt, denn ich hatte nur Gutes vom Tauchen dort rund um die Isla Coiba gehört und war gespannt ob es au wirklich so sei. Oft wird versprochen was man vieles sehen wird, doch oft ist es nicht so und mich nervt das "man kann hier dies und dies sehen". Die Guides sollen einfach die Wahrheit sagen und nicht das, was vielleicht alle halbe Jahre einmal vorkommt. Das Dive-Center machte einen mega guten Eindruck und schien sehr professionell. Gerade als wir fertig waren mit Besprechen und Equipment probieren, kam mit dem Bus draussen, ein bekanntes Gesicht an. Gemma die Australierin, die wir von Bocas kannten und mit der wir schon tauchen waren, kam gerade in den Shop. Wir freuten uns einander wieder zu sehen. Gemma ist ursprünglich aus Perth und da kamen natürlich ein paar coole Erinnerungen in mir hoch. Es war witzig mit ihr über Perth zu sprechen und scheinbar hat sich dort praktisch nichts verändert. Gemma hatte Glück es war noch Platz frei auf dem Boot morgen und so würden wir alle zusammen tauchen gehen können. Da wir in unserem Zimmer noch ein Bett frei hatten, kam sie auch noch mit in unser Hostel.
Inzwischen war es schon spät und schon wieder Zeit zum Abendessen. Wir gingen in ein lokales Restaurant welches draussen war. Wir sassen gemütlich dort, als wir plötzlich etwas über unsere Füsse krabbeln spürten. Huch was war das? Wir konnten alle nicht definieren was es war und dachten nicht weiter darüber nach. Nur etwa 5min später passierte es nochmals und diesmal spürte ich etwas Stacheliges. Ich sah unter den Tisch und da sah ich einen riesen Krebs! Oje zum Glück lief er nur über unsere Füsse und packte mit seinen Scheren nicht zu. Wir nahmen das essen dann mit hochgezogenen Füssen ein.

Da wir fit sein wollten für den nächsten Tag gingen wir bald zurück ins Hostel und wollten ins Bett. Ich kam in den Raum und sah erneut so ein schreckliches Tier! Oooh wieso? Diesmal wusste ich ja das Wort, eilte zum Hostelbesitzer, sagte "Cucaracha", er klar, lächelte, nahm Papier und Handschuh und machte sich an die Arbeit, leider vergebens. Das Tier war weg, leider wussten wir nicht wohin, aber zum Glück weg. So nun ab ins Bett.

Einfach nur genial!!!

Isla de Coiba, Veraguas, Panama

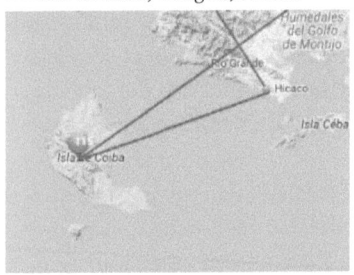

20.08.
Um 07:30 waren wir ready im Dive-Center. Es gab Kaffee und ein Briefing und anschliessend gings los. Wir waren nur 6 Taucher, der Guide und ein Guide in Ausbildung. Perfekte Grösse der Gruppe zum Tauchen. Wir fuhren mit dem Boot los und mussten ein Weilchen fahren bis zum ersten Tauchplatz. Ich schaute wie immer, wenn ich Bootfahre auf das Meer hinaus und sah plötzlich eine Wasserfontäne aufspritzen. Ich meinte zuerst nicht richtig gesehen zu haben, doch dann sah ich es nochmals. Ich gab sofort dem Captain und dem Tauch Guide Bescheid und sie wendeten das Boot. Es sah von weitem aus wie ein Wal und wir waren alle gespannt ob ich richtig gesehen hatte. Ach hoffentlich! Uuuuund tatsächlich! Es war ein Buckelwal! Wow wie cool! Haha und ich war teuer Whale-watching in Neuseeland. Wir waren alle fasziniert, doch irgendwann mussten wir uns losreissen und fuhren weiter.

Kurz vor unserem ersten Tauchplatz sahen wir nochmals eine Fontäne. Wow hatten wir Glück! Nochmals ein Buckelwal und diesmal sogar noch mit seinem Kalb! Hammer!!! Für mich hatte sich der Ausflug jetzt schon gelohnt! Wir schauten ihnen ein bisschen zu und fuhren dann weiter. Kurz danach kamen wir an unserem ersten Tauchplatz an und machten uns bereit. Wir sprangen ins Wasser und obwohl wir noch nichts sahen waren wir fasziniert. Wir hörten die Wale singen!!! Die Wale kann man bis zu 1km weit entfernt hören und dieses Vergnügen hatten wir! Unglaublich! Wir sahen schon beim ersten Tauchgang Riffhaie, zwei Giant Frogfish einen gelben und einen grünen, einen Octopus, viele verschiedene Pufferfische und viele kleine Fische. Korallen hatte es leider kaum, dafür ist das Wasser zu warm, doch das machte hier überhaupt nichts aus. Schon total happy kamen wir wieder an die Oberfläche und steuerten eine Insel an um eine kurze Pause zu machen. Nochmals blieb mir kurz das Herz stehen. Den Strand an dem wir Pause machten war der schönste den ich je gesehen hatte! Einfach nur wunderschön und ausser uns niemand dort! Schneeweisser Sand, schöne Palmen, türkisblaues Wasser, schlichtweg das Paradies!!! Ich wollte gar nicht mehr weg! Wir mussten aber weiter und zum nächsten Tauchplatz. Wir sprangen rein und das Erste was wir sahen waren ca. 50 grosse Seesterne, wie cool! Sie bewegten sich langsam im Sand und ich konnte so nahe heran tauchen, dass ich die kleinen Härchen unten sah, mit denen sie sich fortbewegen. Wir tauchten weiter und sahen noch einen Skorpionfisch, einen Stingray, viele grosse Papageienfische, Lobsters, ein riesen grossen Schwarm von Jacks und viele verschiedene Box- und Pufferfische. Nach diesem tollen zweiten Tauchgang gings auf die Hauptinsel wo auch die Ranger waren zum Lunch. Sehr lang war unsere Pause nicht, doch das war auch nicht nötig, wir waren gespannt auf den 3. und für heute letzten Tauchplatz. Dieser Tauchplatz war auch einer der berühmtesten und wir waren alles sehr gespannt. Auf dem Weg dorthin bekamen wir nochmals ein "Leckerli" und sahen zwei Delfine springen. Wie geil! Ich möchte gar nicht mehr weg von hier! Am 3. Tauchplatz angekommen gings schnell ins Wasser. Und die Leute hatten recht, es war unglaublich. Wie gesagt vom Riff her nichts Spezielles, doch was dort an Fischen herum schwamm war unglaublich. Wir tauchten umher, sahen vieles was wir zuvor schon gesehen hatten, zudem aber eine Schildkröte, ein Seepferdchen, nochmals Seesterne doch diesmal andere, viele Lobster und viele Riffhaie und grüne Moränen. Oft liegen die Moränen nur faul herum oder man sieht lediglich den Kopf aus ihren Höhlen ragen, doch hier waren sie sehr aktiv und schwammen herum. Ein Moment war ganz krass, wir waren etwas oberhalb, schauten auf einen Felsen hinunter, unter und neben uns ca. 7 Riffhaie, zwei Moränen die unter uns durchschwammen und zig Fische in Schwärmen um uns herum. Einfach nur wow! Mir stockte kurz der Atem, so was hatte ich noch nie gesehen! Es war fast ein bisschen zu viel um es zu verarbeiten. HAMMER!!! Ich zählte, wir hatten 9! Moränen gesehen und die Haie hatte ich gar nicht gezählt. Leider mussten wir irgendwann wieder raus und auf dem Weg zurück huschten noch kurz ein paar Delfine vorbei. Gibts sowas! Normalerweise sah ich beim Tauchen etwas von all dem, also entweder einen Hai, eine Schildkröte ODER Delfine, mit sehr viel Glück vielleicht auch

mal zwei Dinge, aber niemals alles zusammen! Dieser Ort hier ist einfach unglaublich! Definitiv ein Ort um zurück zu kommen! Und dann noch mit den Paradies-Stränden! Ach... ich habe jetzt schon Fernweh... Als wir wieder auf dem Boot waren gings zurück. Zum Abschied sahen wir nochmals einen Buckelwal... ich kann gar nichts mehr dazu sagen...

Zurück in Santa Catalina hatten wir keinen Strom und Wasser und so suchten wir uns ein Restaurant in welches wir gehen konnten. Schwierig zu kochen ohne Strom, doch Salat ging und so liessen wir den Abend in Kerzenschein ausklingen. Völlig überwältigt vom heutigen Tag schliefen wir alle schnell ein, nicht einmal eine Kakerlake hätte uns heute abhalten können.

Panama City 21.08. – 22.08.

Panama City, Panama

21.08.
Heute schliefen wir etwas aus, es regnete wieder. Eigentlich hatten wir geplant heute noch einen Beach-Day zu machen, doch bei diesem Regen war das nicht sonderlich lustig. Da man sonst dort nichts machen konnte entschieden wir spontan schon heute nach Panama City zu gehen. So packten wir also schnell, schnell unsere Sachen zusammen und nahmen den nächsten Bus nach Sona. Von dort gab es einen direkten Bus nach Panama. Etwa um 18:00 kamen wir dort an. Das Hostel in das wir eigentlich hätten gehen wollen war leider ausgebucht und so mussten wir wiedermal ein anderes suchen. Das Hostel das wir fanden war ziemlich gut, wir hatten einen 18er Dorm. Wow in so einem war ich das letzte Mal in Thailand gewesen. Ich habe das nicht so gerne, sooo grosse Dorms aber dieser war ok. Einziger Nachteil, die Betten

waren dreistöckig und ich musste ins oberste. Ziemlich umständlich, wenn man unten etwas vergessen hatte. Dafür war es auf Deckenventilator-Höhe. Man muss immer das positive sehen. An diesem Abend machten wir nicht mehr viel, wir gingen essen und dann ins Bett.

22.08.

Heute schauten wir uns den Panamakanal an. Das muss man schon gesehen haben, wenn man schon hier ist denke ich. Das Museum hatte sich leider nicht so gelohnt, doch wir erwischten gerade noch das letzte Schiff welches am Morgen den Kanal durchquerte und das war interessant. Schon krass wie das alles funktioniert und wie das tonnenschwere Schiff von den kleinen Wagen auf der Seite rüber gezogen wird und die Schleusen arbeiten.

Danach liefen wir etwas durch die City und suchten einen Ort um baden zu können. Leider war der Strand zu weit weg und wir versuchten es in einem Hotel, welches wir von jemandem empfohlen bekamen. Schon als wir rein gingen war mir klar, dass wir hier nicht einfach hereinspazieren und dann dort in ihren Pool hüpfen konnten. Doch Elina meinte ihre Kollegin hätte gesagt, wenn man etwas konsumiert, sei das kein Problem. Ich war gespannt. Natürlich wurden wir schon ins Visier genommen als wir dort ankamen und als Gemma dann in den Pool hüpfte kam auch gleich jemand der uns sagte, dass wir nicht hier sein dürfen. Wir versuchten einen Deal auszuhandeln, wir hätten auch quasi "Eintritt" bezahlt, doch es war zwecklos. Ich hatte mir schon gedacht, dass die hier in diesem Nobelschuppen keine Backpacker haben wollten. Wir hatten noch einen zweiten Tipp bekommen, nämlich in einem anderen Hotel beim Casino. Wir gingen dort hin und hatten doch prompt Glück! Ich glaube zwar nicht, dass es der Casino Pool war, denn ein Casino sahen wir weit und breit nicht, aber da war ein Pool, und ein Herr vom Hotel der uns erlaubte zu bleiben und so sprangen wir ins Wasser. Herrlich!

Am Abend spazierten wir etwas durch die Altstadt wo auch unser Hostel war und hielten Ausschau um irgendwo etwas zu essen. An einer sehr eleganten Bar mit Blick übers Wasser auf die City standen ein paar Leute und ein Typ quatschte uns an. Ich dachte das würde jetzt so eine lahme Anmache und dann meinte er nur, dies sei die beste Bar hier und wir sollten einen Drink nehmen. Wir wollten eigentlich weiter, da meinte er, er zahle uns einen Drink. Ich war nicht so begeistert darüber, denn ich hatte keine Lust mit diesem Angeber abzuhängen. Die anderen zwei Mädels wollten sich aber einen Free-Drink nicht entgehen lassen, so gingen wir rein. Ich dachte der Typ käme mit, doch dann stieg er in sein schickes Auto und düste davon. Wir waren etwas verwirrt, der Kellner meinte nur: "Der Chef offeriert euch einen Drink, was kann ich euch von diesem Teil der Karte bringen?" und zeigte auf die günstigeren Drinks. Wow, das hatten wir nun nicht erwartet. So genossen wir einen leckeren Drink und assen natürlich auch dort. Seine Rechnung war aufgegangen, er hatte drei günstige Drinks spendiert und wir hatten drei teure Essen bestellt. Nun gut, man gönnt sich ja sonst nichts.

San Blas 23.08. – 25.08.

San Blas Islands, Guna Yala, Panama

23.08.

Heute gings sehr früh los und zwar bereits um 04:15. Ich machte mich bereit und auf den Weg zum anderen Hostel in das wir zuerst wollten. Dort hatten wir die Tour gebucht für die nächsten drei Tage und auch schon unser Gepäck eingeschlossen, da wir für den Trip nur das nötigste brauchten. Ich hatte etwas in meinem grossen Rucksack vergessen und wollte es noch kurz holen. Normalerweise sind in den grossen Hostel die Receptionen immer 24h besetzt, doch wie sich herausstellte in diesem leider nicht. Die Reception würde erst um 07:00 aufmachen. Toll da war ich nun noch früher als nötig aufgestanden und nun war niemand dort. Der Schlüssel für den Gepäckraum war natürlich nirgends und auch der Nachtwächter wusste von nichts. Toll. Eigentlich hätten wir zwischen 05:00 und 06:00 abgeholt werden müssen. Etwa um 06:15 kam dann endlich mal unser Fahrer und entschuldigte sich nicht einmal für die Verspätung. Bis wir endlich los konnten war es bereits 06:30. Super jetzt hätte er auch noch 30min länger trödeln können, dann hätte ich noch an meinen Rucksack gekonnt, naja was solls, halb so wild.

Wir fuhren endlich los und der Fahrer schien die vertrödelte Zeit wieder aufholen zu versuchen, er fuhr nämlich wie die Sau. Er raste durch die Stadt wie ein Ar… und ich wünschte ihm, dass irgendwo ein Blitzkasten stehen würde. Kurzer Halt am Supermarkt um uns mit Getränken und Snacks einzudecken und weiter gings. Zum Glück war ich so müde, dass ich einschlief, sonst hätte ich mich die ganze Zeit über unseren Fahrer aufgeregt. Ach ja, Gemma, die Australierin begleitete mich übrigens, Elina die Holländerin musste wieder nach Hause.

Um 10:00 kamen wir am Hafen an. Leider regnete es schon wieder leicht. Ab dort wurden wir den Kuna-People übergeben. Die Kuna sind die Bewohner von San Blas, 365 Inseln im karibischen Meer. Sie haben eine Hauptinsel wo die meisten Leute wohnen und sehr viele andere kleinere bewohnte Inseln. Jede Insel hat seinen Chef und auf der Hauptinsel lebt das Oberhaupt von allen, dazu später mehr. Wir wurden mit einem Boot, dem Partyboot mit lauter Musik, auf die Isla Iguana gefahren, unser Zuhause für die nächsten zwei Nächte. Dort zogen wir uns nur kurz um und gingen mit dem Boot zu einer anderen Insel. Dort lag ein Wrack wo wir etwas schnorcheln gehen konnten. Leider waren gefühlte 1000 Leute auf der kleinen Insel und von dem her nicht so gemütlich. Wir blieben sowieso nicht allzu lange, denn schon bald gings wieder auf eine andere Insel zum Lunch.

Das Restaurant war auf Stelzen ins Meer gebaut und daneben befand sich ein steinerner Käfig. Es hatte drei Schildkröten darin die kaum Platz hatten und mir richtig leid taten. Man sah richtig, dass sie nach einem Ausgang suchten. Man hatte scheinbar schon mehrmals versucht die Tiere zu retten und ein Kuna von einer anderen Insel hatte sogar mal auf Wunsch seines Sohnes bezahlt, um die Schildkröten frei zu lassen. Doch ca. 2 Tage später, als er wieder dorthin kam, war dieselbe Schildkröte wieder im Käfig. So gemein, sie hatten sie einfach wieder gefangen und dienen nun als Touristenattraktion. Sie müssen sich von Touristen hochheben lassen damit diese Fotos schiessen können. Wenn sie wenigstens einen grösseren Käfig hätten. Der Käfig dient aber hauptsächlich als Aufbewahrungsort für die Lobster die auf der Speisekarte stehen. Das heisst man bestellt Lobster und er wird von einem Mitarbeiter des Restaurants per Hand gefangen und direkt in die Pfanne gehauen.

Nach dem Lunch gings zurück auf "unsere" Insel und dort verbrachten wir auch den Nachmittag. Nicht sehr lange, denn es begann schon bald zu regnen. Schade, es war so gemütlich. Wir waren nur etwa 30 Leute auf der Insel und es war sehr idyllisch. Der Regen war die Gelegenheit um zu "duschen", denn richtige Duschen hatte es zwar, aber kein Wasser. Keine Ahnung wieso, denn es hatte grosse Tonnen auf den Dächern, die von Wasser nur so überliefen, aber irgendwie funktionierten sie nicht. Nun gut, so standen wir also alle im Regen und liessen das Salzwasser abwaschen, die einen fanden sogar einen Ort wo das Wasser gesammelt als Strahl herunterkam und nahmen Shampoo mit. Das Abendessen wurde von den Kuna der Insel serviert und danach natürlich Rum. Hmmm sehr guten Rum namens Abuelo von Panama... Als wir spät abends ins Bett wollten, musste eine von unserem Zimmer zuerst einen Krebs aus ihrem Bett vertreiben. Toll, ich hoffte nur, dass diese sich nun nicht mehr in ein Bett verirrten. Wir schliefen in Hütten, die aus Bambus gebaut waren, zwei Meter vom Meer entfernt. Wir freuten uns alle zuerst sehr, schön mit dem Rauschen des Meeres einzuschlafen, doch es kam alles anders. Seit 18:00 lief nämlich mit lautem dröhnen und rasseln der Generator der Insel und in der Nacht windete es so stark durch die Ritzen der Wände, dass wir am Morgen mit Sand überdeckt aufwachten. Ich glaube draussen in den Hängematten wäre es viel gemütlicher gewesen, doch diese waren nachts von den Kuna besetzt, die wissen wie.

24.08.

Ich hatte kaum geschlafen, ich war irgendwann mega genervt von dem Wind und dem Sand, sodass ich mich in meinen Seidenschlafsack einwickelte wie eine Raupe in ihrem Kokon. War zwar etwas wärmer aber dafür war ich geschützt von Wind, Sand und allfälligen Tierchen. Wir wurden vom Klang eines Muschelhorns geweckt und trotteten zum Frühstück. Alle noch ziemlich verschlafen. Wir packten unsere Badesachen und fuhren auf eine andere Insel. Wieder war es nach wie vor bewölkt und der Himmel sah aus, als ob es jeden Moment wieder anfangen würde zu regnen. Es war nicht sehr warm ohne Sonne und so waren viele auch nicht so in der Stimmung zum plantschen. Ich legte mich in den Sand und schlief prompt ein. Auch ok, so holte ich etwas Schlaf nach. Danach gings zu einer grossen Sandfläche mitten im Meer. Einfach im Nichts war eine Sandbank und ein paar Boote, auch unseres hielt dort. Es gab Musik, natürlich Rum und wir genossen ein paar winzige Sonnenstrahlen. Einige hatten etwas genügend Rum abbekommen und so war die Rückfahrt zu unserer Insel ziemlich lustig und laut. Dort gabs Lunch und anschliessend chillten wir etwas. Einige fielen beinahe ins Koma und kurierten ihren Rausch aus. Gemma und ich genossen den Strand, es war aber wieder sehr windig, bewölkt und kühl. Am Abend warteten wir auf den Regen, denn wir hätten nun gerne das ganze Salz und den Sand aus unseren Haaren gewaschen, doch wir warteten vergebens. Super, jetzt wo wir gerne Regen hätten kam er natürlich nicht. Tja zum Glück sah ja jeder so aus wie wir. Später gings dann wieder zum Abendessen und wir sassen zu einer gemütlichen Runde zusammen. Einige sahen etwas "alt" aus und verzichteten auf den offerierten Rum.

25.08.

Diese Nacht hatte ich etwas besser geschlafen, man gewöhnt sich wahrscheinlich nach einiger Zeit an den total unromantischen Generator. Nach dem Frühstück gings wieder auf eine andere Insel. Wir hatten aber auch wirklich Pech! Kaum dort angekommen fing es wieder an zu regnen, jedoch nicht all zu stark. Zum Glück hatte ich mir im letzten Hostel noch ein gutes Buch ausgesucht, welches ich nun komplett las. Wir machten das Beste daraus und chillten etwas bis zum Lunch, welcher uns heute dort serviert wurde. Anschliessend gingen wir zurück auf unsere Insel und packten unsere Sachen. Die Tour war schon beinahe wieder fertig. Die San Blas sind wunderschön und die Inseln traumhaft, doch ich würde jedem empfehlen nicht in der Regenzeit zu gehen. Wir hatten eine gute Zeit und genossen es, doch ohne Sonnenschein wars oft kühl und klar nicht so schön wie bei gutem Wetter.

Auf dem Rückweg besuchten wir noch die Hauptinsel, auf der man übrigens auch einen Homestay machen konnte. Ich bin mir nun einiges gewöhnt was "dreckig sein" und "Müll" anbelangt, doch dort war ich mal wieder überrascht. Der Hauptanlegesteg war direkt neben den Toilettenhäuschen. Klar, die sind überall um die Insel verteilt und müssen gezwungenermassen am Wasser sein, aber muss man auch ausgerechnet zwei beim Steg haben? Ich meine die Toilette an und für sich wäre kein Problem, das würde mir nichts ausmachen, aber der Ort... Stellt euch vor man kommt dort an und einer erledigt gerade sein Geschäft... Igitt nein danke. Zudem war es überall voller Müll, die Strassen sind zwar sauber und auch das Haus, welches wir anschauten, doch kaum um die Ecke oder neben dem Weg, stapelt sich der Müll. Schrecklich. Ich verstehe nicht, dass es die Leute nicht stört, ich meine sie leben ja dort, ihr Haus ist sauber, wieso dann nicht auch rundherum? Solches werde ich wohl nie verstehen. Wir liefen etwas durchs Dorf und sahen auch das Gebäude wo die "Chefs" zusammensitzen und wurden vom Hauptchef begrüsst. Alles ältere Männer, keine Frauen, das kam mir ziemlich speziell vor. Die Kuna wollen sich auch strikt von Panama abgrenzen was ihnen auch ziemlich gut gelingt. Aber halt nicht komplett, da San Blas nun einmal zu Panama gehört. Sie versuchen glaube ich, immer wieder sich von Panama zu lösen und eigenständig zu werden, ich denke aber die finanziellen Mittel fehlen. Es war interessant das alles zu sehen, war aber auch froh dort keinen Homestay gemacht zu haben.

Ein letztes Mal stiegen wir ins Boot und fuhren zurück zum Festland. Dort wartete wieder unser Jeep, leider mit demselben Fahrer wie auf dem Hinweg, na toll, das wird ja lustig. Wie erwartet wurden die 3h Fahrt überhaupt nicht lustig und ich war froh mich mit meinem Buch abzulenken.

Diesmal konnten wir zurück in Panama City in das Hostel wo wir unser Gepäck gelagert hatten und verbrachten den Abend dort. Wir waren sowas von froh duschen zu können und das Salz und den Sand abzuwaschen. Ich hatte Feuchtigkeitstücher dabei, aber nichts tut so gut wie eine Dusche.

In San Blas und zuvor auch in Bocas hatte es tausende von Mücken und ich wurde regelrecht gefressen von diesen Mistviechern! Ich sah mich nun mal wieder in einem grossen Spiegel und das krasse Ausmass meiner Wunden. Das waren nicht mehr Stiche, das waren Wunden. Ja klar ich gebe es zu ich hatte auch gekratzt, aber der Juckreiz war teilweise kaum aushaltbar. Nun hatte ich, kurz oberflächlich gezählt, ca. 50 Stiche und die meisten am linken Arm. Es sah schon beinahe aus wie eine Krankheit. Die Stiche und offenen Stellen konnten ja auch bei all dem Salzwasser nicht gut heilen. Toll, das wird ein paar schöne Narben geben.

Panama City 26.08. – 28.08.

26.08.

Heute schliefen wir etwas aus und flanierten in der Stadt herum. Wir gingen in das grosse Einkaufszentrum und kamen plötzlich auf die Idee ins Kino gehen zu können. Wow ich war seit ich unterwegs bin nie mehr im Kino und so fand ich die Idee genial! Eigentlich kamen wir darauf ins Kino zu gehen, weil wir beide, Gemma und ich, den zweiten Teil von Magic Mike noch nicht gesehen hatten und das wollten wir ändern. Leider lief der Film aber nicht mehr und so nahmen wir mit Ted 2 vorlieb. Wir reservierten die Karten und gingen nochmals zurück ins Hostel, weil der Film erst für knapp vor 22:00 angesetzt war. Der Film war lustig, meiner Meinung nach besser als der erste Teil und es hatte Spass gemacht. Danach gingen wir wieder zurück ins Hostel, ich fühlte mich nicht gut und wollte mich gesund schlafen.

27.08.

Am Morgen war ich gar nicht fit und fühlte mich noch schlechter als am Abend zuvor. Ich hatte auch kaum geschlafen und war grippig. Ich entschied im Bett zu bleiben da ich morgen meinen Flug nach L.A. hatte und da wollte ich nicht krank sein. Ich schlief den ganzen Tag, Gemma ging in den nahgelegenen Dschungel. Als sie zurück kam gingen wir zusammen raus etwas essen. Der kurze Fussweg und die Hitze machten mich fertig. Ich legte mich anschliessend nochmals hin und schlief tatsächlich nochmals ein. Ich fühlte mich immer schlechter und mass mal Fieber. Als ich das Resultat sah, glaubte ich meinen Augen nicht zu trauen! Und mass noch zweimal nach. Ich hatte 39.1! Ich habe nie Fieber, normalerweise ist meine Temperatur so um die 36.5 oder so, das heisst wenn ich mal 37.5 habe ist das schon leichtes

Fieber für mich, und 39.1 war nun also krass. Kein Wunder fühlte ich mich so schlecht! Ich war etwas besorgt, denn ich hatte einige Medis genommen und es wurde einfach nicht besser. Ich bin nicht paranoid oder überängstlich, sowieso nicht, wenn es um mich selbst geht, aber ich hatte alle mir bekannten Symptome von Malaria, ausser Durchfall und jetzt mit dem Fieber, wurde es mir also schon etwas unwohl. Vor allem auch mit meinen vielen Mückenstichen. Ich überlegte lange hin und her und wusste nicht recht was ich machen sollte. Ich hatte so lange geschlafen, dass nun bereits nach 23:00 war und ich nur in ein Spital hätte gehen können. Das wollte ich irgendwie nicht und ich entschied mich noch bis morgen zu warten. Rückblickend hätte ich wahrscheinlich gehen sollen, denn mein Hausarzt hatte mir gesagt, sobald ich grippig sei, mit noch ein paar anderen Symptomen UND Fieber, dann sollte ich zu einem Arzt... Insgeheim dachte ich mir, dass es sicher keine Malaria sei und 48h hätte ich ja sicher Zeit, wenn es mir nicht viel schlechter ginge würde dies schon ok sein. Meine BerufskollegInnen verstehen mich sicher, wir Pflegefachleute sind als Patient die schlimmsten...

28.08.

Am nächsten Morgen fühlte ich mich nicht wirklich besser, aber ich hatte kein Fieber mehr. Also noch kein Grund um zum Arzt zu gehen, wäre das Fieber noch vorhanden gewesen wäre ich gegangen. Ich schonte mich aber noch und wartet im Hostel bis es Zeit war zum Flughafen zu gehen. Um 17:25 flog ich ab Richtung L.A. Ich freute mich schon riesig, denn dort würde ich endlich wieder bekannte Gesichter sehen. Sandra und Mirko würden dort auf mich warten und zusammen würden wir 3 Wochen rumreisen. Juhuuu! Bevors aber soweit war, musste ich zuerst noch in San Salvador zwischenlanden und von dort gings nach Los Angeles. Ich fühlte mich nach wie vor nicht gut und hatte während dem Flug teilweise richtig Herzrasen. Um 23:50 landete ich

endlich endlich in L.A. und musste nun nur noch auf mein Gepäck warten, bis ich endlich meine Freunde sehen konnte!

L.A. 29.08. – 31.08.

 Los Angeles, California

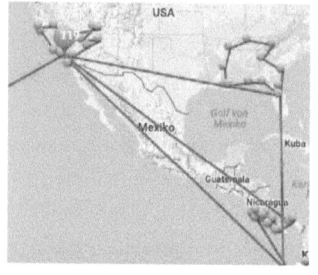

29.08.

Kurz nach Mitternacht war es
dann endlich soweit! Ich kam in
die Ankunftshalle und da sah ich
Sandra schon auf mich warten,
sie sprang unter der Absperrung
durch und wir begrüssten uns
freudig. Mirko sah uns "Hüh-
nern" nur schmunzelnd zu. Cool endlich wieder jemanden von zu
Hause zu sehen! Die beiden hatten das Mietauto bereits geholt,
sie waren schon um etwa 17:00 angekommen und so konnten wir
direkt ins Hotel fahren. So schön ein ruhiges Hotelzimmer und
riesiges bequemes Bett, wie toll! Ich war sowas von froh mich
hinlegen zu können und hoffte, dass es mir, wenn ich aufwachte
nun wirklich besser ginge.
Nachdem wir aufgestanden waren gingen wir zuerst frühstücken,
dabei besprachen wir meinen Gesundheitszustand. Ich hatte kein
Fieber mehr, also schloss ich Malaria definitiv aus, trotzdem gings
mir immer noch nicht gut und es war wahrscheinlich besser zur
Kontrolle zu gehen. Wäre ich nicht in zentral Amerika gewesen
und irgendwo in Europa, dann wäre ich bestimmt nicht zum
Arzt, aber so war es wohl besser. Wir suchten nach einer Praxis,
doch vergebens, es war Samstag und alles war zu. Ach nein, jetzt
musste ich doch tatsächlich ins Spital, das passte mir gar nicht.
Aber ich wollte auch nicht länger "dahiisüüche". Als ich am Empfang im Spital mein Problem schilderte schien die Dame hinter
dem Tresen nicht sehr erfreut über meine Anwesenheit. Mit
Mundschutz ausgerüstet wurde ich in eine Kabine begleitet. So
eine Backpackerin direkt aus Panama konnte ja wahrscheinlich

laut ihrem Gesichtsausdruck alles haben. Ich wurde von Kopf bis Fuss durchgecheckt. Zum Glück war fast alles in Ordnung und obwohl der Malaria-Test erst morgen vorliegen würde, zeigten die anderen Werte bereits, dass ich keine Malaria hatte, sondern wohl eine Bronchitis. Ich hatte schon etwas Probleme beim Atmen und hatte Husten, aber auf eine Bronchitis wäre ich jetzt nicht gekommen. Nun gut, das liess sich behandeln und ich wurde mit Antibiotika und Hustensirup entlassen. Das Ganze hatte natürlich gedauert und so war es als ich fertig war bereits 17:00. Wir gingen kurz ins Hotel uns frisch machen und danach nach Santa Monica. Wir flanierten etwas umher und gingen zum Abendessen. Ich kannte Santa Monica ja bereits von meinem Kurzaufenthalt dort, fand es aber erneut cool und wir genossen den Abend dort.

30.08.

Heute gings mir etwas besser und ich war mehr oder weniger bereit L.A. anzuschauen. Wir gingen zum berühmten Hollywood walk of fame. Ich fand es cool nun alles mal in live zu sehen und nicht nur vom TV und den Zeitschriften. Ich hatte mir den walk of fame ehrlich gesagt etwas spektakulärer vorgestellt. Ich wusste nicht, dass es eine dicht befahrene Strasse ist und die Platten mit den Sternen teilweise auch kaputt und ziemlich dreckig sind. Trotzdem war es cool und wir suchten die verschiedensten Künstler, was nicht gerade einfach war. Danach gingen wir ins Madame Tussauds. Ich war noch nie in einem und fand es mega cool! Klar mussten wir, wie alle anderen auch, die typischen Fotos machen. Dann spazierten wir noch etwas umher und fotografierten natürlich die Hollywood-Buchstaben. Bevor es dunkel wurde fuhren wir mit dem Auto durch Beverly Hills und Bel Air.

31.08.

Meine Medis wirkten zum Glück gut und ich wurde immer fitter. Heute gings an den Venice Beach. Mir gefällt dieser lebhafte Strand mit all seinen Strassenkünstlern. Wir verweilten den ganzen Tag dort und am Abend gings nochmals nach Santa Monica und bei Nacht auf den Peer. Auch dort hatte es überall Künstler aller Art und es war interessant anzusehen.

San Diego 01.09. – 03.09.

 San Diego, California

01.09.

Heute gings so richtig los mit unserem road trip und die erste längere Strecke stand an. L.A. - San Diego. Doch bevor wir San Diego erreichten gings noch ins Sea World. Schon witzig nach 16 Jahren wieder in einem Sea World zu sein. Ich hatte noch all die Erinnerungen von damals, als wir 1999 in Florida waren als ich 10 war. Damals kam mir alles viel grösser vor, hihi. Wir verbrachten den Tag dort und gingen gegen Abend in die Stadt und checkten in unserem Hotel ein. Das Hotel war ein Hotel für Geschäftsleute und ich fühlte mich nur leicht underdressed. Die Zimmer waren ziemlich edel und wir kamen uns zuerst ein bisschen fehl am Platz vor, doch bald schon genossen wir den Luxus. Am Abend spazierten wir noch etwas umher und sahen uns um.

02.09.

Heute sahen wir uns San Diego an. Wir gingen zum Mission Beach und mieteten dort ein Fahrrad. Wir fuhren ziemlich lange umher und ich genoss es richtig. Der Strand ist riesig und schön, vor allem geniesse ich die permanente Sonne nach all dem Regen in zentral Amerika. Wir liessen uns natürlich auch eine Fahrt auf der Holzachterbahn nicht entgehen und gingen danach noch nach Old Town. Dies ist ein Ort wie es früher in San Diego ausgesehen hatte mit süssen kleinen Läden wie damals. Anschliessend gingen wir kurz zurück ins Hotel und für das Abendessen nach Little Italy. Dies war lediglich eine Strasse und daher war nicht sehr viel zu sehen, wir genossen aber ein leckeres italienisches Abendessen.

03.09.
Mit dem Bus gings heute in den Zoo von San Diego. Der Zoo ist sehr gross und hat fast alles an Tieren. An vielen Orten sind freiwillige Helfer und erzählen etwas über die Tiere und was der Zoo alles macht für den Schutz der Tiere. Nach dem Zoobesuch gings nochmals kurz ins Hotel und dann an die Ausgangs-Meile. Zuerst assen wir in einem etwas schäbig wirkenden, aber feinen, chinesischen Restaurant und gingen anschliessend noch in eine Bar. Dort hatten sie im unteren Stockwerk eine live Band, also ein Mann mit Gitarre und eine Sängerin mit hammer Stimme (ein bisschen wie Amy Winehouse). Sie waren mega cool und machten super Musik! Ihre CD musste ich haben.

Palm Springs 04.09. – 05.09.

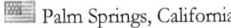 Palm Springs, California

04.09.
Heute fuhren wir zuerst etwas länger Auto bis wir im Joshua Tree Nationalpark ankamen. Auf dem Weg dorthin sahen wir unzählige Windräder, was sehr lustig aussah. Hunderte stehen dort und drehen friedlich vor sich hin. Ich machte kurz das Fenster auf um ein Foto zu machen, da schlug es mir beinahe den Arm weg vom Wind, so stark war er, nun ist auch klar wieso so viele Windräder dort

stehen. Der Nationalpark war sehr schön und mit seinen charakteristischen Joshua Trees witzig anzusehen. Wir hatten Glück, es hatte fast keine Leute und so konnten wir all die verschiedenen lookouts und Spazierwege fast alleine geniessen. Da der Park nie geschlossen wird, konnten wir sogar den Sonnenuntergang dort geniessen, wunderschön!

Nach dem Eindunkeln gings nach Palm Springs. Wir checkten kurz in unserem Hotel ein und gingen in die Stadt zum Abendessen. Der Ort, mitten in der Wüste, ist schön und etwas edler. Das sah man gut an der Kleidung der Leute an und auch an den Preisen in den Restaurants. Scheinbar kommen hier viele Leute hin übers Wochenende und auch viele Pensionierte geniessen es hier.

05.09.

Der heutige Tag ging hoch hinaus. Wir gingen nämlich mit der Seilbahn auf den Mount San Jacinto. Für uns Schweizer eher unspektakulär mit der Seilbahn dort hoch zu gehen, doch für alle anderen Touristen war es scheinbar ein riesen Spektakel, dies zeigte jeden Falls das Geschrei und Gejohle bei jedem Masten. Die Aussicht war aber auch für uns super und wir sahen über das ganze Tal. Oben angekommen gingen wir etwas laufen, nicht wirklich wandern aber immerhin etwas über Stock und Stein und konnten von den 6 verschiedenen lookouts schön auf das Tal und die umliegenden Berge sehen. Das Gebiet und der Wald erinnerten ein bisschen an zu Hause. Wir verbrachten fast den ganzen Tag dort und gingen am späten Nachmittag wieder nach unten. Am Abend gings nochmals an die Hauptstrasse zum Flanieren.

Kingman on the Route 66

 Kingman, Arizona

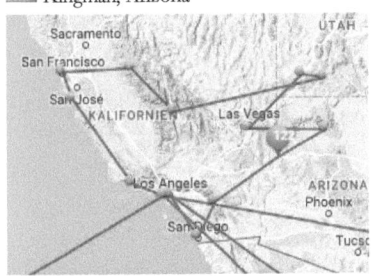

06.09.

Eine lange Autofahrt stand uns heute bevor, das Ziel war Kingmen. Wir fuhren den ganzen Tag und machten nur kurze Stopps, wir mussten schliesslich etwas vor-

wärtskommen. Passend zum Autofahren war das Hotel an der legendären Route 66 und auch in diesem Stil dekoriert, was mir natürlich sehr gefiel. Hatte ich schon erwähnt wie toll es hier ist, was das Thema Auto angeht? Ich denke nicht... Auf jeden Fall finde ich es richtig toll hier. Leider sieht man nicht so viele "alte Amis", also die wunderschönen Klassiker, dafür umso mehr von den neuen geilen Flitzern, hach.... Obwohl sie fast wie Sand am Meer hier herumdüsen finde ich sie jedes Mal wieder toll! Ich frage mich, wie es herauskommt, wenn ich dann mit meinen Eltern unterwegs bin. Mein Papa darf wahrscheinlich die ersten Tage gar nicht Auto fahren, da er vermutlich viel zu fest abgelenkt wird von den schönen anderen Autos. Natürlich standen auch ein paar schöne "Schmuckstücke" rund ums Hotel. So nun aber genug von Autos, das Thema finden sicher nicht alle so toll wie ich. Das Städtchen Kingmen hat eigentlich sonst nicht viele Sehenswürdigkeiten und ist eher als Durchfahrtsort bekannt. Mir wars egal, dass wir hier nichts machen konnten, das Hotel war toll genug und so verbrachten wir den Abend dort.

Grand Canyon 07.09.

Grand Canyon National Park, Arizona

07.09.

Wir standen früh auf und fuhren bald einmal los. Das Ziel: Grand Canyon.

Ich war schon sehr gespannt und etwas aufgeregt! Es ist schon cool, all die Dinge von denen man so oft gehört hat, sie im Fernsehen oder Film gesehen hatte, all dies sehen wir jetzt in live. Mega cool! Ich war gespannt ob der Grand Canyon auch wirklich so ist wie immer alle sagen und auch schon auf den Abend, denn da würden wir in Las Vegas ankommen. Zuerst aber mussten wir etwas fahren. Wir hatten uns schon gedacht, dass es viele Leute haben würde, doch so viele hätten wir nicht erwartet! Wir mussten sogar anstehen um mit dem Auto überhaupt in den Park zu kommen. Danach fuhren wir in den Park hinein und dann ging die grosse Parkplatzsuche los, wir hatten Glück und fanden bald einen passenden. Gut, dass hier alle diese grossen Schlitten fahren, so dass die Parkplätze immer gross genug sind und man relativ einfach parkieren kann. Es hatte einen Shuttle dort, der einem zu allen Aussichtspunkten fuhr, sehr touristisch das Ganze. Und dann, da war er: GRAND CANYON! Das Einzige was mir zuerst dazu einfiel war: "krass". Er ist einfach riesig! Wir machten natürlich ein paar Fotos und liefen den Weg am Canyon entlang. Unendlich gross dieser Canyon, er scheint nicht aufzuhören. Wir stellten aber auch fest, dass er irgendwie immer gleich aussieht. Es ist schön zu sehen, definitiv genauso wie alle immer gesagt haben, doch sehr abwechslungsreich ist er nicht. Es ist vor allem die Grösse und Weite die einem so fasziniert. Zudem geht er sehr steil und tief nach unten. Wir liefen etwas umher und schauten uns noch andere lookouts an. Richtig cool. Allzu lange konnten wir nicht bleiben da wir noch eine weite Fahrt nach Vegas vor uns hatten.

Nach Einbruch der Dunkelheit kamen wir langsam aus der Wüste raus und sahen die ersten Lichter und dann, boooom: VEGAS! Wow, so sah es also aus. Zwei so grosse Highlights an einem Tag! Wir sahen tausende Lichter und hatten einen guten Blick auf die Stadt von der Strasse aus auf der wir fuhren. Eigentlich richtig cool, dass wir im Dunkeln ankamen, so "flashte" es uns so richtig. Wir fuhren in die Stadt hinein und kamen aus dem Staunen nicht mehr raus. Überall blinkt und leuchtete es. Wir fuhren zu unserem Hotel, das Bellagio. Und nochmals: Wow. Unser Auto wurde von uniformierten Herren entgegengenommen und wir traten ins Hotel ein. Ich war "nur leicht fehl am Platz" mit meinem riesen Backpack und offensichtlichen Backpacker-Klamotten, egal. Wir bezogen ein hammer Zimmer mit Blick über halb Vegas und auf den bekannten See mit den Fontänen vor dem Bellagio. Wow, wow, wow. Ja so edel gehaust hatte ich schon lange nicht mehr. Ich war ja schon erfreut überhaupt wieder in einem Hotel zu sein, doch dies sprengte nun alles! Einfach nur krass. Wir machten uns frisch und gingen auf die Strasse. Huiuiui. Vegas ist genauso wie ich es mir vorgestellt hatte. Wie gesagt überall blinkende Lichter und Werbeanzeiger, zudem so viele Leute, überall Musik und natürlich Spielautomaten. Crazy, verrückt ist das Ganze. Irgendwie kam es mir gar nicht vor wie eine Stadt, mehr wie ein Ort, extra konstruiert für Touristen und deren Spass. Wir gingen etwas Essen und danach auch schon bald ins Bett. Hatten wir doch heute viel erlebt und mussten alles zuerst etwas verdauen.

Crazy Vegas 07.09. – 09.09.

 Las Vegas, Nevada

08.09.

Beizeiten standen wir auf und machten uns bereit. Da es tagsüber sowieso zu heiss war um in der Stadt herum zu laufen, entschieden wir uns, in einen der Outlets zu gehen und zu shoppen. Ou man, ou man, meine arme Kreditkarte... Nun ja man ist ja nicht jeden Tag hier oder? Wir waren ziemlich lange dort, die Zeit ging aber auch schnell um und wir machten uns dann anschliessend im Hotel für den heutigen Abend bereit. Leider hatte ich in meiner Backpacker Garderobe weder ein elegantes Outfit noch hohe Schuhe oder so dabei, was zwar nicht Voraussetzung war, aber doch viel getragen wird hier. Ich zog mein einziges Röckchen an das nicht ein Strandkleid war und "that's it". Als ich unten in der Lobby einen Typen im Samt-Jogginganzug sah, fand ich mein Kleid gar nicht mehr so unelegant und musste lachen als der Typ noch das passende Samt-Käppi dazu anhatte. Als noch die typischen amerikanischen Touristen kamen, mit kurzer Hose und Hawaiihemd, mit "Heiland Sandalen und weissen Socken" (OMG!), da kam ich mir plötzlich sehr elegant vor. Haha so geil, hier sah man wirklich alles an Leuten und Kleidern. Von den elegantesten, langen, teuren Glitzerkleidern bis hin zu den Typen wie gerade erwähnt, echt cool. Wir fuhren mit dem Taxi ins New York New York Hotel und dort gings, nachdem wir den Roller Coaster getestet hatten, zum Essen. In Vegas musste man sich natürlich eine Show ansehen und das machten wir auch. Wir hatten uns für die Show Zumanity vom Cirque du Soleil entschieden. Die Show war erst ab 18 Jahren frei gegeben und als wir drin waren wussten wir auch wieso. Es war wie im Zirkus viel Akrobatik, Tanz und Witz, nur halt alles "zweideutig" und mit viel, sehr viel nackter Haut. Jedoch überhaupt nicht geschmacklos, auch sehr, sehr lustig und unterhaltsam. Alles in allem eine mega coole Show und sehr weiter zu empfehlen. Kleiner Tipp, vielleicht nicht in den ersten 3 Reihen oder am Rand sitzen. Es sei denn, man möchte auf die Bühne. Nach der Show blieben wir in der Piano-Bar hängen. Zwei Pianisten sassen sich gegenüber und die Leute konnten zusammen mit einem Trinkgeld Lieder wünschen, welche sie auf mega coole Art vortrugen. Es war eine riesen Stimmung, was die Amis sowieso gut machen können und cool ihnen zu zusehen. Sie spielten sehr gut und machten aus jedem Lied etwas Spezielles.

09.09.
Nachdem wir am Morgen nochmals durch die Stadt gegangen waren, gings am Nachmittag an den Pool. Es war auf den Strassen viel zu heiss und wir freuten uns auf eine Abkühlung. Am Pool angekommen war nun auch klar, wo all die Leute, die tagsüber auf den Strassen fehlen, waren. Hier. Wow ich hatte schon lange nicht mehr so eine überfüllte Poolanlage gesehen. Wir ergatterten die letzten 3 Liegestühle und legten uns hin. Bald kam auch der Durst und Sandra und ich gingen an die Poolbar um ein Wasser und einen Mocha zu holen. Die Bardame fragte mich, ob wir bitte den Ausweis vorweisen könnten. Ich wiederholte die Bestellung, in der Annahme sie hätte mich zuvor nicht verstanden, schliesslich wollten wir ja keinen Alkohol bestellen, sondern Wasser und Kaffee. Sie meinte dann, dass wenn wir an einer Bar bestellen uns ausweisen müssen. Klar ich nehme meinen Ausweis mit an den Pool!? In Amerika scheinbar ein Muss. Ich sagte ihr dann, dass ich 26ig bin und den Ausweis im Hotelsafe hätte. Die Bardame meinte nur, wir könnten ja bei den Liegen der Servierdame rufen und bei ihr bestellen, hier an der Bar dürfe sie uns gar nichts geben. Nun gut, wir gingen zurück zu den Liegen, riefen die Servierdame und bekamen alles ohne Probleme, für mich etwas paradox nicht? Naja gewisse Regeln versteht man halt einfach nicht so ganz.

Am Abend gingen wir "gamblen". Wir spielten Roulette, das Einzige was wir einigermassen konnten. Ich gewann natürlich wie immer nicht und erwartet nichts, deshalb gamble ich auch nicht so gerne. Sandra hatte da mehr Glück. Sie spielte das erste Mal und gewann direkt aufeinander zweimal. Sogar die Dame hinter dem Roulette Tisch konnte es nicht glauben und machte ihre Kollegen darauf aufmerksam. Nachdem ich mein ganzes Spielgeld verloren hatte und Sandra gewonnen gingen wir zum Abendessen.

Danach gings an den Strip, einfach nur crazy diese Stadt. Was natürlich bei einem Besuch in Vegas neben gamblen und einer Show ansehen auch nicht fehlen darf ist: (die Männer werden dies jetzt ganz bestimmt wissen) genau, einen Besuch in einem Stripclub. Wir wollten nicht in den "hinterletzten Schuppen" und entschieden uns für das bekannte, aber nicht geschmacklose Hustler einen "top less" Club wie ich erfuhrt. Ich war noch nie in einem Stripclub und schon gespannt. Schon schade gibts keinen für Frauen, das ist wirklich unfair! Nun mussten wir halt die Ladies anschauen, was aber ziemlich unterhaltsam war. Spannend und teilweise aber auch eklig war, als sich die Ladies an die Männer (jeder Art und Alters...) heran machten, den Preis aushandelten und dann entweder die Männer zu den Sofas für einen Lapdance zogen oder mit dem Lift sonst wo hin... Wir sassen zuerst etwas weiter hinten an einem Tisch und gingen dann an die "Front". Das war nicht die allerbeste Idee. Irgendwie hatten die Ladies auf der Tanzfläche mehr Spass oder fanden es wohl witziger UNS Frauen "zu amüsieren" als die Männer und so kamen beide, Sandra und ich "in den Genuss" den Ladies sehr nahe zu sein. Naja keine zu genauen Details, nur so viel: fremde Hände an den eigenen Brüsten und fremde Gesichter im Schoss... Falls ich bis jetzt noch nicht gewusst hätte, dass ich nicht auf Frauen stehe, dann weiss ich es jetzt. Es war nicht schlimm, sogar auch ziemlich lustig, doch ob ich es ein zweites Mal nochmals erleben muss/will, weiss ich noch nicht so genau. Auf jeden Fall ein interessanter, abwechslungsreicher Abend.

Vegas – Valley of fire – Cedar City

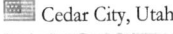 Cedar City, Utah

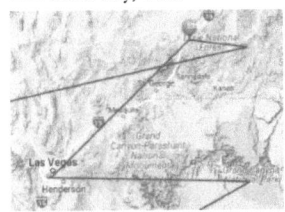

10.09.
Den Morgen verbrachten wir noch in Vegas und schauten uns ein paar andere Hotels an. Auf dem Weg zu unserem nächsten Stopp machten wir Halt im Valley of fire. Leider waren wir etwas zu spät dran und bis wir dort waren ging schon fast die Sonne unter. Daher konnte man die tollen Farben nicht so gut sehen und weil wir vor Sonnenuntergang wieder aus dem Park draussen sein mussten, hatten wir auch keine Zeit alles anzuschauen, schade, vielleicht das nächste Mal. Wir fuhren weiter nach Cedar City. Auch eine kleine Stadt, die wir nur auf der Durchreise zum Übernachten anfuhren, weil wir morgen in den Bryce Canyon wollten. Die Stadt sah etwas so aus wie eine alte Western-Stadt und war cool anzusehen.

Bryce Canyon 11.09.

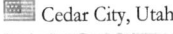 Bryce Canyon National Park, Utah

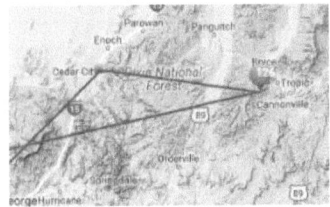

11.09.
Heute gings ab zum Bryce Canyon, ich war schon sehr gespannt, denn auch da hatten wir unterschiedliches gehört. Einige meinten, dass dieser Canyon ihnen sogar besser gefallen hätte als der Grand Canyon und andere wiederum meinten, wenn man den Grand gesehen habe, dann müsse man den Bryce nicht mehr sehen. Ich war gespannt. Wir fuhren wieder etwas und kamen im Nationalpark an,

diesmal fuhren wir selbst mit dem Auto herum und zu den verschiedenen lookouts. Und ich muss sagen, er gefiel mir richtig gut! Ob er nun schöner ist als der Grand oder nicht ist schwierig zu sagen, definitiv ist er aber ein Besuch wert, auch wenn man den Grand schon gesehen hat! Der Bryce ist sehr viel farbiger und meiner Meinung nach vielfältiger, wobei der Grand halt einfach durch seine Grösse besticht. Wir sahen ziemlich viel vom Canyon und gingen auch noch etwas nach unten auf einem Wanderweg. Am Schluss des Tages muss ich schon sagen, dass er mir ein klein wenig besser gefallen hat als der Grand. Ich finde den Bryce abwechslungsreicher und die verschiedenen Farben haben mich voll fasziniert!

Durchs Death Valley nach Lone Pine

Lone Pine, California

12.09.

Und weiter geht die wilde Fahrt! Heutiges Programm: durch das Death Valley nach Lone Pine. Ich hatte das Vergnügen zu fahren und nachdem wir vollgetankt hatten gings ins Death Valley. Die Temperaturanzeige im Auto stieg und stieg und wir waren heilfroh um die Klimaanlage. Kein Wunder heisst es Death Valley, Höchsttemperatur waren 116 Grad Fahrenheit, also etwa 46 Grad Celsius, krass! Es war unglaublich heiss. Wir stiegen ein paar Mal aus und es erschlug uns fast, ich mochte kaum ein paar Meter gehen. Zu heiss, übel. Wir fuhren etwas durch das Valley, sahen uns alles an und versuchten möglichst nicht auszusteigen. Es war interessant und cool zu erleben. Später als wir alles gesehen hatten fuhren wir nach Lone Pine. Den Ort an dem wir heute übernachten würden.

Yosemite NP 13.09.

Yosemite National Park, California

13.09.

Auch heute stand wieder etwas Bekanntes an. Yosemite National Park. Ein riesen grosser NP. Wir fuhren zuerst mit dem Auto durch den Park und sahen schon viel, haben dann das Auto parkiert und sind mit dem Shuttlebus weiter. Wir machten einen Spaziergang und uns auf die Suche nach dem grossen Wasserfall. Leider war dieser aber nicht dort.

In dieser Region hier hatte es ein ganzes Jahr lang nicht geregnet und auch die anderen zwei Jahre davor kaum. Das Flussbett war leer, nichts, kein einziger Tropfen Wasser. Man konnte auch am Boden sehen, dass es sehr sehr trocken war und die vielen abgestorbenen Pflanzen bestätigten dies. Viele Flächen waren von Feuer vernichtet worden und man sah oft die schwarzen Überreste herumstehen. Sah schon krass aus, ganze Felder schwarz. Ich glaube um den Yosemite richtig zu geniessen müsste man ein paar Tage dortbleiben und wandern gehen und ein bisschen Wasser wäre auch schön. Wir hofften, noch irgendwo Bären zu sehen, was dort scheinbar nicht selten sei, doch wir hatten leider Pech. Direkt ausserhalb des NP war dann unser Hotel für die Nacht.

San Fran 14.09. – 17.09.

 San Francisco, California

14.09.

Heute stand uns nochmals eine etwas längere Fahrt bevor. Ziel: San Francisco. Juhuu ich freute mich und irgendwie wusste ich da schon, dass mir diese Stadt gefallen würde. Wir kamen am Nachmittag in San Fran an und wurden mit Regen begrüsst. Unser Hotel lag ziemlich zentral und nachdem wir eingecheckt und uns bereit gemacht hatten, gings nach Downtown. Wir flanierten durch die Strassen. Ich finde die Häuser hier so richtig toll, mit ihren coolen Bauarten und den Erkern, so eins hätte ich auch gerne. Wir gingen in der Stadt essen und da es nach wie vor regnete und kalt war, schon bald mit dem Taxi wieder zurück zum Hotel. Der Taxifahrer war sehr nett und fragte uns von wo wir seien. Er machte grosse Augen als wir sagten wir seien Touristen und heute erst angekommen. Er fragte ob wir noch ein Hotelzimmer bekommen hätten und war sehr erstaunt, als wir dies bejahten. Wir sagten ihm, dass wir das Hotel schon vor einem halben Jahr gebucht hatten und dann machte es plötzlich Sinn für ihn. Scheinbar war in diesen Tagen die weltgrösste Software-Messe und alles in und rund um San Fran ausgebucht. Sandra und Mirko meinten, sie hätten sich schon gewundert, warum das Hotel hier so teuer sei, nun machte es Sinn. Der Taxifahrer erzählte uns, dass man, wenn man heute bucht, kein Zimmer in der Stadt unter 1100 Dollar bekommt. Wow! Ausserhalb sei es etwas günstiger, aber nicht viel. Puh, zum Glück hatten wir frühzeitig gebucht.

15.09.
Nach dem Frühstück gings los und ab auf das Fahrrad. Wir wollten heute nämlich San Fran mit dem Velo erkunden. Wir fuhren eine vorgeschlagene Route, welche am Wasser entlang führte mit Blick auf die Golden Gate Bridge. Auch etwas das ich nun endlich live sah! Die Brücke hatte ich mir auch genauso vorgestellt, nur ein bisschen heller rot. Es war cool herumzudüsen und ein paar Fotos zu machen. Wir fuhren mit dem Velo auf die Brücke und von dort hatten wir eine super Sicht auf die Stadt und auf die Alcatraz-Insel. Wir fuhren bis ins nächste kleine Örtchen und schauten uns dies etwas an und assen zu Mittag. Eigentlich hätte man dort schon auf die Fähre gekonnt und zurück in die City, wir entschieden uns aber noch den etwas grösseren Bogen zu fahren und am nächsten Hafen auf die Fähre zu gehen. Es zog sich elend lange hin und so langsam wurde uns klar, warum wir kaum noch Velofahrer um uns hatten. Die meisten waren so wie es aussah zu faul die ganze Strecke zu fahren. Es war ziemlich anstrengend, vor allem immer wieder rauf und runter. Am Hafen angekommen mussten wir zuerst etwas trinken und gingen dann mit der nächsten Fähre zurück in die City. Wir gaben das Velo wieder ab und nach einer erholsamen Dusche gings am Abend noch nach China Town.

16.09.

Nach leckerem Brunch machten wir heute einen Ausflug nach Alcatraz. Ich war auch hier schon sehr gespannt, solche Dinge finde ich immer sehr interessant. Leider war der gestrige sonnige Tag wohl eine Ausnahme und heute war wieder Regenjacke angesagt. Wir fuhren mit dem Schiff rüber auf die Insel und machten dort eine Audio Tour. Das ist schon praktisch, jeder versteht alles in seiner Sprache, man kann in seinem eigenen Tempo durch gehen und es hat keine anderen nervigen Touristen mit doofen Fragen. Es war sehr spannend und interessant. Ich werde dies nun hier nicht all zu tief ausführen, da ich erstens schon wieder viele Details vergessen habe und zweitens man das auch im Internet nachlesen kann. Am Schluss im Souvenirshop gabs noch eine "Überraschung". Ein ehemaliger Insasse, ich weiss den Namen schon nicht mehr, hatte ein Buch geschrieben und war nun dort um es zu signieren. Mirko hatte sich eines gekauft und so sprachen er und Sandra ein paar Worte mit ihm. Schon noch speziell so neben einem ehemaligen Insassen von hier zu stehen und ihm zuzuhören. Ich frage mich nur was ihn treibt, an den Ort zurück zu kommen, wo alle die hier drin waren, es als die Hölle bezeichneten. Ich denke neben dem, dass es in diesem Gefängnis für die Insassen wirklich nichts gab, war das schlimmste, dass es so nahe an der Stadt und der "Freiheit" war. Von der Insel aus betrachtet meint man wirklich man könnte ohne Probleme rüber schwimmen, es sind nicht einmal 2km. Doch die Strömungen sind so stark, dass es unmöglich ist. Auf der Audio-Tour hörten wir, dass die Insassen jeweils an Silvester die Leute vom Festland hätten feiern und lachen hören. Dies stelle ich mir schon schlimm vor, da würde ich glaube ich, auch versuchen zu flüchten. Gut, die Insassen von Alcatraz waren alle nicht nur "kleine" Beute, es hatte ja schon seine Gründe warum sie dort waren.

Nach dem Besuch gings noch zum Pier 39 wo man die Seehunde sehen und etwas durch die Geschäfte schlendern konnte. Schon lustig, die Seehunde machten ein riesen Hin und Her und waren sowas von laut. Wir sahen ihnen zu und amüsierten uns. Zum Abschluss des Tages gings ins Hard Rock Café zum Abendessen.

17.09.

Heute erkundeten wir die Stadt zu Fuss. Wir liefen zur Lombard Street mit dem berühmten Russian Hill. Das ist die kurvenreichste Strasse die es gibt, soviel ich weiss und schön geschmückt mit vielen bunten Blumen. Sie waren etwas verwelkt und nicht ganz so prächtig, aber trotzdem schön zu sehen. Die Strasse ist krass, sehr steil und sehr kurvig. Danach nahmen wir eine Cable Car, yeah wie cool! Zuerst setzten wir uns hin, ich konnte aber natürlich nicht lange sitzen bleiben, ich musste stehen, wie in den Filmen! Wie cool! Danach gings mit der U-Bahn ein Stück und anschliessend in ein cooles Café wo auch die Einheimischen gerne hin gehen. Danach liefen wir zur bekannten Ashburry and Haight, dem Hippie-Viertel. Von dort durch den Golden Gate Park in den botanischen Garten. Anschliessend wurde das Wetter, was vorhin nur etwas bewölkt war, wieder schlechter und wir machten uns auf den Weg zurück ins Hotel.

Wir genossen noch den letzten Abend in San Fran und ich war etwas traurig morgen schon zu gehen. Die Stadt gefällt mir sehr sehr gut und ich würde gerne wiederkommen.

Santa Cruz 18.09. – 19.09.

 Santa Cruz, California

18.09.

Leider mussten wir heute das tolle San Francisco wieder verlassen und es ging weiter nach Santa Cruz. Der Ort ist nicht sehr gross und bekannt zum Surfen. Wir sahen jedoch nicht so viele Surfer und überhaupt schien nicht sehr viel los zu sein, vielleicht waren wir aber auch nur zur falschen Zeit am falschen Ort. Sandra und ich wollten uns etwas verwöhnen lassen und genehmigten uns eine Massage. Nachdem uns die Damen zuerst ziemlich lange warten liessen, bekamen wir eine viel zu starke Massage, welche uns morgen sicher Schmerzen bereiten würde. Danach gings an den Strand. Es hatte nicht viele Leute und so genossen wir einen ruhigen restlichen Nachmittag. Auch am Abend nahmen wirs eher gemütlich und es ging zum Sushi essen.

19.09.

Früh auf und ab ins Auto, hiess es heute. Ziel: 6 Flags Vergnügungspark. Da dieser um diese Jahreszeit leider nur noch am Samstag geöffnet hat, gingen wir also heute dort hin. Wir fuhren ein Weilchen und schon da spürte ich Kopfschmerzen, toll die Nachwirkungen von der schlechten Massage gestern. Wir mussten natürlich alle Achterbahnen ausprobieren, was meinem Kopf nicht so guttat. Mir wurde richtig übel und so ruhte ich mich etwas aus, während Sandra und Mirko noch den restlichen Park anschauten. Ich machte etwas "people watching", was auch immer sehr interessant ist. Am späteren Nachmittag hatten wir alles gesehen und gemacht was wir wollten und so gings wieder zurück nach Santa Cruz.

Auf dem Highway No. 1 nach Santa Barbara
20.09. – 22.09.

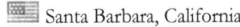 Santa Barbara, California

20.09.
Heute gings wieder früh los, den Highway No. 1 hinunter Richtung Santa Barbara. Mit dem Meer und perfektem Sonnenschein war die Fahrt sehr schön. Gegen Ende des berühmten Highways sahen wir uns noch die Seeelefanten an und amüsierten uns ab ihnen. Nach ca. 6h Fahrt kamen wir in Santa Barbara an. Es wurde schon Abend und so sahen wir uns lediglich den Strand an und genossen den Abend in der Stadt.

21.09.
Heute machten wir uns einen gemütlichen Beach-Day. Das Meer war eher kühl und so heizten wir uns richtig an der Sonne auf bis wir warm genug hatten um uns abzukühlen. Wir schlenderten noch etwas durch die Stadt und genossen das Nichtstun.

22.09.
Nach dem vielen rumreisen genossen wir es richtig hier keine Pläne zu haben und so gönnte ich es mir mal so richtig auszuschlafen. Die anderen zwei traf ich später am Strand und ein zweiter Beach-Day verging. Am Abend wieder in die Stadt und den letzten gemeinsamen Abend geniessen.

L.A. und Universal Studios 23.09. – 25.09.

 Santa Monica, California

23.09.

Nach dem auschecken im Hotel liessen wir es uns nochmals richtig gut gehen und genossen ein leckeres Frühstück im iHop. Danach nahmen wir die letzte Strecke zurück nach L.A. in Angriff. Sandra und Mirko würden heute am späten Nachmittag wieder nach Hause fliegen und ich werde noch ein paar Tage in Santa Monica verbringen bevor es dann für mich auch weiter geht. Wir kamen am frühen Nachmittag in Santa Monica an und mussten uns nun wieder verabschieden. Die drei Wochen zusammen vergingen sehr schnell, wir hatten viel tolles gesehen und erlebt! Nun hiess es Adieu, kommt gut nach Hause! Ich checkte wieder in dem Hostel ein indem ich schon einmal war und liess den Abend gemütlich ausklingen.

24.09.

Universal Studios of Hollywood war der Plan heute. Das Wetter war genial und ich genoss den Tag dort. Schon speziell so alleine in so einem Park zu sein, doch irgendwie auch mal witzig, man kann einfach machen was man will, ohne auf irgendjemanden Rücksicht zu nehmen und kommt erstaunlich schnell voran. Ich hatte alle Shows gesehen und alle Bahnen etc. ausprobiert. Natürlich ist es schon cooler mit Leuten zusammen, doch es war mal eine neue Erfahrung und "erfrischend". Um 18:00 hätte ich wieder mit dem Bus, den ich und natürlich einige andere gebucht hatten, wieder abgeholt werden sollen, doch dieser stand im Stau und kam fast eine Stunde zu spät. So waren wir erst etwa um 20:00 zurück im Hostel und ich war sehr müde, aber zufrieden vom heutigen Tag. Ich ging nur noch kurz etwas essen und haute mich bald ins Bett.

25.09.

Da ich gestern früh ins Bett ging, stand ich heute etwas früher auf und freute mich mit zwei meiner Freundinnen zu skypen. Zuerst quatschte ich etwa 1h mit Jenny, mit welcher ich ja in Australien zusammen unterwegs war. Schon cool das skypen, das schätze ich beim Reisen sehr. Danach schafften Melanie und ich es endlich endlich auch einmal mit skypen. Wir hatten seit ich abgereist bin nur per WhatsApp Kontakt und ich freute mich sehr sie nun mal zu "sehen". Wir hatten uns natürlich sehr viel zu erzählen und so ging das Gespräch etwa. 1.5h. Schön wars! Nun musste ich mich aber noch etwas körperlich betätigen und so mietete ich ein Velo. Ich fuhr von Santa Monica nach Venice Beach, was nicht sehr weit war und verbrachte den Nachmittag in Venice. Es hatte viele coole Strassenkünstler welchen ich ziemlich lange zusah. Gegen Abend fuhr ich wieder zurück, packte einmal mehr meine Sachen für den Flug morgen und genoss noch ein letztes Mal Santa Monica by night.

Orlando 26.09. – 30.09.

Orlando, Florida

26.09.

Früh musste ich heute raus und war bereits um 05:30 am Flughafen. Im Taxi zum Flughafen hatte ich einen coolen Chauffeur, ein Peruaner mit welchem ich über sein schönes Heimatland sprechen konnte, sogar noch ein bisschen auf Spanisch.

Ich flog etwas später nach Orlando. Ich würde dort auf meine Eltern warten, die in 2 Tagen auch dort ankommen würden, ich freute mich schon riesig!! In Orlando irrte ich zuerst etwas herum bis ich das Gepäckband fand, irgendwie komisch dieser Flughafen, doch ich fand es zum Glück irgendwann. Da es gewitterte, konnten sie irgendwie das Gepäck nicht transportieren und so musste ich fast 1h darauf warten. Als ich es endlich hatte, suchte ich den Bus nach Kissimmee. Ich hatte ein sehr günstiges Hotelzimmer, im selben Hotel, wo ich nachher mit meinen Eltern sein werde, buchen können. Dies lag aber ca. 1h vom Flughafen Orlando entfernt. Da ich keine Lust hatte mind. 80 Dollar für ein Taxi auszugeben suchte ich nun den Bus. Ich hatte ihn wegen meinem Gepäck gerade verpasst und musste fast 1h auf den nächsten warten. Als er kam war ich der einzige Passagier und fuhr bis nach Kissimmee.

Auf der Hotelhomepage hatten sie verschwiegen, dass man dort nochmals auf einen anderen Bus umsteigen muss und dieser war natürlich auch wieder nicht dort. Ich entschied mich die restliche Strecke mit dem Taxi zurück zu legen, nun war es auch nicht mehr so weit. Ich kam relativ spät im Hotel an. Das Hotel war direkt an der Hauptstrasse und ausser Fast Food Läden und Disney-Souvenir-Outlets hatte es dort nichts. Ich wollte noch Abendessen gehen und machte mich auf den Weg, natürlich ohne Auto. Also ich muss schon sagen, als Fussgänger in Amerika ist es nicht einfach. Es hat kaum Fussgängerstreifen über die dicht befahrenen Strassen und auch wenig Gehwege. Ich kämpfte mich also irgendwie auf die andere Seite und auch bei den Restaurants drüben muss man als Fussgänger auf der Strasse laufen, schon speziell. Ich machte nach dem Essen nicht mehr viel und genoss es mal wieder etwas im Bett fern zu sehen.

27.09.
Ich hatte mich entschieden es hier in Orlando gemütlich zu nehmen und etwas an meinem Blog zu schreiben. Ausser den vielen

Parks gabs hier kaum was zu machen und ohne Auto wars sowieso schwer. Ich schlief daher aus, ging kurz einkaufen, machte Wäsche und schrieb an meinem Blog. Sonst machte ich nichts, weil ich mit meinem Blog so hinten nach war, hatte ich genug zu tun.

28.09.

Auch heute sah mein Tag nicht viel anders aus. Es regnete und so konnte ich mit gutem Gewissen mehrheitlich drinnen bleiben und an meinem Blog arbeiten. Am Abend wurde ich noch so richtig richtig "amerikanisch". Ich liess mir chinesisches Essen ins Hotelzimmer liefern und ass vor dem TV, hihi war auch mal ganz gemütlich.

29.09.

Juhuuu, heute war es endlich so weit, ich würde nach 9 Monaten meine Eltern wiedersehen. Ich musste zuerst um 11:00 aus meinem Zimmer auschecken und konnte aber mein Gepäck dort lassen bis ich nachher mit meinen Eltern wiederkommen würde. Ich hatte nun also viel Zeit bis meine Eltern um 17:00 ankommen würden. Ich ging wieder auf den Bus und meine Weltreise durch Orlando begann. Also hier ist es echt mühsam ohne Auto! Nachdem ich 3x den Bus wechselte und 2h 15min unterwegs war, kam ich endlich am Flughafen an. Ach ja, das Beste war noch das Problem mit den Tickets. Hier löst man die Tickets nur beim Buschauffeur und dieser gibt kein Wechselgeld. Man löst auch nur immer für die eine Strecke und nicht für den ganzen Weg. Ich hatte natürlich kaum Münzen und nur 5er und 10er Noten. Beim ersten Chauffeur durfte ich mein restliches Münz geben, obwohl dies noch zu wenig war, beim zweiten wollte ich halt mit meinem 5er zahlen, obwohl dies zu viel gewesen wäre, da hatte er aber erbarmen und liess mich gratis fahren und als ich ihn zum Schluss fragte welchen Bus ich jetzt noch nehmen müsse, drückte er mir nochmals ein gratis Ticket in die Hand für den nächsten

Bus. Wie nett! So kam ich also sehr günstig endlich am Flughafen an. Ich war immer noch zu früh und nutzte die Zeit nochmals am Blog zu schreiben, ich war immer noch nicht nach. Um 17:02 stand endlich auf der Anzeigetafel, dass meine Eltern gelandet waren. Ich begab mich zum Bereich wo sie rauskommen würden. Nochmals 1h und 45min liessen sie aber auf sich warten, manoman war das lange und es kam mir auch elend lange vor! Ich war voller Vorfreude und konnte es kaum mehr erwarten. Dann endlich hatte ich sie gesichtet! Wir fielen uns in die Arme und natürlich, wie hätte es auch anders sein können, liefen die Freudentränen. Puh, war das cool sie nun endlich wieder zu sehen! Nachdem wir uns etwas beruhigt hatten, also vor allem Mami und ich, Papi nahm das ja eher gelassen, gingen wir zum Autovermieter. Wir bekamen ein hammer geiles Auto, einen schwarzen Dodge Challenger aus diesem Jahr, wooow! Ich freute mich schon aufs Fahren! Nachdem wir uns aus dem Strassenwirrwarr von Orlando gelöst hatten gings Richtung Hotel. Dort angekommen zeigte Mami dem Rezeptionisten den Hotelvoucher, doch dieser suchte und suchte ziemlich lange. Schlussendlich kam heraus, dass wir im falschen Hotel waren und unser Hotel nochmals etwa 20min von dort entfernt war. Hihi fing ja schon gut an. Ich nahm also mein Gepäck mit und wir fuhren zum anderen Hotel. Die Dunkelheit, die anderen, teilweise komplizierten Strassenverhältnisse und das Navi machten es uns nicht gerade einfach das Hotel zu finden. Nach ein paar Mal hin und her und zwei spektakulären Wendemanövern, fanden wir es endlich. Und diesmal war es auch das richtige Hotel. Es war nun inzwischen sehr spät und da wir alle müde waren gingen wir lediglich noch essen und dann ins Bett.

Saint Augustine 30.09. – 01.10.

🏴 Saint Augustine, Florida

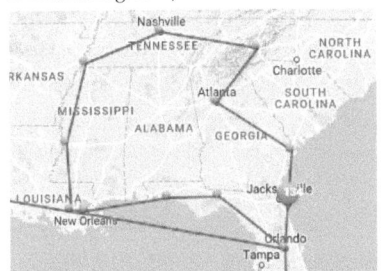

30.09.

Heute ging bereits unser road trip los und wir machten auf dem Weg nach St. Augustine noch einen Halt an der Daytona Beach. Nachdem wir von so einem Idioten fast gerammt worden waren, weil er einfach abbog ohne Blinker und zurück zu schauen, kamen wir leicht erschreckt dort an. Leider konnten wir nicht mit dem Auto runter an den Strand, da gerade Flut war. Wir schlenderten etwas umher und tranken einen Kaffee im Restaurant auf dem Pier.

Danach gings schon weiter nach St. Augustine. Dort machten wir eine Touri-Tour mit einem Bus, welche aber sehr gut war und ein super Überblick über die Stadt zeigte. St. Augustine ist sehr schön und hat uns sehr gefallen. Die Häuser sind fast alle schön renoviert und wir genossen die Tour. Als die Tour endete war es bereits später und wir gingen ins Hotel. Von dort gingen wir essen und auch schon bald wieder ins Bett. War doch alles immer noch etwas aufregend und viel zu erzählen hatten wir uns natürlich auch.

Savannah 01.10 – 03.10.

🏴 Savannah, Georgia

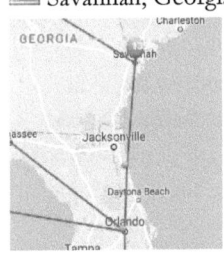

01.10.

Wir verliessen St. Augustine und gingen über Jacksonville nach Jekyll Island. Wir schauten das winzige Örtchen an und kauften bereits die ersten Souvenirs. Nach dem Mittagessen gings auch schon wieder weiter nach Savannah. Leider regnete es und es war eher frisch. Der Hurricane Joaquin war noch etwas entfernt von der Küste, brachte aber bereits Regen mit sich, mal schauen wie dies sich noch entwickeln wird. Wir gingen in die Stadt und genossen schon ein paar Minuten live Musik in den Bars und Restaurants, sowie ein Abendessen.

02.10.

Das Wetter war heute zum Glück etwas besser, jedoch von Sonne keine Spur, immerhin kein Regen. Wir entschieden uns wieder so eine Touri-Tour zu machen. Auch diese war sehr gut und dreimal kamen spezielle Charaktere aus der Geschichte in den Bus und erzählten etwas. Natürlich kam auch Forrest Gump und wir schauten uns den Park an wo er gerne gesessen hatte. Savannah hat uns auch sehr gut gefallen und wir genossen es die Stadt anzuschauen. Wir erkundeten auch einiges zu Fuss und sahen so sehr viel von der Stadt. Gegen Abend "verhockten" wir dann in einem Restaurant, welches draussen Tische hatte mit live Musik. Ein paar leckere Biers, Drinks und Musik, was will man mehr...

03.10.

Wie wir bereits befürchtet hatten, kam der Hurricane nun auf die Küste. Zum Glück traf es uns nicht direkt, aber leider unser nächstes Ziel, Charleston. Wir wollten dort im Hotel nach der Lage fragen, kamen aber per Telefon nicht durch. Wir erkundigten uns im TV und an der Reception und fanden heraus, dass ganz Charleston unter Wasser stehen und der Notstand von Obama ausgerufen wurde. Wir versuchten daher mit unserem Reisebüro Kontakt aufzunehmen um umzubuchen, doch diese waren natürlich auch nicht erreichbar. Die zuständige Kontaktperson hier in Amerika natürlich auch nicht und so mussten wir in ein Partnerbüro in NY anrufen. Ein ewiges hin und her und schlussendlich kam heraus, dass wir nun heute schon nach

Atlanta fahren und uns selbst ein Hotel suchen würden. Das, welches wir ab morgen gebucht hatten, war ausgebucht. Schade wir hätten Charleston gerne gesehen, doch dagegen konnte man nichts machen. Wir hofften nur, dass die Leute und die Stadt Charleston selbst nicht allzu schlimm geschädigt wurden.

Atlanta 03.10. – 05.10.

Atlanta, Georgia

03.10.

Nun ging es also anstatt nach Charleston schon einen Tag früher nach Atlanta. Wir fuhren ziemlich lange und das Wetter war, man kann es nicht anders sagen, scheisse. Wir entschieden uns ein bisschen ausserhalb von Atlanta ein Hotel zu suchen und bei dem Regen ein wenig in einem Outlet-Center shoppen zu gehen. Huiuiui die arme Kreditkarte, naja man ist ja nicht jedes Jahr in den Staaten. Wir waren ziemlich müde vom Fahren und shoppen, so dass wir an diesem Abend nicht sehr "alt" wurden und bald ins Bett gingen.

04.10.

Nun war es wieder ein ziemliches Stück zurück in die City. Eigentlich wäre es nicht sooo lange gewesen, doch der Verkehr auf der Autobahn war hartnäckig. Von ganz links über fünf Spuren nach ganz rechts in ca. 300m und solchen Müll, doch wir schafften es. Als wir kurz vorher noch tanken waren wollten wir noch Bier kaufen, doch dies wurde uns verwehrt... Scheinbar darf man an gewissen Tankstellen erst ab 12:30 Alkohol kaufen. Was für ein Blödsinn! Es kommt doch überhaupt nicht darauf an, ob ich mir mein Bier jetzt kaufe oder am Nachmittag und wer betrunken fährt, fährt so oder so, egal um welche Zeit. Ich denke die Alkoholiker kümmert diese Regel auch nicht, dann gehen sie einfach in einen anderen Laden, also völliger Mist. Naja wir standen an der Kasse ziemlich doof da mit unserem Bier und wurden auch dementsprechend angeschaut, aber egal, wir sind Touristen und dürfen das. Es ging also nun in die City. Ohne Bier.

Da wir sowieso noch nicht ins Hotel konnten, entschieden wir uns ins Aquarium zu gehen. Über das Aquarium wurde überall viel Werbung gemacht und auch im Reiseführer wurde es sehr empfohlen, wir waren also gespannt. Ich kann nur sagen, das was im Reiseführer steht, stimmt! Das Aquarium ist wirklich sehr schön und riesig! Als wir zu dem gigantischen Becken kamen, war ich zuerst etwas geschockt. Zwei Walhaie!? Mit mehreren Mantas, anderen Haien und Fischen in einem so verhältnismässig "kleinen" Becken!? Das darf doch nicht wahr sein... Wir fanden dann aber heraus, dass der eine Walhai irgendwie verletzt war und der andere wurde gerettet als die Asiaten ihn gefangen hatten und ihn in den Topf schmeissen wollten. Nun gut unter diesen Umständen ist es ok, wenn sie dort sind, besser als irgendwo auf einem Teller. Wie viele wissen bin ich ja angefressene Taucherin und mein grösster Wunsch ist es endlich mal, 1. einen Manta live zu sehen und 2. einen Walhai. Nun konnte ich wenigstens diese wundervollen Tiere so sehen. In der Wildnis wäre es natürlich einiges cooler, aber man kann nicht alles haben. Irgendwann werde ich aber zu dem Vergnügen kommen, ich kümmere mich darum. Tauch-Volunteers (wie cool, wäre eine Beschäftigung für mich, wenn ich dort leben würde), waren im Becken und gaben live ein Interview den Zuschauern, das war ziemlich cool, das hatte ich so noch nie gesehen. Ich hätte natürlich dort vor dieser Glasscheibe noch Stunden stehen können. Wir schauten uns alles an im Aquarium und checkten dann später in unserem Hotel ein. Inzwischen war es früher Abend und wir schlenderten noch durch die Stadt. Das Abendessen gabs dann im berühmten Hard Rock Café.

05.10.

Heute gings zur wohl berühmtesten Attraktion von Atlanta. Wer weiss es? Naaaa? Natürlich, Coca-Cola! Atlanta, DAS Zuhause von Coca-Cola. Wir gingen also ins Museum und es war richtig cool. Ich war erstaunt, es ist wirklich gut gemacht und meiner Meinung nach sehr interessant. Typisch amerikanisch, klar, aber ein bisschen "Kitsch" und "wir-sind-die-Besten", ist manchmal ganz amüsant. Es ist schon beeindruckend was für ein riesen Imperium Coca-Cola erschaffen hat und was alles dazu gehört. Am besten haben uns die verschiedenen Werbespots von Coca-Cola und anderen Getränken von ihnen aus aller Welt und von früher bis heute gefallen. Dies war sehr witzig. Am Schluss konnte man noch von allen Getränken die Coca-Cola produziert probieren. Wow, gibt es da eklige Sachen, vor allem aus dem asiatischen Bereich, einfach viel zu süss. Einiges war auch sehr lecker und werde ich wiedermal trinken. Nach dem Museum gings wieder nach draussen. Das Wetter war leider immer noch mies und es regnete immer mal wieder. Sehr viel mehr ausser das wir bereits gemacht hatten, konnte man hier in Atlanta nicht tun und so fuhren wir mit der U-Bahn in eine Shopping-Mall die uns empfohlen wurde. Dort angekommen merkten wir schnell, dass dies wohl nicht so unser "Ding" war, mit all den "Schickimicki" Läden und so verbrachten wir die Zeit mit "Käfele" und Quatschen. Nach der ca. 30min Fahrt gings kurz ins Hotel zurück und dann zum Abendessen wieder in die Stadt.

Asheville 06.10.

06.10.

Heute verliessen wir Atlanta und machten uns auf den Weg nach Asheville. Unterwegs hätte es ein Nationalpark gehabt, den man sich hätte anschauen können, doch es war sehr neblig und wirklich "gruusiges" Wetter und so fuhren wir weiter. Ich hätte davon sowieso nicht sehr viel mitgekriegt, da mich irgendwie der Schlaf im Auto übermannt hatte.

In Asheville war das Wetter besser und wir schauten uns die Stadt an. Irgendwie überzeugte sie uns nicht so ganz. Wir suchten vergebens was so toll in unseren Reiseunterlagen beschrieben wurde. Vielleicht hatten wir zu wenig intensiv gesucht, doch so vom durchlaufen war die Stadt zwar nicht schlecht, aber so wirklich toll um wieder zu kommen nun auch nicht. Das kleine Örtchen Biltmore, wo unser Hotel lag und ca. 10min Autofahrt weg vom Zentrum von Asheville, war einiges schöner und gemütlicher. Dort verbrachten wir dann auch den Abend.

Nashville 07.10. – 09.10.

Nashville, Tennessee

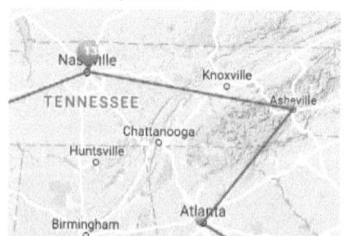

07.10.

Juhuu, heute gings nach Nashville! Wir waren schon seeehr gespannt und freuten uns. Natürlich mussten wir zuerst wieder ein Stück fahren, das "cheibe" Amerika ist aber auch gross. Unser Hotel lag ein bisschen ausserhalb des Zentrums, war aber dafür mega schön in der Gegend, wo die Einheimischen eher ausgehen. Wir hatten sogar einen gratis

Shuttle direkt vom Hotel zum Zentrum, wann immer wir wollten und diesen nutzten wir auch. Wow, die Hauptstrasse boomt von Leuten und Musik. Richtig cooles Feeling dort. Wir schlenderten umher und da die Musik teilweise so laut war und die Türen immer offen, konnte man die verschiedenen live Konzerte auch von der Strasse aus hören. Wir schauten uns alles an und gingen natürlich auch in eine Bar und genossen die Musik.

08.10.

Alle die meinen Papi kennen, wissen, dass dieser doch ziemlich gerne zu Hause seine Cowboy-Stiefel trägt. Uuund da wir ja nun mal in Nashville waren, Country und so weiter, mussten natürlich auch ein paar Neue her. Wir gingen also auf die Jagd. Da es im Zentrum sehr überteuerte gibt, für die "doofen" Touristen die alles kaufen, gingen wir auch in einen Outlet. Wir wurden fündig und dabei entstand eines meiner Lieblingsfotos hihi.

Da wir nun mit dem Auto unterwegs waren, schauten wir uns noch etwas die Gegend um das Zentrum herum an und befolgten die Tipps, einer netten jungen Lady, die uns gestern während dem Abendessen gegeben wurden. Dies war die 12th Avenue, eine Strasse mit interessanten Restaurants und einem College. Ich war noch nie auf einem Campus und es war interessant mal einen nicht nur im Film zu sehen.

Am Abend erkundeten wir etwas die Gegend um unser Hotel herum. Wie gesagt, in dem Viertel wo sich auch die Einheimischen vergnügen und es nicht so von Touristen wimmelt. Nach dem Essen fanden wir eine coole Bar wo gute Musik gespielt wurde und wir noch ein paar Drinks nahmen.

09.10.

Und schon wieder Regen... schade, schade. Der Zeitpunkt um die Country Music Hall of Fame anzuschauen. Auch sehr interessant dieses Museum und erstaunlich was die dort alles haben. Sie haben ALLES. Wir schauten uns das Museum in Ruhe an und

amüsierten uns ab den damaligen Filmen und Kostümen. Als wir
das Museum verliessen regnete es wieder und so flüchteten wir in
eine Bar, natürlich nur um Musik zu hören, wohl klar. Am Abend
gingen wir nochmals in "unserem" Viertel aus und genossen den
Abend.

Memphis 10.10.

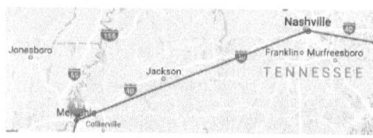 Memphis, Tennessee

10.10.
Nächster Halt: Memphis!
Home of Elvis Presley.

Wir hatten gelesen, dass
die Farm wo Elvis lebte etwas ausserhalb von Memphis liegt und
so gaben wir dies zuerst im Navi ein. Danach planten wir ins Hotel zu fahren. Wir kamen also bald in der Umgebung von Memphis an und fuhren zu Graceland, der besagten Farm. Wir waren
erstaunt wie touristisch dies war, schon klar, ist ja schliesslich Elvis, doch es war schon krass. Wir schauten uns Graceland kurz
an, verewigten uns auf der Mauer und wollten zu unserem Hotel,
das Auto abstellen, damit wir in die City gehen konnten. Ich gab
also im Navi den Hotelnamen ein und war verwirrt. Irgendwie
stimmte etwas nicht dachte ich und gab es nochmals ein. Doch
tatsächlich: "Entfernung zum Hotel": 70 feet. Was? Wir standen
auf dem Parkplatz von Graceland. Ok wir fuhren mal aus dem
Parkplatz heraus und das Navi berechnete neu. Aha also doch.
Aber halt. Neue Entfernung: 800 feet??? Wir folgten dem Navi
und mussten lachen. Das Hotel lag direkt neben dem Parkplatz
und als wir zuvor geparkt hatten, standen wir hinter einem Zaun
direkt davor! Vor lauter ausschauhalten, wo wir parken sollen für
Graceland, hatten wir das Schild zum Hotel gar nicht gesehen!
Ok das Navi hatte wohl doch recht gehabt.
Wir checkten im Elvis Presley Heartbreak Hotel ein und gingen
dann in die Stadt. Wir machten uns zu Fuss auf Erkundungstour.

Die vor der Stadt liegende Mud Island schauten wir uns aus der Ferne an und genossen die Sonne, yeeeh kein Regen mehr! Auch in Memphis hat es eine Hauptstrasse, ähnlich wie in Nashville, an welcher viel los war. Strassenkünstler zeigten was sie konnten und auch hatte es wieder überall Musik, doch praktisch keine Elvis-Songs, sondern alles andere. Sowieso merkt man sonst, ausser einer Statue und ein, zwei Bildern, nicht viel von Elvis. An der Hauptstrasse waren überall Polizisten, diese haben hier schon einen anderen Stellenwert als bei uns. Viele Leute quatschen sie an, scherzten mit ihnen und viele Ladys machten Fotos mit den Herren in Uniform, was ihnen, so wie es aussah, eben so viel Spass machte wie den Ladys.

Nach einer leckeren Pizza suchten wir nach einer Bar wo wir noch rein passten und etwas Musik hören konnten. Wir hatten Glück und fanden eine tolle Location mit super cooler live Band. Der Sänger und Pianist war eine Sache für sich und unterhielt das Publikum hervorragend, etwas ein "Player" aber witzig und spielen/singen konnte er auch. Wir genossen den Abend und hatten Spass.

Zurück im Hotel wollte ich eigentlich hundemüde ins Bett. Doch als ich die Bettdecke von meinem Bett zurückwarf, sprang mir ein gebrauchtes Taschentuch entgegen. Igitt!! Zudem einige lange schwarze Haare. Wääh! Ich meine, wenn mir so etwas in einem Hostel irgendwo in Thailand oder so passiert, ok dann erstaunt mich das nicht, aber in einem Hotel? Nein das geht nicht! Im Pyjama ging ich also zur Reception. Drei Leute standen hinter der Reception und ich machte meinem Ärger breit. Die Dame die sich mir annahm entschuldigte sich und holte frische Bettwäsche. Dann drückte sie mir alles zu meinem Erstaunen in die Hand. Sie dürfe leider um diese Uhrzeit die Reception nicht mehr verlassen und ich müsse leider mein Bett selbst frisch beziehen. Hallooo? Ich möchte hier nicht verwöhnt rüberkommen, aber bin ich in einem Hotel oder nicht? Drei Leute hinter der Reception und keiner darf raus? Das kann doch nicht sein! Schlimm genug, dass das

Bett offensichtlich nicht gemacht wurde oder wer weiss, für ein Schäferstündchen oder Nickerchen missbraucht wurde, keine Ahnung, aber dann muss ich noch mein Bett selbst beziehen? Die Höhe! Natürlich konnte ich nichts machen und für die Dame von der Reception war das Thema auch erledigt. Ich stampfte zurück ins Zimmer und war ziemlich sauer und angewidert. Ich hatte keine Lust mehr das Bett komplett frisch zu beziehen und die eklige Wolldecke zum Schlafen zu nehmen. So legte ich einfach die zwei frischen Leintücher über die Matratze und nahm meinen guten alten Schlafsack hervor. Eigentlich dürfte man dies ja nicht, da es in Schlafsäcken oft Bettwanzen von Hostels hat, soweit ich weiss (ich bin mir sogar ziemlich sicher) hat meiner keine, aber auch wenn, mir scheissegal. Schade, das Hotel wäre eigentlich noch cool, alles mit Elvis, sogar im TV gibt es zwei Sender wo nur Elvis Filme, Musik etc. läuft, doch Erlebnisse wie diese, verderben es leider etwas.

Vicksburg 11.10.

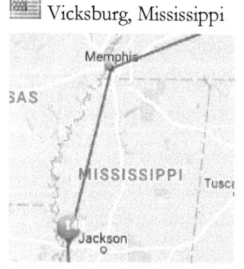 Vicksburg, Mississippi

11.10.

Heute gings in den tiefen Süden. Wir kamen auf der Strecke nach Vicksburg, unserem nächsten Stopp, voll auf die Kosten, was man sich so von den Südstaaten vorstellt. Wir kamen an schönen Landschaften und Baumwollfeldern vorbei. Ich hatte Baumwolle schon einmal in der Handsgi live gesehen, doch so ein riesiges Feld ist nochmals etwas anderes und sieht schon cool aus. Irgendwo wurde mir von jemandem der hier in der Gegend aufwuchs, der Tipp gegeben, in Clarksdale bei einem bestimmten Hotel Halt zu machen. Solche Tipps sind meistens Gold wert und so befolgten wir auch diesen. Zum Glück. Das Hotel war mega cool! Also für unseren Geschmack. Eine alte

Farmanlage, mit so viel "Grümpel", dass es schon wieder cool war. Wir machten eine Kaffeepause dort und schauten uns um. Nach einer Weile gings dann weiter, weg vom Highway und quer durchs Land. Sehr schön! Wir hielten an einer Tankstelle kurz vor Greenville und wurden schon dort etwas merkwürdig angeschaut. Auch beim Mittagessen in Greenville selbst auch wieder. Erst dann viel mir auf, dass wir hier weit und breit die einzigen "Weissen" waren. Schon speziell dieses Gefühl und so angeschaut zu werden. Wir fühlten uns nicht unwillkommen, aber auch nicht wirklich dorthin gehörig. Nach Greenville gings weiter nach Vicksburg. Unser Hotel lag Weg von der City und direkt an der Autobahn. Wir fuhren also mit dem Auto in die Stadt und wollten diese etwas anschauen, doch es war Sonntag und alles zu. Wir gingen daher lediglich noch essen und nachher zurück ins Hotel.

Vacherie 12.10.

Vacherie, Louisiana

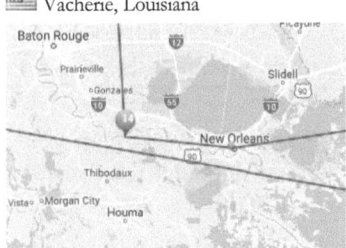

12.10.
Heute fuhren wir wieder durch mehrere schöne Ortschaften. Zuerst sahen wir uns Port Gibson an, dies jedoch mehrheitlich aus dem Auto heraus. Wir sind schon richtig amerikanisch. Nein, nein, alles machen wir noch nicht mit dem Auto, zum Beispiel holen wir immer noch persönlich den Kaffee im Starbucks, die Taschentücher in der Pharmacy, das Geld am Automaten und natürlich alle Esswaren in den Restaurants.

Anschliessend gings nach Natchez. Dort parkten wir das Auto und liefen etwas umher. Bei einem Kaffee genossen wir den Blick auf den Mississippi-River und staunten über die riesigen Frachtschiffe. Nach der kleinen Stärkung gings weiter und zum nächsten Halt in Baton Rouge, auch dort schauten wir uns ein bisschen um und gingen weiter zu der Houmas Plantation. Natürlich hat es überall auf dem Weg verschiedenste Plantations, doch auch diese wurde uns empfohlen. Nicht ohne Grund, die Plantation ist sehr schön und liebevoll dekoriert und gepflegt. Sie gehört einem Herrn, welcher selbst dort wohnt und sie der Öffentlichkeit zeigt. Sehr schön. Nach einem Apéro, also ausser für den Fahrer natürlich, diesmal mich (ach wie cool mit diesem hammer Schlitten herum zu düsen, da verzichte ich gerne auf einen Apéro), gings weiter zu der Plantation auf welcher wir heute übernachten werden.

Die Oak Alley Plantation in Vacherie sollte es sein. Wir waren schon sehr gespannt, denn wir wussten nicht genau was uns erwarten würde. Leider war es schon am eindunkeln als wir ankamen und so sahen wir nicht mehr die ganz Plantation. Wir bekamen unser eigenes kleines Häuschen und fanden es richtig cool! Es war mega schön eingerichtet und man fühlte sich gerade ein paar Jahrzehnte zurückversetzt. Blöderweise war das Restaurant auf der Plantation jetzt in der Nebensaison am Abend geschlossen. Natürlich ist es schön so in der Natur, doch das hiess auch kein Supermarkt weit und breit. Wir hätten nämlich eine Küche um zu kochen. Da wir sowieso ins Auto steigen mussten, entschieden wir uns etwas Essen zu holen, Paps und ich fuhren also durch die Nacht. Von der Brücke aus, die über den Mississippi führte, konnten wir die vielen Fabriken und Chemieanlagen sehen, die dort in der Gegen sehr verbreitet sind. Bei Nacht sehen sie richtig cool aus mit den hunderten von Lichtern. Wir kamen nach ca. 20min Fahrt am Ziel an. Eigentlich hatten wir im Internet zuvor einen Chinesen ausfindig gemacht, doch dieser war als wir ankamen bereits geschlossen. Da es eh nur Fast-Food-Läden hatte, entschieden wir uns für Subway, für mich ok, ich mag die Sandwiches. Ruckzuck gemacht und zurück auf die Plantation. Hihi sah irgendwie schon lustig aus, wir drei im klassischen Esszimmer anno dazumal mit Subway-Sandwiches. Egal uns hats geschmeckt.

13.10.

Nach dem Frühstück welches uns im Restaurant serviert wurde, schauten wir uns noch die Plantage an. Es hatte eine Schmied Stube und nachgebildete Häuser wo die Sklaven früher wohnten. Zudem natürlich das Haupthaus mit der wunderschönen Allee davor.

New Orleans 13.10. – 16.10.

 New Orleans, Louisiana

13.10.

Nachdem wir "unsere" Plantage angeschaut hatten gings nun nach New Orleans! Ich freute mich schon sehr und war unheimlich auf diese Stadt gespannt! Zum Glück mussten wir diesmal nicht sehr lange fahren. Die vielen Baustellen und one-way-Strassen machten es uns nicht gerade sehr einfach, aber schlussendlich fanden wir auch das Hotel. Kurz eingecheckt und raus auf die Strassen von New Orleans! Auch hier konnte man wieder eine Stadtrundfahrt machen, diesmal im Stil von "Hopp-on / Hopp-off" und dies machten wir doch gleich, um einen Überblick von der Stadt zu bekommen. Da es schon etwas später war, erreichten wir gerade noch den letzten Bus von heute und hatten eine coole Reiseführerin die uns viel erzählte. Die Stadt ist recht gemixt von alten und neuen Gebäuden und überall an den Bäumen hängen die Ketten vom Mardi Gras, irgendwie cool das alles. Die Stadt ist nicht klein aber auch nicht übermässig gross und so hatten wir nach ca. 1.5h die Rundfahrt gemacht. Tipptopp, nun wussten wir etwa wo was war und wo wir nochmals hingehen wollten.

Ich war vor allem gespannt auf den Jazz der hier gespielt werden sollte und freute mich schon. Nach der Busfahrt schlenderten wir durch die Strassen und vor dem Abendessen gings nochmals kurz ins Hotel. Wir wohnten mitten im Zentrum in einem der ältesten Hotels und nur gerade zwei Querstrassen von der berühmt-berüchtigten Bourbon-Street. Diese "checkten" wir natürlich sofort aus. Tagsüber läuft dort nichts, aber dafür am Abend umso mehr. Ähnlich wie in Nashville und Memphis, nur nochmals eine Stufe verrückter, lauter und auf Party aus. Es war interessant das Treiben zu beobachten und vor allem die Leute. Überall wurden die Mardi-Gras-Ketten verteilt und so hatten auch wir bald darauf welche. Schön bunt und glänzend. Leider hier an der Bourbon-Street keine Spur von Jazz, dafür viele andere live Konzerte.

14.10.

Heute gings bei strahlendem Sonnenschein und schön warmen Wetter mit der Ferry auf die andere Seite des Mississippi. Dort sollte scheinbar ein Dorf sein welches man sich anschauen sollte, laut Reiseführer. Wir fuhren also die kurze Fahrt rüber ans andere Ufer und liefen etwas umher. Leider sahen wir aber nicht so ganz was es hier zu sehen geben sollte... Die Häuser, ja waren schön, aber dieselben gabs auch drüben. Wir entdeckten ein gemütlich aussehendes Irish-Pub und da es inzwischen unheimlich heiss war brauchten wir eine Abkühlung. Danach gings wieder mit der Ferry zurück und wir flanierten etwas am Flussufer umher. Wir sahen von weitem den Mississippi Dampfer kommen und so setzten Mami und ich uns hin, um uns das Anlegen anzusehen. Zur selben Zeit kam ein gigantisch riesiger Zug an, welcher quer durch die Uferpromenade fuhr und die Strasse mit den Autos vom Flussufer trennte. Papi fand das sehr spannend und ging mit der Kamera dies genauer anschauen. Der Zug schien unendlich lang und fuhr im Schritttempo. Mami und ich sahen dem Dampfer zu.
Plötzlich kamen ein paar Herren in Uniform, keine Polizei, eher Security aber mit Gummistiefeln, sie wirkten nervös und sprachen hektisch in ihr Funkgerät. Wir dachten uns noch nichts dabei. Der Dampfer machte eine Kurve und legte an. Wir hörten nun auch Polizei und Krankenwagensirenen, diese schienen aber auf der anderen Seite des Zuges zu sein, machten aber einen riesen Lärm. Plötzlich kam da ein kleineres Schiff angefahren, ein Schlepper oder so und dann sah Mami es! Eine Person war im Wasser! In dem Moment als sie es sagte, wurde die Person gerade mit dem Rettungsring von den Leuten auf dem Schlepper ruck-zuck aufs Schiff gezogen. Die Uniformierten liessen einen Seufzer los und sahen sichtlich erleichtert aus, kurz darauf zogen sie

ab. Wow war das spannend, was war passiert? Mami und ich dachten uns mehrere Geschichten aus. Wahrscheinlich ist jemand vom Dampfer gefallen und da so viele Schiffe dort hin und her fahren war es sehr gefährlich für die Person im Wasser, zudem weiss man ja nie ob sie schwimmen kann. Der Schlepper konnte nicht am Hafen anlegen, weil der Dampfer dort war und auch die Polizei und Krankenwagen konnten nicht durch wegen dem Zug. Dieser fuhr immer noch und schien etwa 1km lang zu sein. Der Schlepper fuhr also zum Ferry Hafen ein paar hundert Meter den Fluss runter. Gerade als dieser abzog kam Papi zurück und hatte die ganze Action verpasst. Der Zug war bestimmt auch spannend gewesen... :-)

Am Abend gings an die Frenchmen-Street. Dort soll angeblich der Jazz sein und viele Konzerte. Wir gingen in ein Restaurant wo aus dem Nebenraum Musik kam, Big Band Sound, wie ich auch gespielt hatte. Wir wollten nach dem Essen das Konzert hören gehen. Doch leider hätte man dazu Tickets gebraucht und das Konzert sei sowieso schon ausverkauft. Schade. Wir gingen also die Strasse rauf und runter und suchten eine andere Location. Leider spielte auch hier mehr "moderne" Musik und von richtigem Jazz keine Spur. So blöd! Wahrscheinlich müsste man explizit im Voraus sich die Konzerte anschauen, Ticktes reservieren und dann dort hin gehen. Oder wir hatten schlichtweg einfach Pech und heute spielten nur Gruppen die alles andere als richtigen Jazz spielten. Wir fanden trotzdem noch eine coole Bar mit Band. Auch eher modern, schon mit Saxophon und so, aber eben keinen Jazz. Tja was solls. Ich hatte zwar gedacht, dass es hier in New Orleans kein Problem sein sollte Jazz zu hören, aber live Musik gabs ja genug.

15.10.

Heute gings in den Garden District ein Viertel von New Orleans und weiter durch viele andere Strassen. Es war sehr heiss und drückend. Klar wir sollten uns nicht beklagen, aber so in der

Stadt wars schon krass. Anschliessend schmökerten wir etwas durch den French-Market und ruhten uns in einem Kaffee im Freien aus, natürlich wieder mit live Musik. Diesmal 4 alte Herren die coolen Sound spielten, wieder kein Jazz, dafür Bob Marley und ähnliches vom Rastafari-Gitarren-Typen mit der rauchigen Stimme und Sonnenbrille.

Am Abend gings nochmals an die Bourbon-Street. Wir hatten in dem Restaurant, wo wir zu Abend assen, eine Pianistin kennen gelernt, die uns den Tipp gab in einer gewissen Bar vorbei zu schauen, dort gäbe es "richtigen" Jazz. Sie wusste aber nicht wer heute spielen würde, doch die Chance war dort am grössten. Na dann, los! Ich wollte lediglich eine halbe Stunde oder so coolen Jazz hören. Ein Saxophon, ein Schlagzeug, ein Piano und eine Gitarre würden mir schon reichen. Aber klar ein Saxophon musste natürlich sein. Wir kamen dort an und die Band spielte... und dann, was sah ich da! Eine Klarinette! Neeeeein! Wiesooo? Ich möchte die Klarinetten nicht beleidigen, aber, aber, aber... wieso kein Sax? Enttäuscht gings weiter, Klarinette wollte ich doch nicht hören. Wir fanden zum Glück eine andere Bar mit Saxophon, auch wieder kein Jazz, dafür machten diese riesen Stimmung und sonst gute Musik.

Das war also New Orleans. Nicht so wie ich es mir vorgestellt hatte, aber auch diese Stadt geht halt mit der Zeit und wie überall wird alles modernisiert. Es war trotzdem cool und spannend. Die coolste Musik und Stimmung gab es aber jeweils, wenn auf der Strasse Leute spielten. Einmal war das eine Schulband und einmal sonst ein paar Leute, die waren richtig cool und unterhaltsam.

Destin 16.10. – 17.10.

 Destin, Florida

16.10.

Heute verliessen wir New Orleans wieder und es ging langsam zurück Richtung Orlando. Zuerst aber würden wir noch ein bisschen Badeferien machen. Unterwegs machten wir einen kurzen Stopp in Mobile und genossen den Strand in Pensacola. Da es direkt am Strand ein Hooters hatte und wir alle noch nie in einem waren und Hunger hatten, probierten wir dies aus. Ich kenne das Hooters eigentlich nur davon, weil dort immer die RS-Soldaten essen gehen und den Mädels hinterherschauen. Aber ich muss sagen, das Essen war sehr gut und sogar ich musste den Mädels auf den knackigen Hintern gucken.

Nach dem Lunch gings nochmals ein Stück weiter mit dem Auto bis zu unserem Ziel, Destin. Es wurde bereits dunkel, doch wir konnten noch kurz den Strand anschauen, welcher auf den ersten Blick sehr schön war. Da es so schien, als hätte es am Strand keine Sonnenschirme, gingen wir in den Walmart und kauften uns einen für morgen. Extra nicht den allerbilligsten, damit er auch nicht direkt beim kleinsten Windchen davon saust. Wir trödelten noch etwas herum und gingen später in ein super Restaurant essen. Sushi-Time!

17.10.

Beach-Day, Beach-Day, Beach-Day. Juhuuu. Herrlich einfach nur in der Sonne zu brutzeln und sich ab und zu etwas im Meer abzukühlen. Im Meer hatte es viele kleine Schnecken oder so ähnliches, welche aber herumschwammen und überall angespült wurden. Keine Ahnung warum und wieso. Wir mussten sehr genau schauen wo wir hintraten und ich war lediglich eine Sekunde achtlos und "tätsch". Wää fühlte sich das eklig an. So ein schleimiges, schlabbriges, gummiges Etwas unter dem rechten Fuss, mich schauderte es.

Unser super Sonnenschirm war auch nicht so super und trotz der paar Dollar mehr, nicht mehr wert als der allerbilligste. Wir mussten ihn soweit nach unten stecken, dass wir uns wie in einem Zelt vorkamen. Wir mussten alle Lachen und es gab witzige Fotos. Hauptsache der Kopf war im Schatten, alles andere ging. Am Abend flanierten wir etwas am Harbor Boulevard und genossen den Sonnenuntergang am Wasser.

Tallahassee 18.10.

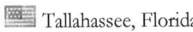 Tallahassee, Florida

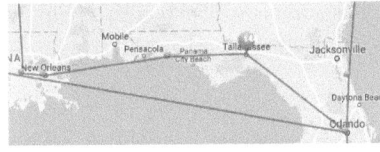

18.10.
Schon waren die sonnigen Strandtage wieder vorbei und es ging weiter Richtung Hauptstadt von Florida. Unterwegs genossen wir noch die Beach in Panama City (schon lustig, wie überall immer wieder mal Namen von anderen Ländern vorkommen). Am späteren Nachmittag kamen wir in Tallahassee an. Wir fuhren kurz durch die Stadt, doch viel zu sehen gab es nicht. Wir verbrachten also einen gemütlichen Abend, schliesslich hatten wir uns immer noch viel zu erzählen (nicht nur ich laberte nein nein) und genossen die Zeit zusammen.

Letzte Tage... Orlando 19.10. – 21.10.

 Orlando, Florida

19.10.

Nachdem wir zweimal durch einen riesen Saulärm, dem Feueralarm, geweckt wurden (irgend so ein Blödmann hatte den Toast anbrennen lassen, weil er am TV schauen war!) gings auf zur letzten grösseren Strecke und zurück nach Orlando. Wir mussten schon nochmals ein Stück fahren und hatten in der Stadt selbst auch ordentlich Verkehr. Wir wussten ja bereits, dass es auch in Orlando nicht allzu viel zu sehen gab und so verging ein weiterer gemütlicher Abend.

20.10.

Nach einem sehr knappen Frühstück, welches bereits aufgeräumt wurde als wir nach unten kamen, weil die Reception uns eine falsche Zeit gesagt hatte, gings nochmals an die Daytona Beach. Wir hatten überlegt was wir machen könnten und da wir nicht gross Lust auf einen Vergnügungspark oder ähnliches hatten, mit tausenden Leuten, entschieden wir uns nochmals den Strand und das Meer zu geniessen. Es war sehr schön und wir genossen unseren letzten gemeinsamen Tag zusammen.

21.10.

Wir schliefen aus und packten unsere Sachen zusammen. Wir liessen es uns nochmals richtig gut gehen und gingen zum Abschluss nochmals so richtig "amerikanisch frühstücken". Da es leider regnete, schlugen wir die Zeit bis wir zum Flughafen mussten im Shopping-Center tot. Viel shoppen konnten wir aber nicht mehr, da die Koffer schon ziemlich voll waren. Dann gings am späteren Nachmittag zum Flughafen.

Das Personal von der Autorückgabe stresste uns beim Abgeben und es war sehr hektisch. Wir checkten zuerst mein Gepäck ein, da mein Flug früher gehen würde und gingen dann zum anderen Schalter um für meine Eltern einzuchecken. Dann Schock! Das schwarze Mäppchen meiner Eltern mit allen Unterlagen und Pässen war nicht mehr im Rucksack! Wo war es? Scheisse, die Suche ging los. Ich dachte bald, dass es wahrscheinlich im Auto ist und ging zurück zur Autovermietung. Das Auto war natürlich nicht mehr auf dem Flughafengelände und schon in der Reinigungsstation. Hin und her und Zeit verging, doch schlussendlich und zum Glück, war das schwarze Mäppchen im schwarzen Kofferraum. Es muss wohl aus dem Rucksack gefallen sein und vor lauter Stress, wenig Licht und schwarz auf schwarz hatten wir es nicht gesehen. Egal wie auch immer, es war wieder da und meine Eltern konnten einchecken. Puh, auf diesen Schock mussten wir eine "Beruhigung" haben. Wir stiessen nochmals zusammen auf unsere coolen Ferien an. Ich hatte es sehr genossen mit meinen Eltern und wir hatten viel Spass! Dann hiess es wieder Abschied nehmen. Diesmal war es aber nicht ganz so schlimm wie damals im Januar, denn in knapp drei Wochen würde ich wieder zu Hause sein. War also jetzt wie, wenn man sich verabschiedet um kurz in die Ferien zu gehen. So ging ich also weiter, wieder alleine und meine Eltern zurück nach Hause.

Ich hatte einen langen Weg vor mir, denn nun gings nochmals nach Ecuador. Ein Freund von mir, Nabil war nämlich in Ecuador in einer Sprachschule und würde jetzt noch rumreisen. Wir hatten schon bevor ich gegangen bin gewitzelt, dass es noch cool wäre uns zu treffen und nun schien es auch zu klappen. Ein anderer Freund, Andi hatte dieselbe Idee, Nabil zu besuchen und war nun schon bei Nabil in Ecuador, also genauer gesagt in Montañita.

Da ich leider keinen Direktflug buchen konnte musste ich dreimal umsteigen. Zuerst flog ich von Orlando nach Miami, das war ja zum Glück nur 1h. Der Flughafen in Miami ist meiner

Meinung nach aber voll bescheuert und man kommt überhaupt nicht zurecht. Ich fand dann schlussendlich den Weg den ich gehen musste um an das andere Gate zu kommen, das kostete mich fast eine Stunde und da bereits schon nach 21:00 war, hatte ich riesen Hunger. Natürlich hatte nichts mehr offen, nicht einmal mehr McDonalds und so bestand mein Abendessen aus einem Pack Chips vom Kiosk der gerade noch 15min offen hatte. Danach ging mein Flug kurz vor 24:00 weiter nach Quito. Um ca. 03:00 in der Nacht kam ich in Quito an und musste bis um 06:00 die Zeit totschlagen, sehr langweilig. Dann ging mein letzter Flieger von Quito nach Guayaquil.

Montañita 22.10. – 25.10.

Montañita, Guayas, Ecuador

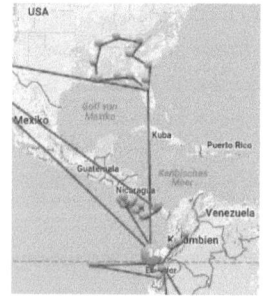

22.10.

Um 07:00 kam ich dann endlich am Flughafen in Guayaquil an. Doch wo ist mein Gepäck? Ich wartete bis am Schluss, doch es kam leider nicht. Ich war aber nicht die Einzige die ihr Gepäck vermisste. Etwa 8 andere Leute sprachen ebenfalls mit dem Flughafenpersonal und versuchten wieder an ihr Gepäck zu kommen. Ich war etwas genervt, denn schon in Costa Rica hatten sie mein Gepäck verloren und dies ist immer so umständlich. Als ich endlich an der Reihe war erfuhr ich, dass die Leute in Quito zu viel Gepäck aufgegeben hatten und deshalb meins von Orlando her keinen Platz mehr hatte. Danke an die Leute die mit 3 Koffern pro Person reisen! Da ich wusste, dass die Fluggesellschaft Guayaquil mehrmals am Tag anfliegt, fragte ich ob mein Gepäck ev. mit einem späteren Flug kommen würde, denn dann hätte ich am Flughafen gewartet. Der Herr vom Flughafenpersonal, der mich ohnehin vorhin schon belächelt hatte,

meinte nein mein Gepäck käme ganz bestimmt erst morgen. Ich
gab meine E-Mail-Adresse an und musste also abwarten.

Ich machte mich auf den Weg zum Busbahnhof und fand nach
etwas Suchen dann auch den richtigen Bus nach Montañita. Die
Fahrt dauerte fast 3h und ich war froh als ich endlich ankam. Immerhin musste ich kein schweres Gepäck schleppen. Dort angekommen begrüssten mich meine Freunde und wir waren erfreut,
dass wir es doch noch geschafft hatten uns zu treffen! Schon
cool. Ich konnte in der Wohnanlage wohnen wo alle Schüler von
der Spanischschule untergebracht waren in welche Nabil ging.
Kaum dort angekommen, ca. um 16:00 bekam ich bereits ein
Mail vom Flughafen, mein Gepäck sei nun da und abholbereit.
Super! Dieser Idiot, mit welchem ich gesprochen hatte, lag also
falsch und ich hatte extra noch gefragt. Ich hatte schon am Flughafen gemerkt, dass er keine Lust und wahrscheinlich einfach was
gesagt hatte, anstatt sich die Mühe zu machen und nachzu-
schauen. Toll, natürlich würden sie das Gepäck liefern, doch erst
in ein paar Tagen, da ja das Wochenende dazwischen lag. Genial,
ich hatte natürlich Ersatzkleider in meinem Handgepäck, doch
diese reichten nur für einen Tag und nicht für 5. Da ich nicht so
lange in denselben Klamotten rumlaufen und auch nicht alles neu
kaufen wollte, musste ich wohl oder übel morgen nochmals nach
Guayaquil fahren. Fand ich ja gar nicht beschissen. Wäre es wärmer gewesen hätte ich einfach die Zeit in den Badehosen verbringen können, doch leider war es gar nicht mal so warm und natürlich wollte ich auch alle meine anderen Sachen haben. Wenn man
schon nur einen Rucksack hat der sein ganzes Hab und Gut ist,
will man den auch bei sich haben. Wir wussten ja auch nicht
wann wir weiterreisen wollten, vielleicht ja schon vor Montag und
so war also mein Programm für morgen schon definiert.

Da die beiden Jungs gestern einen etwas strengen Abend hatten,
liessen wir es heute etwas ruhiger angehen und genossen einen
gemütlichen Abend und lernten neue Leute kennen.

23.10.

Um 11:00 sass ich wieder im Bus auf dem Weg zurück zum Flughafen. Zum Glück liessen sie einen Film laufen und so gingen die knapp 3h immerhin mehr oder weniger unterhaltsam vorbei. Im Flughafen suchte ich nach dem Ort, wo ich mein Gepäck abholen konnte und lief ausgerechnet dem Typen von gestern wieder in die Arme. Diesem jungen arroganten Idioten, der zu faul war, um seinen Job zu machen. Er erkannte mich sofort und erzählte mir noch, er hätte mich gestern, direkt nachdem ich gegangen war, noch mehrmals versucht auf meinem Handy zu erreichen und versuchte sich so raus zu reden. Ich hatte aber keinen einzigen Anruf auf meinem Telefon und so hatte er also erneut gelogen, Mistkerl. Er brachte mich dann zum Büro, wo ich mein Gepäck abholen konnte und zum Glück, es war dort. Ich nahm es wortlos und machte mich wieder auf dem Weg zum Busbahnhof. Nochmals das gleiche Spiel von vorne. Herrje. Zum Glück erwischte ich noch den 15:00 Bus zurück. 3h später war ich wieder in Montañita. So jetzt eine schöne Dusche und vor allem frische Kleider! Danach war es Zeit zum Abendessen und auszugehen. Mal schauen was das Nachtleben hier so bietet, ich hatte schon viel gehört und es schien ein "anstrengender" Abend/Nacht/Morgen zu werden.

24.10.

Wie bereits angenommen war es eine anstrengende Nacht gewesen und so mussten wir natürlich erst einmal schön ausschlafen. Wir machten keine grossen Sprünge mehr und verbrachten einen eher gemütlichen Tag/Abend.

25.10.

Auch heute sah der Tag nicht sehr viel anders aus wie gestern. Wir feierten zwar nicht mehr ganz so wie vorgestern, doch ein paar Cuba Libres und Mojitos gab es trotzdem und so war auch der Tag heute sehr gemütlich.

Baños 26.10. – 28.10.

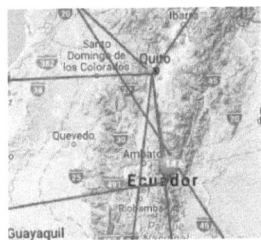

Banos, Ecuador

26.10.

Und erneut gings wieder mit dem Bus nach Guayaquil, also langsam kannte ich diese Strecke nun. Dort hatten wir Glück und konnten innerhalb von 20min direkt auf einen anderen Bus. Unser Ziel heute war Baños, ein Dorf mit natürlichen heissen Quellen (von da auch der Name) in den Bergen. Eigentlich hatten wir einen direkten Bus nach Baños gebucht, doch in Ambato mussten wir den Bus verlassen und nochmals einen anderen nehmen. Jeder erzählte wieder einmal etwas anders, doch daran gewöhnt man sich nach einer Weile und wenn ich mit anderen Leuten zusammen bin und nicht alleine stört es mich auch weniger.

Wir machten uns also auf die Suche nach dem neuen Bus und fanden ihn auf Umwegen, noch schwierig, wenn man einfach so an einer Tankstelle rausgeworfen wird, doch wir fanden ihn bald. Zum Glück können Andi und Nabil gut spanisch, denn meins ist schon wieder mehr in Vergessenheit geraten. Sehr schade, ich hoffte es jetzt nochmals etwas aufbessern zu können, doch hier in Ecuador haben sie wieder einen anderen Dialekt als in Costa Rica und ich denke, nachher in Kolumbien wird es nicht besser werden. Ich war so froh, dass die anderen zwei mit den Einheimischen kommunizieren konnten, ich hätte es nur mit Mühe und Not geschafft.

Nun sassen wir wieder in einem anderen Bus und um ca. 21:00 kamen wir endlich in Baños an. Puh, so nach etwa 10h Busfahrt heute waren wir also ziemlich geschafft, obwohl wir ja eigentlich nichts Anstrengendes gemacht hatten. Wir fanden zum Glück bald ein cooles Hostel und schauten uns noch kurz die Stadt an.

27.10.

Nach einem nicht allzu frühen Frühstück wollten wir natürlich etwas von der Umgebung sehen. Wir waren von Bergen umgeben und hatten uns sagen lassen, dass es hier viele Wasserfälle geben sollte. Wir mieteten ein Velo und machten eine Tour. Zum Glück ging es mehrheitlich bergab, denn ich spürte bereits wieder ein bisschen die Höhe und war beim berghoch radeln ziemlich schnell ausser Puste. Die Tour war cool und abenteuerlich. Sie ging ca. 20km und endete in einem Tal, wo einer der grössten Wasserfälle vom Ort war. Wir liefen nochmals ein Weilchen um uns diesen anzuschauen. Doch, er war also schon ziemlich gross und interessant. Wir wollten natürlich aufs Ganze gehen und alle Wege rund um den Wasserfall herum erkunden, was dazu führte, dass wir am Schluss ziemlich nass waren. Egal, diese Abkühlung tat gut nach dem Velofahren. Da eigentlich niemand diese 20km wieder hochfährt, gabs dort unten Sammeltaxis und so konnten wir hinten im Laster wieder gemütlich hochfahren.

Wieder in der Stadt sahen wir, dass die Leute dort irgendetwas feierten und so kamen wir noch in den Genuss der einheimischen Musik, welche aber mehr laut war als etwas anderes.

Gegen Abend gingen wir in die für die Stadt bekannten Baños, also die Bäder oder auch Hot Springs genannt. Es wimmelte nur so von Leuten, zum Glück aber vor allem von Einheimischen und nicht zu vielen Touristen. Die Quellen waren sauheiss und es war etwas schwierig für mich lange dort drin sitzen zu bleiben. Nachdem wir genug gekocht wurden, gingen wir noch zum Abendessen in das Swiss Bistro. Hmmm... ich bin zwar kein riesen Rösti-Fan, doch nach so langer Zeit ohne "Schwiizerässe" war dies genau das Richtige. Den Abend liessen wir dann in einer speziellen Bier-Bar ausklingen.

28.10.

Heute machten wir einen Ausflug in die Berge, genauer gesagt zur Casa del Arbol. Das Wetter war leider nicht so toll und es war immer wieder mal bewölkt und leicht regnerisch. Der Ausflug war aber trotzdem cool! Bei der Casa del Arbol hatte es zwei "Rütiseili" welche wir natürlich ausprobierten und die weit über den Abgrund schaukelten. Wir schauten uns noch die Umgebung an und gingen später wieder in die Stadt zurück. Sehr viel konnte man hier, ausser wandern, nicht machen und so genossen wir nochmals einen gemütlichen Abend.

Quito 29.10.

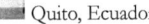 Quito, Ecuador

29.10.

Heute gings einmal mehr mit dem Bus weiter und zwar nach Quito. Ich war ja schon einmal dort, bevor ich auf die Galapagos-Inseln ging und wo mir mein Handy geklaut wurde. Ich war also gespannt Quito ein zweites Mal zu sehen.

Wir kamen am Nachmittag an und fanden noch ein Plätzchen in einem coolen Hostel mitten in der Stadt, mit hammer Aussicht von der Terrasse aus über die Stadt.

Wir schlenderten kurz etwas durch die Stadt und assen ein verspätetes Mittagessen. Danach gingen wir zurück ins Hostel und versuchten unsere restliche Reise und die Überfahrt nach Kolumbien zu planen. Leider war dies sehr schwierig, denn man weiss nie genau wie lange die Busse für eine Strecke brauchen. Wir fanden aber heraus, dass wir eher knapp Zeit hatten, wenn wir noch alles sehen wollten was wir gedacht hatten und so entschieden wir uns bereits morgen schon wieder weiter zu gehen. Für mich war das mehr als recht, denn ich kannte Quito ja schon.

Popayan 30.10. – 31.10.

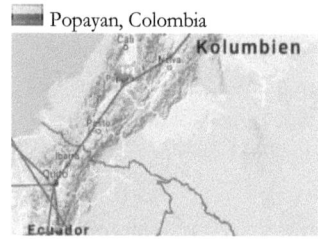 Popayan, Colombia

30.10.

Früh um 06:00 gings los mit dem Taxi zum Busbahnhof. Um 06:30 erwischten wir den Bus nach Impiales, ein Ort direkt an der Grenze zu Kolumbien. Da es bereits Mittag war als wir dort ankamen, assen wir zuerst noch auf der ecuadorianischen Seite zu Mittag und machten uns dann auf den Weg zur Grenze. Dort sammelten wir alle unsere notwendigen Stempel etc. ein, was viel einfacher war als angenommen und liefen über die Brücke auf die andere Seite. Nochmals ein Stempel und ein paar Fragen beantworten und schon waren wir in Kolumbien. Ging schnell und einfach. Da hatte ich schon ganz anderes erlebt und war echt überrascht.

Von dort gings zum Busbahnhof und wir erkundigten uns nach dem nächsten Bus nach Popayan. Die Strecke von der Grenze nach Popayan sei "etwas problematisch" jedoch laut Reiseführer nur nachts.

Wir erwischten den 13:00 Bus, welcher dann ca. um 21:00 in Popayan ankommen sollte. Mir war es ehrlich gesagt nicht ganz geheuer, aber man versicherte uns, dass es um diese Zeit kein Problem sei. Hoffentlich sagten sie die Wahrheit. Es sei vor allem die Strecke direkt jetzt nach der Grenze und der Rest sei sowieso ok. Na gut sind wir gespannt.

Wir hatten erstaunlicherweise einen sehr modernen Bus und fuhren pünktlich los. Als wir etwas gefahren waren wurde mir klar, warum die Strecke gut geeignet ist für Überfälle. Es hatte rundherum einfach weit und breit nichts! Rein gar nichts ausser Bergen, Felsen, steile, sehr steile Abhänge und Schluchten. Optimal um einen Bus zu stoppen und diesen, ohne dass es jemand anderes merkt, auszurauben. Doch dazu wird es heute nicht kommen.

Ich war gespannt auf Kolumbien, hört man doch so einiges darüber. Ich hatte aber auch eine junge Holländerin getroffen, die alleine durch Kolumbien gereist war und nie Probleme hatte, wir werdens sehen. Etwa 1h nach Abfahrt hielt der Bus plötzlich am Strassenrand. Militärkontrolle. Ach das mag ich gar nicht. Obwohl sie ja eigentlich die "Guten" sind, traue ich ihnen nicht und bin immer sehr skeptisch. Wir mussten alle aussteigen und uns ausweisen, doch unsere Pässe interessierte das Militär gar nicht, sie wollten nur die von den Einheimischen sehen. Sie durchsuchten unsere Rucksäcke und den Bus, sie waren scheinbar auf der Suche nach Waffen. Nachdem sie glücklicherweise nichts gefunden hatten konnten wir weiterfahren. Die Busfahrt zog sich elend lange hin und es wurde bald mal dunkel. Toll, obwohl wir die "heikle" Strecke hinter uns hatten, fühlte ich mich nicht 100% wohl. Ich hoffte, dass wir bald ankommen würden. Wir hielten erneut und ohne Kommentar stiegen alle aus und gingen in das Restaurant nebenan. Ok, das schien jetzt wohl der Abendessensstopp. Das heisst wohl, dass die Fahrt nochmals ein Weilchen gehen wird und es war bereits spät, um 21:00 werden wir wohl nie dort sein. Als es endlich weiter ging kam der nächste Halt. Schon wieder Kontrolle, aber diesmal nicht das Militär, sondern die Polizei, auch nicht besser. Diesmal aber mussten praktisch nur die Touristen den Ausweis zeigen. Dies wäre ja schnell gegangen, doch irgendetwas anderes schien noch zu sein und so hockten wir wieder etwa 30min fest. Dann endlich wieder weiter, doch weit kamen wir nicht, denn natürlich kamen wir noch in ein Verkehrschaos und standen wieder. Werden wir heute noch in Popayan ankommen? Keine Ahnung. Zum Glück hatten wir Quito früher verlassen, denn genau solche Verspätungen hatten wir angenommen, jedoch nicht in diesem Ausmass. Merke: in Kolumbien braucht es sehr viel Zeit und Geduld mit den öffentlichen Verkehrsmittel. Um 23:00 kamen wir endlich endlich in Popayan an. Es gab nicht sehr viel Auswahl an Hostels und so nahmen wir das Erstbeste. Wir hatten einen Glücksgriff damit und waren mega froh ins Bett zu können. Wie kann rumsitzen und Busfahren so anstrengend sein?! Keine Ahnung, aber es macht einem todmüde.

31.10.

Wir genehmigten uns etwas auszuschlafen und mussten danach das Zimmer wechseln, weil dieses bereits reserviert war. Sie entschuldigten sich und meinten wir müssen jetzt leider in einen Dorm umziehen mit Bad auf dem Gang. Kein Problem, ich war mir ja kaum was anderes gewöhnt. Solange es nicht wieder 20 Leute in einem Dorm sind war alles gut. Sie zeigte uns das Zimmer und siehe da: Ein 3er Dorm! Hihi perfekt und erst noch günstiger. Nach unserer kleinen Umziehaktion schauten wir uns etwas die Stadt an. Heute war ja Halloween und alle Kinder waren verkleidet und geschminkt. Man sah auffallend viele Prinzessinnen und meiner Meinung nach erschreckend viele Kinder in Militäruniform. Naja jedem das Seine. Sehr viel gab es in Popayan nicht zu machen, doch die Stadt war interessant und mit dem ganzen Halloween-Zeugs wars auch sehr unterhaltsam. So verbrachten wir einen gemütlichen Tag.

Villavieja und Tatacoa Wüste 01.11. – 03.11.

Villavieja, Huila Department, Colombia

01.11.

Und es ging schon wieder weiter. Nun machten wir uns auf den Weg zu dem gedachten Highlight unserer Reise, der Tatacoa-Wüste. Dafür mussten wir natürlich wieder einmal mehr Bus fahren. Es würde eine seeeehr lange Fahrt geben, oje. Wir nahmen den ersten Bus von Popayan um 09:30 nach Neiva. Wir fuhren in die Berge und es wurde immer einsamer, auch das Wetter wurde immer ekliger, nass und neblig. Die

Strassen immer holpriger und wir kamen uns vor wie am Ende der Welt. Wir waren die einzigen Touristen in dem Bus und wurden teilweise etwas merkwürdig angeschaut. Etwas speziell die einzigen Fremden zu sein. Ich denke die Einheimischen fragten sich was wir hier verloren hatten. Auf einmal blieb der Bus mitten auf der Strasse in einer Kurve stehen, schon wieder die Polizei oder das Militär? Zwar nicht schlimmer, aber für mich genauso mühsam, ein Gottesdienst mitten auf der Strasse. Na klar, heute war ja Gebetstag und das scheint man hier wohl überall auszuführen, auch mitten auf der Strasse, sodass kein vor und zurück für den Verkehr möglich war. Das ist ja schön und recht, aber hätte man das nicht irgendwo anders machen können? Scheinbar nicht, aber auch das gehört zum Reisen dazu und im Nachhinein ist es auch ganz lustig mal von was anderem aufgehalten worden zu sein. Wir geduldeten uns und die Jungs hatten ausgiebig Zeit zum Rauchen. Ich hatte zum Glück ein spannendes Buch dabei. Ich rechnete schon damit, dass wir hier nun lange stehen würden, denn jeder weiss wie lange so ein Gottesdienst gehen kann. Doch nach etwa 40min wurde es auch unserem Busfahrer "zu bunt" und er eilte persönlich zum Pfarrer und meinte es hätte Leute die hier nicht den ganzen Tag warten könnten. Er liess uns durch, aber weit kamen wir nicht. Die Leute hatten ihre Autos so unmöglich hingestellt, dass sie zuerst umgeparkt oder von Hand verschoben werden mussten. Die Fahrt ging endlich weiter und ohne weitere ungeplanten Stopps nach Neiva.
Dort hatten wir gerade den letzten Bus nach Villavieja, das Dorf direkt bei der Wüste, verpasst. Natürlich standen wie überall Taxis dort, doch für die knapp stündige Fahrt nach Villavieja würde es vielleicht etwas sehr teuer werden. Wir kamen mit einem Fahrer ins Gespräch und konnten einen sehr guten Preis aushandeln. Wir fuhren durch den Regen quer durchs Land, ein Gewitter zog auf und auf der Fahrt wurden wir von Blitzen begleitet. Der Taxifahrer fuhr uns direkt vor ein kleines Hotel. Die junge Besitzerin mit ihrer süssen Tochter und ihren Eltern empfing uns sehr

herzlich und freute sich riesig Gäste zu haben. Ich glaube wir waren die Einzigen. Das Zimmer war tadellos und über den Preis müssen wir gar nicht reden, ein Dormbett in der Stadt kostet mehr. Sie zeigte uns wo wir noch was essen konnten und dabei sahen wir schon fast das gesamte Dorf, welches hauptsächlich aus einer Strasse bestand. Irgendwie cool dieser Ort und gemütlich. Wir waren ja hier um die Wüste anzuschauen und da wir jetzt nicht die riesen Wanderer sind, kann man das nicht besser machen, als mit einem Mototaxi. Auch das organisierte uns die Besitzerin direkt für morgen und so konnten wir schön gemütlich den Abend ausklingen lassen.

02.11.

Um etwa 09:00 wartete dann das Mototaxi vor unserer Hoteltür und los gings in die Tatacoa Wüste. Das Wetter war nicht gerade schön, doch vielleicht auch ganz gut in der Wüste nicht bei stechender Sonne zu sein. Wir fuhren mit dem Taxi durch die Wüste und hielten immer wieder mal an speziellen Orten und schauten uns diese etwas genauer an. Durch den steten Nieselregen bildete sich Schlamm welcher uns das laufen etwas erschwerte, aber irgendwie auch noch lustig war. Die Wüste ist schön und abwechslungsreich, viele spezielle Steinformationen und Schluchten

konnten wir bewundern. Am Nachmittag waren wir wieder zurück im Dorf und liessen den restlichen Tag gemütlich verstrei-
chen.

03.11.

Heute schliefen wir ein weiteres Mal aus und da man im Dorf sowieso nicht viel machen konnte, genossen wir einen Tag am kleinen aber feinen hoteleigenen Pool. Heute war es sehr heiss und
der Pool eine willkommene Abkühlung. Wir hatten zudem noch
etwas Unterhaltung von der Hotelbesitzerin und ihrer Tochter.
Wir waren scheinbar gern gesehene Gäste und posierten natürlich
auch freundlich für die Hotelhomepage.

Bogota 04.11. – 07.11.

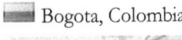 Bogota, Colombia

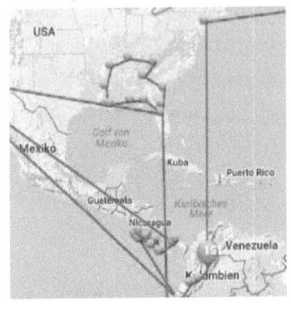

04.11.

Und weiter geht's! Mit dem Bus
verliessen wir den gemütlichen Ort
Villavieja und nun ging es zu unserem letzten Ziel: Bogota. Ich war
schon sehr gespannt auf diese
Stadt, hört man doch viel Verschie-
denes davon. Die Fahrt dauerte
wieder ein Weilchen und am Nachmittag kamen wir dort an.

Wir hatten uns für ein Hostel im Studentenviertel entschieden
und sobald wir unsere Sachen abgestellt hatten gings auch schon
auf Erkundungstour. Wir schauten uns das Viertel an, sowie die
Altstadt. Auf den ersten Eindruck ist Bogota eine Grossstadt wie
viele andere auch, viele junge Leute prägen vor allem das Bild. Es
scheint viele Schulen und Universitäten zu haben und in den
Strassen war abends auch dementsprechend viel los. Wir gingen
gemütlich essen und danach flanierten wir durch die Stadt. Vor
einem gemütlich wirkenden Laden stoppten wir. Ein paar coole

T-Shirts lockten die Jungs in den Laden. Motive wie Bob Marley und die passenden Farben dazu schmückten den Laden. Der Verkäufer war sehr nett und bot uns an, über die Wendeltreppe nach oben zu gehen und dort einen leckeren Smoothie zu trinken. Eine Smoothie-Bar...? Immer wieder kamen Leute in den Laden und gingen hoch in diese Smoothie-Bar, scheint ein beliebter Ort zu sein... Unsere Neugierde war geweckt und so stiegen wir die Wendeltreppe hoch. Nun gut, es war keine Smoothie-Bar :-) Ein paar verwunderte Blicke von den Einheimischen, doch diese waren nur von kurzer Dauer und schon bald fanden wir Anschluss. Der Abend war gemütlich, gechillt und friedlich, den Rest könnt ihr euch denken. ;-)

05.11.

Heute schauten wir uns nochmals die Stadt an. Gestern hatten wir natürlich nur einen Teil gesehen, denn die Stadt ist sehr gross. Ich muss sagen, es ist interessant, doch sehr speziell und schön finde ich die Stadt nicht. Viellicht müsste man noch mehr sehen oder mit Einheimischen unterwegs sein. Leider spielte das Wetter mal wieder nicht mit und es regnete. Am Nachmittag war der Regen dann so stark, dass wir Zuflucht in einem Irish-Pub fanden und dort dann etwas "verhockten".

06.11.

Der heutige Tag war etwas geprägt von einem leichten Kater und so schliefen wir ziemlich lange aus. Wir rafften uns auf und gingen nochmals in die Stadt. Auf dem grossen Hauptplatz war ein Fest in Gange. "30 Jahre Frieden" war der Grund der Feier und viele Leute nahmen daran teil. Es hatte eine grosse Bühne mit Konzerten und anschliessend wurde auf ein grosses Gebäude ein Film projiziert über die vergangenen 30 Jahre. Leider kam sturmmässig mitten im Film regen auf, sodass praktisch alle Leute ins Trockene flüchteten. Schade, für den ganzen Aufwand. Ich war aber nicht ganz so enttäuscht über das plötzliche aus. Der Film wäre sicher sehr spannend gewesen, doch da er auf Spanisch war, verstand ich sowieso kaum was. Mein Spanisch welches ich in Costa Rica gelernt hatte war sowieso wieder etwas verschwunden und zudem sprachen sie hier ein anderes Spanisch, das ich noch weniger verstand. Wir gingen noch kurz etwas essen und auch schon bald wieder zurück ins Hostel.

07.11.

Um 12:00 checkten wir aus unserem Hostel aus und gingen gemütlich essen. Wohin? Natürlich in ein Schweizer-Restaurant! Hmmm Rösti war mal wieder gut nach dem vielen Reis.
Mit dem Taxi gings zum Shoppingcenter. Dies war aber leider nicht so toll und mit viel zu vielen Leuten. So gingen wir zum Flughafen. Andi und ich würden heute weiterfliegen. Andi wieder nach Hause und ich zu meinem letzten Stopp auf meiner Reise: New York! Ich freute mich schon riesig!
Nabil begleitete uns noch zum Flughafen. Wir genossen noch ein letztes kolumbianisches Bier zusammen, bevor unsere Flieger gingen. Meiner war erst etwas später dran und so war noch Zeit für ein zweites. :-)
Um 20:45 konnte ich endlich mal einchecken und mein Gepäck aufgeben. Sehr interessant und strengstens kontrolliert das Ganze, mit vielen Fragen und nochmals Fragen und Hunden die durch das Gepäck schnüffelten. Ich wusste, dass ich nichts Illegales in meinem Gepäck hatte, doch man weiss leider nie. Nachdem ich kurz geschockt war als der Hund angefangen hatte zu bellen, aber zum Glück nicht bei meinem Gepäck, konnte es dann endlich los gehen. Ich verabschiedete mich von Nabil und machte mich auf den Weg zum Flieger. Am Gate wurden einem nochmals einige Fragen gestellt und nach langem hin und her gings endlich in den Flieger. Wow, diese Sicherheitskontrollen hier sind schon krass, aber wenn man so die Geschichten über Kolumbien, Drogen etc. bedenkt, erstaunt mich dies gar nicht.
Nun war ich richtig vorfreudig: New York ich komme!

Letztes Highlight: NEW YORK 08.11. – 14.11.

08.11.

Im Flugzeug hatte ich kaum geschlafen, war ich wohl doch aufgeregter als ich dachte… Mit dem
Taxi gings vom Flughafen in das
einzige Hostel welches ich im Internet finden konnte. In NY geht man
ja sonst eher in Hotels. Ich war froh eine etwas günstigere Variante gefunden zu haben, Geld werde ich hier wohl anderweitig
ausgeben.

Um ca. 06:15 kam ich im Hostel an, doch leider war niemand
dort. Um 07:00 kam dann eine sehr unfreundliche Frau bei welcher ich einchecken konnte. Ich hatte mir ein kleines Einzelzim-
mer gegönnt für die letzten Tage, WC/Bad war auf dem Gang,
aber immerhin ein Zimmer für mich alleine.

Nachdem ich das Gepäck deponiert hatte gings auch sofort los.
Nach einem Frühstück besichtigte ich bereits eines der Highlights
von NY, den Time-Square. Schon cool diesen mal live zu sehen,
sieht man diesen ja in diversen Filmen etc. Bei Nacht wird es
nochmals ganz anders aussehen, das werde ich mir dann noch anschauen, das Hostel war ja nicht weit weg von dort. Ich schaute
mich um, ging natürlich in ein paar Shops und am Nachmittag
wieder zurück ins Hostel um etwas zu chillen.

Mir wurde der Tipp gegeben sicher mal im Ellen's Stardust Diner
vorbei zu schauen und genau dies machte ich auch. In diesem
Restaurant sind die Kellner/innen Musicaldarsteller und geben
zwischen dem Servieren immer wieder Ständchen. Ich als Musi-
calfan musste dies natürlich schon gesehen haben. Da ich alleine
war bekam ich einen Platz an der Bar was sehr cool war. Von
dort hatte ich alles etwas erhöht im Blick und zudem nette Unterhaltung von den Barkeepern. Der Abend war sehr toll, immer
wieder wurden diverse Songs vorgetragen, natürlich auch mit

Musik im Hintergrund und die Darsteller standen plötzlich irgendwo auf Stühlen oder Bänken zwischen den Tischen und zeigten ihr Können. Richtig cool, auf jeden Fall einen Besuch wert! Danach gings in mein zwar ziemlich kaltes, aber dafür ruhiges Zimmer und ich konnte ein wenig Schlaf nachholen.

09.11.

Day 2 im Big Apple. Wie kann man solch einen Tag wohl am besten starten, natürlich mit Sightseeing. Ich entschied mich auf diesen "hop on, hop off" Bus zu gehen. Mit diesen hat man jeweils wirklich eine gute Übersicht über die Stadt und oft noch gewisse Sehenswürdigkeiten inklusive, für die man sonst teilweise für Tickets lange anstehen muss.

So ging ich also um 09:30 auf den Bus. Dieser jedoch fuhr, wieso auch immer, nicht und nach ca. 45min kam ein Ersatz. Nun gings endlich los. Ich machte die "Downtown-Tour" mit welcher ich schon viele Highlights von NY sehen würde.

Nachdem der Bus etwas durch die Stadt fuhr, wechselte ich später auf die Fähre. Die Strecke führt natürlich an der weltberühmten Freiheitsstatue vorbei und fährt unter der ebenso berühmten Brooklyn Bridge durch. Am meisten fasziniert mich an diesen Touri-Touren schon, dass man die Dinge oft zuvor schon xmal im Fernseh gesehen hat und nun live sieht. Schon toll. Ein paar Fotos und weiter fuhr die Fähre.

Wieder an Land gings weiter mit dem Bus und zum Empire State Building. Buh so viele Touri-Sachen an einem Tag und ich mitten drin. Tja, was solls, die Highlights muss man hier schon gesehen haben finde ich. Zum Glück musste ich für das Ticket nicht anstehen und konnte gleich hoch. Natürlich musste ich auf dem weiteren Weg nach oben anstehen, doch man bekam Kopfhörer. Es wurden Infos über das Gebäude erzählt und man konnte sich damit etwas verweilen. Oben angekommen wie erwartet der Blick über die Stadt, einfach wow! Schon cool alles von oben zu sehen. Obwohl ich kein grosser "Selfie-Fan" bin musste ich auch ein paar schiessen. Neben all den anderen Touristen fiel dies auch überhaupt nicht auf und bei dieser Kulisse musste ich schon ein Erinnerungsfoto haben. Am Schluss der Reise nur Landschaftsfotos zu haben ist ja auch langweilig, hihi. Ich genoss etwas die Aussicht und machte mich später wieder auf den Weg nach unten. Nach einer Weile hat man's dann auch gesehen und auch all diese Pärchen, die sich wohl wie im Film "Schlaflos in Seattle" vorkommen.

Ich schlenderte noch ein wenig durch Soho und die Shops und ging mit dem Taxi zurück ins Hostel. Das mit den NY-Taxis ist auch so ein "wie im Film Ding" und ich fands cool.

Zurück im Hostel zog ich alles an warmen Sachen an was ich besass und machte mich bereit für die "Night-Tour". Trotz allen Vorkehrungen… es war arschkalt! Natürlich wollte ich im Bus immer oben sitzen, den unten sah man kaum etwas und oben hatte es natürlich kein Dach und dadurch war es echt kalt. Die Tour war trotzdem cool und führte über die Brooklyn Bridge und zurück. NY by night, schon cool, vor allem, wenn man die Stadt von der anderen Seite der Brooklyn Bridge aussieht.

Nach der Tour gönnte ich mir leckeres Sushi und ging bald zurück ins Hostel. In meinem Zimmer war es leider auch nicht wirklich warm, eine Heizung war nirgends zu sehen. Immerhin kein Wind wie draussen.

10.11.

Heute regnete es und so genehmigte ich mir etwas auszuschlafen. Später ging ich zum Times Square und stand dort in die Schlange für die günstigen Musicalticket heute Abend. Diesen Tipp habe ich von irgendwem bekommen und nun war ich gespannt. Bei jeder Vorstellung bleiben Tickets übrig, welche sie dann teilweise sehr günstig verkaufen. Ich hatte natürlich meine Vorstellung welches Musical ich gerne sehen würde, doch mal schauen was sie mir anbieten können. Ich hatte keine Ahnung wieviel die günstigen Tickets kosten würden, vielleicht waren sie auch so noch zu teuer für mich, ich werde es sehen. Hier in NY gönne ich mir schon einiges, ist es ja mein letzter Stopp vor dem Heimflug, doch irgendwo hat es auch Grenzen. Ich stand ca. 1h im Regen, doch das machte mir nichts aus, ich hatte ja schliesslich Zeit und bald auch gute Unterhaltung mit ein paar Frauen vor mir in der Reihe. Schon witzig wie schnell man beim Reisen in Kontakt kommt, das werde ich wohl vermissen. Als ich an der Reihe war, bekam ich für mein Wunschmusical ein Ticket, 50% günstiger in der 5 Reihe. Schon auch praktisch, wenn man alleine reist. Es war ein einzelner Platz und diesen hätten sie wohl sonst kaum verkaufen können. Toll, nun freute ich mich schon sehr.

Meine "Ticket-Einkaufstour" ging weiter und führte mich an die 42th Street ins BB King. Ich bekam den Tipp (keine Ahnung mehr von wem), dass dort oft live Musik gespielt wird und vor allem Big Band Sound. Ich hatte Glück und ergatterte ein Ticket für 12$ an einem der vorderen Tische. Jupii, live Big Band Sound, ich war gespannt.

So, mit zwei tollen Tickets im Sack ging meine NY-Besichtigung weiter. Ich spazierte umher, am Union Square vorbei und weiter durch diverse Strassen.

Das Verwöhnprogramm ging weiter und ich gönnte mir eine Maniküre. Nicht so "backpacker-like" aber hier konnte man es sich wenigstens leisten, nicht so wie zu Hause.

Es regnete den ganzen Tag und war immer noch sehr kalt, doch das machte nichts. Schnell schnell zurück ins Hostel und hübsch gemacht fürs Musical. Endlich, Les Misérables. Ich war mega gespannt. Ich hatte die Lieder des Musicals schon mal gesungen und auch schon im Musiklager mit dem Saxophon gespielt. Nun war ich gespannt auf die Geschichte. Ich holte mir einen Drink, natürlich ein Cuba Libre und eine kleine Packung Chips. Der Drink war in 4 Schlucken leer und die Chips in 3 Bissen und das für 20$! Wow die machen sogar den Schweizer Kinos Konkurrenz mit diesen Preisen. Man gönnt sich ja sonst nichts.

Das Musical war genial und ich genoss es sehr! Mein Platz war super und ich konnte die Mimik der Darsteller sehr genau sehen und war einfach begeistert. Die Show ging ganze 3h und da ich fast verhungerte gings danach direkt zum Abendessen und anschliessend ab ins warme Bett.

11.11.

Heute stand ich wieder bei Zeiten auf, leider war es erneut bewölkt, doch glücklicherweise ohne Regen, immerhin. Nach einem kurzen Frühstück machte ich meine Touri-Tour weiter. Normalerweise mache ich nie so viele Touren, doch es war hier schwierig Leute im Hostel kennen zu lernen und irgendwie genoss ich auch die Zeit alleine. So waren die Touren optimal für mich und ich konnte wirklich alles sehen, das fand ich toll. Inzwischen hatte ich so einen Thermobecher und füllte diesen regelmässig mit warmen Getränken nach. Starbucks hat in den Tagen viel an mir verdient, tzzz.

Die heutige Tour ging "Uptown" nach Harlem und in die Bronx. Es war cool und interessant. Kurz, so für ca. 30min kam die Sonne und ich saugte diese regelrecht auf.

Dem NY City Museum stattete ich ebenfalls einen Besuch ab, jedoch nur kurz. Von dort lief ich über die 5th Avenue zurück ins Hostel.

Nach etwa 1h ausruhen gings schon wieder weiter. Zeit für BB King! Der Saal war mit Tischen versehen und die Leute assen dort zu Abend, so also auch ich. Ich hatte erneut einen super Platz und war gespannt auf die Band. 45 Riots, war der Name der Band und sie waren einfach hammer! Ein genialer Abend mit super Sound! Was will man mehr.

12.11.

So richtig "newyorkerisch" frühstücke ich heute einen Bagel. Dafür musste ich ganz schön lange anstehen, aber es hatte sich gelohnt. Ich wusste nicht, dass man so viele verschiedene Bagel mit verschiedenen Füllungen haben konnte, es hatte ALLES, einfach Wahnsinn.

Gut gestärkt gings zur letzten noch verbleibenden Tour. Ich wollte nicht nochmals mit dem anderen Tourbus dorthin und so nahm ich die U-Bahn bis zur City Hall. Dort startete ich die "Brooklyn-Tour". Der Tour Guide war mega doof und so war ich nicht traurig als die Tour zu Ende war.

Zurück in Downtown besichtigte ich noch das Rockefeller Center, den Bryant Park und die Public Library. Dort hatte es Weihnachtsmarkt-Stände und so fand ich doch prompt ein paar Mitbringsel und Geschenke, merkwürdigerweise auch für mich (hihi wen wunderts).

13.11.

Mein letzter ganzer Tag in NY, mit herrlichem Sonnenschein, super!

Da ich viel weniger für das Musical bezahlt hatte als ich zuvor dachte, entschied ich mich spontan heute nochmals eines zu besuchen. Von Musicals und Konzerten konnte ich nie genug

haben. Es gibt so viele tolle Musicals, doch für mich war ganz klar was ich noch am berühmten Broadway sehen wollte: The Phantom of the Opera, natürlich. Nun wusste ich ja wie das mit den Tickets funktionierte und so holte ich mir erneut ein günstiges. Diesmal in der Mitte etwas weiter hinten, von dort konnte ich die ganze Bühne sehen und ich war gespannt.

Danach genoss ich einen Ausflug in den Central Park und verweilte dort ziemlich lange. Ich miete mir ein Velo und sah mehr oder weniger den ganzen Park. Schon krass, überall diese Häuser und Wolkenkratzer, kaum Natur und dann mitten drin ein riesiger Park mit grossem See. Der Park ist schon besonders, nicht nur für Touristen, hatte ich das Gefühl. Viele Einheimische gehen hier joggen oder treffen sich. Viele Touristen geniessen eine Kutschenfahrt durch den Park, doch ich strampelte lieber mit meinem Velo an diesen vorbei.

Auf dem Rückweg sah ich eine Gruppe Männer die dort sangen. 6 Männer jeden Alters und einer mit Kontrabass, sonst nichts. Es war einfach super! Sie sangen mega gut und voller Leidenschaft. Ich genoss das kleine Konzert dieser Strassenkünstler, doch leider waren sie bald fertig. Ich hatte wohl gerade den Schluss des Ständchens erwischt. Solche Gruppen/Menschen unterstütze ich sehr gerne und so musste ich natürlich ihre CD kaufen.

14.11.

Der letzte Tag meiner Weltreise steht an.

Verrückt, nach langer Zeit geht es heute nach Hause, ich kanns kaum glauben. So schön das Reisen auch ist, ich habe meine Familie und Freunde doch schon sehr vermisst! Nun freue ich mich auch nach Hause zu gehen. Wahrscheinlich packt mich das Reisefieber bald wieder, einmal infiziert geht es nie mehr weg, aber so nach knapp 11 Monaten kann man schon mal wieder nach Hause gehen.

Ich habe unendlich tolle Sachen erlebt und werde diese Zeit nie mehr vergessen. Es braucht wahrscheinlich auch einen Moment bis man alles realisiert und verarbeitet hat...

Nun hiess es also mal wieder packen, das werde ich definitiv nicht vermissen. Mit Mühe und Not stopfte ich alles in meinen Backpack, der mit der Zeit enorme Ausmasse angenommen hat und trotz allem immer noch unversehrt und ganz ist. War ein echt guter Kauf.

Mein Flug ging am Abend, so machte ich mich gemütlich bereit und dann auf den Weg zum Flughafen. Von dort gings nach Zürich, hello Switzerland, hello Heimat!

Finally back home 15.11.

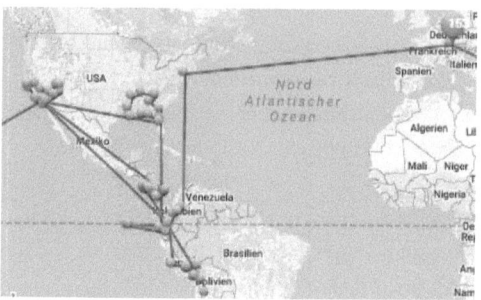

Grüäzi Schwiiz!

Nach 317 Tagen in 13 Länder und mehr als 125 Städten, mit über 25 Travel-Buddies aus 11 Nationen und 26 Tauchgängen in verschiedenen Ozeanen und nach 29 Flügen, landete ich kurz vor Mittag am 15.11.2015 am Flughafen Zürich.
Der Empfang war überwältigend! Meine Familie und Freunde, alle waren dort und überraschten mich mit Schweizerfahnen, Plakaten, Jubel und Lachen. So schön!! Ich war total überwältigt und knuddelte alle nacheinander. Was für ein Schönes Nachhause kommen!

Meine Eltern hatten bereits vorgesorgt und so kamen alle mit zu uns nach Hause. Das Wetter war gar nicht "November-like", sehr gut, denn Sonne und Wärme hatte ich die letzten Tage sowieso vermisst und so konnten wir draussen im Garten sitzen und den Nachmittag geniessen.
Es gab natürlich sehr viel zu erzählen und zu berichten und ich freute mich auch sehr meine Familie und Freunde endlich mal wieder persönlich zu sehen und zu erfahren wie es ihnen ergangen ist. Der Nachmittag/Abend war super toll und ich war überglücklich!

Nach einer schönen Dusche im EIGENEN Bad gings dann bald ins Bett. In mein EIGENES bequemes, bettwanzenfreies, kuschliges, sauberes Bett! Ach wie schön... Dort werde ich bestimmt von meinen unzähligen Erlebnissen und wunderschönen Augenblicken meiner grossen einmaligen Reise träumen...

Landkarten

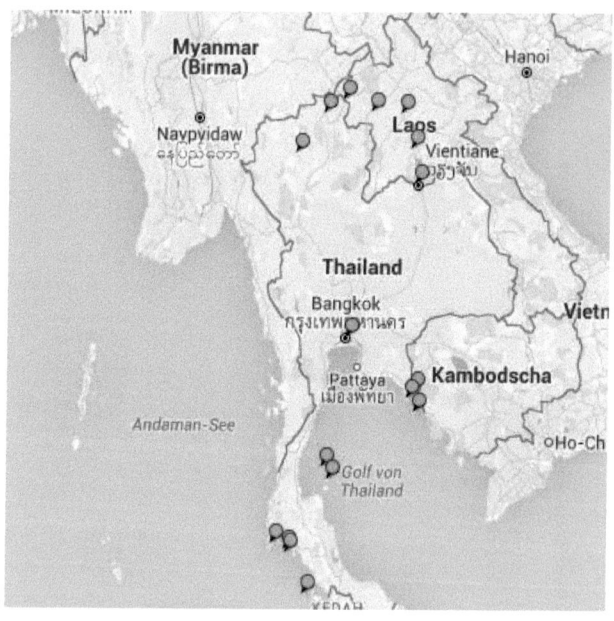

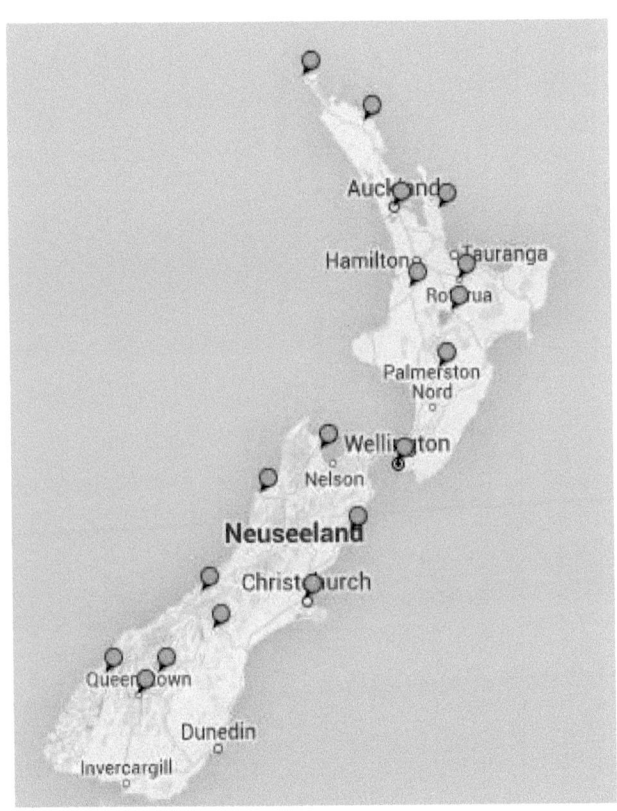

Auckland

Hamilton
Tauranga
Rotorua

Palmerston
Nord

Wellington

Nelson

Neuseeland

Christchurch

Queenstown

Dunedin

Invercargill

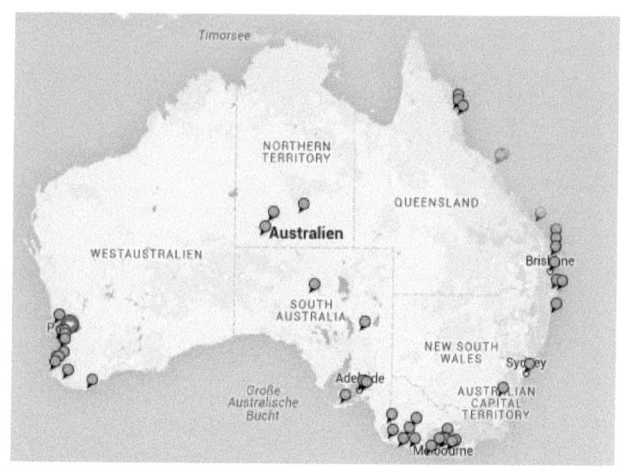

San Juan
del Sur
Reserva
Biológica
Indio Maíz
35
Liberia
21
Monteverde
Puerto Limón
Cartago
Provinz Bocas
2
Bajo Boquete
Paso Canoas

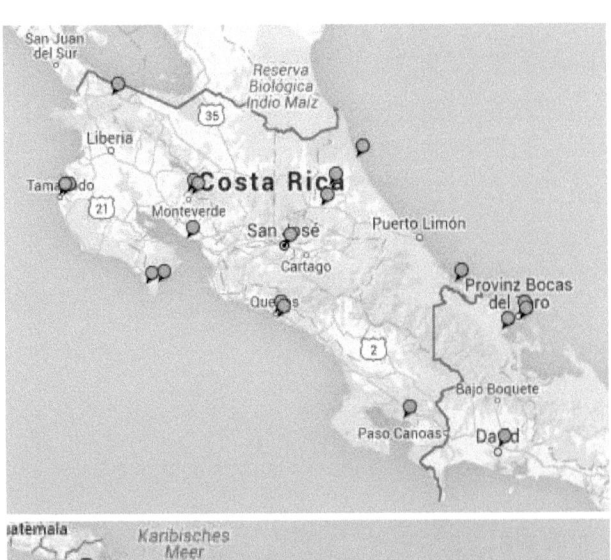

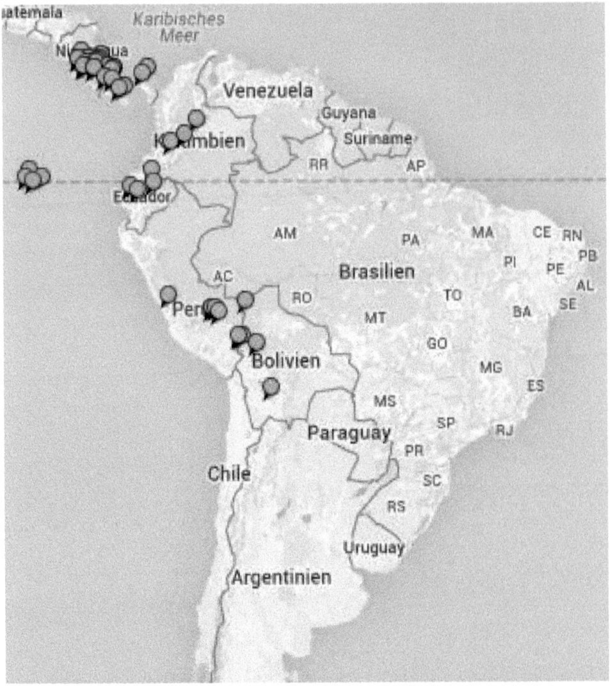
Karibisches
Meer
Venezuela
Guyana
Suriname
RR
AP
AM
PA
MA
CE
RN
PB
PI
PE
AL
SE
Brasilien
AC
RO
TO
BA
MT
GO
MG
Bolivien
ES
MS
SP
RJ
Paraguay
PR
Chile
SC
RS
Uruguay
Argentinien

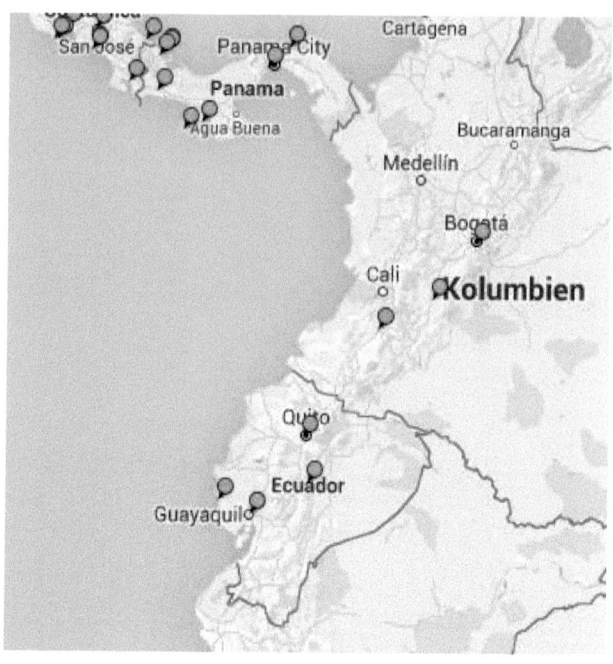

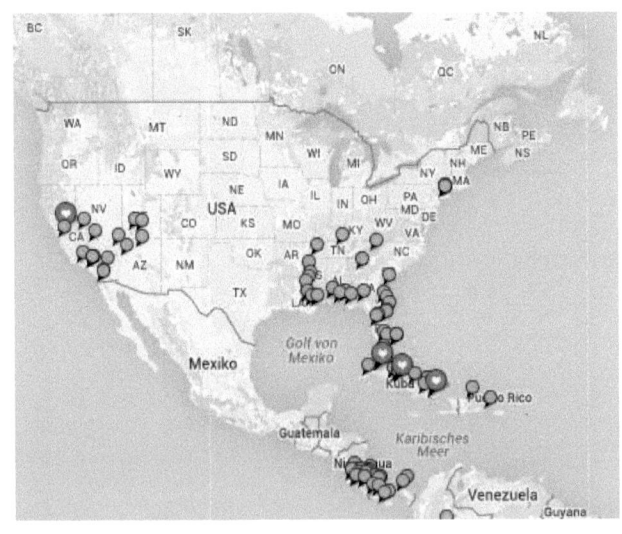

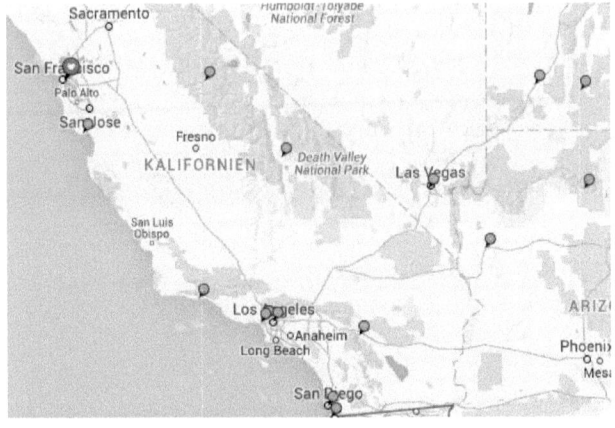

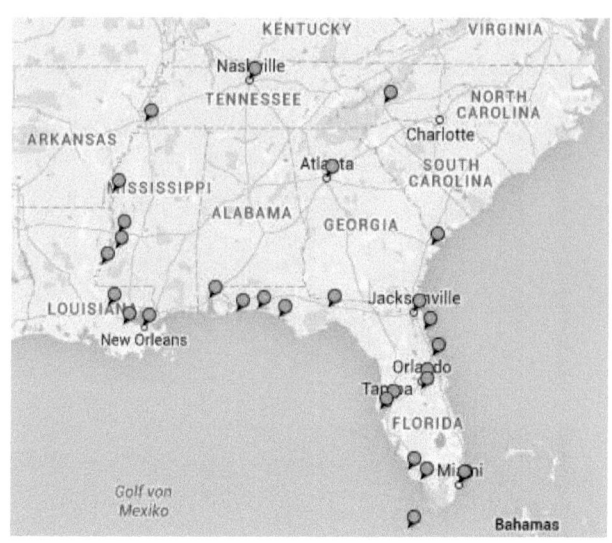

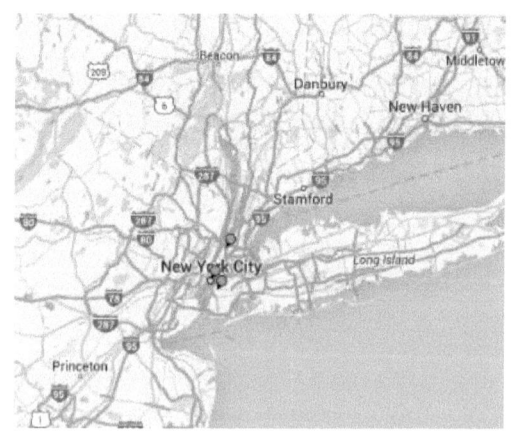